KB260330

신앙 · 성서 · 교회를 위한
기독교 신학

신앙 · 성서 · 교회를 위한
기독교 신학

신앙 · 성서 · 교회를 위한
기독교 신학

2009년 11월 17일 초판 1쇄 발행
2010년 6월 25일 초판 2쇄 발행

지은이 허호익 펴낸이 김영호
펴낸곳 도서출판 동연
기 획 김서정 편 집 조영균
디자인 김광택 관 리 이영주
등 록 제1-1383호(1992. 6. 12)
주 소 서울시 마포구 망원동 472-11
전 화 (02)335-2630
전 송 (02)335-2640
이메일 ymedia@paran.com
홈페이지 www.y-media.co.kr

Copyright ⓒ 허호익, 2009

ISBN 978-89-85467-94-0 93200

신앙, 성서, 교회를 위한 기독교 신학

허호익 지음

동연

옛 어른들은 '홍수철에는 맑은 물이 귀하다.'고 하였다. 최근 우리나라에는 교회가 많지만 교회다운 교회가 많지 않다는 우려의 소리가 높다. 그리고 신학교도 많고 신학생들도 해마다 엄청나게 쏟아지고 있으나 신학생들의 양적 수준에 비해 그 질적 수준이 점점 떨어진다는 지적도 없지 않다. 신학은 신앙의 학문이고, 성서의 학문이고, 교회의 학문이기 때문에 신학이 바로 서야 신앙과 말씀과 교회가 바로 설 수 있다고 믿는다.

특히 개신교의 신학 교육은 가톨릭의 사제 양성 과정과 비교해 보면 제도적인 취약점이 보인다. 가톨릭의 경우 기본적으로 7년간의 신학 교육을 집중적으로 받는 반면, 개신교의 주요 교단의 신학교의 경우 신학대학원 3년 과정만 기본적으로 요구한다. 일반 대학 졸업자의 경우 3년간의 신학 교육이 고작이다. 그나마 대부분의 재학생은 전도사 사역을 하면서 신학 공부를 하다 보니 신학대학원은 목사가 되기 위한 과정으로 거쳐 갈 뿐 성서적 지식과 교리적 기초와 신학적 사유의 깊이를 다지지 못하는 경우가 흔하다.

지난 20여 년 동안 조직 신학 관련 과목을 가르쳐 오면서 신학에 대한 멸시와 오해도 이만저만이 아니라는 사실을 직면하고 제대로 신학을 가르쳐 보려고 나름대로 애를 써보았다.

첫째, 몇몇 목사님들은 공공연하게 목회 잘하는 것하고 신학 공부 잘하는 것하고는 별개라고 한다. 심지어는 신학 공부는 목회와 상관없고 목회에 도움이 되지도 않는다고 서슴없이 주장하는 이들도 있다. 도대체 어떤 신학을 어떤 식으로 공부했기에 그런 주장을 할까 반문하고 싶다. 그래서 목회 현장에 필요한 신학을 가르쳐야겠다는 생각을 하게 되었다.

둘째, 신학을 교회와 사회의 현실과 무관한 학문적 담론으로 생각하는 신학자들도 없지 않다. 서양 신학을 소개하고 새로운 신학을 주장하지만 한국 교회와 사회가 직면한 문제에 무관한 주제일 경우도 허다하다. 파울로 프레이리Paulo Freire가 말한 것처럼 신학 교육 역시 지식축적식 교육이 아니라 문제 제시형의 교육이 되기 위해서는 교회와 사회의 현실에 대한 신학적 분석과 신학적 대안의 제시라는 신학적 문제의식에서 출발하여야 할 것이다.

셋째, 일부 평신도나 신학생들은 신학교에서는 단지 성경만 열심히 배우는 줄로 알고 있다. 그러나 신학 교육은 신앙에 관한 모든 주제들을 광범위하게 가르치고 있다. 가능하면 신학생들에게 삶의 모든 영역에 대해 관심을 갖고 신학과 관련되는 학문의 여러 영역도 소개하여 폭넓은 시야와 균형 잡힌 사고를 할 수 있도록 가르치려고 하였다.

넷째, 한국 교회는 교리 교육이나 신학 교육이 취약하여 신학적 분별력이 없어 이단에 빠지는 사람도 많다. 신학적 다양성에 대한 학습의 기회도 없어 보수든 진보든 자신의 협소하고 폐쇄적인 신학적 프레임에 갇혀버리는 경우도 있다. 그리하여 평신도들뿐 아니라 목회자들도 진보와 보수 사이의 신학적 갈등이 첨예하게 대립되어 있다.

이 책은 그동안 신학을 처음 배우는 신학도에게 '신학서론' 또는 '조직신학개론'이라는 과목을 가르치면서 다루어 온 내용들을 가다듬어 엮은 것이다. 그러므로 그동안 필자의 강의를 들은 학생들에게는 복습의 기회가 되고, 지금 그리고 앞으로 강의를 들을 학생들에게는 예습의 재료가 되었으면 한다.

아울러 목회 일선에서 분투하는 목회자들에게도 일독을 권한다. 이 책이 목회에 걸림돌이 아니라 목회의 디딤돌이 되었으면 하는 바람이 크기 때문이다.

이 책을 잘 편집하고 교정을 보고 도안하여 이렇게 잘 출판해 준 동연의 김영호 사장님과 직원 여러분께 깊이 감사드린다.

2009년 11월
허호익

제1장
신학이란
무엇인가

제4장
교회의
학문으로서
신학

제1장

신학이란 무엇인가

1
신학에 대한 다양한 이해[1]

1) 기독교 이전의 신학 이해

신학theologia라는 말은 원죄나 삼위일체라는 용어처럼 성서에는 없는 단어이다.[2] 성서에는 하나님의 지혜wisdom of god라는 용어는 있지만 신학 theologia이라는 단어 자체는 등장하지 않는다.

신학이란 말은 희랍 문화권에서 유래한 것이다. 플라톤 이전에는 희랍 신화와 신들의 계보theogony나 신들theos에 관한 연구, 즉 신화학mythology 을 신학이라고 하였다.[3] 이러한 신들은 대개 만신전pantheon에서 찾아볼 수 있다. 기원전 5세기에 신들의 이야기를 다룬 『일리아드』와 『오디세이』 의 저자로 추정되는 호머Homer나 신들의 계보를 다룬 『신통기神通記』를 저술한 헤시오도스Hesiodos는 신학자theologoi로 알려졌다. 그러나 이러한 신화는 신들 사이의 갈등과 질투와 성적 방종뿐 아니라 신들의 전쟁으로 가득 차 있기 때문에 도덕적으로나 지성적으로 수용하기가 어려웠다.

플라톤(기원전 427-347)에 의해 처음으로 신학이 이성을 통해 "신적인 것에 대한 서술의 여러 관점"4)이라는 의미로 사용되었다. 그의 제자 아리스토텔레스(기원전 384-322)는 신학은 '신에 대한 로고스의 기능'으로서 비이성적인 신화 속에 감추어진 신에 대한 철학적 진리를 드러내는 것으로 이해하였다. 그는 철학 중의 철학으로서 제1철학prima philosophia이라 일컬어지는 형이상학은 영원불변의 실체인 신의 존재에 대한 인식을 다루는 학문이라고 하였다. 존재론적 제1원리가 바로 형이상학적이 존재인 신이므로, 이성을 통해 신의 현존성과 유일성을 파악할 수 있는 모든 가능성을 모색하였다.5)

신학이라는 용어를 3가지 개념으로 폭넓게 사용한 것은 스토아학파 이후부터이다. 신화神話나 신들의 계보系譜를 연구하는 신화학mythology 또는 신계보학theogony를 다루는 것은 신화적 신학mythical theology이라 하고, 이성을 통해 자연을 탐구하여 신에 대한 인식에 이르는 형이상학 즉, 현대적 의미의 종교철학을 자연 신학natural theology이라 하였다.6) 그리고 국가가 공식적으로 행하는 신들에 관한 제의와 축제 및 황제를 신으로 경배하는 시민의 의무를 취급하는 논의들을 정치 신학political theology이라고 하였다.7)

2) 신학이란 용어의 기독교적 수용

기독교에서 신학이라는 용어를 기독교적인 개념으로 도입한 것은 희랍 철학의 영향을 받은 알렉산드리아학파에 의해서이다. 알렉산드리아에는 일찍이 최초의 신학교라 할 수 있는 세례자 문답학교가 세워졌으며, 이를 운영한 오리겐(185-254)과 클레멘트(215/216 사망)는 켈수스Celsus와 같은 희랍 철학자들이 기독교를 무식한 이방 천민들의 미신이라고 비난하자 기독교야말로 다신론을 극복한 최고의 철학이며, 철학 중의 철학이라고 주장할 필요가 있었다. 그래서 기독교가 믿는 유일하신 하나님에 대하여 다루는 지식을 신학theologia이라는 용어로 수용하고, 기독교 신학은 희랍 신화보다는 희랍 철학에 가깝다고 하였다.

오리겐은 '하나님에 관한 기독교의 이해'8)를 가리켜 신학이라 자리매김하고 좁은 의미로 신론을 지칭하는 용어로 사용하였다. 그는 『원리론*de Principiles*』 4권을 저술하였는데, 최초의 조직 신학 저서로 일컬어지는 이 책에서 다룬 신학적 주제는 다음과 같다.

창조 이전의 세계, 삼위일체와 영적 창조물(천사), 창조주 하나님과 성부 하나님의 동일성, 세상과 인간의 창조와 구원, 인간의 자유 의지, 유혹, 죄, 종말, 신앙의 원천인 성서의 영감과 해석9)

어거스틴Augustin은 신학을 신화적, 자연적(합리적), 정치적(시민적) 신학으로 구분한 스토아학파를 비판하고 합리적 신학이야 말로 참된 신학이라고 하였다. 그는 모든 학문을 신에 관한 학문Theologia과 인간에 관한 학문Humanitas으로 나누었다. 하나님에 관한 학문은 신학이고, 문법, 언어, 역사, 지리, 천문학, 수사학, 수학, 철학 등 인간에 관한 학문은 인문학이라고 구분하였다.10) 모든 인문학은 신학을 위한 준비라고 하였다. 비로소 신학이 기독교적인 의미로 자리를 확실히 잡게 된 것이다. 어거스틴은 사람들의 요청에 따라 『교리요강*Enchiridion*』(421)을 서술하였다. 이는 신약 성서에서 최초로 쓰인 바울의 데살로니가전서(1:3)에 나오는 믿음, 소망, 사랑을 해설하고 매우 간략하게 다음과 같은 주제도 포함하였다.

믿음, 소망, 사랑, 그리고 창조 신학, 악에 관한 가르침, 은총론, 구원론,

그리스도론, 세례 신학, 칭의론, 종말론, 성령론, 교회론, 회개 신학, 예정론.[11]

어거스틴의 다른 저서인 『기독교 신앙론*de Doctrina Christina*』(397-427)은 다음과 같은 내용을 담고 있다.[12]

> 1) 성서에서 알 수 있는 교의적 진리 : 하나님, 삼위일체, 화육, 구원, 교회, 종말
>
> 2) 세 가지 윤리적 도덕적 진리 : 믿음, 소망, 사랑
>
> 3) 성서 주석의 근원 원칙들 : 수사학, 세속 문헌, 설교자의 철저한 준비

이처럼 고대의 교부들은 희랍 철학에서 사용되어 온 이교적인 용어인 '테오로기아'라는 말을 점차로 수용하여 기독교 신앙의 여러 주제를 개념적으로 설명하는 학문으로 긍정적으로 사용하게 된 것이다.

그러나 4세기에 접어들면서 예수 그리스도의 신성과 인성에 관한 양성론 논쟁과 더불어 삼위일체론이 제기되면서 신학은 좁은 의미로는 신론 또는 삼위일체론으로 이해되었지만 넓은 의미로는 기독교 신앙 전반에 관한 학문으로 이해되기도 하였다.

3) 중세 기독교의 신학 이해

중세에 와서는 신론 또는 삼위일체론이라는 협의의 신학의 개념이 확대되어 기독교 신앙 전반에 관한 교리의 체계로서 '신학 총론summa theologia'이라는 개념이 사용되기 시작하였다.

피터 롬바르드Peter the Lombard의 『명제집*Sentences*』(1148-51)은 4권으로 구성된 것인데 하나님 존재 증명, 삼위일체, 섭리, 악, 창조, 죄, 은총,

성육신, 구속, 덕, 계명, 7성사, 종말 등 기독교 교리의 주요한 주제들을 총체적으로 다루었다. 이 책은 그 후 몇 세기 동안 중세 신학의 안내서로 광범위하게 사용되어 온 권위 있는 신학 총론으로 여겨졌다.

토마스 아퀴나스의 『신학대전*Summa Theologia*』(1265-73)[13]은 중세 신학의 결정판이라고 할 수 있다. 그는 철학의 한 분야인 이성을 통해 신 존재를 탐구하는 '자연 신학'과 신적 영감인 계시에 의해 주어진 '거룩한 교리'를 구분하였다. "이성에 의해 탐구되는 철학적 여러 학문 분야 외에도 계시로 말미암은 거룩한 가르침sacra doctrina이 있어야 한다."[14]고 하였다. 그는 신을 아는 길에는 두 가지가 있는데 하나는 이성을 통해 우주를 추론하여 신의 현존성과 유일성을 추론하는 자연적인 철학의 길 곧 아리스토텔레스의 개념으로는 자연 신학의 길이다. 다른 하나는 신적 영감인 계시를 통해 알려지는 '거룩한 교리sacra doctrina'를 다루는 초자연적인 신학의 길이라고 하였다. 그리고 이 둘을 종합한 것이 『신학대전』인데, 다음과 같은 주제에 대한 512개의 문답으로 이루어졌다.

> 신의 존재와 본성, 신의 생명과 작용, 삼위일체, 창조, 천사, 6일간의 창조, 영혼의 본성적 능력, 인간의 사고와 인간의 기원, 세상 통치, 행복, 인간적 행위, 열정, 덕, 악습과 죄, 법, 복음적 법, 신앙의 덕, 희망의 덕, 애덕, 애덕을 거스른 죄, 현명의 덕, 정의의 덕, 경신덕敬神德, 정의의 덕에 속하는 기타의 덕, 용덕, 절제의 덕, 은사와 완덕의 신분, 육화의 방식, 수용된 육신의 결핍과 부적응, 그리스도의 생애, 구원자의 수난과 영광, 성서 일반, 성체성사, 고해성사, 병자성사, 신품성사, 혼인성사, 미래 실재로서 무덤 건너편과 부활과 최후의 심판과 영원한 운명.

이런 전통에 따라 12세기 이후 유럽에서 대학이 생겨나서 법학, 의학,

인문학 그리고 신학을 가르치기 시작하면서 신학은 기독교의 거룩한 교리 sacra doctrina 전체를 다루는 교의학Dogmatics으로 통용되었다.15)

4) 종교개혁자들의 신학 이해

루터의 종교개혁의 원리는 오직 성서, 오직 믿음, 오직 은총으로 알려져 있다. 선행의 도덕적 행위와 고해의 성례전적 행위를 통한 '나의 의'로 내가 구원을 받을 수 있다는 교회의 가르침을 통해 구원의 확신을 얻지 못했던 루터는 「시편 강해」와 「로마서 강해」의 강의를 통해 나의 의가 아니라 하나님의 의로 구원을 받는다는 구절을 발견하고 '탑의 체험'을 통해 믿음으로 의롭게 된다는 확신을 하게 된다.

루터는 95개조의 항의서(1517)를 통해 가톨릭교회가 고해를 가르치지만 성서는 회개를 가르친다는 사실을 지적하고 고해 제도에 근거한 신부 및 교황의 사죄권과 면죄부 제도와 연옥의 교리를 반박하였다. 루터는 가톨릭교회에 의해 파문을 당하는 논쟁적이 상황에서 3대 논문을 발표한 후 개신교의 신앙 내용을 요약한 「소교리 문답서」(1529)와 「대교리 문답서」(1529)를 저술하였는데 십계명과 주기도문과 사도신경과 성례(세례와 성찬)를 해설한 것이다.16) 루터는 여러 교회를 순방하면서 신자들이 "주기도문, 사도신경, 십계명조차 알지 못한 채" 비참한 신앙 생활을 하고 있는 것에 충격을 받아 신자들의 교육을 위해 이 교리 문답서를 작성하게 되었다고 한다.

아 불쌍하다. 내가 직접 본 비참한 상태를 슬프다 아니할 수 없다. 특히 시골에 사는 일반 민중들은 기독교 교리에 대한 지식이 전혀 없고, 대부분의 전도자들은 가르치기에 부적당하고 무자격하다. 저들은 스스로 크리스천이라고 말하며 세례를 받았다고 하며 주의 만찬에 참여할 것을 주장하나 주기도문, 사도신경, 십계명조차 알지 못한다.[17]

루터는 가톨릭 신학의 결정판인 아퀴나스의 『신학대전』에서 다룬 교리적 주제와 달리 평신도들에게 가장 중요한 성서적 주제로서 구약성서의 핵심인 십계명과 신약성서의 핵심인 주기도문, 교리사의 핵심인 사도신경을 해석하여 개신교 신학의 새로운 전통을 세웠고 칼빈 역시 이러한 전통을 계승하였다.

멜란히톤은 『신학의 주요 주제들 *Loci praecipui theologici*』(1521)이라는 저서를 통해 가톨릭교회의 신학 서적들이 성서의 순수성에서 멀어진 것을 비판하고 '성서로 돌아가자'는 종교개혁의 원리에 따라 성서적 주제를 신학의 주요 개념으로 다룰 것을 주장하였다.

누구든지 정경 외의 다른 곳에서 기독교의 본질을 구하는 사람은 잘못을 범하게 된다. 교의학 서적들은 이(성서)의 순수성으로부터 얼마나 멀리 떨어져 있는가? 성서 안에서 당신은 거룩한 것만을 발견할 수 있으나 교의학 서적들 안에서는 철학과 인간의 이성의 판단에 좌우되고 성령의 판단과는 아주 극단적으로 대립해 있는 많은 것들을 발견할 수 있다.[18]

멜란히톤은 신학적 논구 대상의 주요 주제들 중에서 최상급의 주제들은 하나님, 단일성, 삼위일체, 창조의 신비 그리고 성육신의 방식 등이 아니라, 복음과 그리스도의 은혜로운 행위에 관한 것이라고 주장하고, 성서적 신앙에 집중할 것을 강조하였다.

그리스도를 인식한다는 것은 그분의 은혜로우신 행위들benefica을 인식한다는 것이지 저들이 가르치는바 그분의 본성이나 성육신의 방식을 음미하는 것이 아니기 때문이다. 만일 당신이 그리스도께서 어떤 유익을 가져다주시기 위해 육을 입으셨고 또 십자가에 달리셨는지를 알지 못한다면 그분에 대한 사실事實을 안다는 것이 무슨 소용이 있는가?[19]

멜란히톤은 의사로서는 풀들의 형상, 색깔 그리고 윤곽을 아는 것보다 정작 중요한 것은 풀들의 고유한 치유 능력을 아는 것이 아닌가? 반문한다. 그러므로 우리는 우리에게 치유 수단으로 주신바 된 그리스도를 그리고 성서의 말씀을 사용한다면 우리의 구원을 위해 주신바 된 그리스도를 스콜라 신학자들이 제시하는 것과는 다른 방식으로 인식해야 한다고 하였다. 그래서 멜란히톤은 구원의 은혜와 관련하여 성서에서 발견되는 신학의 주요 주제를 세분하여 제시하였는데, 이는 앞서 언급한 피터 롬바르드의 『명제집』이나 아퀴나스의 『신학대전』에서 제시한 가톨릭의 전통적인 교리적 주제를 성서적 주제로 새롭게 개편한 것으로 볼 수 있다.

하나님, 유일자, 삼위적 존재, 창조, 인간, 인간의 능력, 죄, 죄의 열매와 악덕, 징벌, 율법, 약속, 그리스도를 통한 갱신, 은혜, 은혜의 열매, 믿음, 소망, 사랑, 예정, 성례, 인간의 신분, 정부, 주교, 복락Beatitudo.[20]

이러한 종교개혁 신학을 보다 체계화한 칼빈은 신학을 신앙의 학문으로 보고 기독교 신앙을 요약한 『기독교 강요the Institute of Christian Religion』를 출판하였다.[21] 『기독교 강요』 초판(1936)은 앞서 언급한 루터의 대소교리 문답서의 구조에 따라 구약의 십계명, 신약의 주기도문 그리고 교리사의 핵심이라 할 수 있는 사도신경에 대한 해설을 주로 다루고 있다.[22] 『기독교 강요』 최종판(1559)[23]에서는 이를 확대하여 사도신경의 4가지 큰 주제에 따라, 창조주 하나님에 관한 지식(신론), 그리스도 안에 계신 구속자로서의 하나님에 대한 지식(기독론), 그리스도의 은혜를 받는 길(성령론), 하나님께서 우리를 그리스도의 공동체로 인도하시며 그 안에 있게 하시려는 외적인 은혜의 수단(교회론)을 신학의 주요 내용으로 다뤘다.[24]

종교개혁자들이 '오직 성서의 원리'와 '오직 신앙의 원리'와 '참된 교회의 표식'을 주장한 것은, 신학이 '신앙의 학문'이며 '성서의 학문'이며 '교회의 학문'인 것을 반영한 것으로 볼 수 있다. 그러나 성서 연구는 여전히 교의 신학의 방법론에서 크게 벗어나지 못했다. 개혁자들이 성서로 돌아가서 자신들이 주장하는 신학의 근거로서 성경을 증빙구Proof Text로 제시하였지만 성서를 성서 그 자체로 연구하는 데에는 이르지 못했다.

앞에서 살펴본 것처럼 멜란히톤은 기독교 신앙에 관한 성서적 주제를 모아 『신학의 주요 주제』라 불렀으나 칼빈은 그의 신학을 기독교 신앙의 요약이라는 의미에서 『기독교 강요』라 하였다. 17세기 개신교 정통주의가 형성되면서 신학이란 단어에 '조직적systematica' 또는 '이론적theoretica'이라는 수식어가 붙게 되었다. 라인하르트가 『교의학 공관Synopsis Theologiae Dogmaticae』(1659)을 저술한 이후로 '교의적dogmaticae'이란 말도 붙게 되었다.[25]

5) 현대 기독교의 신학 이해

근대와 접어들면서 종교개혁의 정신에 따라 성서를 성서 그 자체로 연구하기 시작하였다. 성서 연구에 역사적 방법을 광범위하게 도입하여 '성서 신학'이라는 새로운 신학의 영역이 등장하게 되었다. 지금은 익숙한 용어이지만 '성서 신학'이라는 용어가 보편화된 것은 18세기 후반이다.
가블러J. Gabler(1753-1826)가 1787년 독일 알트도르트Altdort 대학의 교
수 취임 강연에서 처음으로 성서 신학Biblical Theology과 교의 신학Dogmatic
Theology을 방법론적으로 구분하여 사용하였기 때문이다.26) 그는 성서신
학은 귀납적 · 역사적 · 기술적 접근 방법을 가지는 반면에, 교의 신학은
연역적 · 철학적 · 교훈적 접근 방법을 가져야 한다고 주장하였다. 신학은
철저히 성서의 학문으로 자리매김하였다.

교의 신학	성서 신학
연역적	귀납적
철학적	역사적
교훈적	기술적
신학자의 신관	성서기자의 신관

가블러를 통해 성서 신학이 등장하여 성서 그 자체를 역사 비평적인
방법을 적용하여 귀납적으로 연구하고 서술하는 길이 열린 것이다. 그리
하여 성서 신학은 다시 구약성서 신학과 신약성서 신학으로 구분되고 성서
66권의 각 책에 대해서 누가, 언제, 어디서, 무엇을, 어떻게, 왜 기록하였는
지를 역사적으로 연구하게 된 것이다.

성서 신학은 성서를 역사적 문서로 연구하기 시작하였고 그 과정에서
소위 역사적 예수에 대한 연구가 활발해져서 19세기에는 수천 권에 이르
는 『예수전』이 출판되기도 하였다.

성서 비평학은 사료 비평학의 영향으로 점차 정교하게 다듬어지게 되었
다. 전통적인 교의 신학과 다른 전제와 방법론에서 출발하기 때문에 불가
피한 귀결이었다. 성서를 영감의 책이나 교회의 전통적인 교리의 책이 아

니라 하나의 역사적 고문서로 보려는 경향이 나타나게 되었다. 그리하여 19세기의 일부 자유주의 신학자들은 성서와 전통적인 교리와 제도적인 교회로부터의 자유를 주장하기 시작하였다.

19세기 자유주의 신학의 아버지라고 불리는 프리드리히 슐라이어마허는 『신학연구입문』에서 신학을 크게 세 분야, 즉 역사 신학, 교의 신학, 실천 신학으로 분류하였다. 그런데 성서 신학은 교회사와 함께 역사 신학으로 분류하였다. 성서는 역사적 문서이므로 성서를 연구하는 성서 신학을 역사 신학으로 분류한 것이다. 그러나 그는 이 모든 신학의 분야들은 넓은 의미에서 '기독교 신앙'에 포함되는 것으로 보았다. 그래서 그는 특정 시대의 교회에 통용되는 '교의 신학'과 기독교적 경건한 신앙을 이론적으로 서술하는 '기독교 신앙론'을 구분하였다.27) 그는 이러한 입장을 『기독교 신앙론Christliche Glaube』(1928)이라는 저서를 통해 구체적으로 제시했다. 그는 신학을 단지 신에 관한 교의가 아니라 기독교 신앙 전반에 관한 학문으로 자리매김하였다. 따라서 신학은 좁은 의미에서는 신론神論이지만 넓은 의미에서는 신앙론 즉 신학信學이라고 본 것이다.

20세기에 접어들어 칼 바르트는 1916년 가을 로이트빌Leutwill에서 행한 "성서 안에 놀라운 새로운 세계"라는 제목의 강연을 통해 12년 동안 목회자로서 지니고 있던 '자신의 신학적 사고와 경향'을 떠나 "성서의 놀라운 새로운 세계"로의 전회轉回를 시도한다.

> 성서의 내용을 형성하는 것은 하나님에 대한 인간의 사고가 아니고, 인간들에 대한 인간의 사고가 아니며, 인간들에 대한 하나님의 사고이다. 성서는 '어떻게 우리가 하나님에 대하여 말할 것인가를 우리에게 가르치는 것이 아니고, 그가 우리에게 무엇을 말하는가를 가르친다. … 성서 안에 있는 것은 이것이다. 하나님의 말씀이 성서 안에 있다.28)

바르트는 종교개혁자들의 가르침대로 철저하게 성서로 돌아가서 성서가 말하는 바에 귀를 기울이기 시작하였다. 그래서 그는 자기 동시대의 쟁쟁한 신학자들이 미처 발견하지 못한 "성서의 안의 놀랍고 새로운 세계"를 발견한 것이다. 그것은 성서가 신에 대하여 이렇게 저렇게 말한 '인간의 말'이 아니라, 인간에 대한 '하나님의 말씀'을 담고 있다는 사실을 새롭게 제기한 것이다. 바르트는 '로고스Logos'를 일단 '말씀Wort'으로 보고 신학Theologia은 '신에 관한 말'이 아니리 '신의 말씀' 즉 '하나님의 말씀'을 다루는 학문이라고 규정하였다.

> 신학이란 무엇보다 하나님에 의하여 가능하게 되었고 확정된 '말들Logia'이요, '논리Logik'요, '논리 체계Logistik'이다. '로고스Logos'는 일단 '말씀Wort'으로 보아야 한다.29)

바르트는 하나님과 인간의 무한한 질적 차이를 새롭게 발견하고, 진정한 신학은 '신에 대한 인간의 사고'가 아니라, '인간에 대한 하나님의 사고'라는 신학에 있어서의 코페르니쿠스적 전회를 시도하였다. 따라서 신학은 전적으로 "하나님의 말씀의 신학"으로 전개되어야 한다고 주장하였다.

바르트는 그의 『교회교의학』(1932)에서 신학은 성서에 기록된 하나님의 말씀을 계시의 진리로 교회가 선포하고 가르치는 내용을 다루는 거룩한 교의학이라고 보았다. "교의학은 신학적 훈련으로서 교회의 고유한 하나님에 관한 말의 내용에 관하여 그리스도의 교회가 수행하는 학문적 자체 검토"30)라고 정의하였다. 그러나 신학은 광의로는 신앙론이며 협의로는 신론이고 최협의로는 교회교의학이라고 하였다.

- 광의 : 교회의 광범위한 행위로서 신앙고백의 말(신앙론)

- 협의 : 교회나 신자의 하나님에 대하여 말하는 것(신론)
- 최협의 : 교회가 하나님에 대하여 하는 말을 비판하고 수정하는 것(교회
  교의학)

다시 말하면 '교회가 성서의 기록된 말씀을 계시의 말씀으로 바르게 선포하는지 여부'를 검증하는 것이 신학의 중요한 과제라고 본 것이다. 이러한 자기 검증의 시금석은 예수 그리스도이다. 하나님에 관한 교회의 진술 내용을 바르게 검증하기 위해서는 진지한 인간의 인식 작업과 최선의 의지와 전인적 헌신도 필요하지만 보다 중요하고 모든 것에 전제되는 것은 순수한 신앙이다. 그런 의미에서 신학은 '신앙의 행위'라고 하였다. 이러한 '신앙의 행위로서 신학'은 교회 밖에는 불가능하며 오직 교회 안에서만 가능한 학문이므로 바르트는 그의 신학을 '교회교의학'이라고 명한 것이다.31) 따라서 바르트에 따르면 교의학은 하나님의 말씀인 '성서의 학문'이며, '신앙의 학문'이며, '교회의 학문'으로 자리매김한 것으로 볼 수 있다.

최근에 와서 남미 해방 신학을 비롯한 제3세계 신학은 신학이 무엇인가에 대한 새로운 인식에서 출발한다. 신학은 신앙에 관한 이론 체계를 세우는 것이 아니라 자유와 해방을 위해 현실 변혁에 참여하는 신앙의 실천을 반성하고 있는 것으로 규정한다. 구티에레즈G. Gutierrez는 『해방신학』에서 "신학은 말씀의 빛을 받아 그리스도교의 신앙 실천praxis에 관해 비판적으로 고찰"32)하는 것이라고 했다. 그동안 신학은 바른 교리orthodoxis에 전력 집중하고 남미의 현실에서 바른 실천orthopraxis은 비신자들과 교회 성원이 아닌 사람들의 손에 맡겨 왔다고 지적하였다. 그는 먼저 그들이 경험하고 있는 현실을 사회학적으로 분석하고 이러한 상황 분석에 비추어 성서와 신학을 재해석하고, 이를 다시 현실 상황에 적용하는 행동 신학 Doing Theology이어야 한다고 주장한다.33)

이처럼 현대 신학은 크게 두 줄기로 나눌 수 있다. 하나는 정통주의正統主義, Orthodoxism를 지향하는 신학 노선으로 신학의 과제를 신앙에 관한 바른 교리의 수립이라고 주장하며 그 목표를 복음화에 두고 있다. 다른 하나는 정행주의正行主義, Orthopraxism를 지향하는 정치 신학이나 해방 신학과 같은 제3세계의 신학으로, 신학의 과제가 바른 신앙 실천임을 강조하며 그 목표를 인간화에 두고 있다.

그러나 바른 신학은 정통주의와 정행주의의 대립과 양극을 극복하여야 한다. 이론은 있고 행함이 없다면 그것은 공허한 것이 되고, 실천만을 강조하여 이론을 무시한다면 그것은 맹목적인 것이 되고 만다. 바른 이치와 바른 실천의 통전을 위해서는 바른 영성이 요청되는 것이다. 왜냐하면 바른 이치를 깨달으려면 진실하여야 하며, 바르게 실천하려면 성실하여야 한다. 그리고 진실하고 성실하려면 경건하여야 한다. 바른 경건은 바른 이론뿐 아니라 바른 실천의 동일한 근원이며, 이 양자의 동일한 목표이기 때문이다.

또한 정통주의가 지향하는 개인 구원의 복음화와 정행주의가 지향하는 사회 구원의 인간화를 통전하기 위해서도 영성화가 요구된다. 최근에는 해방 신학자들에 의해 개인적 영성과 사회적 해방을 통전하는 사회적 영성에 대한 논의가 활발하게 전개되고 있다.34) 캅J. Cobb은 기독교의 이상은 전적인 복음화나 전적인 인간화가 아니라, 전적인 영성화full spiritualization 라고 하였다.35) 참다운 영성은 복음화와 인간화를 통전하기 때문이다. 그러므로 바른 교리를 추구하는 정통주의와 바른 실천을 추구하는 정행주의를 보완하고 통전하는 영성 신학은 정경주의正敬主義, Orthopietism라고 칭할 수 있을 것이다.36) 영성 신학에 관한 주제는 이 책 제1장 5절의 3에서 좀 더 자세히 다루겠다.

2

신학의 정의와 분야,
학문적 특성

1) 신학의 정의

신학에 대한 정의는 신학자의 수만큼이나 다양하다. 저마다 제 나름의 정의를 내릴 수 있기 때문이다. 그러나 여러 신학자들의 신학에 대한 정의 중 가장 포괄적인 것으로 여겨지는 정의를 소개하려고 한다. 맥퀘리J. Macquarrie는 신학을 다음과 같이 정의하였다.

> 신학은 신앙에의 참여와 반성을 통해 이 신앙을 보다 명확하고 일관성 있는 언어로 진술하는 학문이다.[1]

이 정의의 주요한 개념을 좀 더 풀어서 설명하면 다음과 같다.

1. 신앙에의 참여participation : 신학은 신앙의 학문이다. 따라서 신학 연구는 신앙에의 참여를 전제로 한다. 한 마디로 신앙 없는 신학은 불가능

하다는 의미이다.

그런 의미에 바르트도 신학 연구에서 "연구 없는 기도는 맹목적이고 기도 없는 연구는 공허하다."[2]고 하였다. 신학은 다른 학문과 달리 신앙적인 경건과 학문적인 연찬研鑽의 조화를 이루어야 하는 것이다. 신앙이 없는 상태 즉, 믿어야 할 것은 믿지 않는 불신不信이나, 믿을 필요가 없는 것은 믿는 미신迷信은 바른 신앙이 아니기 때문에 불신과 미신 상태에서는 신앙의 학문으로서 신학이 성립할 수 없는 것이다.

2. 신앙에 대한 반성reflection : 신앙도 여러 단계를 거친다. 그래서 신앙발달단계이론이 정교하게 제시되기도 한다. 초기의 신앙은 아무래도 직관적인 신앙이 아닐 수 없다. 이 직관적인 신앙에서 점차 반성적이고 개념적인 신앙으로 성숙해 나가는 것이다. 마치 한 살짜리 어린아이가 어머니의 존재에 대한 아무런 사전 지식이 없이도 어머니와의 직접적인 접촉을 통해 직관적으로 어머니의 존재를 알고 의지하는 것처럼, 신앙도 이처럼 단순히 직접적이고 직관적인 의존에서 출발할 수 있다. 그러나 이러한 직관적인 신앙이 성숙하여 반성적인 단계로 이행하지 않으면 무절제하게 믿는 광신과 무조건적으로 믿는 맹신이라는 무비판적인 신앙에 고착되고 만다.

따라서 신학은 신앙 생활에 참여하면서 이 신앙의 근거와 대상과 방법에 대하여 반성하는 비판적인 작업이다. 신학이 '신앙'의 학문이므로 신앙 생활에 참여해야 하고 신앙의 '학문'이므로 비판적인 연구가 불가피한 것이다.

3. 신앙의 내용 : 신학은 신앙의 학문이므로 기독교 신앙의 내용이 그 연구 대상이다. 그러므로 기독교 신앙의 기본 내용이 무엇인가 하는 질문이 당연히 제기되어야 한다. 무엇을 믿으며, 어떻게 믿으며, 왜 믿는지에

관한 주제는 제2장 2절의 4에서 자세히 다루려고 한다.

4. 명확성과 일관성 : 신학은 성서의 무수하고 다양한 신앙에 관한 진술을 명확하고 일관성 있게 요약하여 재진술하는 것이다. 예수의 지상 명령이요 최후의 말씀인 "모든 족속으로 아버지와 아들과 성령의 이름으로 세례를 주고 내가 너희에게 분부한 모든 것을 가르쳐 지키게 하라."(마 28:19-20)고 하신 말씀처럼 신앙의 모든 내용을 가르치고 지키게 하기 위해서 그 모든 내용을 명확하고 일관성 있게 다시 요약할 필요가 생긴 것이다.

그러나 시간이 흐르고 교회가 지역적으로 확장되면서 교회 안에서 예수께서 분부한 모든 것을 '그대로 가르치고 그대로 지키는 것이 아니라, 다르게 가르치고 다르게 지키는 자'들이 생겨난다. 그리하여 다른 복음, 다른 예수, 다른 영, 다른 교훈을 가르치는 신앙의 왜곡이 생겨난 것이다.

또한 교회 내에서는 예수께서 분부한 모든 것을 '그대로 가르치고 그대로 지키는 것'이 아니라, 그 일부분만을 강조하여 가르치는 신앙의 극단이 생겨난 것이다.

이처럼 교회 내에서 신앙을 왜곡하고 극단화함으로써 잘못된 가르침을 퍼트리는 이단異端 사설邪說을 바로 잡기 위해서는 이를 반박하고 신앙을 명확하고 일관성 있게 재진술할 필요가 요구된 것이다.

5. 언어로 진술하는 학문 : 신학은 신앙에의 참여와 반성을 통해 이 신앙의 내용을 명확하고 일관성 있는 언어로 진술하는 학문이라고 하였다. 신앙에 참여하고 반성한 후 그 신앙을 표현하는 방식은 여러 가지일 것이다. 인간의 모든 표현 수단이 이러한 반성적인 신앙의 표현 도구로 사용될 수 있다. 문학이나 예술을 통해 이러한 신앙이 표현되어 왔다. 그러나 신학은

이러한 반성적인 신앙을 언어를 매개로 진술하는 학문이다.

언어로 표현한다는 것은 이해를 돕는 효과적인 방법이긴 하지만 절대적인 방법은 아니다. 인간의 언어는 그 자체로 한계가 있다. 언어는 이해의 도구이지만 또한 오해의 도구이기 때문이다. 따라서 신학의 논리와 신학의 학문성의 특성이 논의되어야 한다. 이 주제는 5절에서 더 자세히 다룰 것이다.

2) 신학의 여러 분야

신학을 신앙의 학문으로 규정한 슐라이어마허는 『신학연구입문』에서 신학의 분야를 크게 철학적 신학, 역사적 신학, 실천적 신학으로 나누었다.[3]

- **철학적 신학**

  변증학-외적

  변론학-내적

- **역사적 신학**

  주석 신학, 비평학, 해석학, 배경사

  교회사, 교리사

  교의 신학, 윤리학, 신조학

- **실천적 신학**

  교회 봉사, 예배, 목회, 선교, 교리 학습

  교회 치리, 교리, 교회와 국가, 교회 간 관계

역사적 신학은 이처럼 세 가지 부분, 즉 원시 그리스도교에 대한 지식, 그리스도교의 전 과정에 대한 지식, 현재의 그리스도교에 대한 지식으로 완성된다고 하였다. 슐라이어마허는 성서 신학을 주석 신학, 비평학, 해석학, 배경사로 세분하고 이를 모두 역사 신학에 포함시켰다. 실천적 신학에 관해서는 참된 신학자는 교회의 지도에 참여하여야 하며 교회 정치에 임하는 모든 사람도 신학 안에서 활동하는 것이므로 교회적 관심과 학문적 정신이 하나가 되어 있지 않으면 안 된다고 하였다.

바르트에 와서 성서 신학은 역사 신학에서 벗어나서 새로운 분야로 독립하게 된다. 신학의 분야를 셋으로 구분한 슐라이어마허와 달리 바르트는 이를 넷으로 나누어 석의(성서 신학), 교회사, 조직 신학과 윤리학, 실천 신학으로 구분하였다.[4]

대체로 우리나라에서는 신학 교육은 일정한 구분이 있는 것은 아니나 대체로 성서 신학, 역사 신학, 조직 신학, 실천 신학으로 분류하여 왔다.

- 성서 신학 : 구약 신학, 신약 신학
- 역사 신학 : 교회사, 교리사
- 조직 신학 : 교의학, 윤리학, 종교학
- 실천 신학 : 목회학, 설교학, 상담학, 선교학, 기독교 교육

그러나 최근에는 신학의 학문적 분야가 더욱 세분되어 실천 신학 분야에 선교학과 상담학과 교회 음악학이 독립되고 여기에 여성 신학과 문화 신학이 독립되고 2009년에 기독교 복지학이 보태져서 한국기독교학회에 소속된 신학 분야의 학회가 모두 13개로 나뉘어 있다.

구약 신학, 신약 신학, 조직 신학, 교회사학, 기독교 윤리학, 기독교 교육,

실천 신학, 여성 신학, 선교 신학, 교회 음악학, 목회 상담학, 문화 신학, 기독교 복지학

3) 신학의 학문적 특성

일찍이 딜타이W. Dilthey(1833-1911)는 『정신과학 서설』에서 학문, 즉 과학wissensaft을 그 대상과 방법과 목적에 따라 크게 두 가지로 구분하는데, 자연 과학과 정신(인문)과학이다. 이러한 구분에 따라 우리나라의 교육계에서도 일찍이 자연 계열과 인문 계열이라는 용어로 통용되고 있다.

자연 과학natural science은 반복되는 자연 현상을 대상으로 실험과 관찰의 방법을 통해 자연 현상을 가능한 한 객관적으로 설명하는 것이다. 자연 과학을 실험이나 관찰을 할 대상을 선정한 후 가설을 세우고 표본을 추출한 후 실험이나 관찰을 통해 가설을 입증하기 위하여 '귀납적인 비약'을 통해 결론에 이르게 된다. 초기 자연 과학자들은 자연 과학적 진리는 절대적인 것으로 주장하였지만 자연 과학의 역사를 보면 자연 과학의 진리가 끊임없이 뒤집어져 온 것을 알 수 있다. 따라서 현대의 과학자들은 자연 과학을 '언젠가는 뒤집어질 수 있는 잠정적인 가설'로 정의한다. 그러므로 과학적인 진리가 그때그때마다 가장 객관적인 진리로 수용되기는 하지만 '절대적인 진리'로 주장되지는 않는다. 과학이 절대적인 진리라고 믿는 것은 과학적 미신이라고 한다.

물이 100도에서 끓는다고 하지만 실제로 실험과 관찰을 시도해 보면 그것이 절대적인 수치가 아닌 것이 금방 드러난다. '물이 끓는 과학적 현상'에 대한 절대적인 기준이 불가능하기 때문이다. 물이 끓는 일반적인 기준은 기포가 생기고 수증기가 일어나고 표면이 움직이는 현상이라고 할 수

있다. 그러나 몇 개의 기포가 생기고 몇 밀리그램의 수증기가 생기고 몇 밀리미터로 표면이 요동쳐야 물이 끓는 절대 기준이라고 규정할 수 없는 것이다. 다만 그 근사치를 설명할 수 있을 뿐이다.

딜타이는 인간의 삶 중에서도 인간의 정신적인 삶과 관계하는 학문을 가리키므로 정신과학Geistwissenschaf 또는 인문 과학human science이라 한다. 인문 과학의 대상은 인간의 삶 즉 인간의 정신적인 삶이다. 인간의 정신적인 삶은 실험과 관찰의 대상이 아니라, 각자가 실제로 체험하는 것이므로 그 체험을 이해하는 것이 인문 과학의 목적이다. 간접 체험은 직접 체험한 자들이 자신의 체험을 표현하여 놓은 것을 통해 체험하는 것이다. 따라서 직접 체험을 표현해 놓은 것을 이해함으로써 간접 체험이 가능하게 된다.

딜타이W. Dilthey에 따르면, 인간의 삶에는 세 가지 구성 요소가 있다. 체험과 표현과 이해가 그것이다. 흔히 직접 체험이라 하는 것을 그는 원체험原體驗이라고 하였고 이 원체험이 표현된 것을 통해 간접 체험하는 것을 추체험追體驗, Nachedebnis이라 하였다. 이 모든 직간접의 삶의 체험을 이해하는 것을 인문 과학이라고 하였다. 인간의 삶의 체험은 저마다 다르고 너무나 다양하므로 이를 서로 이해하고 폭넓게 포용할 필요가 있기 때문에 인문학의 목적이 다양한 삶에 대한 이해라고 규정하는 것이다.

신학은 정신과학 또는 인문 과학에 속하는 것으로 오해하기도 한다. 그러나 엄밀히 말하면 신학의 대상은 자연 현상도 아니고 인간의 정신적인 삶도 아니다. 신학의 고유한 대상은 '신에 대한 신앙'이기 때문에 그 대상과 연구 방법과 목적인 다를 수밖에 없다. 존 맥쿼리는 신학의 학문적 차별성을 강조하기 위해 신학은 자연 과학과 인문 과학과는 전적으로 다른 '신적 과학divine science'이라고 하였다.

신학은 신적 과학으로 자연 과학이나 인문 과학과 전혀 다른 대상과 방법과 목적을 지닌다. 신학은 무엇보다도 연구의 그 대상이 신이고 신에 대한 인간의 신앙이다. 신에 대한 신앙은 계시와 은총으로 주어지는 것으로 계시와 은총을 믿음으로 받아들여 '고백적 삶'을 사는 것이 신학의 목적이라고 할 수 있다. 고백적인 삶은 하나님의 뜻에 전인적으로 응답하는 것이다.

분 야	대 상	방 법	목 적
자연 과학	자연 현상	실험과 관찰	객관적 설명
인문 과학	인간의 정신적 삶	체험과 표현	주관적 이해
신적 과학	신에 대한 신앙	계시와 은총	고백적인 삶

따라서 신에 대한 신앙의 학문으로서 신학은 신앙이 계시와 은총을 통해 프리-텍스트Pre-Text로 주어지고, 그리고 신앙의 원진술原陳述로서 성서가 텍스트Text로 주어진다. 그리고 신에 대한 신앙을 교회 공동체 안에서 형성되기 때문에 신앙의 콘-텍스트Con-Text인 교회 공동체를 배제할 수 없다. 따라서 신적 과학으로서 신학은 신앙의 학문, 성서의 학문, 교회의 학문이라고 할 수 있다.

- 신앙의 학문으로서 신학 : pre-text
- 성서의 학문으로서 신학 : text
- 교회의 학문으로서 신학 : con-text

이 세 가지 주제는 2장, 3장, 4장에서 자세히 다루려고 한다.

3
신학의
논리와 방법

신학Theo-logia은 신에 대한 신앙의 내용을 언어로 진술하는 학문이다. 따라서 logia라는 말은 언어, 이성의 뜻도 있지만 개념적인 의미는 논리logis이다. 신학은 어느 시대든 그 시대의 논리로 신앙을 가르치고 정립하고 변증하는 과제를 수행한다. 신학은 한 마디로 신앙 논리를 세우는 학문인 것이다.

인간이 어떤 사물이나 사건이나 관계를 이해하고 설명하는 방법은 크게 두 가지가 있을 수 있다. 하나는 본능적이고 직관적인 방식이고 다른 하나는 논리적이고 개념적인 방식이다. 난 지 100일쯤 되는 갓난아이도 엄마를 알아본다. 엄마와 눈을 맞추고 각자의 필요를 비논리적 언어나 표정으로 설명하고 이해시킨다. 그래서 논리적 진술이 없어도 최소한의 소통은 이루어지는 것이다. 그러나 이러한 의사소통은 너무나 많은 한계와 제약이 따른다. 따라서 인간은 언어와 개념과 논리를 발전시켜 보다 정확하고 원활한 소통을 가능하게 한 것이다.

최초의 서양 철학자들은 이러한 학문의 기본적인 방법론으로 논리의 기초를 세우려고 시도하였다. 그리하여 사물, 사건, 관계를 논리적으로 설명하는 방법론을 정립한 것이다.

1) 사건을 설명하는 논리

어떤 사건을 객관적이고 논리적으로 설명하기 위해서는 소위 육하六何 원칙에 입각하여 설명하여야 한다. 누가, 언제, 어디서, 무엇을, 어떻게, 왜, 하였는지를 빠짐없이 진술해야 한다. 역사적 사건에 대한 이러한 논리적 설명은 18세기 이후의 성서 비평학과 역사적 예수 연구에 그대로 적용되었다. 그래서 성경 66권이 각각 언제, 누가, 어디서, 어떤 신학을 어떻게, 왜 썼는지에 대한 연구가 활발하여진 것이다. 이러한 역사 비평적 연구가 축적되어 소위 신구약 문서설이 등장하였고 역사적 예수 연구가 여러 단계를 거쳐 오늘날에 이르게 된 것이다. 그리고 성인이 된 그리스도인이나 비그리스도인들에게 하나님에 대한 신앙을 단지 직관적인 언어로만 설명하는 데에는 한계가 있다. 기독교 신앙의 역사적 사건을 '사건의 논리'로 설명하고 이해시켜야 그들에게 신앙을 설득할 수 있기 때문이다.

2) 사물을 설명하는 논리 : 추론의 외적 형식

종종 학생들에게 '주전자'라는 말도 처음 들어 보고 주전자를 한 번도 본적이 없는 사람이라고 생각하고 '주전자'를 설명해 보라고 질문한다. 많은 학생들은 주전자를 직관적으로 잘 알고 있지만 이 사물을 논리적이고 개념적으로 설명하는 일에 익숙하지 않다. 우선 주전자라는 독특한 사물

의 형태적인 특징 세 가지 즉, "주둥이와 뚜껑과 손잡이가 있는 그릇"이라
고 제대로 설명하는 경우가 드물다. 그만큼 사물을 논리적으로 설명하는
훈련이 되어 있지 않기 때문이다.

주전자와 같은 사물을 설명하기 위한 논리는 일찍이 아리스토텔레스의
저서 『논리학*Organon*』(BC 350)[1]에서 정립되었다. 그는 사물을 설명하는
논리를 '추론의 외적 형식'이라고 하였다. 특히 『물리학』에서 저 유명한
"탁자의 비유"를 통해 사물을 개념적으로 설명하려면 네 가지의 논리적
영역을 설명하여야 한다고 주장하였다.

- 질료(matter)　　　무엇으로(나무)
- 형상(form)　　　어떤 모양으로(책상)
- 목적(finals)　　　어떤 목적으로(공부)
- 효능(efficacy)　　어떻게 사용하려고(칼과 대패로)

이러한 추론의 외적 형식으로 사물을 설명하는 논리는 아퀴나스가 그의
신학에서 그대로 수용하였다. 아퀴나스는 성찬을 설명하면서 이러한 추론
의 형식을 사용하였다. 성찬의 질료materia eucharist는 빵과 포도주이지만
사제의 축성을 통해 실체가 변화tranassubstantaio하여 그리스도의 몸과 피
의 형상forma이 된다. 성체의 목적finalis은 세상의 영적 삶을 위한 것이고,
그리스도께 이 성사를 세운 방식efficacy은 자신이 그 당시 지녔던 몸, 즉
수난당하실 수 있는 몸을 주심이라고 설명하였다.[2]

현대에 와서 에밀 브룬너도 하나님의 형상*imago Dei*에 관한 논쟁을 해결
하기 위해 형상과 질료라는 용어를 사용하였다.[3] 어거스틴과 바르트는
인류는 타락과 원죄로 인해 하나님의 형상을 완전히 상실하여 선을 알 수
도 없고 알아도 행하지 못한다고 하였다. 그러나 브룬너는 인간의 타락으

로 인해 하나님 형상의 질료matter는 상실하였지만 그 형상form만은 다소 찌그러진 채로 남아 있다고 하였다. 하나님의 형상imago의 형상form가 남아 있기 때문에 모든 인간은 어느 정도 선을 알 수 있고 행할 수 있으며, 하나님의 피조물인 자연을 통해 하나님을 알 수도 있다고 하였다.

3) 사물의 관계에 대한 논리 : 추론의 내적 형식

인간이 사물이나 사건이나 관계를 이해하는 방식은 동일성이나 차이성의 비교를 통해서 가능하다. 길고 짧은 것은 그 자체의 개념이 아니라 비교를 통해 A는 B보다 길고 B는 A보다 짧다는 인식이 가능해진다.

사건과 사물을 설명하는 논리 다음으로 중요한 것은 사물과 사물 사이의 내적 관계를 논리적으로 설명하는 논리이다. 일찍이 아리스토텔레스는 「명제론」에서 이러한 추론의 내적 형식을 발전시켰는데, 연역, 귀납, 변증, 역설의 논리이다.

- 제1분석론　　삼단논법　　연역
- 제2분석론　　필연적 논법　　귀납
- 변증론　　변증적 논법　　변증
- 궤변론　　비형식적 오류　　역설

(1) 연역deduction의 논리

연역演繹이란 말을 '~로부터'(de) '끄집어낸다'(ductio)는 뜻이다. 一에서 多를 추론한다는 뜻이다. 즉 하나의 진술(전제)에서 어떤 진술(결론)

을 도출하는 추론 방식을 가리킨다. 이는 아리스토텔레스가 삼단논법이라고 불렀던 것을 일반화한 것이다. 예를 들면 "사람은 죽는다, 그러므로 너도 나도 죽는다."는 논리의 전개를 말한다. 전통적으로 연역법은 '일반적인 것에서 특수한 것을' 또는 '보편자에서 개별자를' 추론하는 논리로 설명되어 왔다.

사도신경을 비롯한 전통적인 신조나 교리는 대부분 이러한 연역의 논리를 사용한다. 중세기의 교부 신학이나 17세기의 개신교 정통주의orthodoxism도 대부분 이러한 연역의 논리에 기초해 있다.

신학에서 이러한 연역 논리에 대한 반론은 앞서 언급한 것처럼 근대에 접어들면서 성서 비평학의 등장으로 제기되었다. 특히 가블러J. D. Gabler (1753-1826)는 성서 신학Biblical Theology과 교의 신학Dogmatic Theology을 방법론적으로 구분하여 성서 신학은 귀납적·역사적·기술적 접근 방법을 가지는 반면에, 교의 신학은 연역적·철학적·교훈적 접근 방법을 가져야 한다고 주장하였다.4)

이러한 귀납적·역사적·기술적 성서 연구는 '역사적 예수 연구'를 촉발시켜 '예수전 운동'을 일으켰다. 그리하여 마틴 켈러는 귀납적으로 '역사적 예수der historische Jesu'를 탐구하는 것과 '신앙의 그리스도der geschichtilche Christus'를 고백하는 것을 구분하였다.5) 현대에 와서 판넨버그는 귀납적인 방법을 사용하는 전자를 '아래로부터의 방법론(기독론)'이라고 하였고 연역적인 방법의 후자를 '위로부터의 방법론(기독론)'이라고 하였다.6)

(2) 귀납induction의 논리

귀납歸納은 '안으로'(in) '집어넣는다'(ductio)는 뜻이다. 연역과 반대로 多에서 一을 논증한다. 귀납은 경험적 근거를 바탕으로 한 사실명제를 전제로 한다. 따라서 귀납 추론은 경험적 사실을 바탕으로 논리를 이끌어

내는 방법이다. 예를 들면 "너도 나도 죽는다, 그러므로 사람은 죽는다."는 추론의 형식이다. 전통적으로 연역법과 반대로 귀납법은 '특수한 것에서 일반적인 것을' 또는 '개별자에서 보편자를' 추론하는 논리로 설명되어 왔다.

귀납의 논리는 특히 현대에 와서 '역사적 예수 연구'에 적용되어 활발하게 사용되어 왔다. 특히 제3세계의 신학 방법론은 이러한 역사적 연구방법을 확장하여 정치경제사적 연구와 더불어 성경의 텍스트보다 현장의 컨텍스트를 더 중요시하는 실천적인 행동 신학doing theology을 지향함으로써 더욱더 귀납적인 방법으로 치우치는 경향을 띠고 있다.

아주 최근 펑크와 크로산을 중심으로 '예수 세미나'를 주도해 온 일부 신학자들은 역사적·귀납적 방법에 치중하여 복음서의 역사적 진정성의 범위를 과도하게 축소하였다. 이들은 『다섯 복음서The Five Gospels』라는 저서를 통해 마태, 마가, 누가, 요한 그리고 도마복음서 중에서 예수의 말씀의 역사적 진정성의 정도를 네 가지 색깔로 구분하여 다수결로 결정하였다.7)

- 붉은색 : 예수가 직접 한 말
- 분홍색 : 예수가 직접 한 말일 가능성이 있는 것
- 회　색 : 예수가 직접 한 말은 아니나 그의 생각을 반영하고 있을 가능성이 있는 것
- 검정색 : 예수가 직접 하지 않은 말

이들은 복음서에서 예수가 직접 한 말은 20% 정도에 불과한 것으로 주장한다. 그러나 이들은 미국 동부의 신학자 74명으로 구성되었으며, 북미나 유럽의 다수의 학자들은 포함되지 않았다. 심지어 하버드, 예일, 듀

크, 시카고, 반더빌트 남감리교대, 프린스턴, 뉴욕 유니온, 치치몬드 유니온 대학의 교수진은 한 사람도 참여하지 않았다고 한다. 특별히 예수 연구에 큰 업적을 남긴 샌더스E. Sanders와 마이어J. Meier 등도 빠져 있다고 한다.8) 따라서 이들은 북미의 일부 과격한 신학자들의 입장을 대변할 뿐이라는 지적을 받고 있다.

최근 펑크는『예수에게 솔직히』라는 책을 통해 자신들의 비판적인 입장을 강변한다. 그는 '역사적 예수를 사로잡았던 진리'에 관심을 집중한다고 주장한다.9) 따라서 복음서 가운데서 확실하게 역사적 예수에게 귀속되는 내용은 20% 정도밖에 되지 않는다는 '새로운 회의론'에 도달하였다. 그러나 가장 회의적이고 비판적인 학자들조차도 인정한 복음서 가운데 나타나는 20%의 역사적 사실만 가지고도 기독교 신앙의 기초가 되는 예수에 대한 기본적인 역사적 사실은 모두 확인할 수 있다는 새로운 사실이 드러났다.

'예수 세미나'에서 예수의 역사적 가르침으로 그 진정성을 인정하는 내용만으로도 예수에 관한 기독교 신앙의 역사적 근거는 충분히 확보할 수 있다는 사실은 더욱 확고하게 된 것이다. 따라서 역설적이게도 19세기 이후 제시된 역사적 예수에 대한 근본적인 회의는 이들의 '새로운 회의론'에 의해 종결된 것으로 판명되었다.

(3) 역설paradox의 논리

역설은 그 본래의 의미는 두 견해가 팽팽이 맞서 있는 '평행되는'(para) '견해'(doxa)라는 뜻이다. 모순율에 근거하여 A와 非A를 동일한 것으로 설정한다. 일치와 차이를 병용한다. '모순矛盾'이라는 말은 중국의 고사에서 유래한 말이다. 초나라 시절 같은 시장에서 각각 창과 방패를 파는 상인이 있었다. 창을 파는 상인은 '그 어떤 방패도 뚫을 수 있는 창'이라고 선전했고, 방패를 파는 상인 '그 어떤 창도 막아낼 수 있는 방패'라고 외쳤다는 것이다. 이처럼 모순은 '모든 방패를 뚫는 창'과 '모든 창을 막는 방패'처럼 동시에 존재할 수 없는 경우를 말하는 것이다.

다른 예를 들면 "죽는 것이 사는 것이고, 사는 것이 죽는 것이다."라거나 "살자고 하면 죽을 것이고, 죽자고 하면 살 것이다."라고 할 때 이러한 모순과 역리의 논리가 가장 잘 드러난다.

성경에도 많은 역설적인 진리가 등장한다. 예수 그리스도야말로 가장 역설적인 존재이다. 세상의 구원자가 자신 자신을 구원하지 못했다는 것은 이만저만 역설이 아니다. 그리고 초대 교회의 예수가 신이냐 인간이냐는 양성론 논쟁은 결국 대립되는 두 관계를 설명하는 추론의 다양한 논리의 대결로 귀결되었다.

에비온파는 예수가 유대인으로 태어났는데 하나님의 양자가 되었다는 양자설을 주장하였다. 많은 인간 중에 예수만이 유일한 독생자인 신의 아들이 되었다는 양자설은 일종의 귀납논리로 추론한 주장이다.

반대로 영지주의 기독교에서는 예수가 영원 전부터 신적 존재였는데 인간을 구원하기 위해 육체의 모습으로 나타났다(doceo)는 가현설을 주장하였다. 이는 유일한 신적 존재가 인간의 육체로 나탄 것이므로 일종의 연역의 논리로 추론한 주장이다.

아리우스는 예수의 신성과 하나님의 신성이 동일하지 않다고 주장하였고, 어떤 이들은 예수의 인성과 우리의 인성이 동일하지 않다고 주장하기도 하였다. 이러한 논리는 결국 예수가 완전한 신도 완전한 인간도 아닌 반신半神이거나 반인半人으로 혼합된 존재로 보기 때문에, 신이라는 정正, 인간이라는 반反, 양자를 혼합한 반신반인이라는 합슴의 논리, 즉 변증의 논리에 상응한다.

니케야 회의(325)와 칼케돈 회의(451)는 예수가 신성에 있어서는 하나님과 동일 본질이고 인성에 있어서는 우리 인간과 동일 본질이므로 예수는 참 하나님이며 동시에 참 인간이라는 역설의 논리를 제시하였다.

현대에 와서 키에르케고르는 이러한 '역설의 논리'를 중요한 신학적 방법론으로 사용하였다. "불가능한 가능성impossible possibility"이라는 역설적 용어는 칼 바르트와 라인홀드 니이버 등이 수용하였다.

(4) 변증dialect의 논리

변증은 "서로 통하는 것"(dia)을 '말한다'(lectio)는 뜻이다. 정과 반 사이의 통하는 합을 지향한다. 일치와 차이를 승여乘餘하여 공변共辨한다. 예를 들면 "다 살거나 다 죽기보다는 죽을 사람은 죽고 살 사람은 살자"는 논리가 여기에 해당할 것 같다.

이러한 변증의 논리는 제논Zenon에서 시작하여 일종의 논리학으로 그 의미와 내용이 다양하게 발전하였으며, 헤겔에 의해 가장 방대한 체계로 전개되었다.

변증법은 단순한 논리의 법칙이 아니라 논리학보다 더 근원적인 "사고와 존재, 인식과 대상의 진정한 관계, 즉 진리를 연구하는 인식 내지는 방법론이며, 논리학, 존재론, 인식론, 방법론 등을 포함하고 있다."고 한다.10) 변증법은 전체, 진리, 운동을 순환시키는 원리로서 모순과 대립을 넘어서는 다음 단계를 표상한다. "대립과 모순 그 자체로부터 새롭고 보다 상위의 개념을 내놓는다."11) 모순에서 새로운 통일이 나오며, 새로운 통일은 다시 모순이 된다. 따라서 모순은 변증법적 계열을 갖게 되며, 변증법적 체계를 갖는다. 변증법적 체계와 계열은 전체 현상을 3단계로 구분하며, "이 삼분법은 변증법의 공식"12)되었다. 피히테는 이를 정, 반, 합으로 공식화했다.

이러한 변증법의 일반적 현상과 원리는 대표적인 변증법 사상가인 칸트, 헤겔, 마르크스 등에 의해 다양한 방식으로 전개되어 왔다. 특히 현대 신학자 중에는 칼 바르트가 대표적으로 "변증법의 신학"을 주장하였다. 바르트에 따르면 하나님은 하나님이고 인간은 인간이기 때문에 양자 사이의 무한한 질적 차이로 인해 아무런 중간 매개로서의 접촉점이 없다. 하나님이 인간이 되셨기 때문에, 참 하나님이요 참 인간이신 예수 그리스도 안에서 하나님과 인간 사이의 정반합의 변증법적 관계가 성립된다는 점을 다양한 방식으로 설명한 바 있다.

하나님과 인간 사이의 무한한 차이가 양자의 참된 합일合—이다. 시간과 영원, 인간의 의와 하나님의 의, 차안과 피안이 예수 안에서 철저하게 대립(反)되어 있기 때문에, 이 양자들은 예수 안에서 그리고 하나님 안에서 합(合)하여진다.13)

폴 틸리히의 '상관관계의 신학'도 변증법의 논리를 적용한 신학 방법론이라 할 수 있다.14) 틸리히는 퀠러Martin Kähler가 주장한 '신학의 과제는 중재이다.'라는 말을 그대로 받아들인다. "신학의 중재하는 과제가 거부되면 신학도 거부된다. theo-logy라는 용어 자체가 신비한 것인 theos와 이해할 수 있는 것인 logos의 중재임을 함축하고 있기 때문이다."고 하였다. 그리고 "자신이 '중재의 신학자theologian of mediation'로 불리는 것을 부끄럽게 생각하지 않는다."고 하였다.15) 이 중재의 신학은 신학적 내용에 있어서 자연주의와 초자연주의, 자유주의와 정통주의의 중재이며 나아가서는 메시지를 강조하는 케리그마 신학과 상황을 강조하는 변증 신학apologue theology의 중재이다. 변증 신학은 물음에서 대답을 끄집어내는 귀납적이고 경험적인 접근 방법을 취한다. 이에 반해 케리그마의 신학은 질문과 상관없이 대답을 제공하는 연역적이고 형이상학적 접근 방법을 취한다. 틸리히는 이러한 변증 신학과 케리그마의 신학의 장단점을 비판하고 이 두 주류의 신학을 중재하는 제3의 신학 방법을 모색한다. "그동안 2세기 이상이나 신학은 크리스천의 메시지가 그 독자성과 본질을 잃지 않고 현대 정신에 적응할 수 있는가를 주테마로 삼아 왔다."16)고 한다. 그러나 변증 신학은 상황만을 강조하여 메시지의 독자성과 본질을 약화시켰고 반면에 케리그마의 신학은 메시지의 독자성과 본질만을 강조하여 상황을 약화시켰다고 말한다. 틸리히는 이 양자 중 어느 하나도 제외하지 않고 서로의 관계를 맺어 주는 신학의 방법이 바로 '상관관계의 방법meth-od of correlation'17)이라고 하였는데 일종의 변증의 논리를 수용한 것으로 평가된다.

이처럼 신학 역시 주제와 내용에 따라 인간이 사용할 수 있는 모든 논리의 한계 내에서 언어로 진술할 수밖에 없는 것이다. 따라서 기독교 신학은 서양의 네 가지 논리적 방법을 골고루 사용하여 왔다. 초대 교회와 중세 교회와 종교개혁에 이르기까지 교리와 신학은 주로 연역법을 사용하였고, 성서 신학은 사료를 분석하고 비판하는 귀납법을 수용하였으며, 독일의 관념론의 영향으로 변증법이 도입되기도 하였다. 키에르케고르 이후에는 역리법을 선호하는 신학도 등장하게 되었다.18) 신앙의 모든 내용을 언어와 논리로 설명할 수 없기 때문에 논리를 무시하거나 초월하려는 신비주의 신학도 등장하였다. 그러나 신비주의 역시 말로 다 설명할 수 없다는 사실조차도 말로 설명해야 한다는 역설을 펼 수밖에 없는 것이다.

이 외에도 최근에는 불확정성의 논리, 퍼지의 논리 등이 주장되기도 하지만 신학적으로 수용되기에는 아직 한계가 있다. 그러나 상황 논리는 상황 윤리와 '상황 리더십 이론'으로 수용되었다.

상황 윤리는 상황에 따라 윤리적인 행동의 구체적인 원칙이 바뀔 수 있다고 주장한다.19) 상황 윤리는 인간이 선행을 하는 것은 인간의 의무라는 의무론적 원칙 윤리를 거부하고 인간의 선행의 목적은 최대다수의 최대 행복이라는 목적론적 윤리의 입장을 선호한다. 따라서 거짓말을 하여 생명을 살릴 수 있는 상황에서는 거짓말을 선택할 수 있다고 주장한다. 그러나 상황 윤리는 진실을 말하고도 생명을 살릴 수 있는 상황은 배제한다는 약점이 있다. 이러한 상황 윤리는 인간의 상황 판단에는 한계가 있을 수 있다는 점과 많은 경우 자신이 처한 상황을 이기적으로 판단하여 기회주의적으로 악용하는 사례가 훨씬 많다는 점을 간과하고 있다. 상황 윤리는 상황 판단 능력이 뛰어나고 인격적으로 성숙한 소수의 사람들만 선택할 수 있는 특수한 윤리이다. 따라서 윤리적인 품성이 낮은 사람들에게는 언제 어디서나 원리 원칙에 따라 도덕적 규범을 준수하여야 한다는 원칙 윤리를 가르치는 것인 훨씬 교육적이고 윤리적인 것이다.

허세이P. Hersey와 블란챠드Ken H. Blanchard는 리더십에 관한 '상황이론'(1969)을 주장하였는데, 지도자가 지도력을 발휘하려면 집단의 과제와 집단의 인간관계와 그리고 집단에 처한 상황이 고려되어야 한다고 하였다. 상황에 따라 리더의 역할이 바뀌어야 한다는 상황 논리를 설명할 수 있는 좋은 사례이다. 상황 리더십에 관하여서는 이 책 제4장 5의 3을 참고하길 바란다.

4
신학의 동기와
과제와 필요성

1) 신학의 동기와 과제

종교개혁자 칼빈은 신학의 과제를 기독교 신앙의 요약으로 보았다. 『기독교 강요』 초판(1536)은 십계명, 주기도문, 사도신경의 요약이었다. 『기독교 강요』 최종판(1559)에서 이 책을 저술한 목적을 두 가지로 설명하였다. 칼빈은 『기독교 강요』의 머리말에서 신학의 목적은 신앙의 강화와 복음의 변증이라고 하였다.

첫째, "나의 목적은 단지 어떤 기초적인 사실들을 전달함으로 그것에 의해 종교에 열심을 가진 사람들을 참된 경건에 도달하게 하는 것"[1]이라고 하였다.

둘째는 프랑스에서 일어난 새로운 복음 운동(루터파의 종교개혁)에 대한 탄압을 시도한 "사악한 사람들의 격노로 건전한 교리가 발붙일 자리가 없게" 되었기 때문에 복음주의자들을 위한 변증과 탄원을 위해 당시의 프랑스 왕 프랑수아 폐하에게 "그들의 중상모략에 귀를 기울이시게 되지 않도록 우리를 중상하는 자들의 사악한 계획들을 자세히 개진해 올렸다"2)
고 하였다.

이처럼 칼빈은 신학의 과제를 신앙의 기초적인 사실을 요약하여 참된
신앙에 이르도록 가르치는 것이고 사악한 교리를 막아내고 건전한 교리가
발붙일 수 있게 하는 것이라고 보았다.

가톨릭교회의 경우 트렌트 공의회(1545-1563)에서 신학의 과제를 다
음 세 가지로 정의하였다.3)

- 계시의 진리를 정의하고 설명하는 일
- 교설敎說을 조사하여 오설誤說을 규명, 단죄하고 정설을 옹호하는 일
- 권위를 가지고 계시의 진리를 가르치는 일

이 정의를 보면 신학의 과제는 계시의 진리를 정의하고 오설을 단죄하고
정설을 옹호하는 세 가지로 요약되므로 칼빈의 입장과 크게 다르지 않다.

19세기의 대표적인 신학자 슐라이어마허F. Schleiermacher 역시 『신앙
론』을 통해 신학을 신앙의 학문으로 규정하고, 이어서 『신학연구입문』에
서는 신학의 분야를 크게 철학적 신학, 역사적 신학, 실천적 신학으로 나누
었는데, 특히 철학적 신학은 변증학과 변론학으로 구분하였다. 변증학은
그 방향을 밖으로 향한 것이고 변론학은 모두 안으로 향하는 것이라 하였
다.4) 변증학은 외부로부터 기독교를 박해하고 도전하고 비판하는 일체의
것에 대한 변증을 과제로 하는 신학이고, 변론학은 교회 내에서 이루어지
는 신앙의 극단화와 왜곡에 대해 변론하는 것을 과제로 하는 신학이기 때
문이다.

브룬너는 신학사에 나타난 신학의 동기와 필요성을 '신학의 세 뿌리'로
분석하였다.5)

첫째는 논쟁적 동기이다. 교회의 선교 과정에서 교회 안에서 거짓 교리를 가르치는 이단과 교회 밖에서 기독교를 비판하는 이교를 논박하기 위한 투쟁Struggle against false doctrine 을 하며 기독교 신학이 형성되었다. 이레네우스의 영지주의 이단 논박이나 아리우스와 아다나시우스 논쟁과 어거스틴과 펠라기우스 논쟁은 이러한 사례에 속한다.

둘째는 교육적 동기이다. 처음 교회는 교리 교육cathechetical instruction과 세례 교육preparation for Baptism을 위해 기독교 신앙의 내용을 요약하여 효과적으로 가르칠 필요가 있었다. 키릴의 『24교리 문답』, 클레멘트의 『신앙잡기』, 아퀴나스의 『신학총론』, 칼빈의 『기독교 강요』, 루터의 『교리 문답』은 여기에 속한다.

셋째는 성서 주석적 동기이다. 교회가 점차 성장하면서 성서에 대한 연구가 깊어지게 되고 따라서 성서를 어떻게 해석하느냐 하는 것이 중요한 과제가 되었다. 그리하여 성서 해석Biblical exegesis의 방법들이 정교하게 되고 이와 더불어 기독교 신앙을 보다 체계적으로 설명하려는 사변적 동기가 생겨나게 되었다. 신앙에 관한 사유Thinking about faith가 아니라 신앙적인 사유Believing think를 추구하게 된 것이다. 어거스틴의 『기독교 신앙론』이나 멜란히톤의 『신학의 주요 주제』는 이러한 사례에 속한다.

독일의 신학자 푈만Horst Georg Pöhlmann은 그의 『교의학개요』에서 신학의 기능을 크게 네 가지로 나누었다. 첫째 실존적(또는 교회적) 기능, 둘째 재생적(또는 요약적) 기능, 셋째 생산적(또는 새로운 이해의) 기능, 그리고 넷째 합리적(또는 학문적) 기능이 그것이다.6)

이들의 견해를 모두 종합해 보면 신학은 신자들의 신앙 교육적 과제와 반기독교적인 세력에 대한 신앙 변증적 과제, 이단적인 기독교 세력에 대한 신앙 정립적 과제를 수행하기 위해서 비롯된 것임을 알 수 있다.

2) 신학의 필요성에 대한 신학사적 이해

신학은 필요 없고 성경만 있으면 된다고 하는 사람들도 있다. 그러나 이는 신학의 기능과 과제와 필요성에 대한 이해가 부족해서 하는 말이다.

기독교 신앙의 원초적인 진술자이면서 신앙의 대상이 되시는 예수께서 마지막으로 그의 제자들에게 명한 것은 "모든 족속으로 제자를 삼고 아버지와 아들과 성령의 이름으로 세례를 주고 내가 너희에게 분부한 모든 것을 가르쳐 지키게 하라."(마28:19-20)는 것과 "땅 끝까지 이르러 내 증인이 되라."(행1:8)는 것이었다. 복음 선교의 지상 과제를 위해 부르심을 받은 사람들의 공동체가 바로 교회Ecclesia인 것이다. 이러한 예수의 최후 명령에 따라 기독교 신앙의 전승을 위해 원시 교회 공동체가 그들의 사명을 수행하는 과정에서 크게 세 가지 구체적인 과제가 제기되었다.

- 모든 족속에게 세례를 주고 : 세례교육을 위해 신앙의 요약과 이방인 선교를 위한 새로운 지침이 요청됨.
- 분부한 모든 것을 가르침 : 성경의 일부만을 극단적으로 가르치거나 다르게 왜곡하여 가르치는 자들이 등장함으로 신앙의 바른 정립이 요청됨.
- 분부한 모든 것을 지키게 함 : 기독교 신앙을 지키지 못하게 하는 정치적 박해, 종교적 도전, 철학적 비판이 제기됨으로 신앙의 변증이 요청됨.

(1) 세례 교육을 위한 신앙의 요약

첫째, 모든 족속을 제자로 삼고 아버지와 아들과 성령의 이름으로 세례를 주는 일이다. 초대 교회는 세례를 베풀기 전에 세례 예비자들을 예수 그리스도의 제자로 삼기 위해 먼저 그들을 효과적으로 가르칠 필요가 절실하였다. 가장 쉬운 방법이 기독교 신앙의 기본적인 내용을 요약하여 신앙고백서나 교리문답 형식으로 가르치는 것이다.

예수 그리스도에 관한 여러 가르침들이 구전이나 문서로 전승된 복음서나 바울 서신 들을 (아직 정경화되기 이전이므로) 모아 정리하고 그 내용 전체를 명확하고 일관성 있게 요약하여 재진술하는 신학적인 작업이 필요하게 된 것이다. 그래서 기독교 신앙의 전체 내용을 요약하는 일이 신학의 일차적인 과제가 된 것이다. 사도 시대의 복음서나 사도들의 서신도 이러한 과제를 수행하기 위해 형성된 것이고, 속사도 시대의 교리문답서나 신앙고백서도 이런 필요에서 자연스럽게 제기된 최초의 신학적 과제였던 것이다.

이런 의미에 신학은 교리 교육의 목적으로 신앙을 요약하여 재진술하는 것이라 시작하였다. 예루살렘의 시릴Cyril of Jerusalem은 그의 "교리 설교"(V. 12)에서 신앙 요약의 필요성을 역설한다.

어떤 사람은 배우지 못했기 때문에, 또 어떤 사람은 시간이 없기 때문에, 모든 사람이 다 성경을 읽을 수는 없다. … 따라서 우리는 믿음에 관한, 전체의 교리를 단 몇 줄로 요약하는 것이다. 이것들은 암기해서 잘 간직되어야 했는데 왜냐하면, 그것은 어떤 인간적인 집성이 아니라, 성경으로부터 모은 가장 중요한 요점들이기 때문이다.7)

2세기에 와서 로마 교회가 모든 교회의 모델이 되었기 때문에 로마 교회의 감독 히폴리투스Hippolytus는 세례에 관한 내용을 포함한 목회 지침서로서 『사도 전승』을 저술한 것이다. 특히 이 책 제2부에 속하는 제15-21장은 그리스도교 공동체에 들어오게 되는 입교 과정을 규정하고 있다. 하나님의 말씀을 처음 듣기 위해 예비자 등록을 하는 것으로부터 시작해, 윤리

생활과 사회적 신분에 대한 심사(15장), 그리고 금지된 직업과 일에 대한 엄격한 심사를 거쳐(16장), 3년간의 교리 교육을 받게 되며(17-19장), 그 다음 세례 대상자의 선발 예식과 세례 준비를 거쳐(20장). 세례성사와 견진성사와 영성체로써 드디어 완전한 신자가 되는(21장) 전 과정이 비교적 체계적으로 잘 규정되어 있다.

하나님의 말씀을 듣기 위해 처음으로 교회에 찾아온 사람은 세례 예비자 등록에 앞서 믿음을 가지려는 동기에 대해 질문을 받는데, 이때 본인의 대답뿐 아니라 그를 교회에 인도한 후견인의 증언이 있어야 한다. 이 예비자 등록 심사는 지망자의 윤리적 생활, 사회적 신분 그리고 직업 등 여러 각도에서 엄격히 행해진다. 세례 예비자로 등록할 수 없는 금지된 직업과 일은 다음과 같다.8)

- 비윤리적 직업 : 창녀들을 조종하는 포주, 매춘부, 호색가, 협잡꾼, 화폐 위조꾼
- 우상숭배와 관련된 직업 : 우상숭배하는 제관, 우상들의 경비, 마법사, 마술사, 점성가, 점쟁이, 해몽가, 부적 제작자
- 미신적 요소와 관련된 직업 : 조각가, 화가, 배우, 연출가
- 살인과 관련된 잔혹한 직업 : 군인, 공공 경기장의 기사, 검투사, 맹수와 싸우는 투사

이러한 금지된 직업이나 일을 중단하는 것이 예비자 등록의 전제조건이 되었다.

세례 준비 3년간의 예비자 교육이 끝날 즈음, 예비자들은 세례를 받을 자격이 있는지에 대한 심사를 받는다. 이 심사는 예비자 등록을 위한 심사보다는 훨씬 엄격한 것이었다. 예비자 등록을 위한 심사에서는 결혼생활,

성생활, 직업 등의 금지 사항들에 대한 심사가 주종을 이루었지만 세례 대상자의 선발 심사에서는 예비자 교육 기간 동안에 생활 전반에서 전향적인 발전이 있었는지에 대해 심사한다. 즉, "성실하게 살았는지, 과부들을 공경했는지, 병자들을 방문했는지"에 대한 심사가 아니라, 이웃 사랑의 차원에서 자발적이고 적극적으로 생활했느냐에 대한 보다 고차원적인 심사이다. 이 심사에서 예비자 등록 때에 그를 인도했던 후견인이 다시 그에 대해 증언한다. 이처럼 선발된 예비자들은 감독자로부터 마지막 심사를 받게 되는데, "선하지 못한 사람이나 깨끗하지 못한 사람은" 세례 대상에서 제외된다.

이처럼 세례 예비자로 등록하기 위해서는 세례 예비자로 합당한 직업으로 직업을 바꾼 다음 3년 동안의 세례 교육을 받은 후 세례받기에 합당한 삶을 살아왔다는 것을 스스로 고백하고 후견인이 이를 증언하여야 비로소 세례를 받을 자격을 갖추게 되는 것이다. 불신앙에서 신앙으로 철저한 개종을 요구하는 엄격한 세례 고백을 통과하여야 교인이 될 수 있었기 때문에 로마의 박해 기간 동안에 직업을 바꾸면서 얻은 이 신앙을 지키기 위해 순교도 마다하지 않을 수 있었던 것이다.

그러나 시간이 지남에 따라 세례 이후의 죄의 문제와 세례의 효과에 관한 논쟁들이 생겨나기도 하였다. 중세까지는 세례의 효과는 세례를 베푼 자의 신앙과 덕행, 즉 '행위자의 행위에서*ex opere operantis*' 나오는 것이라는 재세례파의 인효론人效論과 세례는 집례자가 베푸는 것이 아니므로 성삼위 하나님의 이름으로 '집행된 성사*opus operantum*'는 언제나 정당하다는 가톨릭교회의 사효론事效論이 주장되었다. 종교개혁 이후에는 믿음으로 받은 세례(막 16:16)만이 효과가 있다고 신효론信效論과 신효론과 비슷하지만 신자들의 믿음의 고백보다 하나님의 은혜로 믿음이 주어진다는 점을 강조하고 하나님의 은혜를 믿음으로 받은 은효론恩效論이 논쟁되었다.9)

이에 대한 자세한 내용은 저자의 논문 "재세례와 세례의 효과에 관한 신학적 쟁점"과 "세례 이후의 죄와 고해제도의 쟁점"을 참고하기 바란다.[10]

최근 한국 교회의 경우는 우리 주님의 최후 분부인 '모든 족속을 제자로 삼고 세례를 주는 일'을 등한시하고 있는 듯하다. 대형 교회의 경우 세례 교인들의 수평 이동을 통한 교회 성장에 관심이 집약되어 있는 것으로 보인다. 새 신자들에게 세례를 주고 한 사람의 온전한 신앙인으로 세우는 일에 우선순위를 두지 않고 있다. 세례 교육이 요식적이고 그나마 부목사에게 맡기는 교회가 대부분이다. 예수께서 최후의 유언처럼 남긴 명령은 교회를 크게 짓거나 교인 수를 늘리라는 것이 아니라 '제자로 삼고, 세례를 주고, 가르쳐 지키게 하라'는 것이었음을 다시 한 번 각성하여야 할 것이다.

(2) 교회 내부의 이단에 대한 반박과 신앙의 정립

교회가 확장되어 가는 과정에서 내적인 장애 요인 또한 적지 않았다. 다양한 사람들이 교회 안에 들어오게 되면서 다양한 신앙 유형이 생겨나게 되었다. 교회가 예수가 분부한 모든 것을 '그대로 명확하게' 가르쳐 지켜야 하는데, 그중 어떤 이들은 예수가 분부한 것은 '다르게 왜곡하여' 가르치고 지키는 사람들이 등장하게 된 것이다. 다른 복음, 다른 예수, 다른 교훈, 다른 영(고후 11:4; 갈 1:6; 딤전 1:3)을 가르치는 사람들 때문에 교회 내에 신앙의 혼란이 야기된 것이다.

그리고 교회는 예수가 분부한 것 '모든 것을 일관성 있게' 가르쳐야 하는데 그중에 일부는 자기들이 선호하는 '일부만 극단화하여' 가르치는 사람들이 등장하여 또한 기독교 신앙의 혼란을 야기한 것이다. 기독교가 공인되기 전에 교회 내에서 극단적인 신앙을 주장하여 교회를 혼란시킨 신앙의 유형으로는 예수의 인성만 강조하는 유대교에 뿌리를 둔 에비온파와 예수의 신성만 강조하는 영지주의의 영향을 받은 기독교인들이었다. 그리고 기독교 신앙을 현저히 왜곡하여 가르친 몬타누스파와 박해 시의 배교자 문제로 인해 로마 교회를 분열시킨 노바티안파로 인해 신앙의 새로운 정립이 요청되었다.

① **양자론과 가현설의 양성론 논쟁** : 에비온파는 '하나님은 한 분'이라는 쉐마(신 6:5)에 따라 유일신 신앙을 강조하는 유대교의 전통을 버리지 않고 기독교를 수용하였기 때문에 예수가 하나님의 아들 또는 하나님이라는 신앙을 수용하면 하나님이 두 분이 되는 이신론二神論에 빠진다고 보았다. 그래서 예수는 자기들과 똑같은 다윗의 후손인 유대인으로 태어났으나 율법을 새롭게 해석하고 철저히 실천하였으므로 세례 시 하나님의 아들로 인정받아 하나님이 양자가 되었다는 양자설을 주장하여 그리스도의 선재성先在性과 완전한 신성을 부정하기에 이르렀다.

영지주의 영향을 받은 일부 기독교인들은 육체는 영혼의 감옥이며 영적인 인간이 타락하여 육체의 감옥에 유폐되어 있어 온갖 고통과 죽음을 당한다고 가르쳤다. 따라서 이제까지 망각하였던 자신이 영적 존재라는 사실을 각성시켜 주고 천상의 영의 세계로 복귀하는 길을 제시하는 영적 지식을 전해 주는 영지자를 통해 구원의 길에 이를 수 있다고 보았다. 따라서 예수를 순전히 영적 각성을 일깨워 주기 위해 30세쯤의 다 자란 성인의 모습으로 이 땅에 잠시 육체라는 가면을 쓰고 나타난 영적 존재라고 보았다. 이러한 영지주의의 가현설은 예수가 인간으로 태어난 것과 고난을 받고 십자가에 달려 죽은 것과 죽은 몸이 다시 살아나신 것을 모두 부인하여 기독교 신앙의 큰 미혹을 일으켰다. 그래서 신약성서는 이미 "예수 그리스도께서 육체로 오심을 부인하는 자라 이런 자가 미혹하는 자요 적그리스도"(요이 1:7)라고 규정하였다.

이처럼 예수의 신성과 인성에 관하여 양극단으로 치우쳐 인성만 강조한 에비온파의 양자론과 신성만 강조한 영지주의 기독교의 가현설을 비판하고 기독교 신앙을 바로 정립하여 재진술할 필요성이 제기되어 기독교가 공인되자마자 이러한 양성론 논쟁을 정립하기 위해 니케야 회의(325)가 열렸다. 이어서 200여 년간 논쟁을 계속하여 칼케돈 회의(451)에서 최종적으로 예수는 신성에 있어서는 성부 하나님과 동일 본질을 지닌 참 하나님very God이고 인성에 있어서는 '죄가 없으시다는 것' 외에는 우리 모든 인간과 동일 본질을 지닌 참 인간very man이라는 결론에 도달한 것이다.11)

② **몬타누스의 시한부 종말론적 성령운동** : 역시 교회 안에서 일어난 운동으로서 복음신앙을 크게 왜곡한 것은 몬타누스Montanus였다. 156년경 소아시아 이교 신전(퀘벨레) 사제 출신의 몬타누스가 등장하여 새로운 성령운동을 전개하였다. 그는 자신을 보혜사 즉 파라클레토스paracletos의 현현이요 성육신으로 주장하였고, "내가 하는 말은 천사나 사자의 말이 아니라 성부 하나님 자신의 말이다."라고 하였다. 두 명의 여예언자 프리쉴라(또는 프리스카)와 막시밀라에게 일련의 신탁(직통 계시)을 직접 전하였으나 원본은 전하지 않는다고 한다.

그리고 거룩하고 신령한 그리스도인이 되기 위한 철저한 금욕을 주장하고 거룩한 교회에는 죄인이 들어올 수 없다고 하였다. 그들은 철저한 단식, 독신생활, 성생활의 자제, 많은 자선 행위, 순교에 대한 열망을 권하며 공동체 생활을 하였다. 따라서 세례 후의 죄는 용서 불가하며, 감독의 사죄권도 부인하였다.

특히 지금의 터키 지역인 프리기아Phrygia의 작은 마을 페푸자Pepuza와 티미움Tymium을 예루살렘이라고 불렀으며 막시밀라는 자신이 죽자마자 하늘의 새 예루살렘이 페푸자 또는 티미온에 내려올 것이라 선포하였다. 179년 막시밀라가 죽은 뒤 세상의 종말이 일어나지 않자 새 예루살렘에

대한 기대는 상당한 타격을 입었다.[12]

이처럼 예수 승천 후 재림이 지연됨에 따라 성령의 열기가 식고 종말론적 윤리의식이 희박해지자 성령 재강림의 기대와 예언자적 열성과 속세를 거부하는 금욕주의 등으로 혼합된 종교운동이 일어나 하늘의 예루살렘이 페푸자 지역에 강림한다 하여 많은 사람들이 세속의 삶을 중지하고 이곳에 모여들었다. 이러한 종말론의 극단화로 교회가 신앙의 혼란에 빠지게 되자 아폴리나리우스Apolinarius 등이 반박문을 썼다고 한다.[13]

③ **노바티안과 로마 교회의 분열** : 노바티안이 박해 기간에 배교한 자를 처리하는 문제로 로마 교회를 분열시킨 것은 기독교가 공인되기 이전에 일어난 교회 내분의 심각한 위기이었다. 데키우스Decius 황제는 1년에 한 번 로마 황제의 신상에 분향하는 로마 시민의 의무를 엄격하게 시행하고 분향증명서를 받은 사람에게만 매매 행위를 허락하고 미분향자의 처벌을 강화하였다. 이에 기독교인들은 순교를 각오하고 믿음을 증거하거나(증거자), 분향증명서를 매수하거나(매수자), 오지로 도피하지(피신자) 않을 경우엔 생존을 위해 불가피하게 분향할(분향자) 수밖에 없었다. 215년 황제가 죽자 박해가 느슨해지고 박해 기간 동안 로마 교회의 파비아누스Favianus(236-250) 감독이 순교하였으므로 새로운 후임 감독 선출이 불가피했다.

노바티안과 코르넬리우스가 경합을 벌였다. 코르넬리우스는 우선 박해 기간 동안 흩어진 교우들을 모아 교회를 재건해야 할 목회적 과제가 중차대하였다. 그래서 분향자일지라도 참회를 하는 경우 용서하고 교회가 용납하여야 한다는 온건파였다. 노바티안은 "거룩하고 순수한" 교회의 이상을 엄격히 실현하려고 하였다. 그는 세례 때 죄를 용서받은 뒤 다시 중죄를 지은 사람, 특히 배교자는 "티와 주름과 흠이 없는 영광스러운 교회(엡

5:27)에 들어올 수 없다는 엄격파의 지도자였다.14)

온건파 코르넬리우스가 감독(251-253년)으로 선출되자 엄격파들이 로마 교회에서 따로 떨어져 나갔고, 그 추종자들이 노바티안을 대립 감독으로 임명하였다. 로마 교회가 분열된 것이다. 코르넬리우스는 251년 로마 교회 회의를 열어 로마 교회를 분열시킨 노바티안파를 이단으로 정죄하였다.

박해 기간 동안 피신해 있다가 박해가 끝난 251년 초 돌아온 카르타고의 감독 키프리안 역시 로마 감독 코르넬리우스와 입장을 같이하였다. 그는 로마 교회의 분열을 통탄하고 배교도 나쁘지만 "분열의 죄악은 배교자들이 범한 죄보다 더 중한 것"15)이라고 주장한 『가톨릭교회 일치』라는 책을 저술하였다. 키프리안은 배교는 한 사람이 일시적으로 자발적으로 그리스도를 대적하는 것으로 '한 영혼이 한 번' 죄를 범하는 것이지만, 분열은 집단은 이루어 지속이고 강제적으로 그리스도의 몸을 찢는 것이므로 '많은 영혼이 여러 번' 죄를 짓는 것이라고 하였다. 배교자는 죄를 깨닫고 눈물을 흘리며 회개하지만, 열교자裂敎者는 자기 죄를 자랑하며 의를 주장한다고 하였다. 그러므로 배교만 거룩하지 않은 것이 아니라, 분향자들을 용서하고 용납하지 못하는 불관용은 더욱더 거룩하지 않은 것이라고 하였다.16) 결론적으로 그리스도의 몸인 교회는 '솔기 없이 통으로 짠 옷'(요 19:23-24)과 같은 것인데 이를 찢고 교회 밖으로 사람을 모아들이는 노바티안파에게는 구원이 없다고 단언하였다. "교회 밖에 있는 사람은 구원을 받을 수 없다."17)는 키프리안의 저 유명한 명제는 이런 배경에서 나온 것이다. 감독들의 연대를 통해 제도적 일치를 주장한 키프리안의 교회일치론은 그 후 2000년 가까이 가톨릭교회를 하나로 유지해 신학적 틀을 마련하였다.

이처럼 교회는 각 시대마다 복음의 정당성을 확보하기 위해서는 교회 내에서 발생하는 다양한 이단에 대한 경계와 신앙의 바른 정립이 불가피하였던 것이다. 이러한 과제를 수행한 이들이 최초의 신학자요 교부들이었던 것이다.

(3) 교회 외부의 박해와 비판과 도전에 대한 변증

교회가 복음 선교의 열정을 가지고 예수께서 분부한 모든 것을 모든 족속에게 가르쳐 지키게 하려는 과정은 순탄치 못했다. 왜냐하면 첫 세기부터 여러 외적 장애에 부딪히게 되었기 때문이다.[18] 교회는 기독교 신앙을 가르치지도 지키지도 못하게 하려는 외적인 박해와 도전과 비판에 직면하게 되었다.

첫 세기에 기독교 신앙이 선교되는 과정에서 부딪힌 외적 장애 요인들은 크게 세 유형으로 구분할 수 있는데, 첫째는 로마 제국의 정치적·사회적 박해이며, 둘째는 희랍 철학의 사상적 비판이고, 셋째는 유대교와 이방 타종교들의 종교적 도전이었다.

① **로마의 정치적 박해** : 선교 지평이 로마 세계로 확장되자 무엇보다도 강력하고 심각한 도전은 로마당국의 기독교에 대한 정치적 박해였다. 네로 황제 시대에 로마가 화재를 당하자 기독교인들이 최후의 불 심판을 주장하다가 종말이 오지 않자 로마에 불을 질렀다는 소문을 퍼뜨려 기독교인들을 박해한 이후 313년 기독교가 공인될 때까지 10차례에 걸친 대大박해가 있었다.

　　1차. 네로 황제의 박해(64~67)

　　2차. 도미티아누스 황제의 박해(90~96)

　　3차. 트라아누스 황제의 박해(98~117)

4차. 하드리안 황제의 박해(117~138)

5차. 마르쿠스 아우렐리우스 황제의 박해(161~180)

6차. 셉티무스 세베루스 황제의 박해(202~211)

7차. 막시미누스 황제의 박해(235~236)

8차. 데키우스 황제의 박해(249~251)

9차. 발레리안 황제의 박해(257~260)

10차. 디오클레티안 갈레리우스 황제의 박해(303~311)

로마 제국은 기독교도들을 로마의 옛 신을 배척하고 황제 예배를 거부하는 무신론자들이며, 로마 정부를 무시하고 이 세상 나라일과 사회생활을 등한시하는 무정부주의자로 여겼다. 더욱 고약한 것은 성만찬의 '살과 피'의 먹고 마심을 식인야만으로 왜곡했고 저녁 비밀 집회를 남녀추행회라고 소문을 퍼트렸다. 기독교를 불법 종교로 낙인찍고 기독교도들을 무조건 체포하여 처형하기도 하였다.[19] 이것은 기독교 선교에 심각하고 치명적인 장애였으므로 로마 정부의 무리한 적대 태도를 반박하고 기독교 신앙을 변호하는 것이 교회의 존립과 선교를 위한 급선무였다.

이러한 상황에서 반박서나 변증서들이 쓰였으며 이 변증가들이 최초의 신학자들이었다. 저스틴Justin은 로마 정부가 기독교 신앙을 박해하는 이유를 조목조목 반박한 것으로 유명한 『제1변증서』와 『제2변증서』[20]를 로마 황제 마루쿠스 아우렐리우스에게 보냈다. 그는 기독교인을 황제 숭배를 반대하는 무신론자요 무정부주의자라는 비난에 대해서는 반박하였다. 기독교인을 무신론자라고 비난하지만 하나님이 아닌 잡신을 부인할 뿐이다. 그들이 찾는 하나님의 나라의 비밀을 모르는 자만이 그들을 무정부주의자라 한다고 하였다. 그리고 신자들을 정죄하려면 그 죄명을 분명히 조사하여 범죄 사실을 밝혀 처벌할 것이요, 크리스천이라는 이름만으로 벌할 수 없다고 하였다.

한편 터툴리안은 박해를 받은 기독교인들에게 박해는 하나님께로부터 온 것이므로 매수와 피신의 방법으로 피할 수 없으니 "기꺼이 순교하라. 그러면 우리를 위해 고난받으신 분이 영화롭게 된다."고 가르쳤다.

로마 제국은 기독교인들을 공개 처형함으로써 기독교를 박멸하려고 하였으나 기독교인들이 기꺼이 찬양을 부르며 죽음을 맞이하는 모습에 로마인들은 충격을 받았다. 죽음을 두려워하지 않고 기독교 신앙에 대하여 호감을 갖는 사람들이 더 많아져서 기독교를 없애려고 시행한 공개 처형이 오히려 기독교를 전파하는 유리한 통로가 되었다. 터툴리안의 말처럼 '이 순교의 씨앗'으로 교회는 점점 왕성하게 된 것이다.[21]

② **희랍철학의 철학적 비판** : 로마 정부의 정치적 박해와 더불어 켈수스 Celsus, 필로Philo 등의 희랍과 유대 철학자들이 기독교 신앙을 비판하였는데 켈수스는 『참 교훈』(178)이라는 반기독교 저술을 통해 성서의 기적, 그리스도의 성육신, 십자가 등을 비난하고 기독교는 고상한 철학자의 종교가 아니라 무식한 이방 천민들의 미신이라고 비판했다.[22] 그리고 예수를 로마 군인 판테라Pantera의 사생아라고 주장하기도 하였다. 이에 대해서 오리겐Origen은 『켈수스 반박서』[23]를 통해 기독교는 무식한 천민의 종교인 동시에 고상한 헬라 철학자의 종교이므로 가장 위대한 종교라고 하였다. 무식한 이방 천민의 종교보다는 고상한 헬라 철학자의 종교나 우월하지만 양자를 포함하는 기독교가 가장 위대한 종교라는 논리를 편 것이다. 철학자의 종교라는 측면에서도 그리스도는 다신론을 극복하였으므로 제노와 플라톤보다 위대한 철학자라고 하였다.[24] 이어서 켈수스의 거짓되고 맹목적인 날조가 "성령에 의한 신비한 잉태를 뒤집을 수는 없다."는 사실을 조목조목 반박하였다.[25]

클레멘트Clement(150-220)는 유대인의 율법과 헬라인의 철학은 진리의 일부를 지향하나 기독교는 진리의 전부를 지향한다고 하였다. 이교는 관능적인 우상숭배이지만, 기독교는 순수하고 영적이며, 가장 오래되고 가장 새롭고 가장 실질적인 가르침이라고 하였다.

165년경 죽임을 당한 순교자 저스틴Justin Martyr은 『제1변증서』와 『제2변증서』를 저술하여 헬라와 로마의 신화에 대해서 통렬히 공격하기를 저들의 신화가 소크라테스와 예수를 죽이도록 사람들을 선동하였다고 하였다. 그러나 "이성에 의해 산 사람들은 비록 그들이 무신론자로 간주되었을지라도 기독교인들이다."26)고 하였으며, 소크라테스를 기독교인으로 간주하였다. 이처럼 헬라 철학과 이성을 긍정적으로 평가하면서도 기독교가 더 나은 철학이라고 역설하였다. 희랍 철학과 달리 기독교는 직접적이고 명백하게 삶을 변화시키고 죽음의 문제를 해결할 수 있는 새로운 지식을 가르쳤으며 철학자들뿐 아니라 평범한 사람도 쉽게 이해하고 믿을 수 있는 힘을 지녔다고 하였다.

> 소크라테스의 가르침을 위해 죽기는커녕 그를 믿는 자조차 하나 없었지만, 철학자들과 학자들이 그리스도를 믿었을 뿐 아니라… 노동자들과 전혀 교육을 받지 못한 사람들도 그리스도를 믿었으며, 그들은 모든 영광과 공포와 죽음을 경멸하게 되었다.27)

그리고 클레멘트와 오리겐은 경험적인 교회와 영적 교회를 구분하여 이방인들의 교회 비판에 대응하였다. 교회를 거룩한 공동체라고 하지만 특별하게 거룩할 것도 없다고 이방인들이 비판하자, 헬라 철학의 이데아 개념을 빌려 보이는 교회와 보이지 않는 교회를 구별하여 변증한 것이다. 가시적인 지상의 세속적 교회는 경험적 제도적인 실체로서 신자들의 모임이지만, 불가시적인 천상의 영적 교회는 하나님의 택한 백성의 공동체인 영적 실체로서 성자들의 교회라고 하였다.[28] 이러한 신학적 개념은 교회론의 한 축으로 오늘날까지 이어져 오고 있다.

③ **영지주의의 종교적 도전** : 종교적으로 그 당시 가장 영향력이 있었던 이방 종교는 신비주의 이방 종교로, 철학이 혼합된 영지주의였다. 이러한 영지주의는 기독교 신앙에 대한 가장 강력한 도전이었다. 영지주의는 기독교와 유사한 점이 많아 기독교를 전파하는 유리한 통로의 구실을 하였지만 마르키온 등이 기독교 신앙을 영지주의적으로 변형시킴으로써 기독교 신앙을 크게 왜곡시키게 되었고 이에 대처하여 기독교 신앙을 바로 정립하기 위해 이레네우스가 대표적인 영지주의에 대한 이단 반박서를 저술한 것이다.

무엇보다도 최초의 신앙고백서라고 할 수 있는 사도신경은 영지주의의 신앙 왜곡에 대한 반박의 동기로 형성되었다. 오늘날 우리가 사용하고 있는 사도신경은 3세기 말 로마 교회에서 사용되기 시작한 「로마 신조*Symbolum Romanum*」가 발전된 것이다.

로마 신조의 내용은 다음과 같다.

나는 만물을 다스리시는 아버지 하나님을 믿으며, 독생자 우리 주 예수 그리스도가 성령과 동정녀 마리아에게서 나시고, 본디오 빌라도에게 십자가에 처형되어 장사된 지 사흘 만에 죽은 자 가운데서 다시 사시고, 하늘에 오르사 하나님 우편에 앉아 계시다가 거기서부터 산 자와 죽은 자를 심판하러 오실 것을 믿으며, 성령을 믿으며, 거룩한 교회와 죄의 용서와 육신의 부활을 믿습니다. 아멘.[29]

이 문장은 간단하지만 신앙의 중요한 내용을 거의 포함하고 있으며 영지주의의 이단적인 가르침의 핵심을 명백히 반박하는 성격을 띠고 있다. 영지주의자들이 영육이원론에 따라 물질의 창조한 구약의 조물주인 창조의 신과 신약의 영혼의 아버지 하나님을 구분하였기 때문에「로마 신조」는 전능한 하나님은 언제나 세계의 창조자이며 동시에 우리들의 영의 아버지라고 고백한다. 영지주의자들이 예수가 육신으로 태어나신 것(generatio)을 부인하고 30세쯤 육체로 나타났다(doceo)고 주장하였기 때문에 하나님의 아들 그리스도는 성령으로 잉태하여 동정녀 마리아에게서 육체를 지닌 인간으로 태어났다고 하였다.

그리고 영지주의자들이 육신을 영혼의 감옥으로 여기고 구세주는 육신의 감옥에 유폐될 수 없을뿐더러 죽을 수 없는 영적 존재로 보았기 때문에 예수 그리스도께서 육신적 고난과 육체적 죽음을 고백한 것이다. 그리고 영지주의자들이 부활을 영적 각성으로 보았기 때문에 로마 신조는 예수 그리스도가 몸의 부활을 통해서 믿는 자들에게 영육 모두의 구원을 가져오신 분으로 고백한 것이다.[30]

이처럼 기독교 신앙이 선교되는 과정에서 외적으로 정치적, 철학적, 종교적 도전이 심각하여 이러한 외적 도전에 대해 복음을 변증하는 신학적 활동이 전개되었듯이 내적으로도 적지 않은 문제가 야기되었다. 교회의 역사가 진행됨으로써 교회 자체 내에서도 복음 즉 기독교 신앙을 극단화하거나 왜곡 변형한 사례들이 드러나게 된 것이다. 따라서 선교의 활성화를 막는 복음의 외적 박해와 비판과 도전에 대해 복음을 변증하기 위해 신앙의 재진술이 요청되었다. 이들 최초의 변증가들apologist이 최초의 신학자들이었다.

신학사적으로 볼 때 교회가 처한 때와 장소의 변화에 따라 항상 기독교 신앙의 내용을 새롭게 요약하여 가르칠 필요가 있었고, 새롭게 부딪히는 신앙에 대한 내적 왜곡과 외적 비판에 대한 신앙의 정당화와 활성화를 위해 복음을 정립하고 변증할 필요가 있게 되었고, 이러한 신앙의 새로운 변증과 정립을 수행해 온 신학사적 과정을 통해 신앙에 대한 새로운 개념과 체계적 진술이 형성되어 기독교 신앙에 대한 이해와 실천의 폭을 넓혀 온 것이다.

3) 한국 신학의 필요성에 대한 한국 신학사적 이해

서구 신학으로 형성된 기독교 신앙이 한국에 전래된 초기부터 이 외래 종교에 대한 박해와 비판과 도전은 적지 않았다. 그때까지만 해도 내적인 문제는 아직 생겨나지 않았다. 왜냐하면 내적인 복음의 왜곡과 극단화는 선교가 어느 정도 진행된 이후에 생길 수 있는 일이기 때문이다. 초기의 서구 신학의 경우와 마찬가지로 한국의 초기 신학에서도 기독교 신앙에 대한 정치적 박해, 철학적 비판, 종교적 도전의 유형을 그대로 찾아볼 수 있다.[31]

정치적 박해로는 초기 천주교의 여러 교난敎難을 들 수 있다. 윤지충尹持忠과 권상연權尙硏이 제사를 폐하고 신주를 불사른 일을 계기로 조정에서는 기독교西敎를 인륜과 충의를 무시하는 사교邪敎로 규정하고, 「금사교서禁邪敎書」, 「토사교문討邪敎文」, 「척사윤음斥邪綸音」 등을 반포하였다. 그리고 곳곳에 척사비를 세워 전국적으로 3차에 걸친 조직적 박해를 통해 무수한 기독교인을 처형하였다. 이러한 상황에서 정하상은 『상제상서上帝相書』(1839)를 통해 변증하였는데 이는 한국 신학사에서 최초의 호교론이며 변증서라 할 수 있다.

"아비를 업신여기고 임금을 업신여긴다 하나 성교聖教의 뜻을 모르는 것입니다. 십계명十誡命의 제4율第四律이 부모를 효도孝道로 공경하라는 것입니다. 대저 충효忠孝의 두 글자는 만대萬代에 변할 수 없는 도리입니다. … 이래도 과연 무부무군無父無君의 가르침이라 하겠습니까?"32)

개신교가 전래되었을 때에도 수구적인 당시의 지배세력들은 개신교 역시 천주교와 같은 무부무군의 교리라 비난했다. 이에 대해「조선 그리스도인 회보」는 다음과 같이 변증하였다.

"그 교를 믿는 자는 제 부모도 배신하고 임금께도 불충하고 단지 하나님만 믿는고로 오륜과 삼강이 아주 없다 하나니 진실로 우습고 미련하도다. … 하나님의 도를 믿는 자라야 임금에게도 충성하며 부모에게도 효도하나니… 하나님을 섬길 줄 모르는 백성들은 입으로는 오륜과 삼강을 말하되 마음에는 자기 몸만 생각하는고로…"33)

1910년 일제의 침략 이후 조선의 기독교회는 계속되는 일제의 탄압에 시달려야 했다. 105인 사건과 3·1 운동으로 교회의 지도자들에 대한 박해는 가중되었다. 1925년부터는 미션학교의 성경 과목과 예배 시간이 금지되었다. 1930년대의 신사 참배 강요는 로마 제국의 황제 숭배 강요와 성격을 같이하는 복음 선교에 대한 치명적인 도전이었다. 따라서 기독교 신앙에 바탕하여 국권 회복을 주장하고 신사 참배를 반박한 단편적인 글이나마 발견된다면 이 역시 한국 교회의 중요한 변증 신학에 해당할 것이다. 이런 입장에서 1938년 장로교 총회의 신사 참배에 대한 결의도 비판적으로 평가될 것이다.

한국 선교 초기의 또 다른 선교 장애는 한국 전래의 유불선 세 종교의 도전이었다. 서구의 기독교와 한국의 재래 종교 및 사상과의 만남, 그리고 그에 따른 마찰은 한국 선교 과정상 불가피한 것이었다. 기독교와 희랍 철학의 만남을 클레멘트와 오리겐이 진지하게 문제 삼고 양자의 조화를 시도했듯이, 최병헌 목사는 한국의 전통적 종교인 유불선의 종교적 도전에 대해 기독교 신앙을 변증하는 과제에 앞장섰다. 그는 그리스도를 "만종萬宗의 성취成就"로 보았다. 공자도 기독교의 이치를 알았다면, 신도信徒가 되었을 것이고 석가도 자기를 희생하고 이웃을 위하는 선행을 맛보았다면 6년 고행을 하지 않았을 것이라고 하였다.

"苦使孔夫子도 基督의 理를 見하셨다면 必也信徒이시오, 釋迦氏도 損己利人의 善果를 嘗하였다면 苦行林中에 六年 風霜을 虛榮치 아니실지니"34)

그의 저서 『성산명경』(1912)과 『만종일련』(1922)은 한국 신학 최초로 전개된 호교론적 변증서요 비교 종교학서이다. 최병헌은 유교와 불교와 도교의 신관, 종말관, 신앙관은 비교 분석하여 기독교가 가장 완전한 종교라고 하였다. 특히 신앙관은 신륜神倫 인륜人倫 물륜物倫을 기준으로 비교하였으므로 천지인 삼재를 온전히 갖춘 종교가 기독교라고 변증한 것이다.

이러한 외적인 장애 외에도 한국 교회가 점차 성장해 가는 과정에서 기독교 신앙이 재래 종교와 야합하여 크게 왜곡된 형태의 이단적 종파들이 생겨나기도 하였다. 한국 고대의 민족 신앙 또는 샤머니즘적 종교 심성은 놀라우리만치 기독교 신앙과 유사하여 기독교 신앙을 우리 겨레가 쉽게 받아들이는 유리한 통로가 된 반면에 기독교 신앙을 왜곡하고 극단화하는 결과를 낳기도 했다.

한국 교회의 복음 왜곡 형태는 해방 후 박태선의 전도관과 문선명의 통일교35)와 같은 사이비 기독교 종파를 통해 더욱 조직적이고도 체계적인 형태로 등장하여 많은 기독교인을 미혹하였다. 이들이 빚어낸 사회적인 물의는 기독교 선교의 큰 장애 요인이 되었다. 특히 박태선의 신앙촌은 정감록의 천지개벽의 종말사상, 정도령과 같은 구세주 진인眞人의 출현, 십승지로 도피하는 구원, 그리고 파자풀이의 비결사상을 성경의 묵시사상과 혼합하여 『격암유록』이라는 위서를 만들어 한국 교회의 이단 사이비의 뿌리가 되었다.36) 이러한 사이비 토착화를 신학적으로 비판한 글 역시 한국 신학의 복음 정립을 전개한 창조적인 한국 신학으로 평가되어야 할 것이다.

5
최근 신학의
새로운 흐름

1) 제3세계의 행동 신학Doing Theology

2차 세계대전 이후 기독교적 유산을 계승하지 않은 아시아, 아프리카, 남미를 통칭하는 제3세계라 불리는 새로운 세계가 대두되기 시작했다. 이들의 인구가 전 세계의 70%를 차지할 뿐 아니라 제3세계의 기독교인 수가 전통적인 서구 기독교인 수를 능가하는 것으로 추산된다. 이들은 전통적인 기독교 식민지 국가에서 해방됨으로써 서구인들에 의해 강요된 기독교 신학의 옛 전통을 거부하고 신학의 주제와 방법에 대한 새로운 흐름들을 더욱 첨예화시켰다. 이러한 신학 사조의 전환은 제3세계의 상황에서 비롯된 신학이다.[1]

제3세계 신학자 협의회에서는 오늘날 세계는 백인 우월의 인종 차별racism과 남성 우위의 성차별sexism과 서구 문화 중심의 문화적 차별cultur-alism과 극심한 빈부 계층의 차별classism로 인해 나뉜 세계divided world라고 정의하였다.[2] 따라서 제3세계 신학은 넓은 의미에서 해방 신학으로 전개되었는데 극심한 빈부 격차를 야기한 남미의 구조적인 경제적 종속에서 해방을 추구하는 남미의 해방 신학, 인종차별 문제를 제기하는 흑인 해방 신학, 가부장적 구조의 성차별을 해소하려는 여성 해방 신학 그리고 서구 신학에 대응한 자신들만의 독특한 토착 신학인 아시아 신학, 아프리카 신학, 남미 신학이라는 새로운 문화 신학으로 등장하게 된 것이다. 이들 제3세계 신학은 몇 가지 신학적 공통점을 지니고 있다.

첫째, 제3세계 신학은 경제적으로 가난한 자, 억눌린 자, 그리고 성적性的으로나 문화적으로 소수자를 편드는preferential option for the poor 신학이다. 이들은 콘스탄틴 이전의 기독교와 그 이후의 기독교를 구분한다. 기독교가 공인되기 이전의 기독교는 경제적으로 가난한 자들 정치적으로 약자들, 성적으로나 문화적으로 소외된 자들의 종교였다는 점을 강조한다. 그런데 로마 제국의 황제가 기독교를 공인하면서 서구 기독교는 다수의 지배자적인 강자의 종교가 되었다고 분석한다.

둘째, 제3세계 신학은 신학의 주제를 제3세계가 처한 상황에 적용시켜 해석한다. 성서의 하나님은 가난한 자나 약자를 편드는 하나님이며 지배자 바로를 택하지 않고, 바로의 압제로 인해 노예 생활의 정치적 억압과 강제 노동의 경제적 착취와 강제 산아 제한의 인종적·문화적 차별로부터 고통당하던 히브리 노예들을 택하여 그들을 자유와 해방으로 이끈 '히브리의 하나님' 즉 노예들의 하나님이라고 고백한다. 그리고 '가난한 자에 대한 복음'을 전하기 위해 오신 나사렛 예수를 '묶인 사람들에게는 해방을, 억눌린 사람들에게는 자유'(눅 4:18-19)를 가져다주는 주의 은총의 해 즉 희년을 선포하신 해방자 그리스도라고 고백한다. "주의 영이 계신 곳에 자유함이 있다."(고후 3:17)는 말씀에 따라 성령을 자유와 해방의 영이라고 주장한다. 따라서 출애굽은 정치적 해방 사건이며, 복음의 정치적 해석을 통해 예수를 해방자로 해석하며, 압제와 착취와 차별과 적대로부터의 해방을 영성적 의미로 받아들인다.

셋째, 신학이 무엇인가에 대한 새로운 인식에서 출발한다. 신학은 신앙에 관한 이론 체계를 세우는 것이 아니라 자유와 해방을 위한 변혁에 참여하는 신앙의 실천을 반성하는 것으로 규정한다. 쿠티에레즈G. Gutierrez는 『해방신학』(1971)에서 "신학은 말씀의 빛을 받아 그리스도교의 신앙 실천praxis에 관하여 비판적으로 고찰하는 것"3)이라고 했다. 그동안 신학은 바른 교리orthodoxis에 전력 집중하고 남미의 현실에서 바른 실천ortho-praxis은 비신자들과 교회 성원이 아닌 사람들의 손에 맡겨 왔다고 지적하였다.

특히 남미 아르헨티나의 해방신학자 보니노Jose Miguez Bonino는 이러한 의미에서 신학은 바른 교리 정립에서 바른 실천의 비판을 지향하는 행동 신학Doing Theology이어야 한다고 주장한다.4) 이처럼 보프는 제3세계 신학은 성경 텍스트의 이론적, 교리적, 신학적 분석 대신에 현실의 컨텍스트에서 정치, 경제, 사회, 문화적 종속의 실태를 분석하고 실천적 참여를 추구하는 '행동 신학'을 지향한다.5) 그래서 세군도Juan L. Segundo는 자유와 해방을 실천하는 행동 신학으로서 '해방 신학'이 되기 위해서는 전통적인 서구 신학의 주제와 방법으로부터 해방되어야 된다는 의미에서 『신학의 해방』6)이라는 책을 저술하였다. 신학은 '바른 이론'의 정립을 배제하지 않지만 행동하는 신앙으로서의 바른 실천에 대한 비판적 고찰이라고 보기 때문이다.

(1) 흑인 신학

신대륙을 발견하고 점령한 유럽인들이 미국의 광활한 남부 지역에 이주한 이후 값싼 노동력을 확보하기 위해 아프리카의 흑인들을 노예로 부리기 시작하였다. 북미가 공업화되면서 남미의 흑인 노동력을 흡수할 필요가 생기자 흑인 해방에 적극 동조하게 되고 남미는 이를 반발하여 남북전쟁을 치르게 된 것이다. 북미의 전승戰勝으로 제도적으로 노예 제도가 폐지되었으나 수백 년 동안 지속된 백인들에 의한 유색 인종에 대한 차별은 하루아침에 사라지지 않았다. 직업도 부스러기밖에 주어지지 않았으며 교육과 의료 혜택도 제대로 받지 못했다. 법정에서도 공정한 재판을 받지 못했으며, 버스와 식당과 변소뿐 아니라 심지어 교회에서조차 차별대우를 받아 따로 마련된 곳에 들어가야만 했다.7)

그리하여 1963년 킹M. L. King 목사를 중심으로 한 워싱턴 대행진 등의 흑인민권운동을 통하여 그들은 그들이 누리고 있는 자유는 한계 안에서의 자유이며, 그것은 완전한 해방이 아니라는 사실을 자각하게 되었다. "백색은 아름답고 흑색은 추악하다. 백색은 선하고 흑색은 악하다. 백색은 거룩하고 흑색은 부정하다. 하나님은 백색을 축복하셨고, 흑인은 저주하셨다."는 백인들의 뿌리 깊은 편견과 악덕에 전율하게 된 것이다. 미국의 정치·경제·문화·종교가 모두 백인 중심이며, 이러한 백인 문화 속에 흑인이 종속되어 있는 현실을 이제는 더 이상 '흑인 영가'식의 자유에 대한 애원과 내세적 기원으로 해소할 수 없으며, 근본적인 변혁과 해방이 있어야 한다는 주장이 제기된 것이다. 이제까지 체험한 치욕과 굴욕과 고난의 견지에서 성서와 신학을 재해석하고 흑인의 지위 향상과 흑인의 전적 해방을 위해 투쟁할 것을 주장하였다.8)

흑인 신학은 우선 흑인 영가에 나타난 흑인 체험 즉, 치욕과 굴욕과 고난의 현실적인 부조리의 체험을 신학의 기본 자료로 받아들인다. 이러한 흑인의 압제 상황과 무관한 다른 어떤 객관적이고 보편적인 신학이 있을 수 없다고 강조한다. 제임스 코온J. Conn은 터툴리안의 "아테네와 예루살렘이 무슨 관계가 있느냐"는 말을 빌려 "아프리카와 예루살렘이 무슨 상관이 있느냐"9)고 반문하였다. 복음의 핵심이 눌린 자를 사회적·정치적 수모로부터 해방시켜 그리스도 예수 안에서 새 자유를 얻게 하는 것이라면, 흑인 인종 차별을 문제 삼지 않는 기독교 신학은 있을 수 없다고 한다.

그러므로 흑인 해방 신학은 미국의 백인 신학을 정면으로 공격한다. 급진과 보수파를 막론하고 미국의 신학은 백인들의 문화에 입각하여 그들의 정치적 이익에 비추어 복음을 해석했다고 보기 때문이다. 예컨대 금발 머리에 푸른 눈을 가진 비혁명적인 예수상만 존재하며, 신학의 활동 무대에 흑인의 경험이 배제되고 흑인 신학에 신학적 권위와 중요성을 부여하지 않으려는 신학적 독선주의와 인종차별이나 탄압 이외에 다른 현학적인 것을 문제 삼는 미국이나 유럽 신학자들의 선입견을 비판하였다. 더 나아가서 백인들의 편견을 절대화하려는 신학적 태도와 흑인들의 자신의 인간 됨을 알아달라는 정당한 요구를 묵살한 백인 교회의 무관심과 무반응 그리고 건전한 개혁을 억누르고 흑인에게만 비폭력을 강요하는 모순을 공격한 것이다.

흑인 신학은 그들의 흑인 체험과 압제받는 현실을 궁극적인 현실로 받아들이고 이를 바탕으로 백인 신학을 거부한 다음 성서와 신학을 재해석한다. 신학의 과제를 그때그때의 새로운 상황 가운데서 변치 않는 복음이 어떤 뜻을 가졌는가를 밝히는 것으로 정의하고 그들의 흑인 상황에서 복음은 어떤 뜻인가를 새롭게 해명한다.

제임스 코온은 하나님은 '눌린 자의 하나님'이시며 이집트의 노예 주인이 아니라 이스라엘의 노예를 택하고 이스라엘 안에서도 억압자가 아니라 약하거나 가난한 자를 택하셨다는 사실을 재해석하여 하나님의 계시는 오늘날 미국에서는 흑인 해방에 관한 것이라고 주장한다.

또한 예수도 흑인임을 주장한다. 역사적 예수가 유태인이었다는 그 특수성을 구원론적 의미로 해석할 때 그가 유태인이었기 때문에 오늘날 그는 흑인이라고 재해석할 수 있다고 주장한다. 그리스도가 억눌린 유대인과

진정으로 하나가 되었듯이 억눌린 흑인과도 하나가 되시어 그들의 고생을
자기의 고생으로 받아들이며 흑인의 투쟁의 역사와 흑인의 고통당하는
이야기와 흑인의 피부 속에 현존하신다고 한다.

> 하나님은 백인을 부끄럽게 하기 위해서 미국의 흑인을 택하셨다. 흰 것은
> 선하고 검은 것은 나쁜 것으로 규정하는 사회에서 (진정한 의미의) 인간성人間
> 性과 신성神性은 철저히 검은색과 하나 되는 것을 의미한다. 하느님이 눌린 자
> 를 선택하셨다는 말은 거만하고 강력한 백인들을 심판하는 힘이 흑인에게 주
> 어 졌다는 것을 의미한다. 눌린 자들의 투쟁이야말로 오늘날 하나님이 우리와
> 함께하신다는 구체적인 표지이다.10)

따라서 흑인 신학은 피박압자를 위해 새로운 가치관을 창조하고자 하는
혁명적인 신학이다. 또한 그리스도의 적인 백인 인종차별 사회에 대결하
는 신학이고 자유를 위한 싸움에서는 촌보의 양보도 없다는 것을 압박자들
에게 선언하는 신학이라고 하였다. 흑인 신학은 자신을 미국 신학으로부
터 분리시키고 제3세계의 그리스도인과 일치시키려고 한다. 흑인 신학은
뿌리 깊은 인종차별 문제는 대화로 해결되는 것이 아니고 혁명적인 행동이
요구되며, 혁명이란 언제나 강제를 동반하므로 혁명을 논한다는 것은 폭
력을 논하는 것이라고 주장한다. 이처럼 흑인 해방 신학은 신학의 기능에
대한 이해와 신학 방법론뿐만 아니라 구체적 내용에서 남미 해방 신학과
서로 일치되는 점이 많다.

(2) 여성 신학

남성과 여성의 성차별은 고대 사회 이후로 계속 존속해 왔으나, 이에
불만을 느끼고 성차별을 극복하려는 사상과 운동은 근대에 와서 시작되었

다. 이러한 여성 해방 운동은 교육 기회 균등의 요구와 참정권 운동 등을 거쳐 여성의 의식 형성을 중요한 과제로 삼고 지위 향상 운동을 전개해 왔다.

1960대 흑인 인권운동과 사회개혁 운동과 더불어 등장한 여성 해방 신학운동은 해방 신학의 한 유형으로서 독특한 위치를 차지하게 되었다. 해방 신학은 세계에 있어서 피압제자들의 상황과 이러한 상황의 극복에 관심을 가지게 되었는데 이러한 입장에서 볼 때 '여성이 최초로 그리고 가장 오랫동안 억압을 받아왔으며 예속되어 온 민중'이라는 사실을 자각하게 된 것이다. 따라서 여성 해방 신학은 종래의 여성 해방 운동이 문제 삼아 온 성차별적인 문화와 사회체제뿐 아니라 남성 위주의 전통적인 신학 사상과 교회 제도에 대한 비판을 새롭게 제기하고 성서의 새로운 해석을 통해 해방의 본래 경험을 성찰하고 여성의 진정한 해방의 실천을 지향한다.11)

대표적인 여성 해방 신학자는 류터R. Ruether, 러셀L. Russell, 데일리M. Daily 등을 들 수 있는데, 류터는 라틴 아메리카의 해방 신학을 모델로 삼고 사회 혁명의 일환으로써 여성 해방에 관심을 가지고 있으며, 러셀과 데일리는 조직 신학적 구상으로 남성들에 의해 형성된 신학 전통과 성서를 여성 해방이라는 전망으로 재해석하고 원용하기도 한다. 이들은 우선 가부장적 이원론을 비판하고 이러한 가부장적 문화를 신학 전통과 교회 체제에 적용한 것을 비판한다. 이레네우스, 터툴리안, 제롬, 어거스틴, 아퀴나스 등 전통 신학자들은 남녀이원론을 영육이원론으로 비유하여 여성을 육의 원리와 동일시하고 여성을 육욕과 죄의 관문인 것처럼 주장한 것을 성서적 사실에 입각하여 비판한다.

이러한 비판적 시각에서 이들은 성서를 새롭게 해석한다. 특히 러셀은 창조설화의 재해석을 통해 하나님의 복수성(창 1:26, 우리의 형상대로 사람을 만들자)에 대한 종래의 여러 해석을 비판하고 남성이면서 동시에 여성의 이미지를 함축한 것으로 해석한다. 그리고 하나님의 형상으로 창조된 아담과 그의 돕는 자로 창조된 이브의 남녀 관계를 남녀평등의 파트너십에 대한 신학적 인간학으로 해명한다.

그뿐만 아니라 삼위일체의 해석을 통해 하나님은 이스라엘의 돕는 자라는 유대인들의 신 인식에 근거하여 이브 역시 아담의 돕는 자(ezar, 창 2:18)이므로 돕는 자로서 하나님은 여성의 이미지를 담고 있다고 한다. 제2이사야서와 마가복음 10장 45절 나타나는 종으로서 그리스도의 형상은 지배자로서 남성의 지배 논리에 대한 비판의 준거가 되며, 보혜사 성령 parakletos은 돕는 자advocate라는 뜻이므로 여성의 이미지를 나타낸다고 한다. 신약성서가 증거하는 예수 그리스도는 남성임에 틀림없지만 남성 지배의 모습을 전혀 가지고 있지 않다고 주장한다. 예수는 아담으로 인해 타락한 인간성을 회복하기 위해 이 땅에 오신 인간성의 새로운 구현이므로(롬 5:8) 그의 인간성은 한 개별적인 남자(aner)가 아니라 온 인류의 인간성을 대표하는 남녀를 포함하는 인간(anthropos)이라고 해야 옳다는 것이다.

이러한 여성 신학의 입장에서 교회 공동체에 대한 새로운 모델을 찾는다. 첫째, 교회Ekklesia는 부르심을 받은 사람들의 모임이다. 이 첫 교회에는 위계질서가 없는 평신도의 모임이다. 이러한 교회의 평신도 모델은 교회 체제의 남성 지배의 위계질서와는 거리가 멀다. 그러므로 여성 해방 신학은 평신도 신학을 강조한다. 둘째, 교회는 마가의 다락방에서 성령의 임재와 더불어 시작되었다. 성령은 교회의 영이다. 보혜사 성령은 '돕는 이the Helper'라는 뜻이므로 교회의 역학은 억눌린 자, 가난한 자, 약한 자, 병든 자 등 모든 도움이 필요한 자들을 돕는diakonia 데에 있다. 이러한 돕는 자로서의 교회 모델은 여성의 이미지를 함축하고 있다. 데일리와 같은 급진적인 여성 해방 신학자들은 교회와 신학의 차별적 언어 사용을 문제 삼고 남성적인 일체의 대명사를 비성차별적인 용어로 대치할 것을 권한다. 하나님을 아버지, 왕, 주인으로 부르는 대신 봉사하시는Serving, 보호하시는Sheltering, 양육하시는Mothering 하나님으로 대치하고, 삼위일체 하나님 성부, 성자, 성신을 창조자, 해방자, 돕는 자로 칭할 것을 권장한다. 그리하여 주기도문의 '하늘에 계신 우리 아버지여Our Father'를 '우리 부모Our Parent'로, '하나님의 아들Sons of God'을 '하나님의 자녀Children of God'로 부르자고 제안한다. 데일리는 하나님을 양성androgyny으로 표현함으로써 하나님의 성적 초월성을 강조하고 남성 지배의 신론을 비판한다. 그리고 "주 안에는 남자 없이 여자만 있지 않고, 여자 없이 남자만 있지 않다."(고후 11:11)는 말씀에 따라 '자웅 그리스도론'을 주장하기도 하였다.

여성신학자들은 남성우위적 성경 해석을 재검토한다. 아담이 먼저 창조되고 그의 갈비뼈로 하와가 창조되었기 때문에 창조의 우선순위를 남성 우월의 근거로 해석하는 통념을 반박한다. 창조의 순서보다 창조의 재질이 중요하다는 주장이다. 아담은 흙으로 빚어졌지만 하와는 갈비뼈로 만들어졌기 때문에 여성이 질적으로 더 우수하다는 논리이다.

어쨌든 여성 신학자들은 이러한 주장을 통해 남성에 의해 대변되고 전유되어 온 서구 신학과 교회 전통을 비판하고 신학과 성서의 본래적인 남녀 평등사상을 새롭게 지적함으로써 문화적·사회적·신학적 성차별 체제와 언어를 변혁하고 남녀의 본래적인 파트너십을 회복시킴으로써 여성들이 오랜 가부장 제도의 굴레에서 억압되어 온 압제로부터의 진정한 해방을 추구한다.

(3) 남미의 해방 신학

남미의 해방 신학은 라틴 아메리카의 상황을 떠나서는 이해될 수 없는 상황적인 신학이다. 라틴 아메리카는 16세기 초 스페인과 포르투갈 해양 제국에 의해 식민지 지배하에 들어가면서, 100년 사이에 원주민 학살로 토착인이 1/6로 감소하고 총독부 설치와 잡단농장의 건설로 정치적 억압과 경제적 착취가 병행되었다. 이와 더불어 가톨릭교회가 선교라는 미명하에 강제적인 개종을 자행하였고 서구 문명의 도입으로 토착 문화들이 대부분 파괴되고 사라졌다. 이러한 식민지 지배가 400여 년간 지속되면서 라틴 아메리카에서는 정치, 경제, 사회, 문화 전반에서 지배/피지배 계급 간의 계급 분화와 지배/종속 관계가 확연하게 된 동시에 신자들의 비율이 95%에 달하는 가톨릭 국가가 되고 말았다.

이러한 식민지 가톨릭 국가라는 묘한 처지에서 19세기 초부터 식민지에서 해방되어 독립 국가를 건립하여 온 라틴 아메리카의 여러 나라들은 두 차례의 세계대전 후 세계적인 경제 개발과 근대화 운동에 가담했다. 그리하여 1950년대만 해도 자급자족의 경제 성장을 낙관하고 경제 개발을 위해 우선 '대외 의존 성장'의 단계를 거치게 되었다. 그러나 20년 가까이 2차에 걸쳐 국제적인 지원을 받아 경제 개발 정책을 추진하였음에도 불구하고 선진국과의 빈부 격차뿐 아니라, 자국 내에서조차 빈부 격차가 줄어들기는커녕 오히려 더욱 벌어진 '저발전의 발전'이라는 구체적 통계를 접하게 되었다. 1970대의 남미에서는 전체 인구의 3분의 2가 영양실조에 처해 있고, 2분의 1이 비타민 결핍과 전염병에 결려 있으며, 4분의 3이 문맹이고, 3분의 2에 해당하는 노동 인구 중 피고용률이 30%에 불과하며, 토지의 3분의 2를 인구의 5%밖에 되지 않는 지주나 기업이 소유하고 있었다고 한다.[12]

이 모든 원인이 16세기 식민지 종속 이후 3차에 걸친 경제적 종속관계에서 기인한다는 분석이 제시되었다. 자본주의 대국(중심 국가)의 개발 세력의 확장으로 인해 빈곤한 국가의 저개발이 가속된 것은 경제적 종속관계 때문이라고 하였다. 그리고 이러한 국제적 경제 구조의 종속관계가 내외 경제 구조 전체를 지배한다는 이른바 '종속 이론'을 주장하고, 경제 대국의 경제 발전이 저개발 국가에게 확산된다는 '확산 이론'을 거부하였다.

또한 국제적인 경제적인 종속은 국내의 빈부 격차를 가속시켜 극심한 '종속관계의 내국화'를 야기했을 뿐 아니라 '종속관계의 다변화'를 가져왔다. 기업들은 그들의 이윤 추구에 방해되는 것은 군사적 행동과 외교적 로비 활동을 통해 제거한다. 이런 정책은 종국에 가서 군사 원조, 군사요원 훈련 지원으로까지 발전하여 필요시에는 군사 쿠데타를 지원해 주기도 하였다. 이로서 군사적 · 정치적 종속뿐 아니라 사회적 · 문화적 종속으로 확대되어 여러 차원에서의 지배와 피지배 계층 분화와 종속관계를 심화시켰다.

경제적 종속이라는 신식민지주의 현상을 극복하기 위한 오랜 경제개발 정책과 민주화 인권운동 및 문맹퇴치운동 등의 점진적인 개혁 운동이 별 성과를 거두지 못하였다. 사태는 더욱 악화일로로 치닫게 되자 이러한 소극적인 개혁 운동으로 자신들의 근본적인 처지를 변화시킬 수 없다는 자각이 고조되었다. 그리하여 점진적인 개혁으로는 이처럼 심각한 빈부 격차와 계층 분화를 해결할 수 없다는 사실을 공감하고 뿌리 깊은 종속 체제의 근본적인 변혁을 위해 급진적인 혁명을 주장하는 이들이 늘어나게 된 것이다.

1968년 채택한 「메데인 문서」는 그들이 처한 경제적인 종속의 구조악을 죄된 상황으로 인식하였다. 죄를 존재론적으로 이해하지 않고 사회적인 죄의 상황harmartiosphere으로 파악하였다. 하나님은 때가 되자 성자를 보내시어 "인간을 결박해 온 모든 예속, 즉 인간의 이기심에서 근원한 기아와 비참, 압제와 무지, 불안과 증오로부터 모든 인간을 해방시킨 것이다."13)고 천명함으로써 '죄-구원'의 전통적인 개인 구원의 정식을 '종속-

해방'이라는 보다 포괄적이며 현대적인 사회 구원적인 정식으로 재해석하였다. 인간의 이기심에 의해 빈곤의 악순환이 가중되고 이러한 경제적인 종속이 정치적, 군사적, 외교적, 문화적 종속을 가속화한다고 분석하였다. 따라서 이러한 종속의 구조악을 제도적 폭력으로 규정하고 '종속으로부터의 해방'을 포괄적인 구원의 개념으로 설명하였다.

남미의 경우 스페인과 포르투갈 등 전통적인 가톨릭 국가의 식민지 지배를 400여 년 동안 겪었기 때문에 인구의 95% 이상이 가톨릭으로 개종하여 거의 대부분이 복음화가 이루어져 같은 가톨릭 교인들이었다. 그러나 그들 사이의 심각한 빈부 격차는 무수한 사회적인 문제를 야기하였기 때문에 구원에 대한 새로운 문제가 제기된 것이다. 그래서 '남미 해방 신학의 아버지'라고 불리는 구티에레즈G. Gutierrez는 구원을 '양적 구원'과 '질적 구원'으로 구분하였다.14) 양적 구원은 비기독교인을 복음화하여 개종시키는 전통적인 존재론적 의미의 개인 구원이다. 이런 의미에서 남미의 가난한 민중들은 거의 모두 가톨릭 신자이므로 구원을 받은 상황이다. 그러나 그들의 경제적인 종속 구조로 인해 경제적, 정치적, 군사적, 문화적으로도 종속되어 있어 극심한 가난, 영양실조와 질병, 높은 문맹율과 정치의식의 결여 등으로 인해 비인간적인 삶이 강요되는 상황에 놓이게 된다. 따라서 가톨릭으로 개종한 절대다수 민중의 삶의 질을 향상시키고 인간다운 삶을 살 수 있는 경제적, 정치적, 문화적 토대를 구축할 필요가 절실하게 된 것이다. 그래서 개종을 통한 복음화를 지향하는 개인 구원에서 한 걸음 더 모든 사회 구성원들의 삶의 질을 구조적으로 높여 주는 인간화로서의 사회 구원을 주장하기에 이른다. 라틴 아메리카 주교회의의 선교부는 "구원은 인간이 인간답게 사는 인간화"라고 선언하였다.

예수 그리스도는 그의 죽음과 부활을 통하여 우주를 변모시켰으며, 인간이 인간답게 완성에 이를 수 있게 만드셨다. 이러한 인간 완성은 인간성의 모든 면을 총괄하는 것으로, 영과 육, 개인과 사회, 인간과 우주, 시간과 영원을 다 포함한다.[15]

전통적인 개인 구원은 죄를 원죄와 자범죄로 규정하여 불신앙에서 신앙으로 개종하는 것을 구원이라고 보지만, 구티에레즈는 남미의 현실에서 가장 심각한 죄는 사회경제적인 구조악이라 보고, 이러한 종속 구조를 철폐하고 경제적 빈곤과 정치적 억압에서 벗어나 진정한 자유와 해방을 누리는 인간화를 통한 모든 사람의 삶의 질을 향상시키는 것이 참다운 구원이라는 의미에서 질적 구원으로 규정한다.[16]

해방 신학이 인간화를 부르짖고 자유와 해방의 실천과 급진적인 변혁을 주장하자 적지 않은 보수적인 기독교인들은 해방 신학은 기독교를 사회주의로 환원시키는 용공사상이라고 비판하였다. 반대로 전통적인 공산주의자들은 해방 신학이 공산혁명의 투쟁 방식과 전략을 따르지 않으므로 결과적으로 혁명 전선에 혼란을 야기하고 혁명을 지연시키는 '진정한 공산혁명의 전략적 적대자'로 비판하였다. 해방 신학자들 사이에도 경제적 종속을 종식시키기 위하여 사제적司祭的 투쟁을 선언하고 과격 게릴라 운동에 나섰다가 총격전에서 살해된 콜롬비아의 까밀로 토레스 신부[17]에서부터 1차 선제 폭력을 2차 대응 폭력으로 막으려고 하면 3차 진압 폭력을 유발하게 됨으로 전략적 '평화 혁명'[18]을 선택해야 한다고 주장한 브라질의 헬더 까마라 주교와 '억압받는 이들을 위한 의식화 교육'을 통한 점진적 개혁을 강조한 파울로 프레이리[19]에 이르기까지 다양한 투쟁 방식이 선택되었다. 그러나 해방 신학자들은 그들이 가난한 자들을 편들고 구체적인 실천을 강조하는 것은 공산주의의의 수용이 아니라 성서의 가르침에 대한 복종과 결단이라고 항변하였다.

(4) 제3세계의 문화 신학

"문화는 종교의 형식이요, 종교는 문화의 내용이다."라는 틸리히Paul Tillich의 표현을 빌리지 않더라도, 문화와 종교의 관계는 밀접하다.

그러나 19세기에 이르기까지 기독교인 구성은 대부분 서구인이었기 때문에 기독교는 서양의 종교로 알려졌다. 그러나 나사렛 예수는 유대인으로서 동양 문화에 속하는 사람이므로 그가 창시한 기독교를 서양 종교라 하기에는 어폐가 있다. 사실상 기독교는 동양 종교인 유대교를 모체로 하여 동양 종교로 시작하였다. 유대교의 경전인 구약성서를 받아들였고 유대교 공동체인 회당과 유사한 교회 제도를 형성하여 유대교와의 관계를 단절하지 않았다. 그러나 기독교가 서양 종교로 뿌리 내린 것은 신약성경이 희랍어로 기록되었고 로마가 기독교를 국교로 공인한 후 라틴어로 번역한 성경이 공식적으로 사용되었기 때문이다. 이처럼 희랍의 문화와 라틴의 법과 제도 속에 기독교가 토착화되었기에 희랍 신학과 라틴 신학이 가톨릭 신학의 주류를 형성한 것이다.[20]

종교개혁의 신학 역시 독일 문화의 산물이다. 루터가 1516년 독일어로 쓰인 제목과 저자가 밝혀지지 않은 익명의 신학적 내용의 저서를 발견하고 『독일 신학Deuchen Theologie』이란 표제를 붙여 발간하면서 직접 서문을 썼다.[21] 이 책자가 루터의 신학 형성에 결정적인 영향을 끼친 것으로 평가된다.

이제 나의 하나님에 대하여 독일 말로 들을 수 있고 배울 수 있게 된 것을 하나님께 감사한다. 사실 지금까지는 나 자신도 다른 사람들과 마찬가지로 라틴어나 희랍어나 히브리말로 하나님을 발견하지 못하였던 것이다. 이 작은 책이 널리 알려지도록 하나님께서 하락하시길 바란다. 그렇게 될 때 우리 독일 신학자들이 틀림없이 가장 우수한 신학자임을 발견하게 될 것이다.[22]

루터는 하나님에 대하여 독일 말로 들을 수 있다는 사실에 감격했고, 이 감격이 그로 하여금 성서의 독일역의 계기를 마련해 준 것 같다.

교회사가 하르낙A. Harnack은 종교개혁 자체가 독일 문화에 바탕을 둔 독일적인 기독교로 토착화된 것으로 평가하였다.

> 그(루터)는 독일이요, 그의 역사는 독일 역사 외에 다른 것이 아니다. 독일인이 그들에게 전해 내려온 종교를 진정으로 그들 자신의 것으로 삼으려 노력했던 때부터 그들도 역시 종교개혁의 준비를 해왔던 것이다. 그리고 사람들이 정당하게 동방의 기독교를 희랍적이라고 부르고 중세적 서구 라틴 민족의 기독교를 로마적이라고 부른다면, 사람들은 그와 마찬가지로 '프로테스탄트'의 기독교를 독일적이라고 부를 수 있다.23)

따라서 서구 기독교는 희랍 문화와 라틴 문화와 독일 문화가 혼합한 산물이라 하여도 지나친 말이 아니다.

19세기를 전후하여 기독교가 비서구 문화 속에 급속히 전파되었다. 무엇보다 먼저 성서가 제3세계의 언어로 번역되는 과정에서 제3세계의 언어와 문화로 수용되고 토착화될 수밖에 없었다. 그리하여 제3세계의 문화 신학이 등장하게 된 것이다. 송천성은 이를 "제3의 눈으로 신학하기third-eye Theology"라고 하였다.24)

마테오리치가 성경을 중국어로 번역할 때 신명을 상제上帝로 번역한 것이나, 존 로스가 한글 성경을 번역할 때 하느님을 사용한 것처럼 중국 문화와 한국 문화의 '형식'을 빌려 기독교의 '내용'을 담을 수밖에 없었던 것이다. 이리하여 중국 신학과 한국 신학이 형성되고 좀 더 큰 범주로 아시아 신학의 토착화가 전개되었다. 아프리카와 남미에서도 기독교가 토착 언어와 토착 문화의 형식을 빌려 그 내용을 전하게 됨으로써 아프리카 신학이나 남미 신학이 자연스럽게 등장하게 된 것이다. 그리하여 아시아 신학, 아프리카 신학, 남미 신학을 총칭하여 서구 신학의 대립 명제로서 제3세계의 신학이라고 부르게 된다.

루터와 하르낙의 주장을 토대로 볼 때 '라틴어, 희랍어, 히브리어로 발견치 못한 하나님을 독일 말로 듣고 배우는 것'과 '독일인이 그들에게 전해 내려온 종교를 진정으로 그들 자신의 것으로 삼는 노력'을 독일 신학의 신학적 근거로 삼았다면, 아시아, 아프리카, 남미인들이 자기의 언어로 신앙을 표현하고 기독교를 자신들의 문화 속에 토착화하려는 아시아 신학, 아프리카 신학, 남미 신학 등이 제3세계 신학이다.[25]

같은 맥락에서 한국 신학자들도 아시아 신학 내에서 독자적인 '한국 신학'을 전개하고 시도할 수 있을 것이다.[26] 1960년대 이후 전개된 한국 신학에는 여러 가지 해석학적 원리들이 제시되었다. 윤성범의 「誠의 신학」과 「효의 신학」, 유동식의 「풍류의 신학」, 서남동의 「민중신학」과 「恨의 신학」, 김광식의 「언행일치의 신학」 그리고 토착화 신학 2세대들이 시도한 「相生의 신학」[27]과 「물의 신학」[28] 「천지인의 신학」[29] 그리고 최근에 등장한 「도(道)의 신학」[30] 등이 그것이다. 그렇다면 이런 해석학적 원리들이 과연 한국적인 것의 고유성과 보편성을 띠고 있는 것인가 하는 질문을 제기한다. 또한 한국 신학은 참으로 한국적이고, 성서적이고, 신학적이고, 목회적이고, 통전적이고, 서구 신학에 대안적이어야 한다.[31]

2) 영성 신학

16세기의 종교개혁은 17세기의 개신교 정통주의로 계승되었다. 18세기는 위대한 혁명의 시기였다. 산업혁명이 완성되고 프랑스 혁명이 일어났다. 그리하여 교회와 사회의 옛 조화는 무너지고 산업 사회와 시민 사회의 등장으로 세속화의 물결이 가속되었다. 이성적인 것만을 받아들이는 합리주의와 합리성에 근거한 도덕과 양심을 강조하는 계몽주의가 판을 치게 되었다. 하나님의 말씀보다 인간의 말에 귀를 기울이게 된 것이다. 교회 내에서도 이성주의와 회의주의 그리고 무미건조한 형식적이고 관습적인 신앙이 세속화의 급류에 휩쓸리게 되었다.

이런 흐름에 저항하여 영적인 삶은 회복하려는 운동이 여러 형태로 등장한다. 영국의 요한 웨슬레(1703-1791)는 회심과 중생의 영적 체험과 성화의 영적 완전성을 강조하였다. 독일에서는 필립 스페너(1635-1708)의 지도로 일어난 모라비안 운동은 영적 생활과 성령의 교리에 관심을 촉구하는 경건운동으로 발전하였다. 미국에서도 조나단 에드워드가 중심이 되어 일어난 제1차 각성운동(1720-1740)으로 회개와 죄의 용서를 강조하고 영적인 삶과 영원한 삶에 대한 관심을 촉구하였다.

미국 독립전쟁 후(1775-1783)의 종교적 공항기를 맞이하여 제2차 각성운동이 일어나 성령 세례와 성화운동을 새롭게 전개하였다. 찰스 피니 목사는 1821년 10월 10일 한 사무실에서 전파가 온몸 전체를 왔다 갔다 하는 것 같은, 성령의 강한 사랑의 파도와 같은 세례를 받았다고 한다. 이런 성령을 체험한 뒤 그는 성령의 역사와 성화를 주장하였다. 성령 세례를 세례 후 방언, 황홀경ecstasy, 뛰는 것, 부르짖는 것, 실신 상태를 경험하는 것이라고 하였다. 피니의 성령운동은 토리R. A. Torrey의 『성령세례론』32)을 통해 신학화하였다. 성령 세례는 물세례의 구원의 은총 다음에 오는 중생과 성화의 제2의 은총으로 주장되었다.

한편 독일에서는 불룸하르트John C. Blumhardt(1805-1888) 목사의 치유 체험이 알려져 성령의 역사에 관한 관심을 고조시켰다. 1842년 디투스 Gottliebin Dittus라는 처녀가 악령에 들려 고통을 당하는 것을 보고 불룸하르트 목사는 이 처녀의 치유를 위해 3년 동안 필사적인 기도를 하며 영적 싸움을 전개하였다. 그 결과로 특별한 성령의 치유 능력을 체험하게 된 것이다. 이를 계기로 하나님이 주시는 말씀에 전적으로 의지하고 성령의 능력을 체험할 것을 강조하는 불룸하르트 운동이 일어났고 그의 아들 (Christoph Fr. Blumhardt, 1842-1919)이 이를 계승함으로써 칼 바르트와 트루나이젠과 브룬너와 같은 초기의 위기 신학자들에게 결정적인 영향을 끼치게 되었다.

20세기를 접어들면서 교회사를 통해 단절된 초대 교회의 방언을 체험한 사건을 계기로 새로운 오순절 운동이 활발하게 전개되었다. 그 배경은 이러하다. 1900년 12월 31일 캔자스 주의 토페카 성경학교Bible Collegein Topeka의 송년예배 후 오즈만Agnes Ozman이라는 여학생이 사회를 맡은 파르함 목사C. F. Farham에게 성령 세례를 받기 위하여 안수를 요청하였다. 안수 후 이 여학생이 중국어로 방언을 말함으로 온 회중을 경악과 흥분의 도가니로 몰아넣었다. 오순절 마가 다락방에 임재했던 성령의 역사가 재현된 것으로 확신한 참석자들은 전도단을 구성하여 미국 전역을 순회 전도하였다. 이 운동에 세이모W. J. Seymour 목사 등이 가담하여 방언과 입신과 진동과 같은 현상을 가시적인 성령 세례의 증거로 여기고 이러한 성령 세례를 통해 성령이 항구적으로, 직접적으로 그리고 전적으로 내주하게 된다고 설교를 하였으며 그리하여 성령 세례를 강조하는 오순절 교회가 도처 생겨나게 되었다.33)

미국의 주류 교회가 쇠퇴 일로에 있던 1960년에 또다시 이러한 오순절 성령운동이 촉발되어 신앙의 쇄신과 교회의 성장을 위한 부흥운동이 빌리 그레함 목사 등의 대형 전도 집회 형태로 퍼져나갔다. 성령운동이나 부흥운동을 하는 교회들만이 영적 역동성을 회복하고 성장한다는 구체적인 통계가 제시되었고 이러한 성령운동은 교파를 초월하여 확산되었다. 성공회와 가톨릭교회에서도 영성 쇄신과 교회 부흥과 영성 신학에 대한 관심을 갖게 되었다.

이런 배경에서 1987년 WCC 산하 신학교육위원회PTE는 "신학 교육에 있어서의 영성 형성spiritual formation"이라는 주제로 아이오나 협의회를 개최한 바 있다.34) 이어서 1991년 호주 캔버라에 모인 WCC 총회의 주제는 "오소서, 성령이어"였다. 성령론과 영성 신학이 새로운 신학의 흐름으로 자리 잡은 것이다.

그러나 성령과 영성에 대한 성서적인 표상이 너무 다양하고 신학적으로도 가장 적게 취급되어 왔기 때문에 혼란스러운 개념들이 많이 사용되고 있다.

첫째, 영성을 신체적 것의 대립이나 반대 개념으로 사용하는 경향이다. 성서에 의하면 영성적인 삶은 성령에 따라 사는 삶이다. 바울은 육에 속한 사람과 영에 속한 사람(고전 2:14)을 구분하고 날카롭게 대조시켰다. 육체의 소욕은 성령을 거스르고 성령의 소욕은 육체를 거스른다(갈 5:15-19)고 하였기 때문에, 바울의 이러한 가르침을 극단화하여 영성적인 것은 온갖 육체적인 것에 대립되는 것으로 오해하여 왔다. 특히 서양 영성사에 비추어 보면 육체의 욕망에 대립되는 개념으로서 영성은 수도사들이 가장 강조하여 실천하여 왔으며, 영육이원론을 지향하는 금욕적인 수행과 극단적인 고행을 영성적인 것으로 실천하여 온 것이 사실이다.

현대의 사상가들은 영육이원론이 성서의 전통이 아니라는 이유로 가능한 한 육체의 속박을 벗어버리려고 하였다. 육에 대한 정신의 우월성은 잘못된 영지주의적 이원론에 기초한 편견이라는 자각과 함께 그동안 서구 기독교인들이 정신의 이름으로 육체를 억압하여 온 잘못을 지적하였다. 그래서 육체의 욕구를 억제하는 것은 건강치 않은 정신적인 상태라고 주장하게 되었다. 육체적인 욕구를 무제한 방임함으로써 육체는 정신의 통제에서 벗어나게 되었고, 결국은 인간의 정신력은 육체의 욕구를 자제할 수 없을 정도로 약화되고 인간은 자신의 육체적 욕구에 종속된 소시민으로 왜소하게 되고 말았다. 영육이원론의 또 다른 폐단이 드러난 것이다.[35]

이처럼 영성적인 삶은 전적으로 정신적이거나 영적인 것으로만 오해하는 영육이원론의 경향이 만연하지만, 바울은 분명이 영육 통전적인 삶이 있다고 가르쳤다. 바울이 말한 성령을 거스르는 육체의 일에 속하는 15가지를 나열하였는데 이를 자세히 분석하여 보면 육체를 따르는 일에는 육체적인 것만이 있는 것이 아니다. 놀랍게도 정신적인 것과 영적인 것도 '육신의 일*erga tes sarkos*'에 포함되어 있다.

> 육체적인 일 : 음행, 더러운 것, 호색, 투기, 술 취함, 방탕함
> 정신적인 일 : 원수 맺는 것, 분쟁, 시기, 분냄, 당 짓는 것
> 영성적인 일 : 우상숭배, 주술, 이단(갈 5:19-22)

바울에 따르면 육을 따르는 삶에도 육적인 육체physical body, 육적인 정신physical mind, 육적인 영physical spirit이 있다고 본 것이다. 그렇다면 영을 따르는 삶 역시 영적인 육spiritual body, 영적인 정신spiritual mind, 영적인 영spiritual spirit이 있게 된다. 그러므로 우리가 온전히 거룩하게 되기 위해서는 영*phneuma*; spirit과 혼*psyche*; mind36)뿐 아니라 몸*soma*; body도 흠 없이 보전하여야 한다고 하였다.

> 평강의 하나님이 친히 너희로 온전히 거룩하게 하시고 또 너희 온 영과 혼과 몸이 우리 주 예수 그리스도 강림하실 때에 흠 없게 보전되기를 원하노라.(살전 5:23)

바울은 우리의 몸도 그리스도의 지체이며, 또한 "너희 몸은 너희가 하나님께로부터 받은바 너희 가운데 계신 성령의 전"(고전 6:19)이라고 하였다. 따라서 그리스도의 지체인 몸으로 창기의 지체로 만들 수 없다고 하였다. '몸이 성령의 전'이므로, 몸으로 "하나님이 기뻐하시는 거룩한 산 제사를 드리는 것"이 "너희의 드릴 영적 예배"(롬12:1)라고 하였다. 하나님의 영은 영육이원론에 입각한 육의 대립 개념으로 제한할 수 없는 것이다. 인간의 영은 인간의 신체성과 대립되는 개념이 아님을 확인할 수 있다. 영성은 통전적이고 전인적인 개념이기 때문이다.

그래서 바르트 역시 하나님의 영이 인간의 영혼에만 작용하는 것으로 이해하지 않았다. "인간은 영혼이요 동시에 육체 즉, 영적인 영혼spiritual soul이며 동시에 그와 마찬가지로 영적인 육체spiritual body인 경우에만 인간이 영이라고 옳게 말할 수 있다."37)고 하였다. 그리고 존 캅J. Cobb은 영성을 개인적인 정신생활의 중심으로 "자기 초월적인 자기됨"이라고 하였다.38) 영에 따라 사는 삶은 자신의 육체적인 욕구와 정신적인 욕구, 나아가서 자아까지도 초월하는 삶이다. 인간은 정신과 육체의 전인적 유기체Psychophysical organism이며, "기독교적 전인성은 튼튼한 육체, 강하고 건전한 이성, 강하고 건전한 상상력, 강하고 건전한 의지뿐만 아니라 강하고 튼튼한 영"을 포함한다고 하였다.39)

둘째, 영성을 마치 인간의 자기 수련을 통해 함양되는 것으로 오해하고 있다. 이는 가톨릭 영성 신학의 전통인 이그나티우스 로욜라의 '영성 수련 spiritual exercise'을 무분별하게 수용한 데서 기인한다. 사실상 영성 신학은 가톨릭교회가 수도원을 중심으로 전개하여 온 오랜 전통을 가지고 있다. 가톨릭 전통에는 영성을 크게 두 가지로 분류하여 왔는데, 윤리적 영성으로 평가되는 성덕聖德을 지향하는 수덕 신학ascetical theology과 존재론적 영성이라 할 수 있는 성성聖性을 지향하는 신비 신학mystical Theology으로 나눈다.

신비 신학은 "하나님의 비밀mysterion인 그리스도를 깨달음으로 그 안에 감추인 지식과 지혜의 모든 보화를 획득(골 2:2)"하려는 것을 목적으로 하는 영성적인 경향이다. 신비 신학은 외적인 정화와 내적인 묵상의 단계를 넘어 신비적 관상의 비상한 은총을 통해 하나님과의 현존적 합일의 경지에 이르려고 노력한다.

6세기의 시리아 수도승 디오니시우스는 하나님께 나아가는 단계를 세 가지로 제시하였다. 정화의 길*catharsis*; purification로서 육적인 것을 모두 소멸시키고 하나님과 거룩한 것을 사랑하는 것이다. 교화의 길*potismos*; illumination로서 세상에 와서 각 사람에게 비취는 참 빛(요한 1:9, 시 36:9)의 조명에 의해 성스러운 진리를 보고 아는 것이다. 하나님께서 직접 빛을 비추어 즉시 깨닫게 하시지 않는다면 아무것도 이해될 수 없기 때문이다. 연합의 길*teleiosis-henosis*; perfection로서 완전성과 거룩함에 참여하고 거룩한 관상을 즐기는 것이다. 이러한 신비 신학은 하나님과의 존재론적 일치 unio mystica를 지향하는 것인데 보나벤추라Bonaventura(1121-1275)와 엑크하르트M. Eckhart(1260-1327에 의해 체계적으로 계승 발전되었다.

반면에 수덕 신학의 수덕이란 말은 askeein(하나님과 삶을 대하여 항상 양심에 거리낌이 없기를 힘쓰노라. 행 24:16)에서 유래한 것으로 경건의 훈련gimnazein(딤전 4:8)을 뜻한다. 따라서 수덕의 목적은 덕행을 통해 완덕을 이루려고 힘쓰는 것이다. 수도원의 전통을 확립한 베네딕트 Benedict(480-)에 의해 제시된 수덕의 내용은 순명, 정결, 청빈이며, 이를 통해 하나님을 사랑하는 것이다. 이러한 수덕의 규칙이 체계화되어 가톨릭 영성 신학의 골간을 이루게 되었다.

수덕 신학의 전통이 가장 두드러진 것은 로욜라의 이그나티우스Ignatius of Royola(1490-1556)의 예수회 운동이다. 종교개혁이 일어난 후 개신교는 신앙의 열정과 영적 역동성을 바탕으로 세계 선교에 박차를 가하게 되었고 개신교의 이러한 자유롭고 역동적인 선교활동은 가톨릭교회에 큰 도전이 되었다. 그래서 로욜라가 가톨릭교회의 영적 쇄신을 통해 내부를 개혁하고 개신교회와 경쟁하기 위해 세계 선교에 뜻을 품은 지성적인 젊은 이들을 단기간에 영적으로 훈련할 수 있는 방안을 저술한 책이 『영성 수련 *spiritual exercise*』40)이다. 이그나티우스는 자신의 묵상과 기도의 경험을 바탕으로 이방 세계에 복음 전도할 일꾼을 선발하여 "영혼 구원을 위해 어디든지 간다."는 등의 서약을 받고 1개월 동안 시행할 수 있는 '영성 수련'의 4단계를 제시하였다. 이 4주 동안의 집중적인 묵상과 기도의 주제는 다음과 같다.

첫　　주 : 죄의 정화와 지옥의 묵상
둘째 주 : 예수 그리스도의 왕국, 출생에서 예루살렘 입성까지 묵상
셋째 주 : 그리스도의 수난 묵상
넷째 주 : 부활하신 그리스도 묵상

한편으로 WCC 신학위원회 주체의 1987년 아이오나Iona 협의회에서는 "영성 형성spiritual formation"이라는 주제를 심도 있게 다루었는데, "영성은 성령 안에 거하는 삶을 가르치며, 영성의 형성은 그러한 삶을 따라 자라고 유지되는 것을 말한다."41)고 정의하였다. "기독교 영성은 형성formation과 제자도discipleship의 계속되는 과정"이며, "영성의 형성은 진정한 기독교의 영성의 특징이 형성되지고 계속해서 새롭게 통합되는 과정"42)이라고 하였다.

무엇보다도 성령과 마찬가지로 영성도 은사로 주어지는 것이지 '돈으로 살 수 있는 것'(행 8:18)이나 수련을 통해 얻어지는 것이 아니라는 신학

적 선언을 하게 된 것이다. 따라서 이그나티우스는 영성 수련은 성례전적 행위를 강조하는 가톨릭 신학의 전통에 기반을 둔 주장이므로 오직 은총과 오직 믿음을 강조하여 온 개신교의 신학 전통과는 맞지 않는 용어라는 지적이 함축된 것으로 보인다. 그리하여 "영성은 기본적으로 하나님의 놀라운 은총에 있는 것이지 인간 탐구의 최종적인 결과가 아니"43)라고 선언하였다.

일찍이 본회퍼는 『기독교윤리』에서 타락한 인간이 선행을 할 수 있는 근거로서 '형성으로서의 윤리학'을 제안하고 "그리스도가 자기와 같은 모습으로 인간을 형성한다. 그리하여 그리스도의 모습으로 변화하는 것이 성서가 말하는 형성의 의미이다."44)고 하였다. 하나님께서 우리에게 하나님의 형상을 이루어 주어야 우리가 하나님의 자녀가 되어 하나님의 뜻대로 살 수 있기 때문이다. 하나님의 형상과 마찬가지로 영성도 영이신 하나님께서 우리에게 형성시켜 주어야 우리가 영의 사람이 될 수 있기 때문이다. 신자들이 성령을 간절히 사모할 수 있지만 인간의 노력이나 특별한 수련이나 수행으로 영적인 사람이 될 수 없는 것이다. 영성 수련spiritual exercise이라는 가톨릭의 용어 대신 '하나님의 형상을 옷 입'는 '영성 형성'이라는 새로운 개념을 제시한 것이다.

기독교 영성은 그리스도를 따르는 모든 정당한 방법을 포함한다. 기독교 영성은 그리스도를 통하여 하나님께로 나아가는 순례이며, 예수 그리스도를 통하여 하나님의 형상을 옷 입게 되는 과정이다.45)

따라서 영성의 형성을 위해서는 '하나님 자신의 놀라운 주도권initiative'46)을 기다려야 하는 것이다. 영성 수련은 인간의 주도권을 강조한 개념인 반면에 영성 형성은 하나님의 주도권을 강조하는 개념이다. 이것이 가톨릭교회와 개신교 영성 신학 사이의 차이점이라고 할 수 있다.

그러나 영성이 하나님의 선물로만 주어져서 형성되는 것인지, 아니면 오직 인간의 수련을 통해 획득하는 것인지에 대한 주도권에 관한 신학적 논쟁에 대해 과정 신학에서는 양자의 변증법적인 종합을 대안으로 제시하기도 하였다.[47]

셋째, 영성 신학은 오직 영적인 존재인 하나님과의 수직적인 관계에 집중하는 것으로 오해하는 경향이 있다. 몰트만은 영성Spiritualität은 종교성Religiousität이나 경건성Frömmigkeit보다는 훨씬 성서적이고 포괄적인 용어라고 하였다. "영성이란 말은 글자 그대로 하나님의 영 안에 있는 삶과 하나님의 영과의 살아 있는 교제를 뜻한다."[48]고 정의하였다. 그래서 폴 틸리히는 하나님의 영이요 그리스도의 영인 성령은 대문자(Spirit)로 인간의 영성은 소문자(spirit)로 사용한다. 영성은 이러한 수직적 영성에서 출발하는 것이 사실이다.

그러나 최근의 영성 신학은 전통적인 수직적 영성과 함께 해방의 영성으로서 수평적 영성과 자연 친화의 영성으로서 순환적 영성을 주장한다. 영성은 내면적이고 자기중심적인 차원에 국한되지 않는다. 영성은 하나님과의 관계에만 집중하는 것이 아니며, 이웃과의 관계와 세계와의 관계를 배제하는 것이 아니라, 오히려 강화하는 것으로 이해되어야 한다는 것이다.

몰트만은 하나님의 영은 생명의 영이요 삶의 영이다. 인간에게 작용하는 생명의 영과 삶의 영은 단순한 생동력이 아니라, 새로운 역동성으로서 '죽음을 대항하는 삶의 힘'이다. 그러므로 성령은 그리스도 안에서의 새로운 삶이 시작되는 것incipit vita nova이며, 거룩한 삶을 사는 것이며, 삶으로 해방시키는 삶이라고 하였다. 그리스도의 살려주는 영life giving spirit을 정치적 해방의 영성으로 해석한 것이다. 그 속에서 인간이 그의 내적 해방과 외적 해방을 경험하는 것이 '하나님의 영'이며, 이런 의미에서 출애굽과 부활을 통해 계시된 자유와 해방의 영의 정치적 차원을 강조한 것이다.

앞서 언급한 아이오나 협의회(1987)에서는 더욱 적극적으로 영성을 "하나님 백성들과 교제하는 삶(communion), 고통당하는 사람들과 연대하는 삶(compassion), 이러한 삶을 부정하는 세력에 대항하고 투쟁하는 삶(combat)을 통합하는 삶이다."[49]라고 하였다. 자유와 해방을 위한 연대와 투쟁의 영성을 인정한 것이다.

다른 한편으로 영성신학자들이 해방의 영성과 함께 '창조 영성', '자연의 영성' 그리고 '생태 영성'을 주장하기도 한다. 성 프란시스의 영성에서처럼 자연과 교감하는 창조의 영성을 새롭게 조명하게 된 것이다. 맥쿼리는 "인간은 하나님의 영을 분배받은 영적 존재이므로 자기 초월을 통해 성령의 역사에 동참하여 그리스도의 성품을 이루며 그리스도를 따를 뿐 아니라, 피조된 전 우주의 회복에까지 나아간다."[50]고 하였다. 아이오나 협의회에서도 "기독교 영성은 하나님 중심적인 영성이지만 또한 땅에 기초한 영성"이라고 하였다.[51] 사람들 자신의 삶과 교회의 삶 및 이 세상의 역사속에서 활동하시는 하나님의 현존을 깊게 체험하는 하나의 방법이다. 따라서 전인적이고, 전 공동체적이고, 전 우주적인 것이다. 그러므로 인간은 영적 존재로서 하나님과 수직의 영성적 관계를 맺으면서 같은 영성을 지닌 동료 인간들과 수평적인 영적 교제를 나눌 뿐 아니라, 인간 자신이 자연의 일부로 자연 가운데서 살다가 자연으로 돌아가는 존재이므로 자연과 더불어 사는 자연 친화를 지향하는 '창조 영성의 순환적인 차원cyclical spirituality'을 중요하게 취급할 수밖에 없는 것이다.

현대 신학은 크게 두 줄기로 나눌 수 있다. 하나는 정통주의正統主義, Orthodoxism를 지향하는 신학 노선으로 신학의 과제를 신앙에 관한 바른 교리의 수립이라고 주장하며 그 목표를 복음화에 두고 있다. 다른 하나는 정행주의正行主義, Orthopraxism를 지향하는 정치 신학이나 해방 신학과 같은 제3세계의 신학으로, 신학의 과제가 바른 신앙 실천임을 강조하며 그 목표를 인간화에 두고 있다.

그러나 바른 신학은 정통주의와 정행주의의 대립과 양극을 극복하여야 한다. 이론은 있고 행함이 없다면 그것은 공허한 것이 되고, 실천만을 강조하여 이론을 무시한다면 그것은 맹목적인 것이 되고 만다. 바른 이론과 바른 실천의 통전을 위해서는 바른 영성이 요청되는 것이다. 왜냐하면 바른 이치를 깨달으려면 진실하여야 하며, 바르게 실천하려면 성실하여야 한다. 그리고 진실하고 성실하려면 경건하여야 한다. 바른 경건은 바른 이론뿐 아니라 바른 실천의 동일한 근원이며, 이 양자의 동일한 목표이기 때문이다.

또한 정통주의가 지향하는 개인 구원의 복음화와 정행주의가 지향하는 사회 구원의 인간화를 통전하기 위해서도 영성화가 요구된다. 최근에는 해방 신학자들에 의해 개인적 영성과 사회적 해방을 통전하는 사회적 영성에 대한 논의가 활발하게 전개되고 있다.[52]

캅J. Cobb은 기독교의 이상은 전적인 복음화나 전적인 인간화가 아니라, 전적인 영성화full spiritualization라고 하였다.[53] 참다운 영성은 복음화와 인간화를 통전하기 때문이다. 그러므로 정통주의Orthodoxism와 정행주의 Orthopraxism를 보완하고 통전하는 영성 신학을 정경주의正敬主義, Ortho-pietism라고 칭할 수 있을 것이다.[54]

3) 생태위기와 JPIC 신학

1993년 유엔 총회는 생물다양성 이슈에 대한 이해와 인식을 높이기 위해 12월 20일을 국제 생물다양성의 날로 선포하였으나 2000년에 생물다양성 협약 본문이 채택된 5월 22일로 변경하였다. 생물다양성은 생명체를 보는 단계에 따라 유전자 수준의 다양성, 종 수준의 다양성 그리고 생태계 수준의 다양성 등 세 가지 유형으로 구분된다.

다양성의 반대되는 개념이 멸종이다. 멸종위기 등급은 특정한 종이 살아남을 수 있는지를 나타내는 등급이다. 모든 생물의 멸종위기 등급은 안전, 낮은 위기, 취약, 위기, 위급, 자생지 절멸, 절멸로 나뉜다. 세계자연보존연맹IUCN55)에 따르면 전 세계의 동식물은 3000만 종으로 추산된다. 이 중에 레드 리스트red list에 속하는 멸종위기에 처한 동식물이 1만 6천 306종이고 멸종 위협에 처한 동식물이 4만 종에 이르는데, 이는 포유류의 1/4, 양서류의 1/3, 조류의 1/8에 해당하는 수치이다.56) 그리고 이 중에 연간 2700종이 사라지는데 이는 하루에 74종이 멸종한다는 수치이다.

생태계의 파괴와 멸종위기의 원인에 대해 대량 생산과 대량 소비로 인한 자원의 무분별한 이용, 도시화로 인한 서식지 파괴, 지구 온난화, 화학 비료와 하수 및 공기 오염을 통한 영양물의 형성, 외래종의 유입에 의한 생태적 변화 등이 지적된다. 가장 큰 원인은 인구의 증가와 산업화와 도시화 과정에서 인간이 자연의 착취자가 되어 생태계의 파괴와 오염을 확산시킨 결과이다. 산업혁명 이후의 대량 생산 구조로 자연 자원의 대량 착취가 불가피하였고, 화석에너지 사용이 폭발적으로 증가하였다. 대량 생산은 대량 소비를 부추기고, 대량 생산과 소비에 비례하여 자원의 고갈과 환경의 파괴의 악순환이 계속되어 오염과 공해가 양산된 것이다. 결과적으로 엠페도클레스Empedocles(B.C. 492-432)가 주장한 만물의 4원소인 물(수자원 고갈과 수질 오염), 불(핵연료 폐기물), 흙(토양 오염), 공기(대기 오염)의 오염으로 인해 지구 온난화, 해수면 상승, 열대 산림의 파괴와 사막화, 그리고 오존층 파괴와 엘니뇨 현상 등 지구의 재난이 현실로 다가

온 것이다.57)

1983년부터 세계기독교교회협의회WCC에서는 생태계의 파괴와 멸종의 문제를 신학적으로 수용하여 '창조의 보전'을 주요한 신학적 주제로 삼기 시작하였다. 그리하여 '정의, 평화, 창조의 보전Justice, Peace and Integrity of Creation'이라는 주제로 1986년과 1990에 걸쳐 2차 신학자대회를 개최하였다. 1989년 서울에서 '정의, 평화, 창조의 보전JPIC'이라는 주제로 세계개혁교회연맹WARC의 제22차 총회58)가 열렸는데 이때만 하여도 '매일 하나씩 종이 멸종한다.'59)고 하였다. 그래서 환경 파괴로 인한 생명의 위기를 경고하고 교회의 핵심적인 과제가 창조의 보전과 유지라고 선언하였다.

창조질서 전체가 회복되어야 한다는 요구가 이렇게 긴박한 때는 없었다. 공기, 물, 흙, 불(에너지) 등의 환경이 생명 자체를 유지시켜 주며 성장시킨다. 환경이 나빠지면 우리 모든 생명은 위태롭게 된다. 생명을 유지시켜 주는 자연이 나빠지고 침식되고 고갈되면, 생명은 위험에 빠져 죽게 된다.60)

창조질서와 맺은 하나님의 계약은 세상의 생명을 보존하기 위한 참 소망을 세상에 제시해 주며, 하나님의 백성이 응답하도록 부르신다. 창조질서의 보전을 유지하는 일은 앞으로 우리 교회에 있어서 사회 안에서의 우리 삶의 핵심적인 부분이 되어야 할 것이다.61)

1989년에 이어 서울에서 개최된 세계기독교교회협의회가 주관하는 '1990년 정의 평화 창조의 보전JPIC 세계대회'에서도 종 다양성의 문제와 멸종의 문제를 신학적인 관점에서 검토하고 정의와 평화의 실현과 함께 하나님께서 창조한 세계를 온전히 보전하는 것이 시급한 신학적 과제임을 선언하였다. 그도 그럴 것이 생태계의 파괴와 오염으로 생태계의 위기로 하나님이 창조한 인간을 포함한 무수한 생명들이 생존의 위기와 함께 멸종의 위협에 놓이게 된 것이다. "피조물이 다 이제까지 함께 탄식하며 함께 고통하는 것"(롬 8:22)이 눈앞의 현실로 다가온 것을 직시하게 된 것이다.

개인적으로 예수를 영접하는 신앙의 결단을 통해 복음화를 이루는 '개인 구원'이나, 삶의 질을 향상하기 위해 사회 구조악을 혁파하고 인간화를 지향하는 '사회 구원'보다도, 생태계 위기를 극복하고 창조의 보존을 지향하는 '생태 구원'의 필요성이 더 강조되고 있다.62)

서남동은 1970년 초에 이미 생태학적 위기의 요인과 생태학적 위기의 역사적 근원을 분석한 후 기독교의 철저한 재고를 통해 생태학적 위기를 극복할 수 있는 새로운 생태학적 윤리를 제시하였다.63)

그는 인류 환경의 생태학적 균형을 깨트려서 생태학적 종말의 가능성을 제기한 요인은 크게 세 가지로 분류된다고 하였다. 곧 인구의 급격한 팽창, 경제 성장에 따른 자원의 탕진, 그리고 성장과 소비 지향의 가치관과 생활 양식으로 나타나는 인간의 태도이다.64) 그리고 생태학적 위기를 초래한 사상적인 근원은 '서양 현대사상의 기조인 진보 사상과 또 그 연원인 기독교 신앙'65)이라고 하였다. 진보 사상은 인간의 이용에 맞도록 자연을 변화시키는 과학적 발명을 극구 권장했으며, 인간이 자연을 정복하는 과학의 탐험을 통해 인간의 좁은 시야는 넓어진다고 부추겨, 생태계의 파괴를 확대재생산한 것이다. 그리고 기독교 신학의 인본주의와 역사 중심주의 역시 자연의 위치를 평가절하하는 이념으로 작용하였다고 분석한다.

최근의 여러 신학자들은 자연을 정복하고 다스리라는 창조의 명령을 다시 검토하게 되었다. 하나님께서 천지를 창조하고 이를 인간에게 위임하였다는 것은 자연에 대한 인간의 권리와 동시에 자연에 대한 인간의 책임을 선언한 것이다. 그러나 기독교에 기초한 서구 문명은 자연에 대한 인간의 권리만 강조하고 그 책임을 약화시켰다. "땅을 정복하고 다스리라."는 말을 일방적으로 해석하여 인간이 자연을 이용하기 위하여 자연을 착취하고 파괴하는 것마저 정당화하는 방향으로 나아가게 되었다. 그리하여 자연의 마성적 지배로부터 해방된 인간이 이제는 자연의 폭군적 지배자가 되어버린 것이다. "정복하고 다스리라."는 히브리어 단어인 *kabash*와 *radah*는 '관리와 돌봄'의 뜻으로 해석해야 한다.[66] 즉, 착취와 파괴로 자연을 훼손하라는 것이 아니라 관리와 돌봄을 통해 자연을 적절히 활용하고 새로운 생명의 창조질서를 보존하라는 명령으로 해석해야 한다. 하나님이 천지를 창조하시고 인간에게 그 통치를 위임한 것은 인간이 자연을 하나님의 선한 의지에 따라 선하게 활용하라는 것이며, 그리고 하나님이 보시기에 참 좋은 창조질서로 계속 보존하라는 명령인 것이다.

온 세계가 직면한 생태계 위기의 근본 원인도 따지고 보면 인간의 오만과 이기적 탐욕이라는 악한 의지에서 비롯되었음을 알 수 있다. 우리의 옛 농부들은 논두렁에 콩알을 세 개씩 심었다고 한다. 하나는 땅 속의 벌레나 땅 짐승이 먹고, 다른 하나는 자라서 공중의 새들이나 들짐승이 먹고, 나머지 하나가 자란 것만 농부가 먹겠다는 생각에서였다고 한다. 생명 있는 모든 것은 더불어 살며 나누어 먹어야 한다는 정신이다.

예수 시대의 세례 요한이 평생 소유하고 소비한 것은 약대 털옷과 가죽띠와 메뚜기와 석청이었다(마 3:4). 그에 비해 우리는 너무 많은 것을 소유하고 소비하고 있다. 인간과 체중이 비슷한 양￦이 자연 상태에서 소비하는 에너지의 40배를 인간이 소비하고 있다고 한다. 산업혁명 이후 대량 생산과 소비를 부추겨 인간이 생산하고 소유하고 소비하는 그만큼 자원이 고갈되고 생태계의 파괴와 오염과 공해를 가중한 것이다. 따라서 많이 소유하고 많이 소비할 것을 미덕으로 부추기는 자본주의의 물신 숭배는 우리 시대의 악령이요, 새로운 유행의 신제품이라는 이름으로 필요 이상의 소

비를 부추기며 성적 모티브로 치장한 현란한 상품 광고는 우리 시대의 사
단의 유혹인 것을 눈치 채야 할 것이다.

자연보호 운동은 쓰레기를 줍거나 쓰레기를 효과적으로 줄이는 소극적
인 방법으로는 그 한계가 있다. 한번 쓰레기는 영원한 쓰레기이기 때문이
다. 따라서 적게 소유하고 적게 소비하려는 철저한 창조신앙적 결단이 요
청된다. 자연 친화적인 생활 태도와 채식 위주의 식습관 등이 대안으로
제시되기도 한다. 자연 정복 사상에서 자연 친화 사상으로 일대 전환을
촉구하는 것이 오늘날의 생태 신학의 지향점이다.

그러므로 현대 신학적인 관점에서 구원의 내용을 포괄적으로 이해하기
위해서는 구원의 내용을 이루는 이러한 세 요소의 삼중적인 관계를 통전적
으로 설정하여야 할 과제가 제시된다. 인간과 하나님의 바른 관계로서 개
인 구원, 인간과 인간 사이의 바른 관계로서 사회 구원, 인간과 자연 사이의
바른 관계로서 생태 구원을 아우르는 천지인의 신학이 요청되는 것이다.

천지인의 신학은 서구 중심의 인류 문명이 안고 있는 심각한 현안들의
대안적인 사상이 될 수 있기 때문이다. 전통적인 서구의 이원론적 실체론
으로 인해 신과 인간, 자연과 인간, 몸과 마음, 정신과 물질이 대립적인
실체로 분열되어 신성神聖의 포기와 자연의 파괴와 인격의 파탄이라는 인
류 문명의 생존과 관련되는 심각한 결과를 초래하였다. 그러므로 수직적
대신관계, 수평적 대인관계, 순환적 대물관계라는 천지인의 조화와 화해
를 회복하는 것만이 그 대안이 될 수 있다.[67]

4) 타종교와의 만남과 종교다원주의

19세기의 활발한 해외 선교를 통해 기독교가 세계로 확장되면서 기독

교인들은 아시아, 아프리카, 남미의 제3세계 국가들도 기독교보다 오래된 고등 종교를 믿고 있었다는 사실을 알게 되었다. 이러한 타종교와 만남으로 인해 예수를 믿지 않고 "타종교를 믿거나 양심적으로 살아도 구원이 가능한가?" 하는 질문이 제시되었다.[68] 그리하여 기독교의 절대성을 주장하는 사람들과 기독교의 상대성을 주장하는 사람들 사이에는 소위 종교 다원주의가 등장하기도 하였다.

기독교의 유일한 구원을 주장하는 절대주의는 배타주의exclusivism의 약점을 지니고 있고, 모든 종교는 상대적인 차이밖에 없다고 주장하는 포괄주의inclusivism는 혼합주의에 이르게 된다는 비판이 제기되었다. 그래서 이 양자를 중재하는 대안으로 모든 종교는 보편적 공통점이 있지만 각자의 특수성이 있다는 것을 존중하는 입장을 다원주의pluralism라고 부르게 되었다. 그런데 대부분의 경우 다원주의를 상대주의나 혼합주의의 개념으로 오해하고 있는 듯하다.[69] 그래서 다원주의 대신 선교주의를 제시하기도 한다.[70]

전통적인 기독교는 오직 예수를 그리스도로 믿는 자에게만 구원이 주어진다고 주장한다. 성서 여러 곳에서 이를 뒷받침하는 말씀을 찾아볼 수 있다.

하나님이 세상을 이처럼 사랑하사 독생자를 주셨으니 이는 저를 믿는 자마다 멸망치 않고 영생을 얻게 하려 하심이라.(요한 3:16)

네가 만일 입으로 예수를 주로 시인하며 또 하나님께서 그를 죽은 자들 가운데서 살리신 것을 믿으면 구원을 얻으리니 사람이 마음으로 믿어 의에 이르고 입으로 시인하여 구원에 이르느니라.(롬 10:9-10)

누구든지 주의 이름을 부르는 자는 구원을 얻으리라.(롬 10:13)

다른 이름으로는 구원을 얻을 수 없나니 천하 인간에 구원 얻을 만한 다른

이름을 우리에게 주신 일이 없음이니라.(행 4:12)

앞에 인용한 성경 구절에 따르면 예수를 죽은 자 가운데서 다시 살아나신 하나님의 아들이요 구세주이신 것을 마음으로 믿고 입으로 고백하는 자에게만 구원과 영생이 주어진다고 분명히 말하고 있다. 따라서 전통적으로 기독교인들은 다른 종교를 신봉하는 자들을 우상숭배자나 이교도로 여기고 차라리 아무런 종교를 가지고 있지 않은 무신론자들보다 더 나쁘게 여겼다.

그런데 1, 2차 세계대전 동안 서양의 주요 기독교 국가들이 서로 교전交戰을 하게 되었다. 2차 세계대전 시에 미군과 독일군에 참전한 군목軍牧들은 서로 자국의 승리를 하나님께 기도하였는데, 이것은 하나님의 뜻과는 먼 것이었다. 그래서 주의 이름을 부르는 것보다 주의 뜻을 행하는 것이 더 중요하다는 각성이 일어나게 되었다. 양차대전 후 세계 평화를 위해 힘쓰던 기독교 지도자들은 세속주의자나 허무주의자 같은 무종교인들은 진리를 추구하지도 않고, 양심적으로 살려고 노력하지 않으며, 이웃을 위해 희생하려는 사랑의 정신도 전무한 것을 깨닫게 되었다.

그동안 기독교적 입장에서 이교도나 우상숭배자로 배척하였던 타종교 즉 유교나 불교, 이슬람교와 같은 고등 종교의 신자들이 그래도 진리를 추구하고, 양심적이고, 자기희생적이라는 것을 발견하였다. 타종교인들의 진지한 종교적 태도가 세속적인 무종교인이나 냉소적인 무신론자들의 거짓되고 비양심적이고 이기적인 태도보다는 하나님의 뜻에 더 가깝다는 인식을 하게 된 것은 큰 충격이었다.

한편으로 기독교 신학은 그동안 "교회 밖에는 구원이 없다*Extra ecclesiam nulla salus*."71)는 전통을 고수하여 왔는데, 3세기의 키프리안의 이 주장은 로마 교회를 분열시키고 교회 밖으로 나간 노바투스파에 대하여 한 말이다. 엄격한 의미에서 교회의 제도적 일치를 부정한 분파주의자들에게 구원이 없다는 뜻이며 오늘날 흔히 사용하는 것처럼 교회 밖의 타종교인이나 비기독교인을 지칭하는 말이 아니었다는 사실도 확인되었다. 그리고 교회 안에는 '알곡과 가라지'가 섞여 있으므로 원리적으로는 '교회 안에 있다고 모두가 구원을 얻는 것'도 아니라는 주장도 부정할 수 없게 된 것이다. 그래서 칼 바르트는 "교회 밖에는 구원이 없다."를 주장을 보다 엄밀한 신학적 명제로 바꾸어 "그리스도 밖에는 구원이 없다."고 하였다. 그리스도를 유일한 구주로 명시적으로 고백하는 그리스도인에게만 구원이 주어지는 것이라는 의미이다. 바르트의 이러한 주장은 배타적인 교회관에 대한 반성의 계기가 되었다.

가톨릭의 경우 프로렌스 종교회의(1438)에서 이방인, 유대인, 이단, 타종교에 속한 자는 영원한 생명을 얻을 수 없다고 선언하였으나, 바티칸 공의회(1962-4)는 "타종교의 경험과 신앙에는 모든 인간을 일깨우는 진리가 있다."는 점을 인정하였다. 이 입장의 변화를 신학적으로 대변한 칼 라너K. Rahner는 익명의 그리스도인 이론the theory of anonymous Christian을 통해 그리스도인을 다시 두 종류로 나누었다72).

첫째는 명시적 그리스도인이다. 예수를 구주로 고백하고 세례를 받고 교회에 출석하는 기독교인이 이에 해당한다. 하나님의 뜻을 행하는지 여부는 이차적인 문제이다.

둘째는 익명의 그리스도인이다. 입으로는 예수를 구주로 고백하지 않고 교회에 출석하지도 않지만, 진리를 추구하고 양심에 따라 살며 자기희생적인 사람들을 "다만 하늘에 계신 아버지의 뜻대로 행하는 자"로 여겨 익명의 그리스도인이라고 하였다. 그래서 이 익명의 그리스도인에게도 구원의 가능성이 열려 있다고 주장한다. 외모가 아닌 중심을 판단하시는 하나님께서 이들을 구원하실 가능성이 많다는 주장이다. 이러한 익명의 그리스도인에 대한 성서 근거로서 다음 구절을 제시할 수 있다.

> 나더러 주여 주여 하는 자마다 천국에 들어가는 것이 아니요 다만 하늘에
> 계신 아버지의 뜻대로 행하는 자라야 들어가리라.(마 6:21)
> 너희가 여기 형제 중 지극히 작은 자 하나에게 한 것이 곧 나에게 행한 것이
> 니라.(마 25:40)

이 두 구절에 따르면 주의 이름을 입으로 고백하는 것보다 더 중요한
것은 하늘에 계신 아버지의 뜻을 행하는 것이라고 한다. 그리고 그리스도
를 섬기는 것은 지극히 이름이 작은 형제를 섬기는 것이기도 하다는 것이
다. 요한일서(4:20)에서 "보는바 그 형제를 사랑치 아니하는 자가 보지
못하는바 하나님을 사랑할 수 없다."고 하였기 때문이다. 이러한 주장이
가톨릭에 의해 수용되면서 타종교에도 구원의 가능성이 있다는 종교다원
주의가 활발하게 논의되었다.

라너는 종교다원주의에 대한 다음의 네 가지 테제를 설정한다.

1) 기독교는 만인을 위한 절대적 종교The absolute religion라고 자신을 이해하
   는 신학적 해석을 견지한다.

2) 역사적 종교로서의 기독교 출현 이전이나 이후에 있는 모든 세계 고등
   종교에도 또한 하나님에 대한 자연 지식이 내포되어 있을 뿐만 아니라,
   그리스도 예수로 말미암는 온전한 은총에 접촉하기 이전에도 그리스도
   로 말미암는 초자연적 요소를 또한 함축한다.

3) 위의 것이 옳다면 그리스도교는 타종교의 신앙인들을 단순한 비기독교
   인으로 만나는 것이 아니라 이미 익명의 그리스도인The Anonymous Chris-
   tian이라고 생각할 수 있고 또 마땅히 그렇게 생각해야 한다.

4) 역사적 종교 공동체, 사회 공동체의 형태로 존재하는 역사적 기독교 그 자체는 아직 감추어져 있는 구원의 실재를 시공 속에서 앞당겨 증언하는 은총의 공동체로, 아방가르드(前衛隊)로서 현존할 뿐이다.73)

몇 년 전 김용옥의 강연에 김수환 추기경께서 나오셔서 "모든 선한 양심들을 하나님께서 구원의 은총을 베푸신다."고 한 것은 이러한 가톨릭의 입장을 대변하는 것으로 보인다. 전통적인 개신교의 입장에서 보면 이러한 주장이 놀랍기도 하고 거리낌이 있기도 할 것이다.

엄밀히 따지면 종교적 진리는 세계의 대부분 고등 종교에서 가르치는 보편적인 진리와 각 종교만의 특수한 진리로 나눌 수 있다. 종교 간의 이러한 보편적 유사성이 있는 것은 이미 공인된 사실이다. 예를 들면 불교의 5계에도 "살생하지 말라, 도둑질 하지 말라, 음행하지 말라"는 계율이 있고, 유교에서도 "네 부모를 공경하라"는 의미의 부자효친이라는 강령이 있다. 이는 모두 기독교의 십계명에 포함되어 있는 내용이다. 그러나 각 종교가 배타적으로 주장하는 특수한 가르침도 적지 않다. 불교는 "모든 사람은 스스로 깨달아 불성에 이를 수 있다直指人心 見性成佛."고 가르친다. 그리고 이러한 각성을 통해 윤회의 굴레에서 벗어나 피안에 이르는 것을 궁극적인 구원이라고 가르친다. 이는 기독교의 구원관과는 아주 다른 점이다. 기독교 외에 어떤 종교도 삼위일체 하나님에 대한 믿음을 통해 "죄를 용서받는 것과 몸의 부활과 영생"을 얻을 수 있다는 특수한 구원을 가르치지 않는다.

그러나 기독교의 입장에서 보면 구원은 하나님의 절대 은총과 주권적 자유에 속한다. 하나님은 절대 자유로우시므로 그가 창조한 자연질서로부터도 자유롭다. 그래서 해를 멈추게도 하시고, 홍해를 가르기도 하신다. 하나님은 자신이 이스라엘 백성과 체결한 계약의 조문인 율법으로부터 자유롭다. 그러시기 때문에 율법을 범한 자일지라도 회개하고 돌아오면 율법상의 징계를 무효화하고 무조건 용서하신다. 만일 하나님이 율법에 얽매 있다면 율법을 범한 자를 무조건 은혜로 용서하실 수 없을 것이다.

마찬가지로 하나님이 주시는 구원은 우리의 판단을 초월하는 것이다. 우리가 누구는 구원을 받을 것이고 누구는 구원을 받지 못할 것이라고 판단할 수 없다. 이는 전적으로 하나님의 절대자유와 절대주권에 속한다. 그러므로 하나님께서 하시려고 하신다면, 양심적인 타종교인도 얼마든지 구원하실 수 있을 것이다.

극단적으로 말하면 율법을 범한 자도 회개하면 구원하신 하나님께서, 예수를 구주로 믿지 않는 자일지라도 진실되고 양심적이며 자기희생적으로 살려는 사람을 구원하실 수도 있다고 주장하는 이들도 있다. 왜냐하면 "하나님은 모든 사람이 구원을 받으며 진리에 이르기를 원하시기"(딤전 2:4) 때문이다. 이를 보편구원론[74]이라 하고 나아가서 모든 사람뿐 아니라 모든 피조물이 구원을 받아야 한다는 주장이 만유구원론[75]이라고 한다. 잘 생각해 보면, 양심적으로 사는 사람들에게 구원의 가능성을 열어 주는 것은 몇 가지 점에서 크게 유익하다.

첫째, 신앙이 없는 사람들도 모두 하나님의 양심의 법을 지켜야 하며 그들도 핑계할 수 없다는 사실을 주장하는 긍정적인 면이 있다. 의인은 믿음으로 말미암아 살지만, "하나님의 진노가 불의로 진리를 막는 모든 사람들의 경건치 않음과 불의에 대하여 하늘로 좇아 나타나나니 이는 하나님을 알 만한 것이 저희 속에 보임이라."(롬 1:18-20)고 하였다. 그러므로 창세로부터 하나님의 능력과 신성이 만물 속에 분명히 보여져서 누구나 하나님을 알 수 있게 되어 있으므로 "저희가 핑계치 못할지니라."고 하였다. 유명한 철학자 칸트도 하나님이 없다면 양심에 따라 산다는 인간 행위의 법칙이 그 보편타당성을 상실한다고 하였다. 양심의 소리는 하나님이 모든 인간에게 주신 내면의 소리라고 한 것이다.

둘째, 양심적으로 사는 사람에게 구원의 가능성을 열어두는 것은 신앙으로 사는 사람들의 구원의 가치를 떨어뜨리는 것이 아니라, 신앙으로 사는 사람들이 그렇지 않은 사람들보다 더욱 양심적으로 살아야 한다는 경고로도 들어야 한다. 믿음과 양심은 동전의 양면과 같다. 바울은 디모데에게 "믿음과 양심을 가지라. 어떤 이들이 이 양심을 버렸고 그 믿음에 관하여 파산하였느니라."(딤전 1:19)고 하였다. 믿는 자들이 이러한 양심을 잃으면 그 믿음이 파산되는 것이라고 했다.

셋째, 양심으로 사는 이들도 그들의 구원을 더욱 확실히 하기 위해서는 양심의 법을 세우신 하나님을 믿어야 한다. 모든 인간에게 내재해 있는 양심의 법을 통해 하나님을 알 만한 것이 피조물 가운데에 보여져 있으므로 핑계를 댈 수 없다. 그러나 "하나님을 알되 하나님을 영화롭게도 아니하고 감사치도 아니해서"(롬 1:21)는 안 될 것이다. 따라서 인간은 누구나 하나님의 피조물로서 예수를 믿는 사람이든 믿지 않는 사람이든 하나님이 세우신 양심에 따라 진리를 추구하고 선하게 살며, 이웃 사랑을 행함으로 하나님의 뜻을 실천하여야 할 것이다. 그리고 한 걸음 더 나아가서 양심의 법을 주신 하나님을 영화롭게 하고 감사하는 신앙의 길로 들어오도록 요청받아야 하는 것이다.

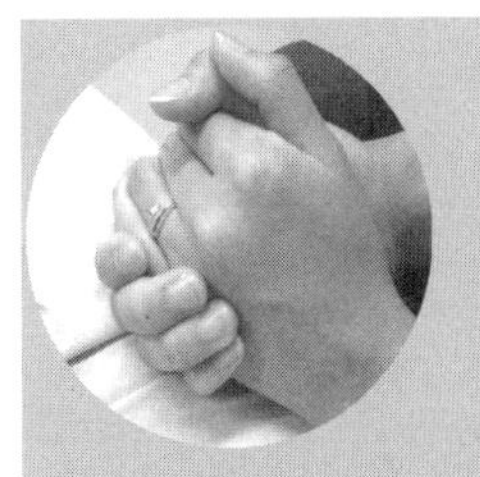

제2장

신앙의 학문으로서 신학

1

신학의
프리-텍스트Pretext로서 신앙

앞서 자세히 살펴본 것처럼 신학은 신앙의 학문이다. 신앙이 전이해preunderstanding로서 프리-텍스트로 주어져야만 신학이라는 학문이 가능한 것이다. 신앙信仰이란 단어의 의미는 '믿고 우러러 본다'는 뜻이다. "믿다"라는 말의 사전적 의미는 "꼭 그렇게 생각하여 의심하지 않는다." 또는 "의지하거나 힘을 얻을 마음을 내다."의 뜻이다. 영어의 faith는 믿음의 대상에 관한 명사적 의미이며, believe는 믿음의 방법에 대한 동사적 의미를 강조하는 용어라고 구분하기도 한다.

믿음 또는 신앙에 해당하는 구약성서의 원어는 아멘amen이며 그 뜻은 믿다, 신뢰하다, 응답하다, 신실함, 확고함, 진리 등이다. 신약성서의 피스티스pistis는 신용, 신뢰, 확신의 뜻이 있다.

신약성서에서 피스티스가 사용된 의미들을 살펴보면, 공관복음서에서는 그리스도를 통해 계시된 복음의 수용[1]과 하나님의 능력에 대한 확신[2]을 뜻한다. 요한 문서에서는 절대적인 신적 대상에 대한 믿음[3]과 예수의 말씀에 대한 믿음[4]을 뜻한다. 그리고 믿는 자와 믿지 않는 자의 차이가

강조된다.5)

바울 문서는 하나님과 바른 관계를 맺는 것을 믿음으로 가르친다.6) 따라서 하나님과 의로운 관계를 맺는 것은 율법의 행위가 아니라 믿음의 은총이라는 사실이 강조된다.7) 그리고 믿음은 말씀을 들음에서 나며(롬 10:17), 믿음으로 쫓아 하지 않는 모든 것이 죄(롬 14:23)라고 가르친다.

그러나 일반적으로 '믿는다'는 말을 개념적으로 설명하려면 '누구를, 무엇을 믿느냐?', '어떻게 믿으며' 그리고 '왜 믿느냐?'의 질문이 제기된다. 따라서 믿음에 대한 분석은 누구를, 무엇을 믿느냐는 '신앙의 대상'과 어떻게 믿느냐는 '신앙의 방식', 왜 믿느냐는 '신앙의 동기와 목적'에 대한 질문으로 대별할 수 있다.

기독교 신앙은 누구를 무엇을 믿는가? 기독교 입장에서 볼 때 신앙에는 불신과 미신이 있다. 불신不信은 마땅히 믿어야 할 바를 믿지 않는 것이며, 미신迷信은 믿을 필요가 없는 것을 믿는 것이다. 따라서 신실한 기독교 신앙은 마땅히 믿어야 할 바를 믿는 것이다.

어떻게 믿어야 하는가? 무조건 믿고 덮어 놓고 믿는 것이 좋은 믿음인 것처럼 가르치고 있다. 그러나 이러한 무조건적 신앙은 광신狂信과 맹신盲信에 이르기 쉽다. 광신은 무절제하게 믿는 것이요, 맹신은 무비판적으로 믿는 것으로 바른 신앙의 방식이 아니기 때문이다. 한국의 기독교인은 믿음이 없어서 문제인 것이 아니라, 옳고 바른 믿음이 무엇인지를 분별하지 못하고 무조건 믿는 믿음 때문에 더 큰 혼란이 생기고 있다고 할 정도로 믿음 자체가 무엇인가에 대한 진지한 생각이 부족하다고 여겨진다. 이런 의미에서 토마스 아퀴나스는 명시적 신앙과 맹목적 신앙 구분하였다.

- 명시적 신앙(fides explicita) : 무엇을 믿는지 알고 믿는 신앙
- 맹목적 신앙(fides implicita) : 무엇을 믿는지 알지 못하지만 교회 권위

에 의해서 믿는 신앙

　전통적으로 신학에서는 왜, 무슨 목적으로 믿느냐 하는 질문을 제기하지 않았다. 현대에 와서 인간의 동기와 목적을 분석하는 종교심리학의 발전과 더불어 신앙의 동기와 목적, 그리고 신앙의 성숙도를 분석할 수 있는 방법들이 제시되었다.

　따라서 기독교 신학이 신앙의 학문이라면 기독교인들은 무엇을 믿어야 하며, 어떻게 믿어야 하며, 왜 믿어야 하는지를 먼저 따져 봐야 할 것이다.

2

무엇을 믿는가 :
신앙의 대상

1) 신앙의 대상과 일치의 공통분모

기독교 신앙은 간단하게 한 마디로 말하면 나사렛 예수를 하나님의 아들 그리스도로 믿는 신앙이다. 이러한 사실은 최초의 복음서 첫 구절에서 명시되어 있다.

하나님의 아들 예수 그리스도 복음의 시작이라.(막 1:1)

이러한 신앙의 기본 내용은 "당신은 그리스도시며 살아 계시는 하나님의 아들"(마 19:19)이라는 유명한 베드로의 신앙고백으로 이어졌다. 그리고 이 베드로의 신앙고백은 원시 교회의 케리그마로 확장되었으며, 초대 교회의 사도신경을 비롯한 여러 신조를 통해 새롭게 재진술되어 왔다. 기독교가 여러 세대를 거쳐 오면서 그때그때마다 필요한 신앙고백과 신조를 정하였으나 모든 기독교가 공통적으로 수용하는 가장 오래된 신앙의 규범은 사도신경이다.

아퀴나스도 역시 명시적 신앙*fides explicita*은 신앙고백, 즉 최소한도로 사도신경을 믿는 것을 말한다고 하였다. 이 사도신경은 칼빈이『기독교 강요』에서 잘 요약한 것처럼, 하나님, 예수 그리스도, 성령, 교회라는 네 가지 본질적인 신앙의 대상이 포함되어 있다. 교단마다 신앙의 내용과 대상을 규정하는 신앙의 규범이 조금씩 다르지만 대한예수교장로회의 경우『헌법』에도 사도신경, 대한예수교장로회 신조, 요리문답, 웨스트민스터 신앙고백, 대한예수교장로회 신앙고백을 신앙의 규범으로 제시하고 있다.[1]

현대에 와서 기독교 신앙의 기본 내용을 가장 널리 공인되는 것은 세계의 기독교를 대표하는 기관인 세계기독교교회협의회WCC의 헌장이다. WCC는 1948년 암스테르담Amstertam 창립 선언에서 "세계교회협의회는 우리 주 예수 그리스도를 주와 구세주로 받아들이는 교회의 협력체"[2]라고 정의하고 일치를 위한 공통분모로서 "예수 그리스도를 하나님과 구세주로 고백하고, 성경에 의해 선포되었고 사도적 공동체에 의해 설교된 구원과 인류의 종국적 운명에 대한 신앙과 성령으로 말미암아 삼위일체 하나님의 삶을 사는 신앙"이라고 하였다. 그 후 여러 논의를 거쳐 1961년 뉴델리 총회에서 개정한 헌장이 지금까지 사용되고 있다.

세계기독교교회협의회WCC는 성경이 증거하는 바대로 주 예수께서 하나님과 구세주이심을 고백하며 따라서 성부 성자 성령 한 하나님의 영광으로 부르심을 받은 공동의 소명을 함께 성취하고자 노력하는 교회들의 협력체이다.[3]

이 정의에 관심을 갖는 것은 현대적인 상황에서 다양한 세계 교회가 공동으로 수용할 수 있는 기독교 신앙의 기본 내용과 일치의 공통분모가 가장 잘 명시되어 있기 때문이다.

따라서 사도신경과 WCC 헌장을 종합해 보면 기독교 신앙은 크게 다섯 가지로 요약된다.

- 성부 하나님을 믿습니다.
- 성자 하나님 예수 그리스도를 믿습니다.
- 성령을 믿습니다.
- 하나의 거룩하고 보편적인 교회를 믿습니다.
- 성경을 삼위일체 하나님의 계시의 증언으로 믿습니다.

처음 네 가지는 2000년 교회의 역사 중에 가중 중요하고 오래되고 기본이 되는 신앙 규범인 사도신경에 나타나 있지만, 성경을 하나님의 말씀으로 계시와 신앙의 유일한 규범*sola fidei regular*으로 믿는 신앙은 사도신경에는 언급되어 있지 않다. 가장 큰 이유는 사도신경이 형성될 때에는 아직 성경이 정경正經으로 확정되기 이전이었기 때문이다. 그리고 성경이 정경화된 후에도 교회의 권위를 성경의 권위 위에 둔 가톨릭교회의 전통 때문에 종교개혁 이전까지 성경에 대한 바른 기독교적 신앙관이 확립되지 못하였다고 보아야 할 것이다. 기독교 신앙은 성서가 계시와 신앙의 유일한 규범이므로 '오직 성경'이라는 개신교의 원리가 기본 교리에 반영되어야 한다.[4]

2) 신앙의 인격적 절대적 대상과 비인격적 상대적 대상

WCC 헌장에는 삼위일체 하나님과 더불어 성경의 증거와 교회의 협력이 기독교 신앙의 주요한 대상으로 포함되어 있다는 사실을 살펴보았다.

사도신경에는 분명히 "거룩하고 보편적인 교회를 믿습니다 believe holy catholic church."고 고백한다. 그런데 이 네 번째 신앙의 대상은 처음 세 가지 신앙의 대상인 하나님, 예수 그리스도, 성령과는 아주 다른 대상이라는 것이 일찍부터 제기되었다.

칼빈은 사도신경 원문 중 "성부, 성자, 성령을 믿습니다."(Credo in)라는 표현에는 in이라는 표현이 들어 있으나 교회에 대한 항목에서는 in이라는 전치사가 빠져 있다는 점을 지적하였다.[5] 그는 초대 교부들도 역시 "'believe in the church'가 아니라 'believe the church'라고 말해야 한다는 사실을 알고 있었다."[6]고 하였다. 따라서 성부, 성자, 성령 삼위일체 하나님에 대한 '인격적 절대적 대상에 대한 믿음'(credo in)과 교회나 성서 등 나머지 항목들에 대한 '비인격적 상대적 대상에 대한 믿음'(credo)은 우리말로 구별하기가 어렵지만 구분되어야 한다는 사실을 지적한 것이다.[7] 한스 큉도 "교회는 인격적으로 신앙의 대상이 아니다. 교회는 하나님이 아니며 우리가 교회"라고 하였다.[8]

한편 교회는 하나님의 백성이요, 그리스도의 몸이요, 성령의 교제가 이루어지는 성도들의 공동체이므로 성도들의 어머니로서 교회 안에서 신앙이 생기고 신앙이 자라고 신앙으로 삶의 문제를 해결하고 마침내 신앙으로 승리할 수 있기 때문에 교회를 거부하거나 무교회를 주장하는 것은 기독교 신앙에서 벗어나는 것이다. 그리고 이 세상에 흩어져 있는 모든 교회는 하나의 교회, 거룩한 교회, 보편적 교회, 사도적 교회이므로 어떤 특정 교회를 절대적인 신앙의 대상으로 삼아 다른 교회에는 구원이 없다고 주장할 수 없는 것이다. 기독교 신앙은 교회 안에서 교회를 통해서 삼위일체 하나님을 믿는 신앙이기 때문이다.

WCC 헌장에서 '교회들의 협력'과 함께 '성경의 증언'을 강조하였지만,

성경 역시 교회와 마찬가지로 인격적인 절대적 신앙의 대상이 될 수 없다. 성경은 영감으로 계시된 하나님의 말씀으로서 '신앙과 행위에 관한 한 절대 무오한 유일한 규범'이지만 동시에 인간의 말로 기록된 말씀이므로 기록된 시대와 기록한 사람의 한계와 오류를 그대로 담고 있다.[9] 따라서 성경의 어떤 구절을 선호하여 이를 문자적으로 해석하고 자의적으로 절대적인 의미를 부여한다면 이단에 빠지기 쉽다. 왜냐하면 우리는 '성경 자체'를 믿는 것이 아니라 '성경을 통해 성경 안에서 성경이 증거'하는 삼위일체 하나님을 믿기 때문이다.

이처럼 인격적인 절대적 신앙의 대상과 비인격적인 상대적 신앙의 대상을 구분할 수 있지만, 이 다섯 가지는 본질적이고 정통적인 기독교 신앙임에 틀림없다. 요약하면 기독교 신앙은 성경이 증거하는 성부, 성자, 성령 삼위일체 한 하나님을 믿는 교회 안에서 함께 고백하는 신앙이기 때문이다. 기독교 신앙의 본질적인 내용은 하나님을 믿고, 예수 그리스도를 믿고, 성령을 믿고, 성경을 믿고, 교회를 믿는 신앙이다. 그 외의 여러 다양한 교리나 신앙의 주제들은 크게 보아 이 다섯 가지 기본 교리에 부수되거나 포함된 것으로 볼 수 있다. 예장 통합의 경우 이 다섯 가지 기본 교리에 삼위일체론과 구원론을 추가하여 기본 교리 7가지를 일치의 공통분모로 제시하였다.[10] 이는 WCC 헌장에서 "주 예수께서 하나님과 구세주이심을 고백하며 따라서 성부 성자 성령 한 하나님"이라고 한 내용을 보다 충실하게 반영한 것으로 보인다.

3) 신앙의 다양성과 이단성

기독교 신앙의 원초적인 진술자이면서 신앙의 대상이 되시는 예수께서 마지막으로 그의 제자들에게 명한 것은 "모든 족속으로 제자를 삼고 아버지와 아들과 성령의 이름으로 세례를 주고 내가 너희에게 분부한 모든 것을 가르쳐 지키게 하라."(마 28:19-20)는 것과 "땅 끝까지 이르러 내 증인이 되라."(행 1:8)는 것이었다. 이러한 복음 선교의 지상 과제를 위해 부르심을 받은 사람들의 공동체가 바로 교회Ecclesia인 것이다.

제자들이 복음 선교의 열정을 가지고 예수께서 분부한 모든 것을 모든 족속에게 가르쳐 지키게 하려는 과정은 순탄치 못했다.11)

제1장에서 살펴본 것처럼 첫 세기의 기독교 신앙이 선교되는 과정에서 부딪힌 외적 장애 요인들은 크게 세 유형으로 구분할 수 있는데, 첫째는 로마 제국의 정치적·사회적 박해이며, 둘째는 희랍 철학의 사상적 비판이고, 셋째는 유대교를 비롯한 이방 타종교들의 종교적 도전이었다. 따라서 선교의 활성화를 막는 복음의 외적 박해와 비판과 도전에 대해 복음을 변증하기 위해 신앙의 재진술이 요청되었다. 이들 변증가들이 최초의 신학자들이었던 것이다.

이와 동시에 교회 내에 다양한 사람들이 유입되면서 복음에 대한 다양한 해석과 다양한 신앙 유형이 형성되었다. 그러나 그 다양성 가운데는 어떤 것은 단지 다른 것이 아니라, 본질적으로 다르기 때문에 틀린 것, 나쁜 것, 거짓 된 것들이 드러나기 시작한 것이다. 그리하여 예수께서 분부한 것 중의 일부를 왜곡하여 다르게 가르치거나, 분부한 모든 것 중에 일부만 강조하거나 극단화하여 가르치는 자들이 파당을 이루어 사람들을 미혹하고 교회를 혼란과 분열에 빠뜨리는 일이 생기게 된 것이다. 따라서 신앙의 정통을 바로 정립하고 교회의 일치를 강화하기 위해 이러한 파당적인 이단에 대응하는 일이 시급하여진 것이다.

신약성서에도 이미 다른 예수, 다른 영, 다른 복음, 다른 교훈을 가르치는 사람들 때문에 교회 내에 신앙의 혼란이 야기된 여러 사례를 기록하고

있다.[12]

> 만일 누가 가서 우리의 전파하지 아니한 다른 예수를 전파하거나 혹 너희의 받지 아니한 다른 영을 받게 하거나 혹 너희의 받지 아니한 다른 복음을 받게 할 때에는 너희가 잘 용납하는구나(고후 11:4)
> 어떤 사람을 명하여 다른 교훈을 가르치지 말며(딤전 1:3, 참조 딤전 6:3)

특히 디모데전서 1:3과 6:3에는 "다른 교훈을 가르치다."라는 독립된 동사 헤테로디다스칼레오가 사용되고 있다. 심지어 이러한 다른 복음을 전하는 자는 저주를 받는다고 경고하고 있다.

> 그리스도의 은혜로 너희를 부르신 이를 이같이 속히 떠나 다른 복음 좇는 것을 내가 이상히 여기노라. 다른 복음은 없나니 다만 어떤 사람들이 너희를 요란케 하여 그리스도의 복음을 변하려 함이라. 그러나 우리나 혹 하늘로부터 온 천사라도 우리가 너희에게 전한 복음 외에 다른 복음을 전하면 저주를 받을지어다. 우리가 전에 말하였거니와 내가 지금 다시 말하노니 만일 누구든지 너희의 받은 것 외에 다른 복음을 전하면 저주를 받을지어다.(갈 1:6)

이처럼 예수께서 분부한 그대로 가르치지 않고 그 일부를 극단적으로 가르치는 이들의 무리를 이단heires[13]으로 지칭하기도 한다. 그리스어의 하이레시스*hairesis*의 어원을 살펴보면, 원래 '고집' 또는 '선택'을 의미하나 이것이 나중에 '당파' 또는 '종파'의 뜻으로 발전하였고, "정통적 신조에 대해 이설異說을 내세워 파당을 짓는 자"를 가리키는 용어로 사용되어 왔다.[14] 무리를 지어 다른 교리를 가르치는 '당을 짓는 자들'이 비난되고 있는 것은 이들의 분열이 교회의 일치와 신자의 형제애에 금이 가게 하는 것이기 때문이다. 그리고 이같이 당파심을 고집하는 개인을 '이단에 속한 자'로 지칭하였다.(딛 3:10).

희랍어 하이레시스*hairesis*는 파당의 뜻이 있으나 우리말 성경에는 이단으로 번역되었다. 한국 교계에서는 이단異端이란 한자어는 극단極端과 관련시켜 '끝이 다른 자'라는 뜻으로 해석한다. 그러나 이단異端은 다를 이異와 진리 단端을 뜻하며, 진리가 아닌 사설邪說이라는 의미에서 이단 사설이라는 말로 통용된다. 이단은 '진리가 그 속에 없으므로 진리에 서지 못하고… 거짓말쟁이요 거짓의 아비'(요 8:44)라는 뜻이다.

사이비似而非는 진리와 유사하지만 진리가 아니라는 뜻이다. 성경에는 사이비라는 용어는 없지만 이에 해당하는 거짓 선지자나 거짓 그리스도에 대한 여러 언급들이 등장한다.

> 그 때 사람들이 너희에게 말하되 그리스도가 여기 있다, 보라 저기 있다 하여도 믿지 말라. 거짓 그리스도들과 거짓 선지자들이 일어나서 이적과 기사를 행하여 할 수 있으면 택하신 백성을 미혹하려 하리라.(막 13:21-22)

이러한 '거짓 선지자' 또는 '거짓 그리스도'를 요한 문서는 '적그리스도 anti-christ'라고 표현한다.(요일 2:18, 22, 4:3; 요이 7)

이러한 성경의 가르침을 모두 종합해 보면 미혹을 받아 성부 성자 성령 하나님이 주이심을 부인하거나, 예수가 분부한 모든 것을 '그대로 명확하게' 가르쳐 지키지 않고 '다르고 틀리게 왜곡하여' 가르치거나 아니면 예수가 분부한 '모든 것을 일관성 있게' 가르쳐야 하는데 그중에 일부는 자기들이 선호하는 '일부만 극단화하여' 가르치는 무리들을 이단으로 규정하고 있음을 알 수 있다.[15]

예를 들면 기독교 역사 2000년 동안 수많은 교회와 교파가 서로 분열된 것은 교리와 제도의 다양성 때문이다. 우선 교회의 제도만 보더라도 가톨릭의 교황 제도, 정교회와 성공회 등의 감독 제도, 장로교의 대의 제도, 하나님의 성회 등의 회중 제도, 퀘이커 등의 무교회주의가 있다.16) 이러한 교회의 제도적인 차이를 서로 이단시했던 시대도 있었으나 어떠한 교회 제도도 절대적인 것이 아니므로, 지금은 이러한 제도들을 모두 교회사를 통해 생겨난 기독교 신앙의 다양성의 표현으로 수용한다.

　신약성서에는 다르다는 표현이 두 가지로 나온다. 물론 이 두 단어를 꼭 개념적으로 구분하여 사용하지는 않지만 편의상 이를 구분하고자 한다. 첫째 *allos*라는 단어인데 영어의 another에 해당한다. 이는 단지 다르다는 뜻으로서 다양성을 의미한다. 둘째 *heteros*라는 단어인데 이는 영어의 difference에 해당하며 다르기 때문에 틀렸다는 뜻으로서 이단성을 의미한다.

　따라서 기독교 신앙의 다양한 내용 중에서 어느 것이 이단적인 것이고 어느 것은 다양성의 표현인가를 구분하는 기준이 마련되어야 한다. 이에 대해서는 일찍이 어거스틴은 기독교 신앙의 본질적인 것과 비본질적인 것의 구분을 제시하였다. 그래서 어거스틴은 신앙에서 "본질에는 일치, 비본질에는 자유, 매사에 사랑으로 하라."고 가르쳤다고 한다. 「아우구스부르크 신앙고백 변증서」(1531) 제7-8조에는 "복음의 가르침과 성례의 집행에 관해선 일치하는 것으로 족하며", "인간의 전통, 곧 인간에 의하여 제정된 의식과 예식이 어디서나 일치할 필요는 없다."17)고 하였다. 칼빈 역시 선도 아니고 악도 아닌 중립적인 것*adiapora*에 대해서는 자유하라고 가르쳤다. 비본질적인 것을 본질적인 것으로 오도하는 것을 경계한 것이다. 사실 교회사를 통해 보면 비본질적인 것을 본질적인 것으로 주장하는 이단 사이비와 그 반대로 비본질적인 다양성을 본질적인 것으로 부각시켜 이단 사이비로 정죄한 사례가 적지 않기 때문이다.

종교개혁자들은 한결같이 성경이 기독교 신앙의 유일한 기준*sola fidei regular*이라고 하였다. 그러나 기독교 신앙의 유일한 기준인 성경은 그 내용이 너무 방대하고 다양하기 때문에 그 가장 본질적이고 기본적인 내용을 요약하는 일이 쉽지 않아 이 일이 신학의 일차적인 과제가 된 것이다. 이러한 이유 때문에 기독교가 여러 세대를 거쳐 오면서 그때그때마다 필요한 신앙고백과 신조를 정하였으니 사도신경과 니케야 신조를 비롯한 고대 7개의 에큐메니칼 공의회에서 정한 신조, 그리고 하이델베르크 요리문답, 스코틀랜드 신앙고백, 벨기에 신앙고백, 제2 스위스 신앙고백, 웨스트민스터 신앙고백 등 16세기의 개혁교회의 신앙고백서들 및 바르멘 신학 선언 등 보편적 개혁교회의 신앙고백 등이다.

이러한 신앙고백들은 그 시대의 필요에 따라 그 시대의 이단적 주장을 배격하고 기독교 신앙의 기본을 바르게 정립하여 다양한 교회들의 본질적 일치의 공통분모를 모색하는 과정에서 형성된 기독교 신앙의 기본 교리인 것이다.[18] 그러므로 성경을 기독교 신학과 신앙과 삶의 1차 표준*norma normans*이며, 그 외의 여러 정통적인 신조와 신앙고백은 기독교의 정통성을 위한 2차 표준*norma normata*이라고 하기도 한다.[19]

그래서 예장 통합에서는 제76회 총회(1991)에서 이단을 규정하는 기준을 채택하였는데 교리의 표준인 신구약 성경, 세계보편교회의 신조인 니케야 콘스탄티노플 신조(AD 381)와 칼케돈 신조(AD 451) 및 세계 개혁교회 신앙고백 전통과 대한예수교장로회 총회의 신앙고백을 제시하였다.[20]

예장 통합 교단의 경우 82차 총회(1997)에서는 "이단, 사이비, 사이비성의 개념"에 관한 보고서[21]를 통해 이단, 사이비, 사이비성을 다음과 같이 규정하였다.

기독교의 기본 교리 하나에 문제가 있다 하더라도 그것이 다른 교리에 영향을 끼쳐 기본 교리를 훼손하게 된다면 '이단'이라 규정할 수 있고, 이단이라고 할 수는 없지만 이단과 다름없이 그 폐해가 매우 큰 경우에 '사이비'라 하고, '사이비'보다는 덜하지만 교류나 참여 금지 등 규제가 필요한 경우에 '사이비성'이라는 용어를 적용하는 것이 좋을 것으로 사료된다.22)

한국기독교총연합도 '이단'은 본질적인 교리의 문제이고 '사이비'는 이단적 사상에 뿌리를 두고 반사회적·반윤리적 행위를 하는 유사 기독교를 말하며, 이단성이 있음을 나타내는 정도의 측면에서 사용할 겨우 '이단성'이란 용어로 대체할 수 있다고 규정하였다.23)

예장 통합이나 한기총은 이단은 기본 교리 또는 본질적 교리에 문제가 있는 것으로 규정하였지만, 그 기본 교리 또는 본질적 교리가 무엇인지 명시하지 않았다. 그리고 그 폐해의 정도에 따라서 예장 통합은 이단, 사이비, 사이비성으로, 한기총은 이단, 이단성, 사이비로 규정한다고 하였으니 이 역시 애매하다. 폐해 정도를 객관적으로 규정하는 엄밀한 기준 역시 제시되어 있지 않고, 이를 제시하는 것이 어려운 일이기 때문이다.

따라서 예장 통합 총회(2008년)에서는 이단과 사이비를 규정하기 위한 용어와 방법론적인 기준을 새롭게 마련하였다. 이단과 사이비에 대한 성서적 개념과 한국 교회가 사용해 온 개념과 예장 통합 교단의 이단 사이비 규정 사례를 종합하여 다음과 같이 이단과 사이비, 이단성과 사이비성 등을 규정할 수 있는 표준 지침을 제시하였다.24) 성서적 의미에서 하이레시스*hairesis*는 파당의 뜻이므로 이단은 이미 파당을 이룬 집단에 적용하였고, 이단성은 파당을 이루지 않고 개인적으로 주장하는 경우에 적용하였다. 그리고 이단과 사이비를 구분할 수 있도록 이단에 적용되는 기본 교리 7개를 지침으로 제시하고 사이비에 적용되는 기본 교리에 부수되는 7개

교리들을 제시하였다. 여기서 말하는 기본 교리는 사도신경과 WCC 헌장에 포함된 항목으로서 세계의 모든 교회가 신학적·제도적 다양성에도 불구하고 일치하는 '일치의 공통분모'라고 할 수 있다.

- **이단** : 파당을 이루어 기독교 신앙의 기본 교리요 일치의 공통분모인, 하나님, 예수 그리스도, 성령, 삼위일체, 성경, 교회, 구원에 대한 신앙 중 어느 하나라도 부인하거나 현저히 왜곡하여 가르치는 경우
- **이단성** : 개인적으로 위의 기독교 신앙의 기본 교리의 어느 하나라도 부인하거나 현저히 왜곡하여 가르치는 경우
- **사이비** : 파당을 이루어 기독교 신앙의 기본 교리에 부수되는 주요한 교리를 부인하거나 현저히 왜곡하여 가르치는 경우
- **사이비성** : 개인적으로 기독교 신앙의 기본 교리에 부수되는 주요한 교리를 부인하거나 현저히 왜곡하여 가르치는 경우
- **비성경적(비기독교적) 설교와 가르침** : 기독교 신앙의 기본 교리나 주요 교리는 아니지만 비성경적이고 비기독교적인 주장을 통해 신앙적 혼란을 일으킨 경우
- **부적절한 설교와 가르침** : 그 외에 신학적으로 문제가 되는 가르침으로 교회 내에 물의를 일으킨 경우
- **참여 금지** : 집회나 교육 프로그램이 성서적으로나 목회적으로 문제점과 부작용이 현저할 경우
- **이단 사이비 옹호 언론** : 이단 사이비로 규정된 개인이나 집단의 주장을 옹호 홍보하거나 관련 광고를 게재하는 경우

한국 교회는 유독 이단이 성행하고 있다. 적어도 100여 개 이상의 이단 집단의 교세가 100만 명에 이른다고 한다. 한국 교회의 대표적인 이단의

사례를 살펴보면 다음과 같다.[25]

첫째, 신론적 이단이다. 정통적인 신론은 "전능하사 천지를 지으신 아버지 하나님을 믿는다."는 사도신경에 근거한다. 그런데 이단들의 주요 특징 중에 하나는 교주를 신격화하여 마치 하나님인 것처럼 떠받든다. 교회사적으로 보아 구약의 창조주 하나님과 신약의 아버지 하나님을 다른 신이라고 주장한 로마 교회의 말시온 장로의 기독교 영지주의가 그 대표적인 사례이다. 그동안 한국 교회에는 스스로 하나님이라고 자처한 자가 20여 명이나 된다고 한다.[26]

둘째, 기독론적 이단이다. 정통적인 기독론은 예수 그리스도가 하나님이고 구세주이시며, 그의 동정녀 탄생과 십자가의 고난과 대속적 죽음과 육체적 부활을 가르친다. 그런데 스스로를 재림 예수로 주장하거나, 예수의 신성을 강조하고 인성을 약화시킨 가현설이나 인성을 강조하고 신성을 약화시킨 양자설은 모두 명백한 이단으로 규정된다. 그동안 한국 교회에서 자칭 메시아 또는 재림주로 자처한 자가 40여 명이라고 한다.[27]

셋째, 성령론적 이단이다. 성령은 삼위일체 하나님의 한 위로서 하나님과 동등한 존경과 경배의 대상이다. 따라서 예수가 말씀의 화육incarnation이라면 자신은 예수께서 보낸다고 약속한 보혜사 성령의 화육이라고 주장한 몬타누스는 이단으로 정죄되었으며, 성령의 불가시적 사역을 지나치게 가시적인 사역으로 왜곡하여 '성령의 외과 수술' 등을 시행하는 것 역시 이단으로 규정된다.

넷째, 성경론 및 계시론적 이단이다. 성경 66권 중 일부를 배제하거나, 성경 외에 직통 계시를 주장하거나, 성경 외에 교주 등의 별도의 저술을 성경보다 중요하게 가르치거나, 성경의 일부 구절만 극단적으로 강조하고 문자적·절대적 의미를 부여하여 신앙의 혼란을 일으키는 경우는 이단에 해당한다.

다섯째, 교회론적 이단이다. 전통적인 교회를 부정하고 전도관, 신앙촌, 왕국회관, 장막성전, 신천지, 다락방과 같은 새로운 명칭을 사용하거나, 자신들의 교회에만 구원이 있다고 절대배타적으로 주장하는 것도 교회론에 입각해 볼 때 명확한 이단에 해당한다.

여섯째, 삼위일체론적 이단이다. 성부 하나님, 성자 하나님, 성령 하나님이 세 분이며 동시에 한 분이라는 전통적인 삼위일체론을 부인하거나, 일체성을 강조하여 삼위성을 부인하는 일신론적 종속설이나 삼위성을 강조하여 일체성을 부인하는 삼신론적 양태론을 주장하거나 그리고 삼위 three person를 세 보좌three chair로 여겨 비인격적인 것으로 왜곡하는 경우 이단에 해당한다.

일곱째, 구원론적 이단이다. 믿는 자들의 구원은 하나님의 절대주권적 선택과 예수 그리스도의 대속적인 은총에 의한 칭의稱義와 그리스도를 본받는 성화聖化와 영원한 천국에 들어가는 영화榮化의 차원으로 이루어진다. 그런데 이 중 어떤 한 차원만 강조하거나 제외하는 경우, 신자들의 삶과 행위와 상관없이 자신들의 특수한 비밀 교리를 깨달아 아는 영적 각성을 통해 구원을 얻는다고 주장하는 것은 이단으로 규정할 수 있을 것이다.

그리고 사이비(파당)와 사이비성(개인)은 "기독교 신앙의 기본 교리(신론, 기독론, 성령론, 삼위일체론, 성경론, 교회론, 구원론)에 부수되는 주요한 교리 즉, 인간론, 시한부 종말론, 성례론 및 절기를 부인하거나 현저히 왜곡하고 신유론 및 귀신론, 성적 타락론과 성적性的인 의식 수행, 물질적 구원론과 기업경영 등을 왜곡하여 가르치는 경우"라 할 수 있다.

3
어떻게 믿는가 :
신앙의 방식

1) 신앙의 3가지 방식

존 캅J. Cobb은 야훼는 "대화와 복종을 통해서 나타난다. 간단히 말해서 야훼는 보여지는 분이 아니고, 들려지는 분이다."[1]고 하였다. 보여주는 눈의 종교와 들려주는 귀의 종교를 구분한 것이다. 눈의 종교는 신이 신전神殿의 신상神像으로 보이는 존재이고 이러한 보여지는 존재에 대한 신앙 역시 보여지는 제사를 통해 이루어진다. 반면에 귀의 종교에서는 신은 보여지는 분이 아니므로 신체적 형상을 만들 수 없는 존재이며, 신전에 안치할 수 없는 존재이다. 신과 인간의 관계는 신이 주도적으로 말하고 인간은 이를 듣고 순종하는 관계를 통해 형성된다.

이러한 구분은 서양 종교의 경우에 해당되고 동양의 종교에서는 수행의 종교와 득도의 종교로 크게 구분되기도 한다. 유불선의 경우는 수행과 득도를 통해 믿음의 경지에 이르는 것을 목표로 한다. 따라서 종교 신앙의 방식을 크게 치성과 제사 종교, 수행과 득도의 종교, 말씀과 순종의 종교로 나눌 수 있을 것이다.

(1) 치성과 제사의 종교

치성致誠은 신앙의 대상에게 지극 정성精誠을 드림으로써 신의 감응感應
을 불러일으켜 인간의 여러 문제들에 대한 도움을 얻으려는 가장 단순한
종교 행태이다. 지성이면 감천이라는 속담은 이러한 치성 신앙의 핵심을
잘 설명해 준다.

제사祭祀 또는 제례祭禮 역시 천지신명을 비롯한 신령이나 큰 바위나 나
무 등 자연물이나 죽은 이의 넋에게 먹을거리(음식)를 바치어 정성을 나타
내는 일이다. 보이는 신의 형상을 만들고, 이를 모시는 신전을 세우고, 지
극정성의 가시적인 제사 행위와 풍성한 제물을 통해 신의 호감을 획득하려
는 것이 제사 종교의 주술적 신앙 방식이다.

원시 자연 종교는 거의 모두 이러한 제사 종교의 성격을 지니고 있다.
종교사적으로 최초의 제사는 신에 대한 식물食物이나 공물供物로 여겨졌
다.2) 메소포타미아의 신인동형론적인 신화적 사고에서는 신들도 인간처
럼 식물을 먹어야 한다고 생각하였다. 바벨론 신화는 신의 식물을 공급하
기 위하여 인간이 창조되었다고 하였다. 우리나라의 전통적인 조상 제사
도 이러한 범주에서 벗어나지 않는다. 사당을 짓고 위폐를 세우는 것은
신전을 짓고 신상을 세우는 것에 상응한다. 조상의 영이 제삿밥을 먹기
위해 방문한다는 것과 제사에 드리는 정성과 제물을 보고 조상들이 복이나
재앙을 가져다준다는 기복 신앙은 이러한 제사 신앙의 핵심이다.

제사 종교는 보여주는 종교이므로 거대하고 화려한 성전을 짓고 그 지
성소에 그들이 섬기는 신상을 세워둔다. 그리고 제사상이 거창하고 제사
장의 복장과 제사 절차가 화려할수록 제사 종교의 위력과 제사의 가시적이
효과가 드러난다. 제사 종교에서는 제사 드리는 자의 인격이나 신앙은 고

려의 대상이 아니다. 제사 행위 그 자체를 위해 바쳐지는 정성이나 제물의 정도에 따라 제사 행위의 종교적 효과가 나타난다는 사효론事效論, *ex opere operantum*에 근거하여 있기 때문이다.

(2) 수행과 득도의 종교

동양의 3대 종교는 대체로 수행修行과 득도得道를 통해 자아의 완성을 지향하는 종교라 할 수 있다. 도교의 경우도 수련이 중요시되고 유교의 경우 그 근본 가르침이 수신제가치국평천하로 설명되는 수기치인修己治人 이다. 공자는 "아침에 도를 깨치면 저녁에 죽어도 좋겠다朝聞道 夕死可矣."라 고 했으니 득도의 경지를 또한 강조한 것이다. 불교의 경우는 돈오頓悟와 점수漸修의 논쟁이 있으니 득도의 종교이면서 동시에 수행의 종교라고 할 수 있다. 그래서 불교는 자신의 수행과 득도를 통해 성불成佛의 경지에 이르 는 자력 구원의 종교라는 점을 강조한다. 영지주의 경우도 영적 각성을 통해 구원에 이른다고 보기 때문에 득도의 종교라고 할 수 있다.

(3) 말씀과 순종의 종교

구약성경을 경전으로 택하고 있는 유대교, 기독교, 이슬람교는 모두 하나님의 말씀에 순종하는 것을 신앙의 중요한 방식이라고 가르친다. 성 경에도 제사에 관한 많은 가르침과 기록이 있지만, 제사 종교의 경우와 현저하게 다른 점이 부각되어 있다.

성서의 하나님은 제사를 받으실 때 제물보다 제물을 드리는 자의 그 중심을 보신다. 성서에 기록된 최초의 제사에 관한 본문에는 "여호와께서 아벨과 그의 제물은 열납하셨으나 가인과 그의 제물은 열납하지 아니하였 다."(창 4:4-5)고 한다. 하나님은 제물만 받으신 것이 아니라 제물을 드리 는 예배자도 함께 받으신다. 그리하여 가인이 분노하고 안색이 변한 것으로 보아 그의 중심은 하나님을 섬기는 마음보다 자신의 제물이 열납되는 데에만 더 큰 마음을 둔 것을 알 수 있다. 그의 예배 태도는 저항적이었다. 그래서 하나님은 "네가 선을 행하면 어찌 낯을 들지 못하겠느냐."(창 4:7)고 꾸짖는다. 가인은 선하지 않았으며 선한 동기도 없이 제물만을 바친 것을 지적한 것이다. 이처럼 창세기는 '가인과 그의 제물, 아벨과 그의 제물'이라고 표현함으로써 제물보다 제물을 드리는 사람의 중심 자세가 더 중요한 것을 강조한다.

구약성서에도 제사에 관한 기록이 많이 나오고 이스라엘의 제사가 가나안의 자연 종교의 제사의 영향을 받은 것이긴 하지만, 몇 가지 점에서 전향적인 차이를 드러낸다. 가나안 자연 종교의 주술적인 제의의 기원은 다신론적 신화에 근거한 풍요와 다산多産의 축제였지만, 이스라엘의 제의와 절기는 이스라엘의 역사에 대한 회상에 근거한 것이었다. 야훼 종교는 출애굽의 역사적 구원을 기념하는 유월절 희생 제사와 시내산 광야 생활과 계약 체결을 기리며 계약 정신을 갱신하는 초막절 계약 희생 제사를 7일 동안 전 국민이 참여하는 대축제로 지켜 오면서 출애굽 전후의 역사적 사건을 제의와 관련시켜 '제의의 역사화'를 시도한다.[3] 그리고 번제, 화목제, 속죄제, 속건제 등은 모두 하나님과 바른 관계를 유지하고 회복하고 강화하기 위한 것이었다.[4]

그러나 성서는 신에 대한 식물 사상은 전적으로 배제하며 하나님의 은총에 대한 감사와 하나님과 맺은 약속을 행하는 것이라고 한다.

내가 네 집에서 수소나 네 우리에서 숫염소를 취치 아니하리니… 내가 수소의 고기를 먹으며 염소의 피를 마시겠느냐. 감사로 하나님께 제사를 드리며 지극히 높으신 자에게 네 서원을 갚으며….(시 50: 9-15)

농경문화와 군주제가 발전하면서 신이 실제로 식물을 먹는다는 사상은 거부되고, 인간이 바친 제물을 신들이 선물 또는 공물로 받는다는 생각으로 바뀌게 되었다. 그러나 신에 대한 선물은 제정일치 시대의 지배자에게 바쳐지는 공물에 지나지 않았다.

성서에는 제단에 바쳐진 제물이 하나님께 드리는 공물이라는 사상도 배제되었다. 제물을 통한 대접 여하에 따라 신들이 풍요와 다산의 축복이나 그 반대의 저주의 효과를 발휘한다는 사상도 그들에게는 낯선 것이었다. 따라서 제사 행위 자체가 어떤 효과를 발휘한다는 사효론事效論, *ex opere operantum*이 일찍이 거부되었다.5) 예언자들은 한결같이 불법적인 제물로 제사를 드리는 것은 헛된 것이며(사 1:13), 하나님의 말씀에 순종하여 사랑과 정의를 실천하는 것이 더 중요한 것임을 천명하였다. 제사*abed*라는 히브리말의 원의는 '섬기다, 기억하다'는 뜻이라는 점은 이러한 배경에서 이해되어야 한다.6)

여호와께서 번제와 다른 제사를 그 목소리 순종하는 것을 좋아하심 같이 좋아하시겠나이까? 순종이 제사보다 낫고 [야훼의 명령을] 듣는 것이 숫양의 기름[제사]보다 나으니.(삼상 15:22)

야훼가 반기는 것은 제물이 아니라 사랑이다. 제물을 바치기 전에 이 하느님의 마음을 먼저 알아다오.(호 6:4-6, 공동번역)

의와 공평을 행하는 것은 제사 드리는 것보다 여호와께서 기쁘게 여기시느니라.(잠 21:3)

이스라엘의 제의가 독특한 것처럼 이스라엘의 제사장의 신분도 고대 근동의 다른 제사장 집단과는 결정적으로 다른 면모를 보여준다. 제사장의 역할은 제물을 드리는 것으로 끝나지 않는다. 평민에 의해서도 제물이

드려졌기 때문이다. 제사장의 가장 중요한 역할은 율법을 선포하고 가르치는 것(신 33:10)이다. 야훼의 계약법의 전승자요 집행자로서 하나님의 뜻을 묻고 신의 결정을 중재하는 일(삼상 14:18f, 36f, 30:7f)과 거룩하고 속된 것, 정결한 것과 부정한 것에 대하여 가르치는 일(학 2:10ff; 레 10:10f, 13:8ff)을 수행하였다.7) 율법과 계명을 지키도록 가르치는 것이 제물을 바치는 것보다 더 중요하게 여겨졌기 때문이다.

> 율법을 지키는 것은 곧 많은 제물을 바치는 것이며
> 계명을 지키는 것은 곧 평화의 제물을 바치는 것이다.
> 남의 은혜에 보답하는 것은 고운 밀가루 제물을 바치는 것이며
> 남에게 자선을 베푸는 것은 찬미의 제사를 드리는 것이다.
> 악을 물리치는 것은 주님을 기쁘게 해드리는 것이며
> 불의를 멀리하는 것은 속죄의 제사를 드리는 것이다.
>
> (집회서 35:1-3, 공동번역)

기독교가 말씀의 종교인 것은 '말씀으로 천지를 창조하셨다.'는 창조론, 이스라엘 백성에게 하나님의 약속의 말씀을 주셨다는 시내산 계약, 그리고 여호와의 말씀을 대언한 예언자들의 활동을 통해 구체적으로 드러난다. 야훼와 인간의 관계는 엄중한 계약관계라는 범주 안에서 이해되었다. 히브리인들은 하나님은 말하고 행동하는 주체라는 인격적 존재로 이해했다. "하나님은 말하고, 행동하고, 생각하고, 결정하는 '나'로서 이해되어졌다."8) 하나님은 완전히 인격적으로 이해되어졌기 때문에, 하나님을 공동체 안에서 복종하는 자와 불복종하는 자를 친히 구별하여 그들을 각각 다르게 다루는 자로 이해하는 것은 자연스러웠다.9)

따라서 시편은 성전에서 예배드리는 자에게 요구되는 것은 제물이 아니

라 예배자의 바른 자세라는 것을 명시하고 있다. 하나님은 예배자의 삶을 예배로 받으시므로 예배자는 자신의 삶을 통해 예배자로서의 삶과 인격을 갖추어야 한다는 것이다.

> 여호와여 주의 장막에 머무를 자 누구오며 주의 성산에 사는 자 누구오니이까. 정직하게 행하며 공의를 실천하며 그의 마음에 진실을 말하며, 그의 혀로 남을 허물하지 아니하고 그의 이웃에게 악을 행하지 아니하며 그의 이웃을 비방하지 아니하며, 그의 눈은 망령된 자를 멸시하며 여호와를 두려워하는 자들을 존대하며 그의 마음에 서원한 것은 해로울지라도 변하지 아니하며, 이자를 받으려고 돈을 꾸어 주지 아니하며 뇌물을 받고 무죄한 자를 해하지 아니하는 자이니 이런 일을 행하는 자는 영원히 흔들리지 아니하리이다.
>
> (시 15:1-5)

신약성서에서도 이러한 전통은 그대로 이어진다. 예수는 말씀이 육신이 되어 우리 가운데 오신 분으로 고백되고 예수를 믿는 것은 그의 말을 듣고 따르는 것에서 출발한다. 그래서 산상수훈 결론 부분에서 예수는 "나더러 주여 주여 하는 자마다 다 천국에 들어갈 것이 아니요 다만 하늘에 계신 내 아버지의 뜻대로 행하는 자라야 들어가리라."(마 7:15)고 하였다. 그리고 "누구든지 나의 이 말을 듣고 행하는 자는 그 집을 반석 위에 지은 지혜로운 사람"(마 7:24)이라고 하였다.

바울 역시 "믿음은 들음에서 나고 들음은 그리스도의 말씀으로 말미암았느니라."(롬 10:17)고 밝히고 있으며, 사도 요한은 요한계시록 서문에서 "이 예언의 말씀을 읽는 자와 듣는 자와 그 가운데 기록한 것을 지키는 자가 복이 있다."(계 1:3)고 하였다. 예수 그리스도를 전하는 사람이 있고, 전하는 것을 듣는 사람이 있고, 듣고서 비로소 믿어 구원에 이르게 된다는 것이다. 따라서 믿음은 말씀을 들음에서 비롯된다고 하였으니 기독교는 눈으로 보여주는 종교가 아니라 귀로 들려주는 종교라는 것을 확인할 수 있다.

종교개혁자들은 기독교가 말씀의 종교라는 사실을 재천명하였다. 오직 성서의 원리에 입각하여 하나님의 말씀으로 돌아갈 것을 역설하였다. 루터는 하나님의 백성은 하나님의 말씀 없이 존재할 수 없다고 하였다. "말씀이 있는 곳에 교회가 있다."고 했으며 교회는 말씀과 관계된 새로운 피조물이요 '복음의 피조물'이라고 하였다. 그래서 칼빈은 보이지 않는 말씀인 복음의 선포와 보이는 말씀인 성례의 집행이 참된 교회의 가시적 표식이라고 하였다.[10]

2) 믿음의 조상 아브라함과 믿음의 방식

성서적 믿음의 구체적인 모범 사례는 믿음의 조상으로 일컬어지는 아브라함의 믿음의 역정에서 잘 드러나 있다.[11] 아브라함에게 믿음이 무엇인가를 이해하면 기독교적 믿음의 본질과 방식을 알 수 있다. 아브라함의 집안은 본래 메소포타미아 남부지역에 있는 우르Ur 출신이었는데 그의 아버지 세대에 시리아 북부지역 하란Haran으로 이주하였다. 하나님은 그에게 나타나 이렇게 명령한다.

너의 본토 친척 아비 집을 떠나 내가 네게 지시할 땅으로 가라. 내가 너로 큰 민족을 이루고 네게 복을 주어 네 이름을 창대케 하리니 너는 복의 근원이 될지라. … 이에 아브라함을 말씀을 좇아갔고 룻도 그와 함께 갔으며….

(창 12:1-2, 4)

아브라함에게 하나님의 말씀이 들렸고 그는 이 '말씀을 좇아' 안정된 고향(지연 공동체)과 친척(혈연 공동체)을 떠나 새로운 미지의 세계, 가나안 땅으로 이주한다. 이렇게 하여 이스라엘 역사가 시작된다. 많은 민족이 건국신화를 전승하고 있지만, 이스라엘처럼 건국의 역사성이 하나님의 명령과 아브라함의 복종에서 비롯된 역사적 사건으로 명쾌하게 등장하지 않는다. 그러나 이스라엘의 경우 하나님의 명령과 약속을 듣고 순종한 아브라함의 신앙의 삶을 통해 새 역사가 전개된 것이다.

하나님은 다시금 아브라함에게 하늘의 별만큼 많은 자식을 주겠다고 약속하였다(창 15:5). 하란을 떠난 지 10년이 되었고 아브라함의 나이도 85세가 되었지만 여전히 아들을 얻지 못하자 초조한 아내 사라는 자신의 몸종인 하갈을 씨받이로 하여 이스마엘을 낳게 한다. 다시 13년이 지나 아브라함의 나이가 99세가 되고 사라의 나이가 90이 되어 경수經水도 끊어졌는데 하나님은 아이를 낳을 것이라는 약속을 한다. 마침내 하나님의 약속이 이루어졌다. 그것도 25년 만에 하나님의 방식으로 성취되어 아들을 하나 얻은 것이다.

후손의 약속과 관련하여 가장 드라마틱하고 역설적인 사건은 이삭의 번제 이야기인데 그 줄거리는 이렇다. 이삭이 자라 청년이 되었을 때 하나님은 아브라함을 시험하시려고 "네 아들 네 사랑하는 독자 이삭을 데리고 모리아 땅으로 가서 내가 네게 지시하는 한 산 거기서 그를 번제로 드리라."(창 22:2)고 명하였다.

사랑하는 독자를 번제로 드리라는 명령은 아비의 정서로는 도저히 수행할 수 없는 명령이 아닐 수 없다. '네가 사랑하는 외아들' 그것도 노년에 낳아 눈에 넣어도 아프지 않을 것 같은 아들을 제물로 바치라는 것은 부자의 정리父情로서는 감당할 수 없는 일이다. 사랑하는 아들을 죽이는 것보다 차라리 내가 대신 죽겠다고 나서는 것이 아비의 도리가 아닐까? 이것이 모리아 산으로 가는 사흘 동안 구비구비마다 아브라함을 엄습한 시험이었다.

아들을 죽여 제물로 바치라는 것은 윤리적으로 도저히 납득할 수 없는 명령이다. 그래서 칸트는 아브라함의 행위는 보편적인 도덕률에 위반된다고 하였다.

이삭을 번제로 바치라는 명령은 이성적으로 볼 때 무수한 자손을 축복하겠다는 약속과 모순된다. 하나님은 아브라함을 택하여 약속한 땅으로 떠나라 하면서 하늘의 별, 바다의 모래같이 수많은 자손을 축복하여 큰 민족을 이룰 것으로 여러 차례 약속하였다(창 12:2, 15:5). 수많은 자손의 축복을 받으려면 현재의 유일한 자손인 외아들 이삭의 생존을 통해서만 가능하다. 이삭이야말로 하나님의 약속을 이룰 수 있는 유일한 통로요, 자손 축복의 근원이다. 아브라함이 가나안 땅에 정착한 지 25년, 결혼한 지 70여 년이 되는 100세에 하나님의 특별한 은총으로 아들을 하나 얻은 것이 이삭이다. 이삭을 낳을 때도 이미 아내 사라는 경수를 멈추었는데, 이 아이마저 데려가면 밤하늘의 별만큼은 고사하고 무슨 수로 대를 잇는단 말인가?

남다른 하나님 체험을 지닌 아브라함조차도 하나님의 이번 처사는 도저히 이해할 수 없는 것이었다. 키에르케고르는 아브라함의 침묵이 이를 웅변적으로 묘사한다고 설명한다. 아브라함은 아내 사라와 아들 이삭에게도 하나님의 명령과 자신의 계획을 말할 수 없었다. 자기 자신조차 납득할 수 없는 사태를 어떻게 말할 수 있겠는가? "인간적으로 말해서 자신의 행위를 남에게 도저히 이해시킬 수 없다는 것"이야말로 그를 고뇌와 불안 속으로 몰아넣은 위대한 신앙의 역설인 것이다.12) 이것이 그에게 주어진 신앙의 시험이었다.

키에르케고르가 가정한 것처럼 만약에 아브라함이 모리아 산으로 가서 제단을 쌓고 나무를 벌여 놓은 다음, 칼을 들고 "하나님, 사랑하는 아들 대신 이 늙은 몸을 드립니다. 아들로 청춘을 즐기게 하시고, 흡족하지 않으시더라도 이 제물을 물리치지 마옵소서."라고 외치며 자신의 가슴에 칼을 꽂았다면, 아브라함은 세상 사람들에게 감동을 주는 비극적인 자기희생의 영웅으로 길이 칭송되었을 것이다.13)

> 신앙은 바로 다음과 같은 역설이다. 즉, 개별자가 단독자로서 보편적인 것보다 고차적으로 존재한다는 것이요, … 개별자가 단독자로서 절대자에 대한 절대적인 관계 가운데서 선하다고 하는 역설이다.14)

자기 자신의 생명이나 사랑하는 외아들의 생명보다 하나님을 더욱 사랑하기에 그의 뜻에 무조건 복종하는 것이 하나님을 향한 믿음인 것을 보여 준 것이다. 키에르케고르는 아브라함의 경우가 바로 "무릇 내게 오는 자가 자기 부모와 처자와 형제와 자매와 및 자기 목숨까지 미워하지 아니하면 능히 나의 제자가 되지 못하고"(눅 14:26)라고 한 예수의 말을 상기시킨다고 하였다.

보편적 가치와 의무보다 더 높은 절대적인 하나님의 명령이 있다는 선언이다. 윤리적 의무마저 유보함으로써 믿음을 통해 절대선에 이를 수 있다는 전향적인 의식이 생겨난 것이다.15) 그렇다고 해서 윤리를 폐기하고 가정을 포기하라는 것이 아니다. "믿음을 통해서만 아브라함처럼 될 수 있는 것이지 살인을 통해 되는 것은 아니다."16) 소크라테스가 냉정한 지혜와 도덕적 용기를 겸비한 비극적 영웅이라는 의미에서 평균적인 위인의 대표적인 사례라면, 아브라함은 다르다. 그는 위대한 모순 속에서 아비의 정리와 합리성과 도덕성을 초월하는 하나님의 절대적 명령에 무조건 복종하는 신앙의 결단을 수행한 위대한 신앙의 아버지인 것이다.

키에르케고르는 아브라함의 시험은 희랍의 비극적 영웅들의 시험과 전향적으로 다른 의미를 담고 있음을 길게 논증한 바 있다. 아브라함은 수많은 위기나 난제를 지혜와 용기, 그리고 엄청난 자기희생을 통해 이겨낸 '비극적 영웅'이 아니다.

아브라함은 하나님의 절대적인 명령, 이성적으로나 도덕적·정서적으로 도저히 납득이 가지 않는 명령 앞에서 '두렵고 떨리는 마음'으로 말없이 그 명령에 따르는 신앙의 위대한 모습을 보여준 '믿음의 아버지'인 것이다. 아브라함의 이삭 번제는 '신앙의 시험과 신앙적 결단의 위대한 역설'이라는 앞선 신앙관을 처음으로 내비추어 주는 사건이다.

아브라함은 "두렵고 떨리는 마음으로" 하나님의 뜻에 "항상 복종"(빌 2:12)하여 믿음의 조상이 되었다는 것이다. 그래서 그의 책을 『두려움과 떨림』이라고 하였다. 키에르케고르는 또한 아브라함을 이해하는 것은 헤겔의 체계를 이해하기보다 어렵다고 말한다. "아브라함처럼 위대한 사람은 한 사람도 없었다. 확실히 아브라함을 이해할 수 있는 사람은 위대하다."[17]고 말한다.

아브라함은 믿기 어려운 하나님의 약속과 이해할 수 없는 하나님의 명령 앞에서 '그럼에도 불구하고' 그 약속을 믿고 두렵고 떨리는 마음으로 그 명령에 순종하였다. 창세기는 이것은 아브라함의 믿음의 의라고 하였다. 그래서 히브리서는 "믿음으로 아브라함은 부르심을 받았을 때에 순종하여 장래의 유업으로 받을 땅에 나아갈 새 갈 바를 알지 못하고 나아갔다."(히 11:8)고 설명하고 있다. '말씀을 좇아' 두렵고 떨리는 마음으로 단순하고 철저히 순종하고 떠난 삶을 통해 아브라함은 믿음의 조상이 되어 믿음의 새 역사를 펼친 것이다.

3) 말씀의 세 양태와 들음의 세 양태

기독교 신앙의 방식은 제사와 치성이나 수행修行과 득도得道의 방식이 아니라 '말씀의 들음'을 그 방식으로 가르치고 있음을 믿음의 조상 아브라함의 믿음을 통해 살펴보았다.

아브라함의 경우처럼 우리가 하나님을 믿게 되는 것을 하나님을 보고 믿는 것이 아니다. 보지 않고 믿는 것인데 보지 않고도 믿을 수 있는 믿음의 근거는 하나님의 말씀을 들어보았기 때문이다. 우리말이 재미있는 것은 '본다'라는 단어가 다양한 접두어와 함께 사용된다는 것이다. 그래서 맛을 본다, 느껴 본다, 만져 본다, '들어 본다'라는 말이 생겨났다. 하나님을 보지 못했어도 그의 말씀을 들어 보았기 때문에 믿음에 이르게 되는 것이다.

칼빈은 참된 교회의 가시적인 표식을 보이는 말씀과 보이지 않는 말씀인 성례라고 하였다. "하나님의 말씀이 순전히 전파되고 경청되는 곳 또 그리스도께서 제정하신 대로 성례가 시행되는 곳에는 하나님의 교회가 존재한다."[18]라고 하였다.

칼 바르트는 이 하나님의 말씀은 세 가지 양태로 우리에게 들려진다고 설명하였다.[19] 첫째, 말씀이 육신이 되신 예수 그리스도이시다. 예수 그리스도는 계시된 말씀으로 하나님 말씀 자체이시다. 둘째, 성서에 기록된 말씀이다. 성령의 감동으로 기록된 말씀은 계시의 말씀이신 예수 그리스도를 증언한다. 셋째, 설교로 선포하는 말씀이다. 선포의 말씀은 성서에 기록된 말씀이 예수그리스도에 관한 증언인 것을 선포하는 것이다.[20]

- **하나님의 계시된 말씀**(adopted)
  교회의 선포를 채택한 성서를 통해 알려짐
  성서에 근거를 둔 교회의 선포의 말씀을 통해 알려짐

- **하나님의 기록된 말씀**(realized)

   선포를 실현시킨 계시를 통해 알려짐

   계시에 의해 실현된 선포를 통해 알려짐

- **하나님의 선포된 말씀**(witness)

   성서를 통해 증언된 계시로 알려짐

   계시를 증언하는 성서를 통해 알려짐

칼 바르트는 하나님의 말씀은 예수 그리스도 안에서 인간에게 말씀하시는 하나님의 사건이라고 하였다. 하나님의 말씀은 우리가 무시하여도 될 안내 방송이 아니라, 결혼을 간청하는 말처럼 응답을 요구하는 말이다. 하나님의 말씀은 인간의 반응을 요구하는 역동적인 말씀이기 때문이다.21) 하나님께서 말씀하실 때 우리는 반드시 응답하여야 하며, 하나님을 말씀에 응답하는 것이 바로 하나님의 말씀을 듣는 것이다. 무엇보다도 하나님의 말씀을 듣고 응답할 때 하나님의 말씀이 하나님의 말씀으로 들리게 된다. 하나님의 말씀과 인간의 들음이라는 신비한 사건을 통해 신앙이 생기고 신앙이 자라고 신앙으로 삶의 모든 문제를 해결하고 마침내 신앙으로 승리하게 되는 것이다. 모든 신앙인의 역사는 하나님의 말씀이 하나님의 말씀으로 들리는 사건 속에서 이루어진다.

이 들을 마음을 슐라이어마허는 하나님께 대한 순수한 의식으로서 절대의존적인 감정이라고 하였다. 토마스 아퀴나스는 성례 찬송에서 다음과 같이 노래하였다.

하나님께 대해서는 시각도 감각도 미각도 무용하나이다.

오직 들음으로써만 확실한 신앙을 얻나이다.

하나님의 아드님께서 말씀하신 것만을 내가 믿나이다.

말씀이 진리이시니, 더 이상 무슨 진리가 필요하오리까?[22]

이처럼 믿음은 말씀을 듣는 것에서 비롯된다고 하였다. 그리고 말씀은 삼중적 양태를 지닌다고 하였다. 하나님의 말씀이 삼중적 양태를 띤 것처럼 하나님의 말씀을 듣는 것도 삼중적이 양태를 지닌다. 먼저 하나님의 말씀을 들을 마음이 있어야 하고, 그 뜻을 바로 알아들어야 하고, 그리고 그 말씀에 복종하는 행함이 있어야 한다.

(1) 들을 마음과 회심

"베뢰아 사람들은 간절한 마음으로 말씀을 들었다."(행 17:11)고 한다. 들을 마음이 있어야 들리는 것이다. 우리가 일반적으로 말을 듣는다고 할 때 근본적인 태도는 신뢰와 존경과 의존과 사랑의 자세이다. 같은 말이라도 우리가 신뢰하거나 존경하거나 의존하거나 사랑하는 이의 말일 경우에 우선 믿고 들으려는 자세가 생기게 되는 것이다. 거짓말쟁이의 말은 콩으로 메주를 쑨다 해도 듣지 않으려고 한다. 원수의 말이라면 아무리 논리 정연한 말일지라도 들으려는 마음이 내키지 않을 것이다. 나의 생명을 좌지우지하는 사람이라면 그의 말을 듣지 않을 수 없을 것이다. 더 나아가서 사랑하는 사람의 말이라면 싫은 얘기라도 어리석은 얘기라도 진지하게 들어 주려고 할 것이다.

믿음이 들음에서 나온다고 할 때 가장 기본적인 들음의 자세는 이와 같이 말하는 이를 신뢰하고 존경하고 의존하고 사랑하는 자세에서 비롯한다. 믿음을 얻거나 믿음을 굳건히 바로 세우기 위해서는 먼저 설교나 성경을 통해 하나님의 말씀을 들으려고 하는 믿음의 자세 즉 말씀을 사모하는 간절한 마음이 없이는 우리가 아무리 성경을 읽고 설교를 듣더라도 그것을 내게 주시는 하나님의 말씀으로 들을 수 없게 되는 것이다. 하나님이 나의 생명을 좌우하는 분으로, 나보다도 나를 더 사랑하는 분으로, 나를 참으로 온전히 도와주실 분으로 믿고 의지하고 신뢰하려는 그런 마음이 생길 때 비로소 우리는 하나님의 말씀을 들을 수 있는 귀와 하나님의 말씀을 볼 수 있는 눈을 가지게 된다.

예수 그리스도에게로 향하는 마음이 생길 때 그분의 말씀을 들을 수 있는 귀가 열리게 된다. 예수 그리스도를 향하는 마음이 바로 신앙의 첫걸음이기 때문이다. 이러한 마음은 은총으로 주어지기도 하고 간절히 사모함으로 주어지기도 한다.

들을 마음이 있어야 들린다. 들을 마음이 없으면 들어도 듣지 못한다. 들을 마음은 소명(부르심)에 대한 응답으로서 회심(회개)이다. 성경에 표현된 '회개metanoia'라는 단어이 문자적 의미는 뜻과 생각을 바꾼다는 뜻이다. 루터는 회개를 신부에게 고해하는 것이나 도덕적 회개가 아니라 불신앙에서 신앙으로 전환한는transmentanini는 것으로 해석하였다. 다르게 말하면 이제까지는 자기 뜻대로 살거나 세상 뜻에 따라 살다가 이제부터는 하나님의 뜻을 따르겠다는 삶의 방향의 본질적 전환을 의미한다. 하나님의 말씀을 들을 마음이 생겨나서 하나님의 말씀대로 살겠다는 마음의 변화가 일어나는 회심을 가리키는 말이라고 할 수 있다.

하나님의 말씀이 들려지고 들을 마음이 생기는 것이 바로 회심의 사건이다. 일반적으로 회심을 구원과 관련된 중요한 종교적 경험으로 생각해 오고 있으며, 단 일회적인 신비한 사건으로 이해하고 있다. 그러나 개인을 변화시키는 데 결정적인 역할을 하는 이 회심 경험은 여러 유형으로 다양하게 나타날 수 있다. 회심이 단순히 인간적이고 심리적인 현상인지 계시적인 현상인지에 대한 논란이 없지 않다. 하나님께서 말씀하시고 이 말씀을 들을 마음이 생겨지는 것이기 때문에 말씀하시는 하나님의 주권적인 활동이 전제되지만 회심의 과정에서는 하나님의 말씀에 대한 인간의 응답이 상호 연계되어 있는 것을 부인할 수 없다. 하나님만이 회심 경험을 가능하게 하는 절대적이며 주도적인 권한을 지닌다는 것이지만 이와 동시에, 회심의 경험을 가능하게 하는 인간의 내재적 가능성을 부정할 수 없다.[23] 위대한 신앙인들의 회심의 사례를 살펴보면 여러 유형이 있음을 알 수 있다.[24] 미국의 종교심리학자 메도우Mary J. Meadow와 캐호우R. D. Kahoe는 회심의 과정을 중심으로 그 유형을 다음의 5가지로 분류하였다.[25]

① **급격한 회심** : 위기의식을 동반한 급격한 회심Crisis Conversion; Sudden Conversion은 의식적이건 무의식적이건, 개인의 내면적 갈등에서 생겨난 매우 강한 위기의식과 더불어 경험하는 회심이다. 1973년 실시한 조사에 따르면 미국의 복음주의 신학교Evangelical seminaries의 신학생 중 약 50% 정도가 급격한 회심을 경험한 자였다. 1978년 프린스톤 대학교의 종교 연구소Religion Research Center의 조사에 따르면 1,000여 명 중 약 33%가 회심을 경험했었고, 그 회심자 중 18%가 급격한 회심을 경험한 것으로 나타났다.[26]

다메섹의 체험을 통해 삶의 방향을 180도로 바꾼 바울은 "내가 전에는 훼방자요 핍박자요 포행자"(딤전 1:13)였다고 고백하였다.[27] 성서에 나타난 바울의 회심은 이러한 유형에 속한다.

② **점진적 회심(Gradual Conversion)** : 많은 사람들이 급격한 회심을 경험하지 않고서도 새로운 삶과 신앙으로 전향되는데, 이를 '점진적 회심'이라 부른다. 종래 신봉해 왔던 종교적 신념에 관하여 회의를 품기 시작한 사람들이 그로부터 1~2개월, 혹은 1~2년 후에 지적intellectual인 회심을 체험하는 유형이다.

1979년 프린스턴 대학교 종교 연구소의 조사에 따르면 조사 대상자인

1,000여 명의 10대 청소년 중 약 33%가 회심을 경험했는데, 그중 82%가 바로 이 같은 점진적 회심을 체험한 것으로 나타났고, 1973년 영국의 170여 개 신학교의 학생 중에서 회심을 경험한 학생의 반 정도가 이 형태의 회심을 경험한 것으로 밝혀졌다.[28]

칼빈의 경우도 점진적 회심에 해당하는 것으로 알려져 있다.

③ **무의식적 회심(Unconscious Conversion)** : 기독교인 중 상당수는 일생 동안 '급격한 회심'이나 혹은 '점진적 회심' 어느 것도 경험하지 못했지만 기독교인으로서 충실한 삶을 살며 분명히 기독교적인 가치관을 지니고 있다. 이 같은 사람들의 삶과 관심을 회심에 연관시켜 '무의식적 회심'을 경험한 사람이라고 분류하기도 한다. 엄격한 교리를 주입하는 환경이 아니라 합리적인 사유와 신앙의 자유가 충분히 주어진 환경에서 자란 사람들은 급격한 위기나 지속되는 회의가 자연스럽게 해소되기 때문에 '무의식적 회심'을 경험하는 경우가 많다고 한다. 1973년 스코비G. E. W. Scobie의 연구에 따르면 170여 개의 영국 신학교에 재학하는 신학생 중 약 30%는 이같은 유형의 경험을 통해 신학을 전공하도록 결정한 것으로 나타났다.

외할머니 로이스와 어머니 유니게의 믿음을 자연스럽게 물려받고 자란(딤후 1:5) 디모데의 경우가 이러한 유형에 속한다고 할 수 있다.

④ **재통합의 회심(Reintegration Conversion)** : 이미 과거에 수용했던 기독교적 신앙이나 삶으로부터 일정 기간 분리되어 있다가 어떤 결정적 전환기를 통해 다시금 기독교의 신앙을 자신의 현재의 삶에 긍정적으로 재결합하게 되는 유형을 '재통합의 회심'이라 한다. 특히 기독교인 중에서 '거듭남born-again'을 체험하였다는 사람들은 대체로 이러한 '재통합의 회심'의 해당한다. 1978년 발표된 바엘Hans A. Baer의 연구에 따르면 빌리 그

래함 부흥회를 통해 기독교를 수용한 사람 중 상당수가 신앙 생활을 하다가 후일 어떤 계기로 '재통합의 회심'을 경험한 것으로 나타났다. 이는 신앙의 발달과 성숙 과정에서 접하게 되는 영적 위기spiritual crisis의 경험이라는 특징을 지닌 회심의 한 형태라고 볼 수 있다.

어거스틴의 회심이 이 사례에 속한다고 볼 수 있다. 그는 경건한 기독교인인 어머니의 영향을 받고 자랐으며 성서 연구를 통해 인간의 자유 의지와 죄의 관계를 이해하게 되었고 예수의 성육신 교리를 수용하게 되었다. 그러나 마니교와 플라토니즘을 통해 죄의 문제를 해결하려고 고심하였던 어거스틴은 어느 날 "성경을 들어 읽으라Take up and Read"는 어린이의 성가를 듣고 성경(롬 1:28-31)을 펴서 읽는 순간 밝은 빛이 그를 비추어, 과거의 갈등과 회의를 모두 사라지게 하는 완성된 회심의 과정을 경험했다는 것이다.[29]

미국 선교 사역을 마치고 돌아온 후 우연히 체험한 존 웨슬레의 회심도 이러한 유형에 속한다고 볼 수 있다.

⑤ 제도적인 계획에 의한 회심(Programmed Conversion) : 회심을 위해 특별히 준비된 모임이나 수련회를 통해 경험하는 회심도 있는데 이를 '프로그램된 회심'이라 부른다. '급격한 회심'이 개인적인 차원에서 뜻밖의 경험을 통해 얻게 된 회심이라면 '프로그램된 회심'이란 집단적 차원에서, 그리고 대중적 회심을 강조하고 촉진하는 상황에서, 경험하게 되는 회심을 가리킨다.

메도우와 케호우가 제시한 회심의 5가지 유형 외에 두 가지 유형 즉, 복귀적 회심과 돌발점진적 회심도 추가할 수 있을 것이다. 탕자와 베드로의 경우처럼 신앙의 회의가 아니라 신앙의 배반을 경험한 후 결정적인 순간에 다시금 회심을 경험하고 신앙으로 돌아온 경우를 복귀적 회심이라

할 수 있을 것이다.

그리고 칼빈의 경우와 같이 돌발적이고 점진적인 회심의 유형도 있다. 칼빈은 "나를 돌이키소서 그러면 내가 돌아오겠나이다."(렘 31: 19)라는 말씀을 주석하면서 외심은 자신의 힘으로 하는 것이 아니라 성령의 고유한 일이라고 하면서도 "우리는 조금씩 조금씩 여러 단계를 통해 하나님에게로 향한다."고 하였다. 그는 재세례파들이 돌발적 회심만을 강조하는 것은 경솔한 짓이라고 비판하면서 "그리스도인에게 있어서 회심은 그의 전 생애에 지속되어야 한다."고 하였다.30) 칼빈은 자서전적인 언급에서 자신의 돌발적인 회심을 고백하기도 했으나 회심의 점진적인 성격과 일생동안의 과제라는 것을 더욱 강조하였다. 칼빈은 회개와 중생과 성화를 구분하지 않았기 때문에 칼빈의 회심은 돌발적인 것이며 동시에 점진적인 것이라고 할 수 있다.31)

(2) 알아들음과 계시

들으려는 마음의 자세 다음으로 듣는 것에서 중요한 것은 알아들음이다. 성서는 "선하시고 온전하시고 기뻐하시는 하나님의 뜻을 분별하라."(롬 12:3), "진리의 말씀을 옳게 분변하라."(딤후 2:15)고 하였다. 말을 듣는다는 것은 말하는 이의 의중을 헤아려 알아채는 것이다. 상대방의 말뜻을 알아듣는 것이다. 우리가 설교의 말씀을 듣거나 성서를 통해 하나님의 말씀을 듣는다는 것은 그 속에 드러나 있는 하나님의 뜻을 깨닫는 것이다. 성서의 문자적인 의미를 전후 문맥에서 파악하는 것은 글자를 깨친 사람이면 누구나 다 가능하겠지만 성서에 나타나 있는 하나님의 뜻을 바로 깨닫는 것은 성령의 도우심이 필요한 신앙의 사건인 까닭이 여기에 있다. 그래서 칼빈은 하나님의 말씀이 들려지는 성령의 내적 증거로서 성령의 조명을 주장했다.

수십 년 간 성서를 읽고 설교를 들으며 신앙 생활을 하신 분 중에서도 우리에게 향하신 하나님의 뜻을 바로 깨닫지 못하는 경우도 많이 있는데 이는 학식이 부족하여 하나님의 말씀을 이해하지 못하기 때문이 아니라 사람의 이기적인 욕심이 앞서 하나님의 뜻을 알아채지 못하기 때문이다. 사람의 욕심이 앞서거나 자기중심의 선입관을 갖게 되면 판단이 흐려지게 된다. 이러한 욕심과 이기심에 눈이 어두워지면 어리석은 사람이 되고 말며 이러한 어리석음이 하나님의 말씀을 듣고도 알아듣지 못하게 한다.

하나님의 말씀은 복잡하고 심오한 지식의 나열이 아니라 단순한 진리의 말씀이요 순수한 생명의 말씀이다. 거짓을 멀리하려는 진실한 마음과 욕심을 버린 순수하고 맑은 양심을 가진 이라면 누구라도 성서에 기록된 하나님의 말씀의 참 뜻을 발견할 수 있다고 믿는다. 따라서 성서나 설교를 통해 하나님의 말씀의 참 뜻을 알아들으려면 무엇보다도 인간을 어리석게 만드는 거짓과 욕심을 버려야 한다. 이러한 거짓과 욕심이야말로 인간의 모든 죄의 뿌리이며 나아가 불신앙이기 때문이다.

어떻게 하나님을 알 수 있을까? 신학적으로 하나님의 말씀을 알아듣는 방식에 대하여 논쟁이 되어 온 것은 계시와 이성의 관련성에 관한 것이었다.[32] 유한한 인간은 무한한 신을 자연적인 이성을 통해 알 수 있다는 전통과 유한한 인간은 자연적 이성을 통해 무한한 신을 알 수 없고 계시를 통해서 알 수 있다는 두 가지 전통이 내려오지만 기독교의 경우는 후자가 주류를 이루고 있다. 이성과 계시의 관계에 대해서는 다음과 같은 주장들이 제기되었다.

① **오직 이성으로** : "하나님을 알 만한 것이 저희(이방인) 속에 보여졌고", 하나님의 "영원하신 능력과 신성이 그 만드신 만물에 분명히 보여 알게 하였다."는 말씀(롬 1:19-20)은 하나님을 알 만한 것이 인간과 자연

속에 주어졌다는 뜻으로 해석된다. 이에 근거하여 "유한자는 무한자를 파악할 수 있다."는 신학적 전통이 생겼고 자연적인 인간은 이성을 통해 하나님의 존재를 알 수 있다는 주장이 이어져 오고 있다.

초기 알렉산드리아 교부들은 희랍 철학의 영향을 받아 기독교 신학은 희랍 신화보다는 희랍 철학에 가깝다고 주장하였다. 심지어 저스틴은 "이성에 의해 산 사람은 비록 그들이 무신론자로 간주되었을지라도 기독교인들이다."[33]고 하였다.

중세기의 아벨라드P. Abaelard(1079-1142)는 『철학자와 유대인과 그리스도인의 대화』에서 그리스도인은 참된 철학자이고 참된 철학자는 그리스도인이라고 하였다. "우리가 참으로 그리스도를 사랑한다면 철학자라는 이름을 참으로 받을 자격"이 있으며 그 반대로 "우리는 참된 철학자에게 그리스도인이라는 칭호를 거부할 수 없다."고 하였다.[34] 또한 "만일 이해하지 않으면 아무것도 믿을 수 없다."고 하였다.

이러한 입장은 근대 합리주의 영향을 받은 영국의 이신론Theism에 의해 광범위하게 수용되었다. 이신론자들은 오직 합리적 이성만으로도 하나님을 알 수 있으며, 비합리적 계시는 오히려 하나님을 인식하는 데에 장애가 될 뿐이라는 주장을 해왔다. 예를 들면 존 록J. Lock은 『인간의 지식에 관한 논문』(1690)라는 저서를 통해 종교적 지식 중 이성에 알맞은 것과 이성을 초월하는 것과 이성에 반대되는 것이 있다고 구분하고 이성에 반대되는 것은 모두 제외하였다. 그리고 이성을 초월하는 신앙이 하나님으로부터 주어지는 특별한 계시에 의한 것을 부정하지 않았다. 그러나 계시적 지식이 이성을 초월할 수 있으나 이성에 반대된 것은 아니라고 하였다. 그리고 계시로부터 발견되는 진리는 이성으로도 발견할 수 있다는 점을 분명히 하였다. "나는 이성에 의해서 발견될 수 있는 진리들과 똑같은 진리들이 계시로부터 발견될 수 있고 전달될 수 있다 말하고 싶다."고 밝혔다.[35]

따라서 "이성의 분명하고 자명한 명령들과 반대되거나 불일치하는 그 어떤 것도 신앙의 문제로 강요하거나 인정되어야 할 권리를 갖지 못한다."고 하였다. 그는 『기독교의 합리성』(1695)에서 구원을 위해 필요한 두 가지 가장 합리적인 사실은 예수께서 우리의 구원을 위하여 하나님으로부터 보냄을 받은 메시아라는 사실과 의로운 생활을 위해 회개의 열매를 맺는 것이라고 하였다.36)

존 톨란드J. Toland(1670-1722) 역시 『기독교는 신비적이 아니다』(1696)라는 저서에서 이성에 맞는 것과 이성을 초월하는 것은 본질적으로 같은 것이며, 이성과 계시는 모순되지 않는다고 하였다. 그리고 만약 이성을 초월하는 것은 신앙으로 승인할 수 없다고 하였다.37) 이 외에 메투틴들Matthew Tindal이나 볼테르 역시 이신론理神論에 입각하여 신에 대한 이성적 지식과 계시적 지식이 하나라는 입장에서 '아는 것이 곧 믿는 것'이라고 주장한다. 하나님을 믿기 위해서는 먼저 하나님에 대해서 알아야 한다는 입장이다. "알아야 믿을 수 있으며, 믿기 위해서는 먼저 알아야 한다."는 것이다.

② **오직 계시로** : "아들의 소원대로 계시를 받은 자 외에는 아버지를 아는 자가 없다."(마 11:27)는 말씀과 "이 세상이 자기 지혜로 하나님을 알지 못한다."(고전 1:21)는 것과 "네가 하나님의 오묘함을 어찌 능히 측량하며 전능자를 어찌 능히 완전히 알겠느냐."(욥 11:7)는 말씀처럼 "유한자는 무한자를 파악할 수 없다."는 전통에 따라 오직 계시를 통해서만 하나님을 알 수 있다는 입장이다. 이 입장은 신앙과 이성을 서로 대립적이며 배타적으로 본다. 북아프리카 학파의 터툴리안과 어거스틴 그리고 현대의 칼 바르트는 이러한 계시 신학의 입장을 취한다.

터툴리안은 "아테네와 예루살렘이 무슨 관계가 있으며, 아카데미아와 에클레시아 사이에 어떤 일치점이 있는가?"38)라고 반문하고 "나는 불합리하기 때문에 믿는다Credo, quia absurdum."라고 하였다. 그는 "기독교는 희랍과 로마의 거짓 철학과 구분되는 참된 철학이며 인간에게 속한 지혜와 다른 하나님께로 나온 계시"39)라고 하였다. 그리고 "희랍 철학은 타락한 천사가 사람의 딸들에게 준 결혼 선물이며 희랍 철학자들은 이단자들의 괴수"라는 말도 남겼다.40) 터툴리안은 분명히 철학과 신학의 종합을 비판하고 복음 이외에 철학적 탐구의 불필요성을 주장하였다.

스토아적이고 플라톤적이며 변증적인(아리스토엘레스적) 기독교를 만들어 내는 자를 경계하라! 그리스도 이후로 우리는 더 이상 연구가 필요치 않으며, 복음을 받은 다음에는 탐구가 필요 없다.41)

초기의 칼 바르트는 하나님이 자기 자신을 우리에게 알려주시기 전에는 우리가 하나님의 대해 알 수 있는 가능성과 현실성은 '불가능한 가능성'이며 '비현실적 현실성'이라고 하였다. 하나님은 '전적인 타자'로서 "하나님은 하늘에 있고 우리는 땅에 있기" 때문에 하나님과 우리 사이에는 무한한 질적 차이가 있어 우리 인간이 스스로 하나님을 아는 것은 불가능하고 하나님께서 자기 자신을 우리에게 계시해 주실 때에만 우리는 하나님에 대해서 알 수 있다고 하였다. 신앙은 단지 '아는 것knowing'이라기보다는 '알려짐being known'이라는 주장이다. 그래서 본회퍼는 칼 바르트의 이러한 주장은 계시실증주의라고 평하기도 하였다.

③ **이성과 계시의 종합** : 하나님을 알 수 있는 두 길 즉, 이성의 길과 계시의 길이 있다는 입장이다. 알렉산드리아 학파의 클레멘트는 철학의 필요성을 인정하고 철학은 믿음에 이르는 예비학교라고 하였다. 철학은

"율법이 유대인들을 위해 했던 것처럼 희랍인들의 마음을 그리스도께로 이끄는 선생이다."고 하였다.42) 이어서 "철학은 준비를 위하여 봉사하며 결국 그리스도께서 완성시킬 자를 위한 길을 예비한다."고 하였다.43) 철학이 믿음 이전의 예비 학교로서 기능을 하면서 동시 믿음 이후에 믿음을 완성시키는 기능도 하는 것으로 설명하였다. "지식을 통해 믿음이 완성된다."는 클레멘트의 주장은 인간이 믿음으로부터 출발하고 그 안에서 하나님의 은혜로 자라면서 그(하나님)를 아는 지식을 가능한 많이 얻도록 노력하여야 한다는 뜻이다. 그래서 "구원으로 인도하는 첫 번째 변화는 이교도(지식)에서 기독교(신앙)로 건너뜀이라면 두 번째는 신앙에서 지식으로 변화이다."고 하였다.44) 선행적·예비적 이성의 단계, 계시의 단계 그리고 후행적後行的 이성의 단계를 모두 시간적으로 종합한 것으로 평가할 수 있다.

토마스 아퀴나스는 신에 대하여 이성으로 알 수 있는 것과 계시를 통해 알 수 있는 것을 구분하고 이 양자의 종합을 시도한다. 그는 『신학대전』(1266-73)에서 "거룩한 가르침은 인간 이성을 사용한다."45)고 전제하고 이성을 통해 자연을 추론하여 신의 존재를 증명할 수 있는 다섯 가지 길을 제시하였다.46) 아리스토텔레스가 이미 이성적 추론을 통해 신의 유일성과 현존성을 알 수 있다고 주장한 것을 수용하였다. 그러나 신과 관련된 어떤 지식은 계시를 통해서만 알 수 있다고 하였다. 삼위일체나 성례에 대해서는 이성을 통해서 그 누구도 알지 못하며, 다만 하나님의 계시를 통해서 알 수 있는 초자연적인 사안에 해당하기 때문이다.47)

그는 이처럼 이성의 길과 계시의 길이 모순되지 않는다며, 어떤 것은 이성을 통해서도 알 수 있고 계시를 통해서도 알 수 있다고 하였다.48) 그러나 이러한 자연적 이성을 통한 철학적 방식은 불완전한 것이므로 초자연적 계시의 은총을 통한 신학적 방식이 보충되어야 한다고 하였다. 따라서 "은

총은 자연을 파괴하는 것이 아니고 오히려 완성하기 때문에 자연 이성은
신앙에 조력하여야 한다."[49]는 유명한 명제는 이성과 계시의 공간적 종합
을 의미한다.

④ **신앙에서 이성으로** : "너희가 믿지 않으므로 너희가 깨닫지 못하리
라"(사 7:9, 70인역)는 말씀처럼 하나님을 알기 위해서 먼저 하나님을 믿
어한다는 입장이다. "믿어야 알 수 있으며, 알기 위해서는 먼저 믿어야
한다."는 것이다.

어거스틴는 "나는 믿기 위해서 알기를 원한다*Intelligam, ut credem*."고 말하
는 사람에게 "알기 위해서 믿어라*Credo, ut intelligas*."라고 답변하겠다고 하였
다. 그러나 그 반대 주장이 아주 틀리는 것이 아니며, "혹시 믿기 위해서
알기를'원한다고 하는 자도 사실 최소한 어느 정도는 옳다."고 하였다.[50]
마니교나 신플라톤주의에 심취하여 지적 순례를 한 경험이 있지만 놀라운
재통합의 회심을 통해 신앙에 이르게 되었기 때문에 하나님은 먼저 믿은
다음에 이해되는 대상이라고 하였다. 그러나 하나님의 말씀은 은혜로 깨
달았다고 주장하는 자들에게 사람에게서 배우는 겸손도 필요하다는 점을
강조하였다. "비록 하나님의 크나큰 선물을 누리는 권리는 당연하겠지만,
그들도 사람을 통해서나 글을 통해서 배웠다는 것을 기억"하라고 권면한
다.[51] 이처럼 이성적인 지식이 신앙을 육성하고 심화하는 데에 도움이
되긴 하지만 영적인 조명을 통해서 주어지는 신앙만이 하나님과 인간과
세계에 대한 바른 지식을 제공한다고 보았다.[52]

"알기 위해서 믿어야 한다."는 어거스틴의 주장은 안셀름에 의해 "이해
를 추구하는 신앙"으로 이어졌다. 안셀름은 "나는 믿기 위해서 알려고 하
지 않고 알기 위해서 믿나이다. 왜냐하면 '내가 믿지 않으면 알 수 없다.'는
것도 믿기 때문입니다."[53]고 하였다.

칼빈은 『기독교 강요』 첫 부분에서 인간은 무엇을 알 수 있으며 어떻게 알 수 있는지 설명하고 있다. 인간은 피조자이기 때문에 원칙적으로 창조자의 의지에 대한 이해할 수 없는 제약을 받고 있다. 요한복음 1장 15절 주석에서 칼빈은 타락에 의해 우리들의 정신 속의 모든 건전한 것들이 부패하였으므로 "이성에 의해 하나님에게 인도되지 않으며, 그에게 접근조차 할 수 없다."[54]고 하였다. 이성은 십계명의 첫째 판을 전혀 파악할 수 없으며 둘째 판도 오직 불완전하게 이해할 수 있을 뿐이라고 하였다.[55] 그래서 "하나님에 관한 모든 올바른 지식은 모든 면에서 완전하고 원만한 신앙뿐 아니라 순종에서 나오기 때문"[56]이라고 한 것이다.

그러나 칼빈은 철학은 성서보다는 열등하지만 '하나님의 고상한 선물'이라고 하였다. 하나님은 인간에게 이성을 부여하셔서 이들이 이해할 수 있는 지적 능력을 주셨다는 점을 인정하였다. 그러나 선택받은 자의 구원을 주는 지식과 버림받은 자들의 '혼란한 의식'을 날카롭게 구분하였다. 전자는 이성을 "지혜의 샘"으로 사용하지만 후자는 "사탄의 궤계"로 사용한다고 하였다. 그래서 그는 믿는 자에게 주어지는 지식만이 진실되고 유용한 지식이라고 하였다. 믿음으로 주어지는 지식을 통해 하나님에 대한 지식과 우리에 대한 지식에 이르게 되는 것이다. 따라서 하나님은 은총을 받은 우리들에게 "하나님의 학교에서 거룩한 삶을 영위함에 있어 무엇이 유용한지를 배울 것을 요구하신다."[57]고 하였다.

따라서 이러한 입장에서 볼 때 하나님의 은총으로 신앙이 주어졌을 때 이성을 바르게 사용할 수 있을 뿐 아니라 믿음의 지식을 통해 또한 하나님의 말씀을 바르게 이해할 수 있게 된다. 따라서 계시의 말씀이 계시라는 사실도 이러한 믿음의 지식cognitio으로 가능하게 되는 것이다. 말로 다 설명할 수 없다는 사실을 말로 설명해야 하듯이 하나님의 계시가 계시인 것은 설명하기 위해서는 믿음의 지식인 이성의 올바른 사용이 불가피하다는 것이다. 올바른 이성으로 따질 수 있는 모든 가능성을 다 검토해 보아야 은총이 은총인 것과 계시가 계시인 것을 알 수 있기 때문이다.

(3) 듣고 행함과 은총

"하나님 아버지의 뜻대로 행하는 자"(마 7:21)가 천국에 들어간다고 하였다. 그리고 "내가 한 말을 듣고 실행하는 사람이 복되다."(마 7:24)고 하였다. 두 아들의 비유(마 12:28-32)에서처럼 첫 아들은 '밭에 가서 일하라'는 아버지의 말을 듣고 '가서 일하겠다'고 대답은 했으나 실제로는 밭에 가서 일하지 않았다. 그러나 둘째 아들은 밭에 가서 일하라는 아버지의 말에 가지 않겠다고 대답했으나 나중에 마음을 고쳐 밭에 가서 일을 하였다. 예수는 이 중에 주가 아버지의 말씀을 잘 들은 아들인가 하고 물었다. 말할 필요도 없이 밭에 가서 일을 한 둘째 아들이라고 하였다. 말로는 행한다고 하고 행하지 않은 아들이 아니라 말로는 거절하였으나 후에 행동으로 실천한 아들이 참으로 순종한 아들이라는 것이다.

말을 잘 듣는다는 것은 신뢰하고 들으려는 마음이요, 말하는 이의 말귀와 말뜻을 알아듣는 것일 뿐 아니라 그분의 말을 듣고 그대로 행하는 것이다. 말을 잘 듣는다는 것은 우선적으로 상대방의 말을 듣고 행하는 것을 의미한다.

우리가 설교를 듣고 "아멘, 믿습니다."라고 아무리 소리친다 해도 그 말씀대로 행하지 않는다면 진실로 하나님의 말씀을 바로 들은 자라고 할 수 없을 것이다. 말씀을 듣는다는 것은 말씀에 순종하는 것이다. 이 땅에도 말씀을 듣는 자는 많지만 행하는 자는 적기 때문에 기독교에 대한 여러 비판이 생기는 것이다. 그러므로 주의 말씀을 듣고서 준행하는 자는 반석 위에 터 닦고 집을 지은 자(마 7:24)와 같으며 행함이 없는 믿음은 그 자체가 죽은 믿음인 것(약 2:17)이다.

믿음과 말씀의 들음은 불가분의 관계이다. 성서를 읽고 말씀을 듣지 않고서는 믿음에 이르지 못한다. 믿음은 예수 그리스도의 말씀을 듣고 의지하려는 마음이며 그 말씀의 뜻을 깨달아 듣는 것이며 그 말씀대로 듣고 행하는 것이다.

하나님의 말씀을 어떻게 듣고 행할 수 있는가? 성서에는 이에 대해 서로 다른 가르침이 존재한다. 로마서와 갈라디아서는 아브라함이 믿음으로 의롭게 되었다(롬 4:9; 갈 3:6)고 하였으나, 야고보서는 아브라함이 행함으로 의롭게 되었다(약 2:21)고 가르친다. 이에 대한 신학적 논쟁의 역사를 살펴보면 '인간은 자신의 자유 의지로 선행을 할 수 있다.'는 주장과 '인간의 원죄와 하나님의 형상의 상실로 인해 선을 알고도 행하지 못한다.'는 주장이 다양한 형태로 전개되어 왔다. 물론 후자가 기독교 신학의 주류를 이루어 왔으나 전자도 끊임없이 제기되어 왔다. 하나님의 말씀을 듣고 행할 수 있는 가능성에 대한 여러 논쟁을 살펴보자.

① **오직 율법의 행위로** : 예수 시대의 율법학자나 칸트의 도덕 철학은 오직 율법의 행위로써 의롭게 된다고 보았다. 칸트는 언제 어디서나 누구나 어떤 행동을 할 때 무조건적으로 따라야 할 행위의 준칙으로서 최고선 또는 절대적 도덕률이 있다면 그것은 "양심에 따라 행동하라."는 정언명령이라고 하였다. 본능에 따라 행동하는 동물이나, 조작에 의해 움직이는 로봇에게 양심에 따라 행동하라는 행위의 법칙은 타당성을 지니지 못한다. 양심을 따르라는 도덕적 명령은 양심을 따를 수도 있고 양심을 저버릴 수도 있는 자유로운 의지적 선택이 가능한 존재에게만 타당성을 지니는 명령이다. 인간에게 의지의 자유가 없다면 모든 도덕적 명령은 무의미하게 된다. 인간에게 부여된 도덕적 명령이 보편타당성을 지니려면 먼저 인간에게 의지의 자유가 전제되어야 하기 때문이다. 그러므로 칸트는 "준칙의

법칙수립적인 순형식만을 법칙으로 삼을 수 있는 의지가 곧 자유 의지ein freier Wille이다."58)고 하였다. 또한 "자유는 모든 이성적 존재자의 의지의 특성으로 전제되어야 한다."59)고 주장했다.

칸트가 『실천이성비판』에서 분석한 것처럼 하나님이 인간에게 명령하셨다는 것은 이미 인간에게 자유 의지가 부여되었음을 전제하셨다는 것을 의미한다. 하나님은 '하라, 하지 말라'는 명령을 통해 인간의 자발적인 선택의 가능성을 열어 주신 것이다. 인간은 마땅히 행하여야 할 당위적인 일을 행할 수 있는 능력이 있는 도덕적 존재로 본 것이다. 선을 행하는 것은 인간의 당연한 의무라는 것이다. 이들에게 신앙인이 된다는 것은 도덕군자가 되는 것과 다름없어 보인다. 특히 칸트는 『실천이성비판』에서 도덕적 요청으로서의 신을 주장하면서 만약에 신이 존재하지 않는다면 이 세상의 도덕률의 근거가 사라질 것이라고 논증하였다.

② **오직 은총으로** : 어거스틴이나 루터는 오직 은총으로 의롭게 된다고 보았다. 도덕적 실패의 경험이 없었던 경건한 수도사 펠라기우스와 달리 어거스틴은 집안의 하녀와 불륜 관계를 여러 해 지속하며 사생아를 낳았던 "너무나 깊이 죄에 빠져서 죄에 벗어나고자 하는 의지마저도 없어지는 것을 몸소 경험"60)하였기 때문이다. 인간의 원죄에도 불구하고 자유 의지가 남아 있고 자신의 선행으로 구원을 얻을 수 있다는 펠라기우스의 주장에 공감할 수 없었던 것이다.

그는 『고백록』에서 청년시절 봉숭아를 서리한 것을 예로 들면서 친구들과 봉숭아를 훔친 것은 사전에 답사도 하고 주인이 오는지 망을 보았으니 불가피하게 운명적으로 한 짓도 아니었으며, 훔친 봉숭아를 다 먹지도 않고 버렸으니 배가 고파서 한 짓도 아니며, 주인이 오는지 망을 보는 사람도 정하고 도망갈 곳도 미리 살펴두었기에 운명적으로 불가피하게 저질은 짓도 아니었다고 분석하였다. 봉숭아를 훔친 것은 "훔친 과일이 더 맛있다."는 속담처럼 도적질하는 죄 자체를 즐긴 것이라고 하였다.

> 나는 죄악을 사랑했다. 내가 죄악을 저질러서 얻고자 했던 대상이 아니라 죄악 그 자체를 사랑했다.[61]

인간이 죄를 짓는 것은 신플라톤주의에서 말하는 자연적 유한성이나 결핍도 아니고 마니교에서 가르치는 불가피한 운명도 아니며 원죄로 인해 선한 의지가 죄악에 중독되어 마침내 죄악을 즐기는 것이라고 하였다. 중독자가 할 수 있는 것은 자신이 병자라는 것을 인정하고 자신을 치료할 수 있는 수단을 선택하는 것뿐이라는 것이다. 만약에 펠라기우스의 주장처럼 "우리가 우리 자신을 구원할 수 있다면 왜 그리스도께서 우리 죄를 위하여 십자가의 고난을 당하고 죽었느냐"[62]고 반문한다.

특히 어거스틴의 은총론에 따르면 자연적인 인간의 선한 의지는 원죄로 인해 훼손되었으므로 인간은 선을 알고도 행하지 못한다. 따라서 인간은 마땅히 해야 할 일을 할 수 없기 때문에 "하나님은 스스로 돕지 못하는 인간을 도우신다."는 것이다. 이는 아래서 살펴보겠지만 펠라기우스의 "하늘은 스스로 돕는 자를 돕는다."는 입장과 상반된다.

루터 역시 복음에 나타난 하나님의 의는 의인을 의롭게 하는 것이 아니라 죄인을 죄인임에도 불구하고 의롭게 하는 하나님의 은총이라는 사실을 깨닫게 되어 오직 믿음, 오직 은총이라는 종교개혁의 원리를 주장한 것이다.

소위 칼빈주의의 '5대 강령'도 이러한 입장에 속한다. 일단의 정통적인 칼빈주의자들인 알미니안주의자들이 1910년 네덜란드 교회에 제기한 다섯 가지 항변서(Arminian remonstrance)에 대한 신학적 입장을 정리한

'도르트 규범canons of Dort'을 도르트 총회Synod of Dort(1619)가 결의하였다.63) 이 규범 중 다섯 항목(TULIP)이 칼빈주의의 5대 강령으로 알려지게 되었다.

> 1) 전적 타락(Total Depravity) : 원죄로 인한 타락으로 인해 인간의 자유의지는 부패하였고 선을 알고 행할 능력도 상실하였다.
>
> 2) 무조건적 선택(Unconditional Election) : 창세 전에 하나님의 결정에 따라 선택과 유기가 선택된 것이다.
>
> 3) 제한적 속죄(Limited Atonement) : 그리스도는 구원받을 사람만을 위해 속죄의 제물이 되셨다.
>
> 4) 불가항력적 은혜(Irresistable Grace) : 하나님의 은혜가 주어질 때 인간이 그것을 거절할 수 없다.
>
> 5) 성도의 견인(Perseverance of Saints) : 한 번 선택받은 자에게 하나님은 그 은혜를 영원히 견지堅持하게 하신다.

이 5항목의 내용이 개혁주의의 특징인 전적 은혜설Sola Gratia를 대변하고 있기 때문에 은혜의 교리Doctrine of Grace라고도 불린다.

③ 은총과 율법의 종합 : 신을 아는 방식에 대해 자연적 이성의 길과 초자연적 계시의 길의 종합을 제시한 토마스 아퀴나스는 신앙의 행위에 관해서도 자연적인 덕목과 초자연적인 덕목의 종합을 가르쳤다.

아리스토텔레스는 『니코마스 윤리학』에서 모든 행위는 목적을 지니고 있고 인간의 행위는 행복을 얻기 위해서 행복을 추구한다고 하였다. 아퀴나스는 이러한 아리스토텔레스의 목적론적 윤리를 수용하였다. 그러나 인간이 주관적으로 느끼는 참된 행복은 부, 영예, 명성, 권력, 쾌락에 있지 않고 객관적이고 보편적인 선에 있다고 하였다. 그러므로 아리스토텔레스가 말하는 인간의 행복이라는 것은 불완전 행복, 일시적인 행복, 이 세상에서 얻어질 수 있는 행복에 불과하다는 것이다. 보다 완전한 행복은 하나님만이 줄 수 있고 내세에서만 누릴 수 있는 것이라고 보았다.[64]

따라서 자연적인 인간은 하나님의 은총 없이도 플라톤이 말한 4가지 덕목인 지혜, 절제, 용기, 정의를 행할 수 있으며 이를 통해 이 세상에서 행복을 추구할 수 있지만 이것만으로는 불완전하기 때문에 초자연적인 덕목인 믿음, 소망, 사랑이 보태져야 한다고 하였다. 참된 행복은 하나님에 대한 믿음, 소망, 사랑의 응답으로만 가능한 것으로 보았다. 아퀴나스는 『신학대전』 2편에서 믿음, 소망, 사랑의 덕과 더불어 지혜, 절제, 용기, 정의의 덕에 관하여 자세히 서술하였다.[65]

한편 인간의 전적 타락과 선행 불가능성을 주장한 어거스틴과 그러한 주장에 전적으로 반대한 펠라기우스의 주장은 둘 다 과격한 것으로 보고 양자의 종합을 시도하는 이들도 생겨났다. 존 카시안John Cassian 등은 비록 타락으로 인하여 인간의 자유 의지가 손상을 입었지만 인간에게는 아직도 자유 의지를 사용할 수 있는 능력이 남아 있다고 하였다.[66] 그 근거로 비기독교인들도 선행을 행하고 있는 것을 부정할 수 없다고 하였다. 그리고 만일 하나님께서 약화된 인간의 의지를 도와주기만 한다면, 인간은 얼마든지 신앙을 가지고 하나님의 뜻을 이룰 수 있다고 주장하였다. 이처럼 어느 정도의 자유 의지와 선행의 가능성을 인정하였기 때문에 세미-펠라기우스주의Semi-Pelagianism라고 한다. 그는 또한 하나님의 은혜와 인간의 노력 양자가 구원에서 중요한 역할을 한다고 하였다. 하나님의 은혜는 인간의 행위에 선행先行하는 것이 아니라 동행同行하는 것이며, 인간의 자유 의지와 하나님의 은혜는 서로 협동하는 것이라는 점에서 그의 주장을 신인 협동설이라고도 한다.[67]

알미니우스Jacobus Arminius가 중심이 되어 칼빈니즘의 5대 강령과 대립되는 입장에서 인간이 자유, 조건적 선택, 보편적 구원, 거부할 수 있는 은총, 은혜로부터의 타락을 주장한 알미니안주의도 신인협동설의 입장이라고 할 수 있다.[68] 구원은 (주도권을 가지신) 하나님과 (반드시 응답해야만 하는) 인간의 노력이 결합됨으로써 완성된다. 여기서 인간의 반응은 결정적인 요소가 된다. 하나님은 모든 사람을 위해 구원을 제공하셨지만, 그의 구원에 대한 준비는 스스로 자유 의지를 가지고 하나님과 협력할 것을 선택해서 하나님의 은총의 제안을 받아들이는 자에게만 효력을 미치는 것이다. 인간의 의지는 결정적인 점에서 결정적인 역할을 한다. 그러므로 하나님이 아니라 인간이 구원의 선물을 받을 자를 결정하게 된다는 것이 이들의 주장이었다.

이러한 세미-펠라기우스주의와 신인합동설은 여러 형태로 꾸준히 제기되었으며 가톨릭교회의 신학적 주류는 이러한 입장과 맥을 같이하는 것으로 평가된다.

④ **율법에서 은총으로** : 영국의 경건한 수도사였던 펠라기우스는 로마를 방문하였을 때 로마의 기독교인들의 낮은 도덕적 수준에 경악하였다. 그리고 어거스틴의 『참회록』을 읽고 크게 실망하였다. 어거스틴이 어떻게 자신의 도덕적인 삶을 향상시킬 수 없었는지 죄 가운데 빠진 그를 하나님이 붙잡기 전에서 스스로 아무것도 행할 수 없었는지 이해가 되지 않았다.[69] 인간이 원죄로 선을 알면서도 행할 수 없다(I ought, I can not)는 어거스틴의 전적 타락설과 선행 불가능설은 모든 영적 나태함을 정당화할 것이라고 우려하였다.

하나님께서 선을 행할 수 없는 인간에게 죄의 책임을 묻는다면 이는 불공평한 것이므로, 인간은 선을 알 수 있고 선행을 행할 능력(I ought,

I can)이 있으며 도덕적 완전에 이를 수 있다는 사실을 의심하지 않았다. 성경에도 "하늘에 계신 너희 아버지가 온전하신 것처럼 너희도 온전하라."(마 5:48) 하셨기 때문이라고 보았다. 그는 수녀가 되겠다는 약혼녀 데메트리아스에게 "완벽은 인간에게 가능한 것이므로, 따라서 의무적"이라고 권고하였다.[70] 물론 하나님의 도움과 은총이 필요하지만 우리가 좀 더 나아지기 위한 도덕적 노력을 계속하여야 한다고 주장하였다. 그의 이러한 입장은 "하나님은 스스로 돕는 자를 돕는다."는 저 유명한 명제로 대변된다.[71]

펠라기우스가 오직 율법을 주장하고 하나님의 은총을 부정한 것으로 알려져 있지만 엄밀하게 보면 율법의 행위를 보고 하나님께서 은총을 베푸신다는 주장이기 때문에 온전한 율법주의와 다르다고 보아야 할 것이다. 하나님의 은총을 부정하지 않았고, 하나님의 은총을 통해 인간이 선행을 더욱 잘 행할 수 있다고 했기 때문이다.

⑤ **은총에서 율법으로** : 율법의 행위가 구원에 선행하는 조건이나 전제가 아니라 구원받은 자의 후속적 응답이요 과제라는 입장이다. 루터와 츠빙글리와 칼빈은 율법의 제3용도를 가르쳤다.[72] 특히 「일치신조」(1577)는 율법의 제3기능을 다음과 같이 설명한다.

율법은 세 가지 이유 때문에 사람에게 주어졌다. 1) 무법하고, 불순종하는 사람들을 향하여 외적 훈련을 유지하기 위하여, 2) 사람들에게 그들의 죄를 깨닫게 하기 위하여, 3) 거듭났으나 아직도 육체 가운데 거하고 있는 이들에게 그들의 전 생애를 모범적이고 통제할 수 있게 하기 위한 명확한 규범을 주기 위하여.[73]

율법의 제1용도는 시민적, 정치적 용도*usus poeiticus, usus civilis*이다. 성서의 많은 율법은 당시의 정치 사회적 질서와 평화를 유지하기 위한 용도로 주어진 것이다. "율법은 옳은 사람을 위하여 세운 것이 아니요 오직 불법한 자와 복종하지 아니하는 자와 경건하지 아니한 자와 죄인과 거룩하지 아니한 자와 망령된 자와 아버지를 죽이는 자와 어머니를 죽이는 자와 살인하는 자, 음행하는 자와 남색하는 자와 인신매매를 하는 자와 거짓말하는 자와 거짓맹세하는 자와 기타 바른 교훈을 거스르는 자를 위함"(딤전 1:9-10)이라 하였으니 이러한 율법이 없다면 이 세계는 무정부적인 무법천치가 되고 말 것이다.

율법의 제2용도는 신학적 영적 용도*usus theologicus*이다. "죄가 율법 있기 전에도 세상에 있었으나 율법이 없었을 때에는 죄를 죄로 여기지 아니하였느니라."(롬 5:13)는 말씀처럼 율법을 통해 선악이 구분되고 죄가 죄로 드러나게 된다. 그리고 "율법은 진노를 이루게 하나니 율법이 없는 곳에는 범법도 없느니라."(롬 4:15)는 말씀처럼 율법이 있기 때문에 율법을 범하는 범법이 생겨난다. 따라서 율법의 행위로는 의롭게 될 수 없으므로 "무릇 율법 행위에 속한 자들은 저주 아래"(갈 3:10)에 있게 되기 때문에 율법은 율법주의적 정죄의 성격을 띤다. 그러므로 "그리스도께서 우리를 위하여 저주를 받은바 되사 율법의 저주에서 우리를 속량"(갈 3:13)하신 것이다.

율법의 제3용도는 복음적 규범적 용도*usus evangelicus*이다. "율법은 사람이 그것을 적법하게만 쓰면 선한 것"(딤전 1:8)이라고 하였다. 예수 그리스도께서 율법을 새롭게 해석하고 복음을 선포하였는데 예수가 선포한 복음 역시 예수를 믿고 따르는 자들이 지켜야 할 새로운 규범으로 제시된 것이다. 하나님을 사랑하고 이웃을 사랑하는 것이 율법과 선지자의 강령(마 22:40)이며 "그러므로 사랑은 율법의 완성"(롬 13:10)이라고 하였다. 이처럼 복음은 "자유하게 하는 온전한 율법"(약 1:25)이라 할 수 있으며, 이는 율법과 대립되는 개념이 아니라 강압적이고 형식적이고 문자적으로 지키는 율법과 달리 자원하여 마음에 새겨 신실하게 지키는 새로운 자유하게 하는 복음적 규범이 되는 것이다.

제3용도의 개념은 복음의 영역 안에서의 율법의 적극적이고 권고적인 역할이며 또 신앙 가운데 있는 인간에게 항상 그리스도의 이름으로 성취할 수 있고 성취해야 할 신앙의 과제를 지시해 주는 것이다. 이 제3용도의 특수성은 죄인이 아니라 의로워진 인간이 성취할 수 있는 것에 대한 지시다. 그리고 율법의 제3용도는 칭의와 성화의 관계를 새롭게 설정한 주제이다. 루터가 강조한 것처럼 좋은 나무가 좋은 열매를 맺듯이 의로운 행위가 사람을 의롭게 하는 것이 아니라, 믿음으로 의롭게 된 사람이 의로운 행위를 할 수 있다는 것이다. 따라서 의로운 행위는 구원의 조건이나 전제가 아니라 구원받은 자의 과제와 응답이라고 볼 수 있다.

루터가 강조한 '의인과 죄인의 역설'은 사중적 의미를 지닌다. 첫째는 율법적인 역설이다. "율법의 행위로 의롭게 되기 위해 아무리 선행을 하여도 여전히 죄인일 수밖에 없다."는 뜻이다. 둘째는 복음적인 역설이다. 율법으로는 죄인이지만, 복음에 나타나는 은혜로 말미암아 죄인임에도 불구하고 믿음으로 인하여 의롭게 되었다는 의미이다. 셋째는 성화의 역설이다. 복음의 은총과 믿음으로 값없이 의롭게 되었으므로 의롭게 살아야 할 과제가 주어졌다. 그러나 여전히 완전한 의인으로 성화될 수 없다는 의미이다. 마지막으로는 영화榮華의 역설이다. 믿음으로 의롭게 된 다음에도 여전히 그리스도인의 완전에 이르지 못하고 죄에 빠져 있지만 저 영광의 나라에서는 다시 의인으로 세워 주신다는 의미이다. 그렇기 때문에 "우리 영혼의 하나님 품에 안기기 전에는 참된 안식이 없나이다."는 어거스틴의 고백이 불가피한 것이다. 믿음으로 의롭게 되었으니(稱義) 의로운 삶을 살아야 하지만(聖化) 이 역시 불가능한 가능성이기 때문에 종말론적으로

구원이 완성될 영광스러운 주의 재림을 기다는 것(榮化)이다.[74]

4) 인격적 신앙의 세 차원

하나님의 말씀을 듣는 것이 기독교 신앙의 방식이라는 것을 강조하여 왔다. 그리고 하나님의 말씀이 성서에 기록된 말씀, 선교로 선포된 말씀, 그리스도로 계시된 말씀이라는 세 양태로 존재하듯이 하나님의 말씀을 듣는 것 역시 들을 마음과 알아들음과 듣고 행함의 세 양태를 지닌다고 하였다. 그리고 이 세 양태가 각각 회심, 계시와 이성, 은총과 행위와 관련된 주제이므로 그 신학적 쟁점들을 살펴보았다. 그리고 들을 마음과 알아들음과 듣고 행함은 각각 별개의 일이 아니라 상호 유기적인 관련을 맺고 있으며, 지정의라는 인격적 신앙의 3차원에 상응하는 것임을 알 수 있다. 말씀하시는 하나님이 인격적인 존재이므로 이 인격적인 하나님의 말씀을 듣는 신앙 역시 인격적인 응답이 될 수밖에 없다.

하나님이 말씀으로 천지를 창조하였지만 인간에게는 그 말씀이 위임되었다. 하나님의 말씀은 두 형식으로 되어 있다. 생육하고 번성하라는 명령과 선악과를 따 먹지 말라는 명령이다. 하나님께서 하라는 것은 하고, 하지 말라는 것은 하지 말아야 한다는 것이다. 최초의 범죄는 하나님의 이러한 명령을 불복종한 데서 출발한다. 죄가 하나님의 말씀에 대한 불순종이라면 의는 하나님의 말씀에 순종하는 것이 된다. 말씀을 통해 명령하거나 이 말씀을 듣고 이에 순종하는 것은 인격적인 존재에게만 가능한 일이다. 말을 통해 우리는 지식과 감정과 의지를 전달하는 것이다.

따라서 말을 주고받을 수 있는 존재만이 지정의를 지닌 인격적인 존재가 되는 것이다. 인격이라는 것은 지정의를 갖추는 것을 뜻하기 때문이다.

우리는 무지하고 어리석은 자를 인격자고 부르지 않는다. 어느 정도 지식과 지혜를 갖춘 자를 인격자라 칭하는 것이다. 그리고 몰인정하고 매정한 사람을 가리켜 인격자라 하지 않는다. 인정이 많고 감정이 풍부한 사람을 인격자라 부르는 것이다. 마찬가지로 악하고 불의한 자를 인격자라 하지 않고 의롭고 선한 사람을 인격자라 하는 것이다. 따라서 인격을 가졌다는 것은 지정의를 골고루 갖춘 사람을 말한다.

성서의 하나님이 인격적인 신인 이유가 바로 여기에 있다. 말씀으로 천지를 창조하시고 말씀을 인간에게 위임하시는 하나님은 말씀으로 존재하시는 하나님이시다. 그래서 요한은 "태초에 말씀이 계시니라. 이 말씀이 하나님과 함께 계셨으니 이 말씀은 곧 하나님이시니라."(요 1:1)라고 하셨다.

복음서는 또한 "'네 마음을 다하고 목숨을 다하고 뜻을 다하여 주님이신 너희 하느님을 사랑하라.' 이것은 가장 크고 첫째가는 계명"이라고 하였다.(마 22:37-38 병행) 이 구절은 신명기 6장 5절을 인용한 것인데, 히브리어의 마음*nehfesh*과 성품*laybawb*과 힘*mehode*을 각각 희랍어 마음*kardia*과 목숨*psyche*과 뜻*dianoia*으로 번역한 것이다.

'마음'은 지성적인 것을 의미하며, '성품'은 '목숨'으로 번역되었지만 정서적인 것을 뜻하며, '힘'은 '뜻'으로 번역되었는데 의지적인 면을 말한다. 다시 말하면 지정의를 다해 전인적으로 하나님을 사랑하라는 것이다. 이는 하나님을 마음으로 가까이 느끼는 것, 하나님을 하나님으로 아는 것, 하나님께 힘과 뜻을 다해 순종하는 것을 의미한다.

일찍이 플라톤은 인간 정신을 총체적으로 보고 그것을 인간의 육체에 상응하는 영혼이라고 하였다. 그는 인간의 정신(영혼)은 하나의 총체적인 것이지만, 세 부분으로 되어 있다고 하였다.

순수한 사고와 비감각적인 직관에 나타나는 이성의 영혼 혹은 정신의 영혼 *λογιστικόν*, 노여움·명예욕·용기 및 희망과 같은 고귀한 격정(흥분) 등이 속하는 용감한 영혼 *θυμοειδέσ*과 또 영양과 성의 충동 및 쾌락과 불쾌와 쉬겠다는 욕망이 뿌리박고 있는 충동적인 정욕의 영혼 *ἐπιθυμετικόν* 등을 말한다.75)

용어상의 차이는 있지만 내용적으로 보면 인간의 영혼은 인간의 로고스 logos(眞과 知), 에토스ethos(善과 義), 파토스pathos(美와 情)의 세 차원으로 이루어진 것으로 이해된다.

근대에 와서 인간의 정신 활동을 이러한 세 측면을 철저하게 분석하고 그 근거와 한계를 제시한 이는 칸트이다. 칸트는 철학의 근본 주제를 진선미 또는 지의정으로 파악하였다. 그래서 眞과 知의 관계(logos) 즉, 진리가 무엇이며 어떻게 알 수 있는가를 다룬『순수이성비판』, 善과 意의 관계(ethos) 즉, "선의 무엇이며 어떻게 행할 수 있는가"를 다룬『실천이성비판』, 그리고 美와 情의 관계(pathos) 즉, "아름다움이 무엇이며 어떻게 판단할 수 있는가"를 다룬『판단력비판』을 서술하였다.

칸트는『순수이성비판』에서 인간의 인식의 근거와 한계를 제시하였다. 모든 인간의 시간과 공간 안에 사물 자체를 감각 능력인 감성으로 파악하고 이를 다시 오성을 통해 범주를 분류하고 개념화한 후 다시 순수이성으로 종합하여 인식에 이르는 근거를 제시한 것이다. 그러나 인간의 감성이나 오성이나 이를 종합하는 순수이성은 그 자체가 모두 한계를 지니고 있기 때문에 모든 인간은 자신의 감성 능력, 오성 능력, 순수이성의 한계 내에서 사물 자체를 인식할 수밖에 없다는 한계가지론을 주장하였다. 그래서 칸트는『이성의 한계 내에서의 종교』76)라는 저서를 통해 인간의 이성의 한계로 인해 신에 대한 절대적인 인식이 불가능하다는 사실을 밝혔다.

그리고 『실천이성비판』을 통해 이성을 인식할 수 없는 신의 문제를 새롭게 해명하기 위해 인간의 보편타당한 도덕률의 근거로서의 신이 요청된다고 하였다. 하나님이 존재해야만 인간의 행위에 관한 보편타당한 도덕적 명령이 성립한다. 따라서 "최고선이 가능하기 위해서 반드시 필요한 것으로 하나님의 실존die Existenz Gottes을 요청해야 한다."77)고 하였다. 신이 존재하지 않는다면 인간이 양심에 따라 행동하여야 한다는 도덕율이 성립할 근거가 사라진다는 것을 논증한 것이다. 칸트의 도덕 신학은 신앙의 자리를 인간의 양심에 따른 도덕적 행위doing에 두었다. 칸트의 이러한 주장으로 인해 신앙의 본래의 자리에 대한 논쟁이 확산되었다. 이로서 신앙에 있어서 무엇을 믿어야 하느냐는 신앙의 대상에 대한 논의보다도 어떻게 믿어야 하느냐에 대한 신앙의 방식에 대한 논쟁에 새롭게 제기되었다. 신에 대한 신앙을 어디에 자리매김할 수 있느냐 하는 것이 주요한 논쟁이 된 것이다.

신앙의 방식에 관해서 헤겔은 칸트의 입장을 정면으로 부인하였다. 인간에게 가장 중요한 것을 이성인데 인간의 이성과 사유를 통해 신의 존재를 알 수도 없다면 "그 밖에 어떤 것이 파악할 만한 가치가 있는가"78)라고 반문하였다. 인간 정신으로 신을 파악할 수 있으며 살아 있는 하나님은 정신으로 존재하는 하나님이라고 하였다. 헤겔은 『정신현상학』79) 등에서 인간이 이성과 사유를 통한 정신 활동을 통해 정신으로 존재하는 신의 절대 이성에 참여할 수 있다고 주장한 것이다. 따라서 칸트의 입장을 따르면 신앙인이 된다는 것은 양심에 따라 행동하는 도덕적인 인간이 되는 것이고 헤겔을 따르면 신앙인이 된다는 것은 형이상학자나 철학자처럼 이성적인 인간이 되는 것이 되고 만다.

신앙의 본래의 자리가 이성적 사고thinking라는 헤겔의 주장과 반대로 도덕적 행위doing라고 주장하는 칸트의 주장 사이의 첨예한 논쟁에서 제3

의 대안을 제시한 이는 슐라이어마허이다. 슐라이어마허는 이성적 사유와 도덕적 행위에 선행하며 동근원적인 인간의 종교적 감정feeling을 신앙의 본래적인 자리라고 주장하였다. "경건 자체는 지식이나 행위가 아니라 감정의 경향과 규정성"80)이라고 하였다. 물론 이 감정은 인간의 일상적인 희노애락애오욕의 칠정七情이 아니라 신에 대한 순수한 의식이요 절대 의존의 감정이라는 것이다.81) 다시 말하면 하나님을 늘 의식하고 하나님을 절대 의존할 때 인간은 바른 사고를 할 수 있고 바른 행동을 할 수 있다는 것이다. 하나님을 절대 의존하고 순수하게 의식하는 종교적 감정으로서의 경건이 신앙의 본래적 자리이며 이처럼 경건을 지향할 때 바르게 생각하고 바르게 행동할 수 있다는 것이 슐라이어마허가 주장하는 요지이다.

조선의 성리학자 퇴계와 율곡 역시 이와 유사한 논리를 전개한 적이 있다. 퇴계는 17세의 어린 나이로 조선조 제14대 임금으로 등극한 선조宣祖에게 성왕으로서의 자질을 갖추어 주기를 바라는 간절한 마음을 10폭의 병풍에 도표와 해설로 담은 「성학십도」(1568)를 작성하여 바쳤다. 율곡 역시 제왕학帝王學의 지침서로서 13권 7책으로 구성된 『성학집요』(1575)를 저술하였으며 그 책은 궁중에서 왕자의 교재로 사용되었다. 이들이 주장한 성학의 논지는 임금은 누구보다도 사심私心과 사특함이 없이 지혜로워야 하며 누구보다도 게으름이 없이 부지런하여야 나라와 백성을 바르고 힘차게 다스릴 수 있다고 하였다. 지혜롭기 위해서는 진실하여야 하며 부지런하기 위해서는 힘써 실천하여야 하는데 진실되게 실천하는 것이 성誠이라고 하였다. 그래서 '행동과 생각에 간사함이 없는 것이 성誠'인데 "경敬에 말미암아 성誠으로 나아간다."82)고 하였다.

그리고 성誠에 이르기 위해서는 경건하여야 하면 이를 지경持敬 또는 거경居敬이라고 하였다. 경敬의 경지에 이른 것이 성聖이므로 임금이 날마다 삼가 경건하여 지혜롭고 부지런하게 국사를 돌보기 위해서는 성인의 경지에 이르러야 한다는 주장이다. 퇴계는 "경敬이라는 이 한 글자는 성학聖學을 이루는 근원"83)이라고 하였으며 율곡 역시 "경敬이라고 하는 것이 성학聖學의 시작이며 끝"84)이라고 하였다. 그래서 임금에게 필요한 것이 바로 성학聖學이라고 한 것이다. 지혜롭고 부지런하기 위해서는 경건하여야 하며 경건하기 위해서는 거룩해야 한다는 논리는 슐라이어마허의 경건 신학과 맥을 같이하는 것이라 여겨진다.

현대의 영성 신학에서 주장하는 핵심 논지 역시 신앙의 본래적인 태도로서 영성과 경건의 강조라고 할 수 있다. 정통 신학은 바른 교리orthodoxis를 강조하고 제3세계 신학은 바른 실천orthopraxis을 강조하지만 바른 교리와 바른 실천에 이르기 위해서 먼저 바른 경건orthopietis이 요청되기 때문이다.85)

이처럼 기독교 신앙의 방식은 제사 종교의 지극정성이나 유불선의 수행 득도와는 전적으로 다르다. 말씀으로 천지를 창조하고 그 말씀을 인간에게 위임한 하나님을 믿는 신앙은 그 말씀에 대한 인격적인 응답이 되어야 하기 때문이다. 하나님의 인격적인 말씀에 전인적이고 인격적으로 응답하여 순종하는 것이 기독교 신앙의 독특한 방식이다. 따라서 하나님의 기록된 말씀, 선포된 말씀, 계시된 말씀 앞에서 하나님의 말씀을 하나님의 말씀으로 들을 마음이 있어서 바로 알아듣고 바로 실천할 수 있는 것이다. 들을 마음이 바로 바른 경건의 영성이므로 이러한 들을 마음이 있을 때 신앙의 바른 판단과 실천이 가능한 것이다. 들을 마음과 알아들음과 듣고 행함은 각각 정情과 지知와 의義에 상응하며 이를 통해 전인적이고 통전적이고 인격적인 신앙의 응답이 가능한 것이다.

4
왜 믿는가 :
신앙의 동기 분석과 성숙의 과제

1) 콜버그의 도덕발달단계이론과 신앙 동기의 6단계

초대 교회에서 신앙의 단계를 초신자, 진보자, 완성자로 나누기도 하였다. 버나드Bernard of Clairvaux(1090-1153)는 하나님을 사랑하는 신앙의 단계를 4단계의 사랑으로 설명하였다.

1. 자기를 위한 자기 사랑(self love)
2. 자기를 위한 하나님 사랑(자신의 보호와 안전을 위한 사랑)
3. 하나님을 위한 하나님 사랑(하나님 사랑 때문에 하나님 일 사랑)
4. 하나님을 위한 자기 사랑(하나님과 나의 뜻의 일치)

현대에 와서 발달심리학의 발전으로 인간의 도덕적·신앙적 성숙의 정도를 객관적으로 분석하는 다양한 이론들이 제시되었다. 특히 로렌스 콜버그의 도덕성 발달이론[1]은 행위의 결과나 과정보다도 행위의 동기를 중심으로 도덕적 성숙도를 분석하는 틀을 제시하였다. 그는 피아제의 인지 발달단계이론을 확대하여 일련의 도덕적 갈등 상황에 대한 개인의 판단과 추론 내용을 근거로 도덕성 발달을 3수준 6단계로 확대하여 제시하였다.

또한 이 이론을 확대하여 "왜 신앙 생활을 하는지" 그 신앙 행위의 동기를 분석하는 데도 적용할 수 있다. 예를 들어 십일조와 같은 헌금 신앙에 적용하여 헌금을 드리는 동기를 분석해 보면 이 역시 6단계로 나누어 설명할 수 있을 것이다. 예수가 헌금의 액수보다도 헌금의 동기를 더 중요시했다는 것은 두 렙돈을 헌금한 한 가난한 과부를 부자의 많은 액수의 헌금보다 칭찬한 일(마 12:40-44)에서 잘 드러나기 때문이다.

(1) 벌과 복종 지향 – 불신지옥 신앙의 단계

벌과 복종을 지향하는 1단계는 특정 행위의 결과가 지니는 가치나 의미를 도외시한 채 그 행위가 가져다주는 물리적 결과가 선악 판단의 기준이 된다. 이 단계에서는 처벌과 같은 외적 규제를 피하거나 또는 권위에 무조건 복종하는 수준의 도덕성을 보인다.

1단계를 신앙의 동기에 적용하면 이 단계에서는 헌금을 드리는 동기 역시 처벌을 피하기 위한 수단이 된다. "사람이 어찌 하나님의 것을 도둑질하겠느냐"(말 3:8)는 말씀의 경우가 이 단계에 해당한다. 십일조와 봉헌물을 하나님께 드리지 않는 것은 하나님의 것을 도둑질하는 것이 되므로 도둑질로 인한 처벌에 대한 두려움이 근본 동기가 되어 헌금을 하였다면 그 신앙의 수준은 1단계에 해당할 것이다. 신앙의 가장 큰 동기가 지옥의 형벌을 피하기 위함이라면 신앙의 가장 낮은 단계로서 '불신지옥의 신앙 단계'라고 할 수 있다.

(2) 개인적 보상 지향 - 기복신앙의 단계

개인적 보상을 지향하는 2단계는 자신이나 때로는 타인에게 이익이 되거나 필요를 충족시켜 주는 행위는 선이라고 판단하는 단계이다. 이 단계에서는 서로 이익을 주고받는 일종의 교환관계로 인간관계를 이해하는 상대적 쾌락주의의 지배를 받게 된다.

2단계를 신앙의 동기에 적용하면 이 단계에서는 십일조나 헌금을 하는 신앙의 동기가 개인적 보상으로 이 땅에서 복을 받기 위함이 된다. 온전한 십일조로 "나를 시험하여 내가 하늘 문을 열고 너희에게 복을 쌓을 곳이 없도록 붓지 아니하나 보라"(말 3:10)는 말씀은 이 단계의 신앙에 해당한다. 예수 믿고 복을 받자는 '기복신앙의 단계'라고 할 수 있다.

콜버그는 1단계와 2단계의 인습 이전의 수준pre-conventional level 즉 '상식 이하의 수준'이라고 하였다. 이 수준에서는 도덕적 규범이나 선악의 개념은 갖고 있으나 이 개념을 단순히 보상이나 처벌을 가져다주는 행위의 결과나 외적인 권위에 비추어 해석한다.

신앙의 동기에 적용하면 '개인적이고 이기적인 동기'가 모든 신앙 행위의 근저에 강하게 작용하고 있는 기복신앙이 이 단계의 전형적인 형태이다. 1단계와 2단계처럼 개인적인 처벌을 피하려거나 개인적인 보상을 기대하는 자기중심적 신앙은 인습 이전의 낮은 수준의 신앙인 것이다.

(3) 대인관계 조화 지향 - 외식주의 신앙 단계

3단계는 대인관계 조화를 지향한다. 이 단계에 따르면 올바른 행위란 다른 사람을 기쁘게 하고 도와주며 그렇게 함으로써 다른 사람이 승인하는 행위이다. 콜버그는 이를 착한 소년/소녀 지향이라고도 한다. 이 단계에서 비로소 행위자의 의도나 내적 특성을 고려하게 된다.

3단계를 신앙의 동기에 적용하면 이 단계의 신앙은 십일조나 헌금을 드리는 신앙의 동기가 구성원들의 인정이나 칭찬을 받기 위함이다. 이 단계에서는 십일조나 헌금을 하면 반드시 그 이름이 공개되기를 원한다. 그래서 사람들의 칭찬을 듣고 인정을 받으려고 한다. 예수는 바리새인들에 대해 "그들의 모든 행위를 사람에게 보이고자 하나니 곧 그 경문 띠를 넓게 하며 옷 술을 길게 하고 잔치의 윗자리와 회당의 높은 자리와 시장에서 문안받는 것과 사람에게 랍비라 칭함을 받는 것을 좋아하느니라."(마 23:5-7)고 하였다. 사람들에게 보이려고 겉으로 꾸미는 바리새인들의 신앙이 바로 3단계의 전형적인 형태라고 할 수 있다.

이 단계의 신앙인들에게 구제는 모든 사람이 알아줄 때만 하는 것이다. 익명으로 구제한다는 것이 거의 불가능하게 된다. "오른손이 하는 것을 왼손이 모르게 하라."(마 6:3)는 예수의 말씀은 이 3단계의 신앙에서 더 성숙하여지기를 바라는 뜻이라고 할 수 있다. 그러므로 이 3단계의 신앙은 예수께서 그토록 비판한 바리새인과 서기관들의 '외식적外飾的 신앙의 단계'라 할 수 있다.

(4) 법과 질서 지향 – 관습적 · 의무적 신앙 단계

4단계는 법과 질서를 지향한다. 이 단계에서는 사회 질서 유지의 중요성을 인식하고 법의 기능을 개념화하게 된다. 올바른 행동이란 자신의 의무와 책임을 수행하고, 합법적 권위를 존중하며, 그렇게 함으로써 사회적 질서를 유지하는 행동이다.

4단계를 신앙의 동기에 적용하면 이 단계에서는 헌금을 하는 주된 동기가 교회의 재정을 담당하고 교회를 유지하려는 의무에서 비롯된 것이다. 특히 장로나 권사나 집사 같은 직분자의 경우는 헌금을 하는 것이 교회를 유지하기 위해 불가피한 자신의 의무요 책임이라고 생각한다. 특히 교회가 건축을 계획할 때 직분자들에게 일정 금액을 할당하는 것은 이러한 신앙적 책임과 의무를 부여하는 것이라고 할 수 있다. 직분에 합당한 헌금을 하여야 합법적인 권위를 인정받을 수 있다는 동기가 작용한다면 전형적인 4단계의 신앙 양태이다. 이 단계는 의무적인 신앙 단계라고 할 수 있다.

콜버그는 3단계와 4단계를 인습적 수준conventional level 즉 '상식적인 수준'이라고 하였다. 이 인습적 수준에서는 가정·사회 등 집단의 기대를 따르는 것이 그 결과와는 상관없이 가치를 지니는 것이라고 판단하며, 단순히 사회의 정서에 피동적으로 동화하는 것이 아니라 적극적으로 질서를 유지하고 정당화한다. 따라서 개인적 이기주의에 머물러 있는 인습 이전의 수준에서는 어느 정도 벗어났으나 자신의 집단 외부에 대한 관심이 결여된 '집단 이기주의collective egoism'의 수준을 벗어나지 못한 상태라고 할 수 있다. 개교회주의나 교파주의적인 신앙도 바로 이 수준의 신앙 양태라고 할 수 있다.

(5) 사회계약정신 지향 – 성숙한 신앙 단계

5단계는 사회계약정신을 지향하는 단계이다. 이 단계에서는 올바른 행동은 개인의 기본 권리와 사회 전체가 합의에 도달한 도덕 기준에 비추어 규정된다. 사회적 합의로서 법과 제도가 중요시되지만 사회적 유용성이나 합리성에 따라 법과 제도가 바뀔 수도 있다는 사실 또한 중요시된다. 자유·정의·행복 추구 등의 제도적 가치가 법보다 상위에 있음을 어렴풋이 인식하는 단계이다.

5단계를 신앙의 동기에 적용하면, 이 단계에서는 십일조와 헌금을 하나님의 은혜에 대한 감사와 이웃에 대한 사랑의 표시로 정성껏 드리는 성숙한 단계에 접어든다. 따라서 칭찬을 받거나 직분자의 의무로 드리는 것이 아니기 때문에 익명으로 드리기를 오히려 기뻐한다. 그리고 그 헌금이 단지 교회의 유지를 위하여 사용되기보다는 하나님 나라의 확장을 위해 거룩하게 사용되어지기를 원하는 동기가 강하다면 5단계 이상의 성숙한 신앙이라 할 수 있다. 개교회주의 교파주의를 벗어나서 한국 교회 전체와 한국 사회 전체를 위하는 신앙적 과제를 고민한다면 이 단계에 속한다고 볼 수 있다.

(6) 보편적 도덕 원리 - 성자적聖者的 신앙 단계

6단계는 보편적 도덕 원리를 지향한다. 이 단계에서 올바른 행위는 스스로 선택한 도덕 원리를 따르는 것으로 정의된다. 여기서 도덕 원리란 공정성·정의·인간 권리의 상호성과 평등성·인간의 존엄성에 대한 존중을 포함한다.

6단계를 신앙의 동기에 적용하면 단지 십일조나 헌금을 드리는 것이 아니라 자신의 전 삶을 헌신하는 단계이다. 수도사들이 절대 청빈의 무소유를 선언하고 자신의 모든 것을 다 바치는 신앙의 단계라고 할 수 있다. 예수께서 선교 여행을 떠나는 제자들에게 "여행을 위하여 배낭이나 두 벌 옷이나 신이나 지팡이를 가지지 말라. 이는 일꾼이 자기의 먹을 것 받는 것이 마땅함이라."(마 10:10)고 하신 말씀처럼 복음을 위한 전적 헌신을 마다않는 성자적聖者的 신앙 단계라고 할 수 있다. 6단계에서는 교회가 교회를 위하여 존재하는 것이 아니라, 보다 보편적인 가치인 하나님 나라의 확장을 위해 존재한다는 신앙에 이르게 된다.

콜버그는 5단계와 6단계를 인습 이후의 수준post-conventional level 즉 '상식 이상의 수준'이라고 하였다. 이 수준에서는 도덕적 가치나 권위가 개인이나 집단의 권위와는 관계없이 그 자체로 타당성을 가진다는 것을 깨닫게 된다. 이러한 5-6단계의 신앙은 성숙하고 성자적인 신앙의 단계라고 할 수 있다.

콜버그는 그의 도덕발달단계이론에서 도덕적 행위의 결과보다도 동기를 중심으로 분석하였다. 동기가 낮아도 도덕적 행위를 더 강력하게 추진할 수 있다는 점을 전제하였다. 루터의 경우처럼 지옥 형벌에 대한 두려움이 너무 강하여서 부친의 반대에도 불구하고 수도원에 입회하여 자신의 영혼을 지옥 형벌에서 구하기 위한 강한 동기에서 온갖 선행과 고해를 불철주야 계속한 것이 그 사례일 것이다.

그리고 도덕 발달을 위해서는 이전 단계의 한계를 인식하여야 다음 단계로 성숙할 수 있다고 하였다. 따라서 신앙의 성숙을 위해서 끊임없이 자신의 내적 동기를 살펴서 자신의 신앙의 동기가 어느 단계인지를 반성해 보아야 보다 성숙한 신앙의 단계로 나아갈 수 있을 것이다.

2) 파울러의 신앙발달단계이론과 신앙 성숙의 6단계

로렌스 콜버그는 도덕발달단계이론에서 행위의 동기에 따라서 도덕적 성숙도가 다르다고 하였으나 제임스 파울러J. Fowler는 4세에서 8세까지 300명을 선정하여 직접 인터뷰한 결과를 토대로 '신앙발달단계'[2)]에 관한 이론을 제시하여 신앙의 성숙도에 따라 신앙의 내용이 다르다고 주장하였다.[3)] 그는 피아제의 인지 발달과 콜버그의 도덕 발달, 에릭슨의 사회심리 발달을 기초로 해 신앙발달단계이론을 확립했다. 신앙은 6단계를 거쳐서 발달 성숙한다고 하였다.

(1) 직관적 · 투사적 신앙

1단계는 유치기(3~7세)에 발생한다. 아동은 자기와 가장 깊은 관계 속에 있는 양육자의 신앙 본보기와 그 분위기, 그리고 가시적인 행동과 이야기들에 의해 신앙이 발달한다. 이 시기에는 개념에 대한 이해를 통해 신앙을 배우지 않고 성인이 보여주는 신앙 표현을 모방하거나 상상과 직관을 통해 습득한다. 기독교의 상징과 그림, 동화 등은 아동의 환상과 상상력을 촉진하는 데 효과적이다.

그러나 자신이 경험한 현상이나 직관적 투사를 유일한 기준으로 생각하기 때문에 이 단계의 신앙에 고착되면 자기중심적이고 독선적인 신앙에 머물기 쉽다.

(2) 신화(신비)적 · 문자적 신앙

2단계는 학동기(7~11세)에 발생한다. 유치기의 상상을 통한 신앙 습득이 지속되는 한편, 서서히 신앙의 신비를 문자로 공부하기 시작한다. 따라서 설화 및 신화와 같은 사건의 기원과 모험적인 이야기가 담긴 책을 읽으며 신앙이 발달한다. 기독교 우량도서뿐 아니라, 부모, 교사, 종교 지도자, 기독교의 관습과 전통, 미디어 등 역시 학동기 신앙 발달에 영향을 미친다.

그러나 이 단계에서는 피아제의 전조작기처럼 종교적 상징을 일차원적이고 문자적으로 이해하며, 권위 있는 신조를 문자적으로 판단하여 자기의 것으로 삼기 때문에 이 단계에 고착되면 문자주의적 · 근본주의적 신앙에 머물게 된다.

(3) 종합(비분석)적 · 관습적 신앙

3단계는 청소년기(12~18세)에 발생한다. 피아제가 말하는 구체적 조작기에 해당하므로 세계에 대한 이해가 문자주의에서 벗어나 객관적인 사실과 주간적인 사실을 종합하여 신앙의 주체성과 자율성을 추구하기 시작한다. 그리고 자신이 신뢰할 만한 인물이나 그룹에 대한 충성심이 생겨나고 전통을 지향하고 관습에 의한 신앙을 추구한다. 모델이 될 만한 사람과의 충분한 접촉을 통해 신앙이 깊어지며 그 가운데 자기 역할을 취득한다.

그러나 자아와 세계관을 종합하지만 아직은 그것을 분석하거나 객관화하지 못하고 교리나 신조에 의존한다. 이 단계에 고착되면 관습적이고 권위주의적 신앙에서 벗어나지 못한다.

(4) 개별화 · 성찰적 신앙

4단계는 청년기(18~30세)에 발생한다. 그동안 배운 기독교의 상징과 신화, 신학적 개념에 대해 차츰 비판적으로 성찰하고 검토하기 시작한다. 또한 종교적 권위주의나 제도화된 종교의 해악 등에 대해 사유하며 타율적 신앙에서 자율적 신앙을 추구한다. 이전 단계의 신앙 가치와 진리 기준이 바뀌고 재조직된다. 자기실현과 이웃 사랑, 주관과 객관, 상대성과 절대성, 개인과 공동체 사이에서 긴장하는 단계이며, 공동체에 절대 충성하거나 그 정반대로 공동체에 저항함으로써 양극적인 행동을 취하는 경향이 있다. 그러나 이 단계에 고착하면 자신의 개별적이고 비판적인 관점을 절대화하거나 자만하여 타인을 자신의 관점에 동화시키려고 한다.

(5) 통합적 신앙

5단계는 장년기(30~40세)에 발생한다. 상징과 신화, 신학적 개념에서 변증법적 지식을 추구한다. 전통, 성서, 관습, 이념 등을 신앙의 규범으로 받아들이나 어느 한편으로 기울지는 않는다. 신학 개념을 수용하지만 어떤 개념도 부분적이기 때문에 한계가 있다고 여긴다. 상징을 해석하고, 창조적 비판 정신으로 수용한다. 추상적인 신앙을 넘어서 구체적인 삶의 신앙으로 나아간다. 자기 신앙 양태와 다른 신앙 양태 사이의 갈등 및 충돌을 넘어 상호보완의 길로 모색한다. 신앙의 권위를 내면에서 찾는 성숙한 신앙의 단계라고 할 수 있다.

그러나 이 단계에 고착된 사람은 현실과 자신의 통합적 신앙 사이의 괴리를 느끼면서도 자신을 철저히 투신하지 못한다. 변혁에의 꿈과 실천의 중간 단계에 서 있는 신앙이라고 한다.

(6) 보편적 · 우주적 신앙

6단계는 40세 이후에 발생한다. 지혜가 덕목으로 나타나며, 지평이 확대돼 인류 전체를 가족으로 받아들인다. 욕심과 사욕이 퇴조하고 청렴해질 뿐 아니라 하나님 나라를 향해 철저하게 헌신한다. 파울러가 보기엔 마틴 루터 킹, 테레사, 본회퍼 등이 보편적 신앙의 가장 성숙한 단계에 이른 사람들이다. 이들은 모두 자신의 신앙적 확신에 따라 사회 변혁의 이상을 꿈꾸면 구체적인 실천에 헌신한 사람들이다. 현실 변혁에의 꿈과 실천이 하나가 되는 신앙이다.

파울러에 따르면 모든 사람이 5-6단계의 통합적이고 보편적 신앙에 도달하는 것은 아니다. 1-4의 중간 단계에서 발달이 중단되고 그 단계에서 평생을 사는 미숙한 신앙인도 있기 마련이다. 따라서 자신의 신앙을 성숙하게 하기 위하여 끊임없이 자신을 성찰하고 사고의 지평을 확대하려는 노력이 필요한 것이다.

제3장

성서의

학문으로서

신학

1

신학의
텍스트Text로서 성경

1) 거룩한 책으로서 성경

신학은 성서의 학문이다. 신학의 기본 텍스트Text는 신앙의 원초적인 진술이 담긴 성경이다. 따라서 성경을 어떻게 보고 어떻게 해석하느냐에 따라서 다양한 형태의 기독교 신앙이 형성되어 왔고, 성경의 왜곡된 해석으로 인해 온갖 종류의 이단과 사이비 신앙이 등장하게 되었다.

성경the Bible은 희랍어 '책biblia'이라는 뜻에서 유래하였다. 라틴어의 'scriptura'는 '기록하다scribo'는 단어에서 나왔다. 따라서 성경은 책 혹은 기록된 문서이라는 뜻이다. 그러나 성경은 단순한 책이나 기록물이 아니라 거룩한 책이라는 차별성을 강조하기 위해 'Holy Bible'이라 불러왔으며 성경聖經 또는 성서聖書로 번역된다.[1]

그러나 성경을 유교의 사서삼경四書三經 등 여러 동양 종교의 경전 내용과 비교해 볼 때 그 내용이 모두 성스럽기보다는 인간의 모든 상스러운 죄악상도 적나라하게 기록되어 있다. 중국의 임어당과 영국의 버트런트

러셀이 일찍이 지적한 것처럼 성경은 동양 종교의 경전과 비교해 볼 때 그 격이 떨어진다는 비판을 받기도 하였다.

그러나 거룩할 성聖을 지칭하는 히브리어 카도쉬*qadosh*나 희랍어 하기아스모스*hagiasmos*의 뜻은 모두 분리 또는 차단의 의미를 지니는 구별됨을 뜻한다. 그래서 구별된 책인 성경에 대해 성경은 이렇게 증언한다.

> 성경은 그리스도 예수를 믿음으로써 구원을 얻는 지혜를 그대에게 줄 수 있는 것입니다. 성경은 전부가 하나님의 계시로 이루어진 책으로서 진리를 가르치고 잘못을 책망하고 허물을 고쳐 주고 올바르게 사는 훈련을 시키는 데 유익한 책입니다.(딤후 3:15-16)

성경은 "구원의 지혜, 계시의 진리, 잘못의 책망, 허물의 회복, 신앙의 훈련"을 통해 인류를 모든 죄에서 구원하는 거룩한 책이며, 더 정확히 표현하면 "죄로 얼룩진 인간을 거룩하게 만드는 하나님의 말씀을 증언하는 아주 구별된 책"인 것이다.

2) 계약의 책으로서 성경

성경은 구약과 신약으로 이루어졌다. 구약이란 말은 사도 바울(고후 3:14)과 고대 교부인 멜리토Melito of Sardis가 '신약(새 계약, 렘 31:31; 고후 3:6)이란 말의 대립 개념으로 사용한 것에서 유래하였고, 이레네우스에 의해 '신약'과 '구약'이란 말이 공식적으로 사용되었다고 한다.[2] 여기서 약約이라는 말은 약속 또는 계약의 뜻이다.

일반적으로 구약은 오실 메시아에 대한 약속이고, 신약은 다시 오신 메시아에 대한 약속이라고 알려져 왔다. 그러나 정확히 말하면 이 약속tes-tament은 성서에 기록된 역사적 계약berith, covenant을 뜻한다. 구약은 옛 계약으로서 시내산 계약을 지칭하고, 신약은 새 계약으로서 최후의 만찬에서 제정된 성찬을 지칭한다.

옛 계약 : 구약성서에는 노아, 아브라함, 이삭, 야곱, 다윗 등 여러 인물들이 개인적으로 하나님과 계약을 맺은 일이 기록되어 있지만, 가장 중요한 계약은 공동체적이고 쌍무적이며, 역사적이고 인격적 계약이라고 할 수 있는 시내산 계약이다. 이스라엘이 출애굽 후 시내산에 머무는 동안 이스라엘 백성 전체가 그들을 선택하여 이집트에서 구원하여 주신 하나님과의 특수한 관계를 새롭게 설정한다. 야훼 하나님은 히브리 노예들로 하여금 '제사장 나라와 거룩한 백성'(출 19:6)으로 삼기 위하여 "나는 너희 하나님이 되고 너는 나의 백성이 되자"고 서로 계약을 맺은 것이다.3)

우리가 알고 있는 십계명 본문은 종주권 조약의 규정 또는 계약 조문에 해당하는 것이므로 계명이라고 한다. 이스라엘 백성을 이집트 땅 종살이 하던 집에서 해방시킨 야훼 하나님의 은총에 대한 하나님 백성의 의무를 규정한 것이다. 야훼 하나님과 이스라엘 백성 사이에 새로운 계약 관계가 이루어진 것이다. 따라서 십계명의 근본 구조인 "너희 하나님은 나 야훼이다."라고 하는 서술적 진술Indicative은 곧, 그러므로 "너희는 내 앞에 다른 신을 모시지 못한다."는 당위적인 명령Imperative으로 이어진다. 이것은 하나님의 선택과 해방의 은총에 대한 응답으로 하나님의 백성들이 지켜야 할 계약의 의무를 규정한 것이다.

그리고 성경이 거룩한 계약의 책인 것은 이 책에 기록된 계명을 지키는 일이 곧 거룩한 일이기 때문이다. "너희가 나의 모든 계명을 기억하고 준행하면 너희의 하나님 앞에 거룩하리라."(민 15:40)고 하였다.

새 계약 : '신약'이란 용어는 구약의 예레미야 31장 31절과 신약성경에 일곱 번 나타나는 '새 언약'이란 말에서 유래하였다.4) 이스라엘 백성들은 하나님과 계약을 채결하였으나 그 계약을 신실히 지키지 않았다. 물론 이스라엘의 지존자이신 하나님은 사람이 아니므로 "거짓이나 변개變改함이 없으시며"(삼상 15:29) "하나님은 인생이 아니시니 식언食言치 아니하신다."(민 23:19). 하나님은 오직 신실하시어 이 계약을 끝까지 지키시나 이스라엘 백성들은 이 계약을 버리고 위반하기를 밥 먹듯 하였다. 시내산 계약 이후 하나님께서 이스라엘 백성에게 유월절과 장막절을 지키도록 한 것은 실제로 이러한 시내산 계약을 회상하고 이 계약을 충실히 이행하게 하기 위한 계약 갱신 의식이라고 할 수 있다. 왕정 이후 예언자들의 선포는 이스라엘 백성들이 이 계약을 위반한 것에 대한 규탄에 집중되어 있다.

포로기 후기에 와서 예레미야가 처음으로 "보라 날이 이르리니 내가 이스라엘 집과 유다에 새 언약을 세우리니"라고 선포하였다. 새 계약의 필요성은 "그들은 나와 맺은 계약을 깨뜨렸기" 때문에 "그들의 잘못은 다시는 기억치 아니하고 용서해 주리라"는 전제에서 출발한다.(렘 31: 31-34)

고린도전서와 누가복음에 기록된 최후의 만찬에서 예수께서는 이 만찬이 '피로 세우는 새 계약' 체결 의식이라고 하였다.

이 잔은 내 피로 세우는 새 언약이니 곧 너희를 위하여 붓는 것이라.(눅 22:20)

이 잔은 내 피로 새우는 새 언약이니 이것을 행하여 마실 때마다 나를 기억하라.(고전 11:23-25)

이로써 예수의 죽음은 예레미야를 통해서 약속된 '새로운' 계약, 곧 하나님의 새로운 구원 질서의 창설이라는 의의를 가진다(렘 31:31 이하).[5] 그러므로 예레미야의 새 계약은 이스라엘 백성들이 옛 계약을 지키지 못한 모든 죄를 사하시고 기억에서 지우시겠다는 내용을 포함하고 있다는 사실을 주목하여야 한다.

> 여호와의 말씀이니라. 보라 날이 이르리니 내가 이스라엘 집과 유다 집에 새 언약을 맺으리라. … 내가 그들의 악행을 사하고 다시는 그 죄를 기억하지 아니하리라. 이는 여호와의 말씀이니라.(렘 31:31, 34)

예레미야가 예언한 새 계약은 옛 계약을 대체하는 것으로서 두 계약 사이의 몇 가지 질적인 차이를 드러낸다.

	옛 계약	새 계약
계약문	돌에 새김	마음에 새김
대 상	이스라엘 백성	많은(모든) 사람
목 적	해방된 계약 공동체	죄사함 받은 교회 공동체

복음서에 기록된 최후의 만찬 본문에도 이 점이 명시되어 있다 예수는 자신이 내어주는 빵과 포도주를 자신의 몸과 피로 상징하고 이를 '많은 사람을 위하여', '죄사함을 얻게 하려고' 주는 새 계약임을 분명히 하였다. 이처럼 예수의 마지막 공동 식사는 "새 언약" 성립을 상징하는 행위였다.

2
성경의 형성과
정경화 과정

성경은 여러 책으로 이루어진 일종의 총서이다. 구약 전서old testament 39권과 신약 전서new testament 27권으로 구성된 『성경전서』는 대략 40여 명의 저자에 의해 대략 1000년 이상에 걸쳐 기록된 66권의 책을 모은 총서이다.

구약의 책들 중에서 오경Pentateuch은 주전 450년경 에스라 시대에 가장 먼저 그 권위를 인정받게 되었고, 주전 2세기경에 예언서가 정경의 위치를 차지하게 되었다. 오경과 예언서들을 제외한 나머지 책들(성문서)은 주후 90년경 팔레스틴의 얌니아Jamnia에서 유대인 학자들에 의해 최종적으로 그 범위가 확정되어 구약성경 39권이 정경화되었다.[1] 물론 구약성서에는 정경으로 정해진 39권 외에 여러 문서들이 있었다는 기록이 등장하지만 이러한 책들은 도중에 사라진 것들이다.

에녹서(창 5:22), 야셀의 책(삼하 1:18), 여호와의 전쟁기(민 21:14), 다윗 ·솔로몬·여호사밧의 행장과 이스라엘 왕의 연대기(왕상 11:41), 이스라엘

왕 역대지략(왕상 14:19, 16:27, 22:39), 선지자 생도의 예언기(왕하 2:3),
그리고 솔로몬의 잠언 3000편 및 노래 1005편과 그의 식물론(왕상 4:32)[2]

알팅기우스J. Altingius는 이러한 책들은 정경에 속할 수 없는 책들이기
때문에 유실된 것이라고 한다.[3]

주전 3세기 중엽 이집트 알렉산드리아의 디아스포라 유대인들의 요구
에 따라 처음에는 모세 오경Torah이 번역되었고, 그 뒤 약 100년 사이에
현재의 정경正經의 거의 전부가 번역되어 나왔다. 최초의 성경 번역서인
이 책은 72명의 학자가 이 번역 사업에 종사했다는 전설에 따라 70인역
LXX, Septuagint이라 불린다.[4]

아울러 주전 333년부터 흩어진 유대인들은 희랍의 지배를 받고 있었고
희랍어가 통용되었기 때문에 희랍어로 기록된 후기 유대교의 경전들이
출현하게 되었다. 주전 300년경 70인역이 완성되었을 때 희랍어로 기록된
후기 경전 15권도 함께 모아졌는데 히브리어로 기록된 39권과 희랍어로
기록된 15권을 합친 것을 알렉산드리아 정경Alexandrian Canon이라 한다.

그러나 주후 대략 90-100년 사이에 팔레스타인의 유대인들은 얌니야
Synod of Jamnia 회의를 통해 히브리어로 기록된 39권만 정경으로 인정하고
희랍어로 기록된 다음의 15권은 정경에서 제외했다.

토비트, 유디트, 솔로몬의 지혜, 바룩, 예레미야서신, 마카비서 상, 마카비
서 하, 수산나, 세 청년의 노래, 벨과 용Bel and Dragon, 에스더 속편, 벤시락 또는
집회서, 에스드라스 상, 에스드라스 하, 므낫세의 기도

그리하여 정경에서 배제된 15권을 '정경 밖의 책'이라는 의미에서 외경
外經, Apocrypha이라 불리게 되었다. 그리고 15권의 외경을 제외한 나머지

39권의 히브리어 정경을 팔레스타인 정경Palestinian Canon이라 한다.

모든 고대 문서처럼은 성경 역시 여러 시대에 걸쳐 형성된 문서이다. 그러나 고대 문서치고 성경처럼 여러 단계를 걸쳐 그 역사성과 진실성이 검증된 문서는 없다. 불교의 경우는 경經, 론論, 율律 삼장三藏을 다 모은 것을 대장경大藏經이라 하며 그 판수가 하도 많아서 팔만대장경이 된 것이다. 따라서 불교 경전에는 이치에 닿지 않는 황당한 전설이 전혀 걸러지거나 검증되지 않고 포함되어 있기 때문에 여러 부파部派 불교로 갈라지게 되었다. 유대교의 탈무드도 이러한 범주에 속한다. 이러한 방대한 경전은 정경화의 과정을 거치지 않았기 때문에 신앙적으로 납득하기 어려울 정도로 심각한 문제가 되는 내용도 걸러지지 않고 포함되어 있는 것이다.

초기 기독교 공동체는 이처럼 유대교의 경전인 구약성경을 수용하였다. 이는 예수 그리스도 자신이 구약성경을 수용하였고 이를 즐겨 인용하였기 때문이다. 그리고 예수의 추종자 역시 예수의 교훈과 가르침을 구약성서에 비추어 설명하기도 하였다. 고대의 경전이 다 그러하듯이 신약성경 역시 예수의 언행록과 행전들이 구전口傳되다가 점차 문전文傳되어 오늘날의 신약성경으로 모아졌다. 그러나 신약성경은 예외적으로 엄격한 선별과 역사적 검증을 거쳐 기독교 신앙의 공식적이고 권위 있는 유일한 경전으로 확정됐는데, 정경화正經化 과정을 거치게 된 배경은 이러하다.5)

교회 내적으로는 140년경 로마 교회의 장로였던 마르키온은 처음으로 누가복음과 사도행전의 일부와 바울 문서만을 예수의 가르침으로 수용하였고, 그나마 그 내용을 자기 주관대로 가감하거나 수정하였기 때문에 정경의 확정이 불가피하였다.6) 아울러 교회 외적으로는 박해 기간 동안 기독교의 경전을 소지하는 것이 불법이어서 어떤 책이 기독교 경전인지를 정할 필요가 있었다. 이러한 내외적인 필요성에 따라 정경을 채택하였지만 정경에는 다음과 같은 몇 가지 기준과 원리가 적용되었다.7)

1) 예수의 가르침에서 유래 한 것인가? : 신약성경의 경우 예수의 가르침을 포함하거나 예수의 가르침에서 유래한 것인가 하는 기준이 복음성의 원리이다.

2) 사도들의 가르침에서 유래한 것인가? : 예수의 가르침을 전한 사도들의 책이 정경에 포함되었기 때문에 사도들의 가르침의 포함 여부가 사도성의 원리이다.

3) 교회 공동체의 예배에서 사용된 것인가? : 신약성경은 구전 단계를 거쳐서 문서로 작성되었고 이 전승의 주체와 정황이 초대 교회의 예배였다. 따라서 예배에서 사용된 책이냐는 것이 예배성의 원리이다.

4) 고대 교부들에 의해 인용되었는가? : 4세기 말경에 정경이 최종 확정되기 이전의 많은 교부들의 글이 쓰였으며 이들의 글에 인용된 책들은 정경의 교부성의 원리에 적용된다.

유세비우스가 쓴 『교회사』(325년경)에는 22권의 신약성서 정경과 5권의 위경Pseud-epigrapha 목록이 나온다.8) 그러나 오늘날 우리가 가지고 있는 신약성경 27권의 목록이 정식으로 소개되어 있는 최초의 문서는 367년 아타나시우스 감독의 '부활절 서한the Thirty-Nine Festal Letter'이다. 이 27권을 힙포 공회의(393년)를 거쳐 어거스틴이 참석한 카르타고 공의회(397년)에서 팔레스타인 정경인 구약성경 39권과 함께 66권의 『성경전서』로 확정하여 오늘에 이르게 되었다.9)

390년-405년 사이에 제롬은 이 기준에 따라 구약성경 39권을 히브리어에서, 신약성경 27권을 희랍어에서 각각 라틴어로 번역하였다. 그리하여 신약의 경우 27권의 정경에서 배제된 다른 문서들은 위경으로 불리게 되었다.10)

그러나 로마 가톨릭교회는 무로부터의 창조설이나 연옥설 그리고 죽은 자를 위한 기도 등의 교리적 근거를 외경에서 찾을 수 있었기 때문에 중세 후기부터 구약 외경 15권이 포함된 알렉산드리아 경전을 받아들였다. 그리하여 트렌트 공의회Council of Trent의 4차 회기(1546)에서 "구약성서는 희랍어와 라틴어 성서에 포함되어 있는 구약의 문헌들"이라고 정의함으로써 15권의 외경을 구약성서에 포함시켰다.11) 그러나 그 후「에스드라 상」과「에스드라 하」그리고「므낫세의 기도」를 제외하였고 현재는 12권만 외경으로 인정한다.12)

종교개혁자들은 39권의 히브리어 구약성경과 27권의 희랍어 신약성경을 정경으로 채택하였기 때문에 가톨릭교회가 수용한 15권의 희랍어 외경을 구약정경에서 제외하였다. 이런 전통에 따라 웨스트민스터 신앙고백서에는 "보통 외경이라고 부르는 책은 영감에 의해서 된 것은 아니며 경전의 일부도 아니다. 따라서 하나님의 교회 안에서는 권위가 없다. 또한 다른 인간적 저서보다 더 사용 가치가 있는 것도 아니다."13)고 하였다.

외경은 예수께서 직접 밝히신 구약의 기준인 '율법과 선지서'에 해당되지 않는다.(마 22:40). 신약에는 구약을 263번 직접 인용하였고 대략 370번 간접 인용한 것으로 추산하는데, 이 중 단 한 번도 외경을 인용한 곳이 없다고 한다. 무엇보다도 일부 외경에는 죽은 자의 구원을 위한 기도나 통속적인 미신 행위와 같은 황당한 내용들이 포함되어 있어 정경으로 수용하기 어려웠던 것이다.14) 예를 들면 외경「마카비 2서」(12:40-46)에는 죽은 자를 위한 기도를 가르치고,「토비트서」는 통속적 미신이 신앙인 것처럼 기록되어 있기 때문이다.15)

신약의 정경에서 제외된 위경僞經의 경우도 마찬가지이다. 황당하기 그지없는 내용이 포함되어 있다. 예를 들면 위경「도마의 유년기 복음서」처럼 예수가 "시냇가에서 찰흙을 가지고 열두 마리의 새를 만들어 안식일을 더럽혔다."고 어떤 유다인이 예수의 아버지 요셉에게 알리자 요셉이 예수를 꾸짖었다. 그러자 "예수가 손뼉을 치면서 그 참새에게 외쳐 말씀하시기를 '날아가거라' 하니 참새는 날개를 치며 날아갔다."고 한다.16) 위경 「베드로행전」에는 예수가 마른 정어리를 연못에 집어던지고 "여기 있는 모든 사람의 면전에서 물고기와 같이 살아나 헤엄치라"17) 하니 살아나서 헤엄치기 시작하였다고 한다.

또 다른 위경 「도마행전」에는 예수가 자신의 노예인 도마라고 불리는 유다를 인도 상인 아바네스에게 은 3리트라에 증서를 써주고 팔았다고 한다. 그래서 그가 인도로 팔려가서 복음을 전했다고 한다.18) 이런 책들은 황당하게 꾸며진 소설 같은 이야기들이 포함되어 있기 때문에 일단 그 역사성이 의심되므로 정경에서 배제된 것이다.

이렇게 정경에서 배제된 여러 문서들이 역사에서 사라졌다가 다시 발굴된 사례도 없지 않다. 1945년 이집트의 나그함마디에서 발굴된 4세기의 사본으로 확인된 영지주의자들의 문서 총 52권이 발견되기도 하였고 2006년에는 「유다복음서」가 발견되기도 하였다. 그러나 예수의 생애를 역사 비판적으로 접근하는 '예수 세미나'의 대표적인 신학자 펑크R. Funk조차도 나그함마디 문서 중 「도마복음서」만이 예수의 말씀이 40%의 정도로 병행하여 나타난다고 하였다. 「구세주와의 대화」에는 요한복음에 나오는 대화와 병행을 이루고 있지만 예수의 말씀은 실제로 단지 한 구절(11:4)뿐이라고 한다. 그 외에도 「야고보의 비밀복음」, 「진리복음」, 「빌립보 복음」, 「이집트인들의 복음」에는 예수가 한 말씀과 유사한 것은 있지만 예수의 말씀으로 역사적 진정성이 있는 것은 하나도 없다고 분석하였다.19)

이런 황당한 줄거리의 비역사적이고 비신앙적인 내용이 일부 들어 있기 때문에 외경과 위경은 정경에서 제외된 것이다. 기독교의 경전인 성경은 이처럼 역사적 검증을 거친 예외적인 경전이라 할 수 있다.

3
성서의 권위와
교회의 권위

사도 시대가 끝나자 사도들의 권위로 유지되어 오던 교회는 새로운 권위의 원천을 확립할 필요가 있었다. 자연스럽게 교회의 감독이 그 권위의 계승자로 부각되었다. 각 교회들은 감독들의 영적 지도를 받을 수밖에 없었기 때문이다. 여러 교회 가운데 로마 교회는 모든 교회 가운데 두드러진 위상을 지니게 되었다. 로마는 베드로와 바울이 선교를 하다가 숨진 곳이었고, 제국의 수도로서 제국에서 신자들이 가장 많았고 재정적으로 가장 부유한 교회였다.

따라서 로마 교회는 자신들이 수석 사도인 베드로의 후계권을 계승하였다고 주장하여 왔고 3세기 중엽 로마의 감독을 지낸 스테픈 1세Stephen I(254-57)는 스스로 베드로의 주교좌cathedra Petri를 맡은 것으로 공식화하였다. 많은 교회와 감독들은 이를 부인하지 않았다.[1] 이어서 인노센트 1세Innocent I(402-407)는 로마 감독의 수위권을 주장하였고, 6세기경에는 로마의 감독은 서방 교회의 머리로서 '그리스도의 대리자'로 주장되었다. 14세기의 와서는 교황은 지상에서 '하나님의 대리자'로 주장하는 이들이 생겨날 정도였다. 파노르미아누스Panormianus는 "교황은 하나님이 할 수 있는 일은 무엇이든지 할 수 있다. 교황의 권위에 의해 수행되는 것은 무엇이든 하나님의 권위에 의해 수행된다."2)고 하였다.

초기의 로마 교회는 아직 정경이 형성되지 않은 상황이지만 신앙의 규범*regular fidei*이 필요하였으므로 150년경부터 '구 로마신조' 등이 형성된 것이다. 이러한 신조들은 기독교 신앙 교육과 세례를 위해서 꼭 필요한 초대 교회의 권위의 원천이 되었다.3) 기독교의 공인 이후 니케야(325), 콘스탄티노플(381), 에베소(431), 칼케돈(451) 신조들은 서방 교회의 주요한 신앙의 규범으로 전승되어 오고 있다.

그러나 393년의 힙포 공의회와 397년의 카르타고 공의회에서 정경으로 채택한 성경은 새로운 권위의 원천으로 등장하게 되었다. 성경에 계시된 표준적 진리를 교회가 충실히 해석하여 왔다. 그러나 "사도들로부터 전해져 왔지만 성경에는 없거나 그것으로부터 추론할 수 없는 진리"4)에 대해서는 교회가 권위를 가지고 신앙의 규범을 정하여야 한다고 주장되어 왔다. 그리하여 교회가 권위를 가지고 정한 신앙의 여러 규범 즉 교부들의 일치된 교리, 고대 신조, 교회회의의 결의 그리고 교황의 교령과 같은 것들은 모두 성경에 버금가는 신앙의 규범으로 전승되었다.

중세 교회는 신앙의 권위의 원천을 두 가지로 보았는데, 성경의 권위와 교회 전통의 권위이다. '성경 중의 성경'으로 전승되어 온 정경 66권과 마찬가지로 교회의 정통도 '신앙의 최고의 규범*prima fidei regular*'으로 여겼다. 성경만을 '신앙의 유일한 규범*sola fidei regular*'으로 보지는 않았다.5)

그러나 실제로는 교회의 권위가 성경의 권위를 앞서 갔다. 교회가 공인되고 로마 교회의 수장권과 더불어 교황 제도가 확립되고 이어서 세속적 권력에 대한 교회의 권위가 점점 강화되면서 교황은 성서 해석의 최종적인 권한을 갖게 되었기 때문에 결국 성경 위에 교회가 자리매김하게 된 것이다. 그리하여 터툴리안은 「이단의 원칙에 관하여」라는 글에서 성서 해석의 권리는 교회에 있다는 원칙을 세웠다. 무수한 교리 논쟁이 생겨났으나 교황의 최종적인 성서 해석으로 일단락되어 왔다. 그리하여 교황의 성경 해석권과 가르침의 권위를 교황의 교도권敎導權, magisterium으로 인정하였고, 제1차바디칸 공의회(1870)에서는 교황의 가르침은 무오하다in-fallibility는 교황무오설을 주장하기에 이르렀다.

성경의 권위보다 교회의 권위가 더 중하게 취급된 것은 그 시대로서는 불가피하였다. 인쇄술이 발명되기 전이라 성경은 필사를 통해 제작되었기 때문에 어느 정도의 재력이 없으면 그나마 성경을 소유하는 것조차 어려운 상황이었다. 그리고 성경이 라틴어로 번역되었으나 문맹률이 높은 시대였으므로 대부분의 기독교인들은 히브리어나 희랍어는 고사하고 라틴어를 읽거나 쓰지 못하였기 때문에 성경을 직접 읽을 수 없었다. 그리고 방대한 성경을 읽고 그 중요한 내용을 정확하게 해석하고 요약하는 일은 아무나 할 수 없는 문제였다. 따라서 성경을 소유하고 성경을 읽을 줄 알고 신앙의 기초가 튼튼한 교회의 성직자들에 의해 기독교 신앙의 규범들이 결정될 수밖에 없었다. 교회의 가르침이 성경의 가르침과 모순이 있어도 그것을 지적하거나 문제 삼는 일이 쉽지 않았다. 교회의 권위에 압도되어 교회의 결정을 절대적인 신앙의 진리로 받아들이는 풍토였다고 보아야 할 것이다.

교회의 가르침과 성서의 가르침이 명백히 다를 경우 성서의 가르침에 우선을 두어야 한다는 새로운 자각은 루터의 종교개혁을 통해 분출하게 되었다. 루터는 성경의 교회 전통을 비롯한 신앙의 규범 중에서 '신앙의 최고 규범'이 아니라 '신앙의 유일한 규범'이라는 의미에서 '성서로 돌아가자'는 종교개혁의 새 원리를 세웠다. 루터의 이러한 주장에는 투철한 개인적인 신앙 체험과 신구약 성경 원전에 대한 깊은 연구가 뒷받침되었다.

중세 교회의 성경관의 근본적인 문제를 제기한 루터는 청년기의 극심한

죄의식과 죽음과 최후의 심판에 대한 두려움으로 인한 영혼의 고통Anfech-
tung에서 벗어나 자신의 영혼을 지옥의 형벌에서 구출하려고 발버둥 쳤
다.6) 그리하여 쫓기듯이 수도원으로 들어갔다. 수도원에서는 가톨릭교회
의 전통적인 가르침에 따라 두 가지 구원의 길을 제시했다. 다시는 죄를
짓지 않기 위해 철저한 선행을 하는 수도 생활과 부지불식간 지은 죄에
대해서는 철저한 고해를 통해 사죄를 받는 길이었다.7)

1) 수도 생활과 선행의 한계

루터는 수사로서 수도원의 특권으로 주어진 완전한 덕목을 실천하면
자신의 영혼을 구원할 수 있으리라는 생각을 하게 되었다. 그래서 로마
교회의 가르침에 따라 사랑, 검소, 자선, 순결, 가난, 순종, 금식, 철야, 육신
의 극기 등 인간이 자신을 구원하는 데서 할 수 있는 일이라면 남김없이
실천하기로 했다. 그는 정해진 규칙 이상으로 철야 고행과 기도에 전념하
면서도 한편으론 정말 제대로 하고 있는지 늘 조바심에 사로잡혀 있었다.
후일 루터는 이렇게 고백하였다.

난 성실한 수도사였어. 내 종단의 규칙을 얼마나 꼼꼼하게 지켰던지 그
놈의 수도사 생활로 수도사가 하늘나라에 갈 수 있다면 그건 바로 나를 두고
한 말일 거라는 자화자찬까지 늘어놓을 정도였으니까. 그때 나와 함께 수도원
에 있던 형제들은 이 사실이 정말이라고 말해 줄 거야. 아마 그 일을 더 이상
계속했더라면 철야, 기도, 독서 그리고 다른 일로 죽고 말았을 걸.8)

그러나 '너 자신을 깨끗이 할수록 너는 점점 더 더러워진다.'고 말한

바와 같이 금욕적이며 고행에 가까운 선행을 통해 하나님 앞에서 의롭게 서려고 하면 할수록 자신의 더러움이 더욱 노출됨을 깨닫게 된 것이다. 그리고 선행을 할수록 해야 할 선행이 한없이 많다는 사실에 전율하게 되었다. 철저히 선행에 몰두하였고 선행의 한계에 부딪혔기 때문에 마침내 루터는 자신의 선한 행위를 통해서는 의롭게 될 수 없다는 사실을 깨닫게 된 것이다.

2) 고해성사의 한계

당시의 로마 교회에서는 예수께서 십자가에서 이루신 구원이 교회의 성례를 통해 우리들에게 전해진다고 가르쳤다. 구원의 은총이 중재되는 수단으로 7성례를 주장하였다. 특별히 세례 이후에 지은 죄에 대해서는 사제 앞에서의 고해성사를 통해서 이 땅에서 사죄를 받을 수 있다고 하였다. 루터는 철저한 수도 생활과 더불어 행여나 부지불식간에 지은 죄가 있을까 하여 고해성사를 통해 이 비상한 사죄의 은총을 자신의 것으로 삼으려고 안간힘을 썼다. 시간을 가리지 않고 하루에 몇 차례씩, 어떤 때는 내리 여섯 시간을 고해했다. 그는 영혼을 샅샅이 뒤지고 기억을 이 잡듯이 털어 갖가지 동기를 저울질하였다.9) 당시 고해성사를 용이하게 하기 위한 체계로 고안된 여러 죄의 항목들, 말하자면 5가지 감각의 죄, 7가지 큰 죄(교만, 탐심, 욕정, 분노, 과식, 시기, 나태)와 십계명의 조목조목을 훑어 내려가면서 고해하였다. 한번 고해할 때마다 이 죄목 가운데서 하나라도 빠뜨리지 않으려고 자신의 일생을 차례차례 훑어 나갔다. 심지어는 고해 후 그 내용을 수정하고 보충하기도 하였다.

하루는 그의 고해 사제가 지겨운 나머지 "이봐요, 하나님께서 당신께

화내시는 것이 아니라 당신이 하나님께 화를 내고 있군요."10)라고 화를 내었다고 한다. 그의 고해 신부였던 대리주교Vica General 슈타우피츠Johann von Staupitz는 "여보게, 사죄를 받고 싶거든 뭐 좀 용서할 근거를 가지고 들어오라고. 그따위 시시껄렁하고 자질구레한 죄가 아니라 부모 살해나 간통과 같은 걸로 말이야."11)라고 했을 정도이다. 그의 진지한 고해마저 진지하게 받아들이길 거부한 고해 신부의 태도는 그를 더 깊은 절망감에 빠지게 했다. 그는 그 순간마다 죽은 시체가 되어버리는 것 같았다고 고백했다.

그는 성인 21명을 수호신으로 정해 놓고 세 명씩 교대로 일주일 가운데 하루를 맡아 달라고 간청할 정도였다. 이처럼 죄를 피하기 위해 엄격하게 고행을 하고 별것도 아닌 죄를 철저히 고해했음에도 루터는 진정한 영혼의 평안과 참다운 구원의 확신을 얻지 못하고 다시금 기억되는 죄들 때문에 소스라치게 놀라기도 했다. 그러나 더욱 괴로운 것은 그의 비상한 머리로서도 자기가 지은 죄 가운데서 잊어버리고 기억이 되지 않은 죄에 대하여서는 더 이상 고해를 할 수 없다는 사실을 깨닫게 되었다. 그리고 인간 편에서는 죄를 저지를 때나 저지른 후에도 그것을 죄로 느끼지 못하고 아무런 양심의 가책을 받지 않아 고해의 필요를 깨닫지 못하는 행위 가운데에서도 하나님 보시기에는 명백히 죄로 정죄받을 행위가 있을 수 있다는 생각을 저버릴 수가 없었다. 죄에 대한 인간의 기준과 하나님의 기준이 다르다는 생각에 이르게 되자, 그는 고해성사의 근본적인 한계를 통감하게 되었다.

루터는 당시 가톨릭교회의 가르침에 따라 철저한 선행과 끝없는 고해를 통해 자신의 영혼을 지옥 형벌에서 구해내려고 하였지만 선행과 고해의 근본적인 한계에 직면하기에 이른 것이다.

3) 성서의 가르침과 구원의 확신

루터는 스타우비츠 대리주교의 배려로 그가 속한 수도원에서 시편 강의
(1513-14)와 바울의 로마서 강의(1515), 갈라디아서 강의(1516-17)
를 맡아 성서 연구와 강의에 몰두함으로써 영혼의 고통Anfechtung에서 잠
시나마 벗어날 수 있었다. 무엇보다 루터는 시편을 통해 히브리의 위대한
신앙인들이 자신이 겪은 것과 똑같은 '안페히퉁'과 같은 처절한 고통을
호소한 참회시들을 발견하고는 큰 위로를 얻게 되었다. 영혼의 번민이 자
기만의 문제가 아니라는 사실은 그에게 큰 위안을 주었다[12]고 확신하게
되었다.

루터가 한 시간의 십분지일十分之一이라도 견딜 수 없어 죽을 뻔했던 그
고통을 왜 예수가 당하셨는가? 루터는 죄인인 자신이 고통을 당하는 이유
는 알 수 있었으나, 죄 없는 예수의 고통에 대한 유일한 대답은 그리스도께
서 우리의 모든 불의를 짊어지셨다는 사실일 수밖에 없다는 것을 깨달았
다. 루터는 후에 그리스도의 고난 속에 하나님의 사랑이 감추어져 있으며,
그리스도 안에서 하나님의 진노가 극복되었음을 깨닫게 되었다.[13] 루터
가 청소년기부터 그리스도에 대해 품었던 무지개 위의 심판관으로서의
그리스도가 사실상 십자가 위에서 버림받은 자임을 성서에서 발견하고
놀라게 되었다.

시편 31편은 루터에게 새로운 인식을 일깨워 주었다. "주여, 내가 당신
께 피하오니 나로 결코 부끄럽게 마시고 당신의 의로 나를 건지소서."라는
구절을 통해 "이 구절은 '나의 의'로 라고 말하지 않고 '당신의 의', 즉 신앙
을 통해, 그리고 하나님의 은혜와 자비에 의해 우리의 것이 되신 나의 하나
님 그리스도의 의로라고 말한다."[14]는 점을 발견하고 크게 놀라게 된다.
루터는 철저한 수도원 생활을 통해 행위로써 흠이 없도록 피나는 노력을

기울였을 뿐만 아니라 털끝만한 죄일지라도 철저히 고해하여 하나님 앞에서의 최후 심판 시 의로운 자로서 인정받아 영원한 구원을 얻기 위해 필사적인 노력을 기울여 왔으나, '나의 의'가 아니라 '하나님의 의'로써 구원을 얻는다는 시편 31편 1절의 말씀은 구원에 대한 이제까지의 사고를 완전히 뒤집어 놓았다. 시편 31편의 발견은 구원론에 있어서 일대의 코페르니쿠스적 전회轉回를 야기했다.

시편의 말씀에 이어 로마서 연구를 통해 루터는 새로운 구원의 체험에 이르게 된다. "복음에는 하나님의 의가 나타나서 믿음으로 믿음에 이르게 하나니 기록된바 의인은 믿음으로 말미암아 살리라 함과 같으니라."는 로마서 1장 17절을 통해 루터는 '천국의 문이 열려짐'과 같은 구원의 빛을 발견한 것이다. 소위 탑상체험Turmeriebnis으로 일컬어지는 이 말씀의 빛을 통해 지금까지의 절망과 불안과 공포와 번뇌Anfechtung가 일시에 사라지고 그리스도 안에서의 새로운 삶의 기쁨을 발견하게 된 것이다. 후일 루터는 그때의 체험을 이렇게 회상하였다.

바울의 로마서를 이해하려고 몹시 애쓰는 나에게 가장 큰 장애물은 하나님의 의였다. 그것은 내가 이 의라는 말을 하나님께서는 의로운 분이요, 따라서 불의한 사람들을 공정하게 처벌하신다는 뜻으로 받아들이고 있었기 때문이다. … 그때 나의 상황으로 말하면 수도사로서는 털끝만치도 흠잡을 데가 없었지만 하나님 앞에서는 여전히 마음이 괴로운 죄인이었기 때문에 도무지 나의 공로를 가지고는 그분을 누그러뜨릴 자신이 없었다. 그러므로 나는 공정하고 성난 하나님을 사랑하지 않았으며 오히려 증오하고 그분에게 투덜댔다. … 밤낮 가리지 않고 곰곰이 생각하던 어느 날 나는 '하나님의 의'와 '의인은 믿음으로 말미암아 살리라'는 말 사이에 관련이 있다는 걸 깨달았다. 그때 나는 하나님의 의란 하나님께서 은혜와 순수한 자비를 발휘하신 나머지 우리의 믿음을 보시고 죄가 없는 것으로 취급하는 수동적인 의Justitia Pussiva라는 것을 터득했다. 그 순간 나는 새로 태어나서 활짝 열린 문을 통해 낙원에 이른 기분 이었다.15)

루터는 복음에 나타난 죄인을 의롭게 하는 하나님의 의에 대한 믿음으로 말미암아 의롭게 된다는 것을 깨닫고 보니 교회가 가르친 구원의 방식에 문제가 있는 것을 알게 되었다. 루터는 "복음에는 하나님의 의가 나타났다(롬 1:17)"는 말씀과 "회개하고 복음을 믿으라.(마 4:17)"는 말씀 사이의 관련성에서 착안하게 되었다. 복음을 믿어 의인으로 인정받기 위해서는 진정한 회개가 요청된다고 생각되었다. 그리하여 루터는 95개 조항의 항의문 제1, 2, 3조에서 무엇보다도 먼저 성서가 가르치는 '회개'는 교회가 가르치는 '고해'가 아님을 다음과 같이 지적하였던 것이다.

> 제1논제 : 우리의 주님이시오, 선생이신 예수 그리스도가 '회개하라'(마태
> 4:17)고 하신 것은 신자의 전 생애가 참회되어야 한다는 것이다.
> 제2논제 : 이 말씀은 한 사제의 주관하에서 수행되는 성례전적 참회로는
> 이해될 수 없다.
> 제3논제 : 그러나 이 말씀은 내적 회개만을 뜻하는 것이 아니고 그럴 수도
> 없다. 만일 이 같은 내적 회개가 육욕에 여러 가지 외부적 극기를
> 나타내지 않는다면 아무런 가치도 없다.16)

4) 신앙의 유일한 규범인 성서의 재발견

성서 연구를 통해 루터는 마침내 당시의 가톨릭교회에서 가르치는 '고

해poenitentia'는 성서에서 주님이 가르친 '회개metanoia'와 서로 다른 개념이라는 사실을 발견하게 되었다. 왜냐하면 당시의 중세 교회는 라틴역Vulgate을 사용하였는데, 라틴역에는 회개라는 말을 고해의 뜻으로 번역하고 그러한 의미로 가르쳤기 때문이다. 루터는 95개 조항 해설서에 희랍어 원어 'μεταυοειτεс'를 라틴어 poenitentia로 번역한 것은 부적절하다고 지적하였다. 그리고 성서 희랍어는 고해하라do penance의 뜻이 아니라 회개하고 뉘우치라be penitent는 마음의 상태의 변화를 뜻하므로 라틴어로 번역한다면 차라리 불신앙에서 신앙으로 전환한다는 뜻으로 'transmentanini'가 더 정확한 번역이라고 한다.17) 고해는 행위의 죄를 도덕적으로 반복해서 뉘우치는 것이지만, 회개는 존재론적으로 불신앙에서 신앙으로 돌아서는 유일회적인 사건이라고 보았다.

중세 교회의 교황권 남용이나 면죄부 발매나 연옥설에 대한 비판은 끊임없이 제기되어 왔으나 루터처럼 이 모든 교리적 남용이 고해 제도에 근거해 있으며, 교회가 가르치는 고해 제도는 성서가 가르는 회개와 근본적으로 다르다는 점을 95개 조항을 통해 논리정연하게 제기하지는 못했다. 루터 이전에는 그 누구도 '고해에 대한 교회의 가르침과 회개에 대한 성서 가르침'의 차이를 체험적으로 깨닫고 성서 원어의 본래적 의미를 분석하여 반박한 이가 없었다. 루터는 이 모든 모순의 뿌리가 되는 근본 모순은 가톨릭교회가 가르치는 잘못된 고해 교리와 제도에 있다고 본 것이다. 고해 제도 때문에 신부의 사죄권이 확립되고 여기에 근거하여 연옥에 있는 조상을 위한 면죄부까지 팔 수 있는 신학적 근거가 마련되었기 때문이다.

그래서 루터는 교회가 가르친 고해와 성서가 가르치는 회개를 날카롭게 구분함으로써 고해 제도에 기초한 중세 교회의 근본 모순을 명확하게 폭로한 것이다. 루터는 성서의 가르침을 통해 구원의 길을 발견하였기 때문에 성서만이 '신앙의 유일한 기준sola fidei regular'이라는 강력한 신념에 이르게 되었고, 이러한 체험이 우유부단한 루터로 하여금 로마 교회의 잘못된 교리와 제도에 대한 강력한 항거를 제기하도록 이끈 것이다. 루터가 '성서로 돌아가자'고 한 것도 단순한 사변적인 신학적 주장이 아니라, 생사를 건 치열한 영혼의 시련을 통해 깨달은 구원의 확신에서 비롯된 것이었다. 이처럼 루터는 성서적인 신앙*sola scriptura*을 강조하여 개신교 신학의 새로운 터전을 마련한 것이다.

4

성서의 영감설과
성서 비평학

1) 성서의 신언성과 영감설

교회의 권위보다 성서의 권위를 우위에 두는 종교개혁자들의 주장에 대하여 가톨릭교회 측의 반발도 만만치 않았다. 이레네우스 이래로 가톨릭교회는 성경 해석의 권위를 교회의 권위와 전통에 두는 경향이 있어 왔다. 어거스틴도 신앙의 이중적 권위를 주장하였다. 교회의 권위와 성서적 신앙의 정확성을 측정하며 확증해 준다고 보았다. 이처럼 교회의 전통이 성서 해석의 최종적인 권위였으며 성서의 일차적 기능은 교회의 신조를 위한 근거proof text를 마련해 주는 것이었다.[1]

터툴리안은 성서는 이단의 소유가 아니라 교회의 소유라는 소유권의 원리를 주장하였다. 이러한 전통을 계승한 가톨릭 신학자 요한 에크Johann Eck 등은 루터가 '교회 안에 무정부 상태'를 부추긴다고 비판하고 교회의 권위가 성서의 권위에 우선한다고 주장하였다.[2] 그 이유는 교회가 신약성경이 기록되기 이전부터 존재했으며 그리고 교회가 여러 문서와 서신 중에서 27권을 정경을 채택하였기 때문이라고 하였다. 그리고 성경은 결국 해석상의 문제이며 성서 해석의 최종적인 권위도 교황에게 위임되었다고 하였다. 따라서 성경의 권위가 결코 교회의 권위보다 우월할 수 없다고 하였다.

얼핏 보면 이러한 주장은 일리가 있어 보인다. 그러나 루터와 칼빈을 비롯한 개혁자들은 로마 가톨릭교회의 주장이 근거 없는 억측임을 조목조목 반박한다. 루터는 "성서는 그 자체로서 권위를 지닌다."고 하였다. 그러므로 "교회가 성서를 공인한 것이 아니라 그 반대로 성서가 교회를 공인하였다."3)고 하였다. 저 유명한 『탁상담화』에서 "하나님 말씀과 다르게 교회의 권위를 자랑하는 자들은 미련한 자들입니다. 교회를 잉태하고 낳은 것은 성경인데, 교황은 성경보다 교회에 더 큰 권위를 부여합니다."4)고 하였다.

이런 쟁점을 보다 체계적으로 반박한 이는 칼빈이다. 그 역시 성경 말씀이 먼저 있었고 교회는 나중에 존재하게 된 것이며, 성경의 권위가 교회의 권위보다 높은 더욱 분명한 이유는 성경의 신언성神言性 때문이라고 주장하였다. 칼빈에 따르면 성경은 하나님의 말씀이다. 교회가 정경으로 채택했기 때문에 하나님의 말씀이 된 것이 아니라, 성경이 하나님의 말씀이기 때문에 교회가 정경으로 채택할 수밖에 없었다는 논지를 폈다.

성경을 판단하는 권세가 교회에 속하며, 성경의 확실성이 교회의 찬동에 좌우된다는 것은 참으로 거짓된 견해라 하지 않을 수 없다. 교회가 성경을 받아들여 이에 승인의 재가를 내리는 것은 … 다만 성경을 하나님의 진리로 인정했기 때문이다.5)

성경이 하나님의 말씀인 까닭을 칼빈은 두 가지 사실로 논증한다. 첫째는 성경의 저자가 하나님이기 때문이다. 성경은 성령 하나님의 구술에 의해 기록된 것이므로 성경의 저자는 하나님이다. 하나님은 선지자와 사도들로 하여금 성령의 감동을 받아 성경을 기록케 하신 것이다. 비록 성경이 인간의 언어로 기록된 것이지만, 인간의 사상과 감정과 의지가 들어 있는 책이 아니라 성령의 감동으로 된 하나님의 사상과 감정과 의지가 들어 있는 하나님의 말씀이라고 하였다.

칼빈은 분명히 '성령의 구수*dictante Spiritu sancto*'6) 혹은 '어떤 의미에서 그리스도의 영의 구수口授 또는 구술口述'7) 혹은 '성령의 확실하고 믿을 수 있는 비서들'8)이라는 표현을 사용하였다.9) 따라서 성서 기자는 단지 성령의 도구에 불과하다.10) 그는 이러한 영감설에 근거하여 성서의 신언성을 주장한 것이다.

그러나 성령의 구술과 관련하여 명시적으로 칼빈이 축자영감설을 주장한 것인가 하는 논쟁이 야기되었지만, 니젤에 따르면 성경이 '어떤 의미에서 성령의 구술*dictante spiritu sante*'이라고 한 것은 축자영감설을 주장하기 위해서가 아니라, 성서의 신언성을 강조하여 성서의 권위를 교회에 두고 있는 로마 가톨릭에 대한 반대를 해명하기 위함이라고 한다.11) 그래서 칼빈은 '어떤 의미에서'라는 수식어를 사용함으로써 '성령의 구술'을 제한적 의미로 사용하였다는 것이다.

둘째, 칼빈은 성경이 하나님의 말씀인 또 다른 이유를 '성령의 내적 증거' 때문이라고 하였다. 성경이 비록 인간의 글로 쓰이고 번역되었지만 그것을 읽는 순간 성령의 조명illumination이 비추어야 하나님의 말씀으로 들리는 것이기 때문이다. "내 눈을 열어 주의 법의 기이한 것을 보게 하소서"(시 119:8)라는 말씀처럼 자연적인 인간은 자신의 직관과 지식으로는 하나님의 말씀을 들을 수 없으며 성령의 조명을 통해서만 성경의 말씀이 하나님의 말씀으로 들린다는 것이다. 창조 안에 계시가 분명히 나타나 있지만 인간이 눈이 어두워서 그 계시를 보지 못하듯이, 성서 안에 분명히 계시가 나타나 있지만 역시 성령에 의해 개명된 자들이 아니고는 그 계시를 볼 수 없고 하였다.12)

하나님만이 그의 말씀에 있어서 자기 자신에 대한 적합한 증인이듯이 그 말씀은 성령의 내적 증거*Testmonium Spiritus Santi Interum*에 의해 확인되기 전에는 인간들의 마음에서 신임을 얻지 못할 것이다. 그러므로 예언자들의 입을 통해 말씀한 바로 그 성령이 우리 마음에 들어와서 하나님이 명령한 것을 그들이 신실하게 선포했다는 것을 설득하는 것이 필요하다.13)

이와 같이 칼빈에게 '성령의 구술과 성령의 내적 증거'는 성경의 신언성의 근거를 이루는 두 원리이다. 성서는 성령의 영감으로 기록되었기 때문에 객관적으로 신적 권위를 가지긴 하지만, 성서의 독자가 성령의 내적 증거에 의해 주관적으로 그 권위를 믿을 때 비로소 신적 권위를 가지는 것이다.14) 이처럼 "성경의 기원이 하늘로부터 유래되었다고 확신할 때에 비로소 성경은 신자들로부터 완전한 권위를 얻게 된다."15)고 하였다. 칼빈은 자신의 입장을 다음과 같이 요약하였다.

우리와 교황주의자들 간의 차이는 그들이 만약 교회가 하나님의 말씀을 지배하지 않는다면 교회는 '진리의 기둥'(딤전 3:15)이 될 수 없다고 생각하는 반면 우리는 진리가 교회에 의해 보전되고 교회의 손을 통해 다른 교회에 전해지는 것은 교회가 겸손하기 때문이 아니라 하나님의 말씀에 복종하기 때문이라고 주장하는 것이다.16)

따라서 칼빈은 하나님의 말씀 없이도 교회가 존재한다는 식의 생각을 절대로 가져서는 안 된다고 하였다. 그는 "교회는 오직 선지자와 사도들의 가르침 위에 세워졌다."는 사실을 요한복음 8장 47절 등 여러 성경 구절로 논증한다.[17]

이처럼 성서의 권위의 우월성에 대해서는 종교개혁 시기의 여러 신조에도 그대로 반영되어 있다. 루터가 작성한 「슈말칼트 신조」(1537)에는 "교황의 가르침과 성서의 가르침을 구별해 보고 그것을 서로 비교해 볼 때 교황의 가르침은 제국의 이교법으로부터 취해졌으며, 교황의 칙령들이 보여주듯이 세속적 거래들과 판단들에 관한 가르침이다."고 하였다.[18] 루터교의 신앙고백 문서인 「일치신조」(1577)에는 "성서만이 판단자, 규범, 그리고 표준*iudex, norma et regular*으로 남아 유일한 시금석이 되어 그것에 따라 모든 교리들이 선한 것인지 악한 것인지, 바른 것인지 바르지 않은 것인지 판단되어야 한다."[19]고 가르쳤다. 교회의 가르침도 성경을 기준으로 판단하여야 한다는 것을 밝힌 것이다.

칼빈의 전통을 이어받은 「스코틀랜드 신앙고백」(1560) 제19장에는 성서의 권위는 하나님으로부터 오는 것이므로 성서의 권위가 교회로부터 받은 것이라고 주장하는 것은 신성모독이라고 하였다.

성서의 권위는 어떤 사람이나 천사들에게서 온 것이 아니라 하나님에게서 온 것이라고 우리는 확인하고 공언한다. 그러므로 성서가 권위를 가지고 있는 것은 그것들이 교회로부터 받은 것이지 다른 데서 온 것이 아니라고 하는 사람들은 하나님을 모독하는 사람들이며 참된 교회에 해독을 끼치는 사람들이다.[20]

「웨스트민스터 신앙고백」(1647)도 성경이 '하나님의 영감으로 주어진 하나님의 말씀'으로서 "틀림없는 진리이며 신적 권위를 가지고 있다고 확신할 수 있는 것은 우리의 마음속에서 말씀을 통해 증거하시는 성령의 내적 활동에 의한 것이다."[21]고 하였다.

이처럼 종교개혁 신학은 한 목소리로 성서가 하나님의 말씀이기 때문에 가톨릭교회가 정경으로 채택한 것이지, 교회가 정경으로 택했기 때문에 하나님의 말씀이 되는 것은 아니라고 논박하였다.

그러나 종교개혁의 영향을 받은 트렌트 공의회(1545-63)가 1546년 4월 8일 채택한 교령에는 성경 66권의 목록과 함께 외경들을 인정하였으며 라틴어역인 벌게이트역Latin Vugate을 신성하고 정격적인 본문으로 선포하였다. 그리고 "기록된 책과 기록되지 않은 전통에 포함된 모든 구원하는 진리와 행동의 규범"으로 수용하여야 한다고 하였다. 성경과 가톨릭교회의 전통을 모두 동등한 신앙의 규범으로 재확인한 것이다. 아울러 가톨릭교회의 성경 해석권 역시 재확인하였다. 교회가 성경을 해석할 때 "성경, 사도적 전통, 거룩하고 승인된 공의회, 최고 권위의 교화들과 거룩한 교부들의 규약과 권위, 그리고 가톨릭교회의 합의"[22]를 거쳐야 한다고 하였다. 그리고 "성경의 참 뜻과 해석을 판단하는 것은 (신자들의) 어머니이신 교회가 한다."고 하였다.[23]

이런 전통은 근래까지 이어져서 1869년 소집된 1차 바티칸 회의 기간 중인 1870년 7월 18일에는 오랫동안 논란이 되어 온 교황무오설이 공식적인 입장으로 정리되었다.[24] 이어서 레오 13세는 1893년에 "하나님께서 성경을 교회에 위탁하셨다."고 선언하였다.

그러나 현대에 와서 칼 바르트는 하나님의 말씀을 삼중적 양태로 설명함으로써 로마 가톨릭교회와 종교개혁자들과 재세례파 사이의 갈등을 조화시키려고 하였다. 가톨릭교회가 교회의 선포를 강조하여 교회의 정경 채택권과 성서 해석권을 주장하고 교황무오설에 이른 것은 결과적으로 성부의 신성만을 강조하는 단일신론monarchianism의 경향을 반영하는 것이다. 프로테스탄트의 성서로 돌아가자는 원리는 과도한 성경 문자주의와 성경 영감설의 천박한 초자연주의의 약점이 있으며 이로 인해 성자의 로고스를 강조하게 되었다. 반면에 재세례파는 성경의 문자나 교회의 선포보다 성령의 직접적인 계시를 강조하여 성령의 신령주의로 빠지게 되었다는 것이다. 그러나 바르트에 따르면 하나님의 말씀은 성서에 기록된 말씀, 교회에서 선포되는 말씀, 예수 그리스도의 계시의 말씀이라는 3중적 양태를 띠고 있으며 이 세 양태는 삼위일체론에 상응하는 것이므로 어느 하나도 제외할 수 없는 것으로 보았다.

2) 성서의 오류에 대한 칼빈의 이해

개혁자들이 주장한 오직 성서의 원리로 인해 성서 연구가 더욱 활발하여졌다. 루터와 칼빈은 성경을 본격적으로 연구하고 거의 모든 성경책에 대한 주석을 시도하였으며, 주석을 위해 성경을 자세히 연구하는 과정에서 성서의 여러 오류들을 발견하게 되었다. 루터도 성서의 모순이나 불일치를 암시하고 역사 비평을 가하긴 하였지만,[25] 칼빈이 더 명료한 문제의식을 가지고 있었다. 칼빈은 성서가 성령의 영감을 통해 기록되었지만 인간의 기록이므로 부분적으로 오류가 발견된다는 사실을 과감하게 인정하였기 때문이다.[26]

첫째, 숫자, 지명, 인명이 서로 다른 것을 인정했다. 예를 들면 야곱의 가족 중 애굽에 들어간 인원에 대해 모세는 70명(창 46:26; 신 10:22)과 스데반은 75명(행 7:14)으로 서로 다르게 기록하였다. 그러나 이 문제에 대해 "나는 이 차이는 필생들 편에서의 오류에 의해 생겼다고 결론을 내린다."고 하였다.[27] 그러나 야곱 대신에 아브라함의 이름을 써넣은 것은(행

7:16) "분명히 잘못되었다."라고 지적하고 "따라서 이 구절은 반드시 수정되어야 한다."고 하였다.28) 그리고 예수의 성전 정화의 시간이 다르다는 것도 지적하였다.29)

둘째, 역사적 문헌과 상치되는 것도 있다고 하였다. 사도행전 4:5 강해에서 "누가가 여기서 안나스를 대제사장으로 보는 것은 이상하다. 왜냐하면 요세푸스의 글을 보면 빌라도가 로마로 소환된 후 비텔리우스가 지휘관이 되어 예루살렘으로 들어오기까지는 가야바가 이 직임을 잃지 않은 것이 분명하기 때문이다."고 하였다. 칼빈은 역사가인 요세푸스의 기록을 성서 기자인 누가의 기록보다 더 신뢰하고 있으며 누가의 기록에 대해 의문을 제기하고 있다.

셋째, 구약의 인용이 명백히 잘못된 곳도 지적하였다. 고린도전서 2:9에 인용한 내용과 구약 본문인 이사야 64:4를 비교해 보면 그 인용이 정확하지 않다는 것이다. 구약에 없는 "예정하신 모든 것"이 삽입되어 있기 때문이다. 이 경우는 그 오류가 사소한 것이라고 말한다.

넷째, 성서의 표현이 과학적 사실과 상치되는 것도 있다고 하였다. 창세기 1:16에는 해와 달을 두 개의 큰 광명체라고 하였지만, 천문학자들은 "토성이 멀리 떨어져 있어서 모든 것 가운데 가장 작게 보이지만 달보다 더 크다는 사실을 입증한다."30)고 하였다. 성서 기자인 모세는 이런 과학적인 사실을 알고 있었으며, 다만 그 시대 사람들의 인식 능력에 맞게 설명했을 뿐이라고 한다.

그리고 칼빈은 이처럼 사본과 필사의 오류를 인정하였으나, 글자 한 자 달라진 것을 오래 말하기보다 성령이 말하는 이적의 무게를 더 말해야 할 것이라고 하였다. 신적 기원을 가진 성경이 문자적 오류 때문에 손상을 받지 않으며, "하늘의 지고한 신비가 대부분 비천한 말로 표현된 것은 하나님의 특별한 섭리가 없이는 불가능한 일"31)이라고 하였다. 따라서 칼빈이 성서 사본의 오류는 인정하지만 성서 원본의 오류는 인정하지 않았다는 주장은 받아들이기 어렵다.

그러나 칼빈은 낱말 하나하나보다 성경 전체가 말하는 신앙과 행위에 관한 교리가 더 중요하다고 보았으며, 성서 원본의 사소한 오류를 인정하였지만 성서의 중요한 교리 문제에 대해서는 그 오류를 인정하지 않았다. 칼빈은 예레미야 15:8 강해에서 이렇게 말한다.

> 우리는 예언자들과 사도들에 대해 말할 때 모든 불완전에서 벗어난 순수한 진리와 그리고 그들 자신의 인격 … 사이를 항상 구별해야 한다. 그들은 완전히 새롭게 된 것이 아니어서 육체의 어떤 자취가 여전히 그들 안에 남아 있다. … 하지만 그(예레미야)의 교리는 모든 결함에서 벗어났다. 왜냐하면 성령이 그의 지성과 사상과 혀를 인도해서 그 안에 인간적인 것이 아무것도 없었기 때문이다.[32]

칼빈이 성경의 신언성을 주장하는 근거로 성경영감설을 주장하였기 때문에 영감의 방식, 영감의 범위, 영감의 내용에 관한 논쟁을 야기했다.[33]

첫째, 영감의 방식에 관해서는 성경을 기록한 사람들이 하나님께서 불러주시는 대로 받아 기록하였다는 '축자적 기계적 영감설'과 성령이 저자를 감동시켜서 의도하는 목적을 정확하게 쓰도록 했다는 '역동적 유기적 영감설'이 주장되었다.

축자적 기계적 영감설이 성서적 근거로 제시되는 말씀은 "모든 성경은 하나님의 감동으로 된 것으로 교훈과 책망과 바르게 함과 의로 교육하기에 유익하니"(딤후 3:16)와 "예언은 언제든지 사람의 뜻으로 낸 것이 아니요 오직 성령의 감동하심을 받은 사람들이 하나님께 받아 말한 것임이라."(벧후 1:21)는 구절이다. 전자는 감동으로 된 성경이 무오하다는 뜻이 아니라 유익하다는 의미이며, 후자는 예언만이 하나님께 받아 말한 것이라는 뜻이므로 성경의 모든 내용이 다 영감을 받아 기록한 것이므로 무오하다는 뜻은 아니다.

역동적 유기적 영감설을 주장하는 이들은 누가가 복음서를 쓸 때 예수의 생애에 관하여 "그 모든 일을 근원부터 자세히 미루어 살핀 나도 데오빌로 각하에게 차례대로 써 보내는 것"(눅 1:3)이라고 밝힌 구절을 제시한다. 하나님은 말씀의 전달을 위임하고 필요한 능력을 주심으로 전달자의 오류도 포함될 수밖에 없다는 주장이다.[34]

둘째, 영감의 범위에 관해서는 성경 전체의 모든 부분이 축자적으로 영감을 받아 기록되었다는 '완전영감설'과 어떤 특정 부분만 축자 영감된 것이라는 '부분영감설'이 있다. 성경에는 예언서의 일부 내용처럼 예언자들이 "이는 야훼의 말씀이라."는 메신저 공식messenger formular을 사용하여 하나님의 말씀을 직접 전달받아 구술된 내용도 있지만, 오경이나 역사서와 시편의 내용들은 대부분을 직접 영감을 받아 구술한 것으로 보기 어렵다. 하나님께서는 "옛적에 선지자들로 여러 부분과 여러 모양으로 우리 조상에게 말씀"(히 1:1)하셨으므로 성경에는 축자적 영감으로 구술된 내용과 역동적 영감으로 기록된 내용이 모두 포함되어 있는 것으로 보아야 할 것이다.

칼 바르트는 성경의 저자들이 하나님의 말씀을 직접 들은 것은 **원영감**original inspiration이고 우리들은 그들의 음성을 통해 하나님의 말씀을 듣는 것을 **의존적 영감**dependent inspiration이라 하였다.[35] 그러므로 성서가 기록되고 정경이 확정된 이후로는 성령의 직통 계시나 신자들의 직접적인 예언 활동을 거부하게 된 것이다. 성령의 원래적인 영감이 지속되는 것이 아니라 예수께서 말씀하신 다른 보혜사 성령의 조명으로 말미암아 모든 진리를 생각나게 하는 성령의 내적 증거라는 의존적 영감만이 지속되는 것이라고 하였다. 이는 성서의 가르침이기도 하지만 현실적으로 직통 계시나 직접적인 예언으로 인한 신앙의 혼란이 너무 심각하기 때문에 종교개혁 이후 이러한 교리가 정통으로 확립된 것이다. 최근 한국 교회의 '신사도 운동'은 초대 교회의 사도직을 계승하였다는 명분으로 오늘날에도 직통 계시와 예언사역이 이루어져야 한다고 주장함으로써 신앙의 혼란을 야기하고 있어 경계해야 할 것이다.36)

셋째, 무오설에 관해서도 성경의 여러 필사본은 오류가 있지만 원본에는 오류가 없다는 '원본 무오설'과 본질적인 교리에는 오류가 없지만 비본질적인 사소한 부분에는 오류가 있다는 '교리 무오설'이 주장되어 왔다.

칼빈은 성서에 관하여 교리의 영감과 교리의 무오성을 분명히 주장했다. 그러나 교리가 아닌 다른 오류들은 사실상 인정하고 있다. 성서는 성령의 영감으로 기록되었으며 중심적인 것, 즉, 교리는 오류가 없다. 그러나 주변적인 것에는 오류가 있을 수 있으나 이것은 사소한 문제라고 보았다.37) 앞에서 살펴본 것처럼 칼빈은 성서 본문과 과학적, 역사적 견해 사이에 차이가 있을 경우 성서 본문은 성령의 영감으로 기록되었기 때문에 옳고 과학적, 역사적 견해는 틀렸다고 주장하지 않는다는 점이다. 오히려 칼빈은 과학자나 역사가의 견해를 참된 것으로 받아들이고 성서의 기록을 그 견해에 조화시키려고 노력하고 있다.

칼빈의 전통을 계승한 「웨스트민스터 신앙고백」(1647)에는 "이 모든 책(성경)은 하나님의 영감으로 주어진 것으로 믿음과 생활에 기준이 된다."38)고 하였다. 이 전통을 이어받은 대한예수교장로회(통합) 신앙고백서도 "신구약 성경은 하나님의 말씀이며, 종교개혁자들이 내건 '성경만'이라는 기치처럼 우리의 신앙과 행위에 대하여 정확무오한 유일한 법칙임을 믿는다."39)고 하였다. 그리고 성경이 하나님의 영감으로 기록되었지만 신적 요소와 인간적 요소를 함께 지닌다고 하였다.

성경은 인간의 말로 기록된 하나님의 말씀이요 따라서 거기에는 인간적
요소와 신적 요소가 함께 있다. 그러나 하나님은 저자가 지니고 있던 시대적이
며 문화적인 배경 등 인간적 요소들을 그의 섭리를 성취하기 위하여 사용하였
으므로 성경은 전적으로 하나님의 말씀이다.[40]

이처럼 성경이 '신앙과 행위에 관한 정확무오한 유일한 법칙'이며 성경
이 '신적 요소와 인간적 요소를 함께 지닌다.'는 두 명제에는 성경이 역사적
으로나 과학적으로 정확하지 않을 수 있다는 의미를 함축하는 것으로 볼
수 있다.

3) 성서 비평학과 문서설의 등장

'성서로 돌아가자'는 종교개혁의 원리로 인해 성서 연구가 활발하게 되
었고, 역사 비평학의 발전으로 성서의 역사적·비평적 연구가 불가피하게
되었다. 르네상스 시대의 고전 비판은 로렌조 발라의 저서『콘스탄티누스
대제의 기증서의 위작에 관하여』(1440)를 통해 제기되었다.[41] 기독교를
공인한 콘스탄틴 대제가 324년에 실버스터 1세 교황에게 지금의 바티칸
지역 등을 기증한다는 소위 '콘스탄틴 기증서'를 작성하였고, 가톨릭교회
가 이를 보관하고 있다고 주장하여 왔다. 발라는 이 문서를 분석한 후 4세
기의 기록으로 볼 수 없는, 시대에 맞지 않는 여러 수사와 어법과 관습
들을 지적하고, 실제로는 8세기 중엽 이후에 만들어진 문서라는 사실을
밝혀 큰 충격을 주었다. 그는 개별적인 역사 문서에 수사학적, 문법적, 역
사적 비평 방법을 적용함으로써 원사료Original Source 비평의 획기적인 공
헌을 하였다.

발라의 사료 비평은 근대 역사 비평학에 적지 않은 영향을 주었다. 그리하여 근대 역사학의 아버지라 불리는 랑케Leopold von Ranke(1776-1886)는 역사학은 역사적 원사료原史料에 충실하면서 실제로 발생한 과거의 역사적 사실史實을 있는 그대로 객관적으로 재구성하는 것으로 규정하였다. 그는 또한 역사와 신화를 구분하고 신화는 꾸며 놓은 허구mythological fiction이고 역사적인 것만이 객관적인 사실historical fact이라고 보았다. 이러한 실증주의적 역사학은 그대로 성서 연구에 반영되었다. 성서는 이제 영감으로 기록된 경전이 아니라 비평적 연구의 대상이 되는 역사적 사료로 취급된 것이다. 사료 비판에 기초한 역사 비평학의 등장으로 성서를 영감의 책이나 거룩한 교리의 책이 아니라 하나의 역사적 고문서로 연구하려는 새로운 흐름이 생겨나는 것을 피할 수 없게 되었다.

역사 비평학의 영향으로 성경은 종교적 경전으로서 교의학의 연구 영역을 벗어나 비로소 하나의 역사적 고문서로서 독자적인 역사적 연구 대상으로 자리 잡게 되었다. 전통적인 교의 신학dogmatic theology과 내용과 방법에서 전적으로 다른 '성서 신학biblical theology'이 새롭게 태동하게 된 것이다.42) 요한 필립 가블러Johann Philipp Gabler는 독일의 알트도르프Altdorf 대학 부임 강연(1789)에서 성서 신학을 교의학에서 방법론적으로 분리시켜 성서 신학은 귀납적 · 역사적 · 기술적 접근 방법을 취하는 반면에, 교의 신학은 연역적 · 철학적 · 교훈적 접근 방법을 가져야 한다고 주장하였다. 그리고 영감이나 신적 권위를 고려하지 않고 자연적 통찰과 역사적 이성에 따라 역사 비평적으로 성경을 해석하고 교리적 중요성이나 관심에서 떠나 성서 기자의 개념과 옛 종교 자체의 역사적 의미를 일관성 있게 재구성하려고 하였다.

이런 구분을 받아들인 슐라이어마허는 신학의 분야를 분류하면서 성서 신학을 교회사와 함께 역사 신학으로 분류하였다. 그리고 이러한 성서 신학의 역사 비평적 방법론은 그대로 기독론 연구에 적용되어 소위 교리적 예수에 대립되는 역사적 예수에 관한 관심을 고조시켰다. 그리하여 삼위일체 교리에 입각하여 제2위이신 성자 로고스가 어떻게 인성을 취하였는가에 대한 선재론, 성육신론 그리고 양성론과 같은 정통적 기독론의 교리는 사변적이고 연역적인 '위로부터의 방법'의 산물이라는 비판과 더불어 역사적·귀납적인 '아래로부터의 방법'을 통해 역사적 예수를 재구성하려는 '예수전 운동'이 전개된 것이다.[43]

루터와 칼빈을 비롯한 종교개혁자들도 성서로 돌아가자는 종교개혁 원리에 따라서 성서를 새롭게 번역하고 성서 연구를 깊이 하여 성서의 여러 오류도 지적하고 많은 주석서를 출판하였지만, 그들의 성서 연구 역시 전통적인 교의학적 연구의 틀에서 크게 벗어나지 못했다. 성서 자체를 일종의 역사적 고문서로 연구한 것이 아니라 신앙의 의미를 밝히고 종교개혁자들의 정통 교리를 체계화하기 위해 성경을 단지 교리의 증빙구proof Text로 사용하여 교리적·연역적·교훈적으로 연구한 점에서 가톨릭교회의 교의학에서 방법론적으로 크게 진일보하지 못한 것도 사실이다.

가블러가 제기한 역사적·귀납적·서술적 방법으로 인해 신학사에 일대 방법론적인 전환이 일어난 것이다. 이제는 창조의 교리를 체계화하기 위해 증빙구를 나열해 온 교의학에서 창세기 그 자체를 하나의 역사적 문서로 연구할 수 있는 신학적 계기가 마련된 것이다. 그리하여 성경 66권의 각권 자체에 대하여 누가, 언제, 어디서, 무엇을, 어떻게, 왜 썼으며, 중요한 신학 사상의 특징이 무엇인지에 대한 역사적 연구가 활발하게 전개된다. 이러한 성서 비평학이 발전함에 따라 현재의 성서 이전에 몇 가지 문서들이 있었으며 이들 문서를 편집한 것이 현존하는 성경이라는 문서가설이 등장하였고, 이러한 문서가설은 결과적으로 정통적인 성서 영감설의 근거를 박탈하는 이론이므로 성서관에 일대 혁명을 가져왔다.

(1) 구약의 문서설

창세기를 창조의 교리로가 아니라 창세기 그 자체로 보기 시작하자, 그동안 보아도 보지 못했던 새로운 것들이 보이기 시작한다. 이러한 충격은 엉뚱하게도 루이 15세의 주치의였던 쟝 아스트뤼Jean Astruc의 "모세가 창세기를 저술하기 위하여 사용한 것으로 보이는 원초적 회상록"(1753) 이란 글을 통해 알려지게 되었다. 그는 창세기를 읽다가 창 1:1-2:3과 2:3 하반절 이하에 나타난 신명神名이 서로 다른 것에 착안하여 창세기 안에는 최소한 서로 다른 두 자료가 있었고 모세가 이 두 자료를 이용하였다고 주장했다. 하나님의 이름을 엘로힘으로 표기한 전자는 엘로힘 문서(E문서)이고 야훼 엘로힘으로 표기한 것은 야훼 문서(J문서)라 불리게 되었고 오경의 두 문서가설이 등장하게 된 것이다.[44]

이 가설이 점점 발전하여 소위 4문서설로 전개되었다. 드 베테W. M. de Wette(1780-1849)는 신명기의 대부분을 이루고 있는 신명기 문서(D문서)는 바로 요시아 종교개혁 때의 율법책이라고 하였다. 그라프Karl Heinrich Graf는 오경 가운데서 제사에 관한 규정들은 포로 후기에 기록된 제사 문서(P문서)라고 하였다. 이 모든 가설을 종합한 그라프의 주장을 벨하우젠J. Wellhausen도 수용하여 마침내 오경에는 J, E, D, P 4개의 문서가 존재한다는 그라프-벨하우젠 자료가설Quellenhypothese이 생겨난 것이다.[45]

(2) 신약의 문서설

신약성서의 경우 마태, 마가, 누가는 서로 공통점이 많아 공관복음서라고 한다.[46] 우선 이 세 권의 책은 기본적으로 수난과 부활을 집중적으로 다루고 있으며 문체나 용어가 비슷하다는 사실이 확인되었다. 그러나 이 세 권의 복음서에는 차이점도 없지 않다.[47]

2세기 동안의 연구 결과 세 복음서 중 상당한 분량의 자료들이 셋 모두 또는 셋 중 둘에 공통적으로 나타난다는 것이 밝혀졌다. 마가복음의 총 661구절 중에 약 606구절이 다소 요약되기는 했지만 마태복음(1068절)에 나타나고, 380구절이 누가복음(1149절)에 나타난다. 마가복음에는 나오지 않고 마태복음과 누가복음에 공통되는 250구절이 있다. 다른 복음서에 병행되어 나오지 않는 각 복음서의 고유한 내용으로는 대략 마가 31절, 마태 300절, 누가 550절로 추산한다.[48] 이러한 병행구의 분석을 통해 크게 두 가지 가설이 발전하게 되었다. 2자료설과 4자료설이다.

① **2자료설** : 독일 라이프치히 대학의 C. H. 바이세C. H. Weisse가 이른바 1838년 '2자료설'을 주장하였다. 우선 마태와 마가와 누가를 비교해 보면 마가가 제일 먼저 기록되었고 마태와 누가는 마가를 참고하였기 때문에 세 복음서에는 공통된 소재와 어법과 순서가 나타난다고 보았다.[49] 그리고 마가에는 없지만 마태와 누가에 공통으로 나타나는 250절의 내용을 보면 주로 예수의 어록인데, 이를 원천Quelle이라는 뜻에서 Q자료라 하였다. 그래서 마태와 누가가 Q자료를 사용했을 것으로 추정하였다.

일찍이 파피아스는 사도 마태가 히브리어로 주의 '로기아'(교훈집)를 기록하였고, 사람들은 그것을 번역하기도 하였고 해석하기도 하였다고 증언하고 있다. 그러므로 마가와 Q자료라는 두 자료를 참고하여 마태와 누가가 기록되었다는 가설이 2자료설이다.

② **4자료설** : 2자료설은 마가와 Q자료 속하지 않는 마태의 고유한 구절인 300절과 누가의 고유한 구절인 550절을 설명하지 못하는 단점이 있다. 그래서 스트리터B. H. Streeter는 1923년 두 문서설의 이러한 약점을 보완하였다, 그는 두 문서인 마가와 Q문서 외에 마태와 누가가 따로 참고한 원 마태 문서(M)와 원 마가 문서(L)가 있었다고 가정했다. 결국 마태는 마가

와 Q문서와 M문서를 참고해서 마태복음을 기록했으며, 누가는 마가복음과 Q문서와 L문서를 참고해서 누가복음을 기록했다고 주장하였다.[50] 세세한 점에서는 다른 견해들이 많지만, 이 '4자료설'이 오늘날에는 공관복음서 성립의 정설이다.

구약성서의 4문서설(1878)이나 신약성서의 4문서설(1923)은 현존하는 성경 이전에 여러 문서들이 있었고 그 문서들이 오늘의 성경으로 편집된 것이라는 사실을 전제한다. 그러나 성서 비평학의 발전으로 등장한 문서가설은 성경이 성령의 영감을 받아 '어떤 의미에서 축자적으로 구술'되었다는 영감설과는 정면으로 배치되는 주장이 아닐 수 없다.

따라서 성서 비평학을 어느 정도 수용해야 하는지 여부가 첨예한 신학적 문제가 되었다. 그래서 아이히호른J. G. Eichhorn은『구약성서개론』제2판(1787년) 서문에서 고등 비평과 하등 비평을 구분하였다. 문서설을 수용하는 것은 고등 비평이지만, 다만 사본의 차이만 인정하는 범위에서 성서 비평학을 수용하는 것은 하등 비평이라고 하였다.[51] 하등 비평Lower Criticism은 원문의 언어, 인명, 지명, 배경 등에 관한 역사적인 연구와 여러 사본을 비판적으로 연구하는 것으로서 '사본 비평'이라고도 한다. 반면에 고등 비평Higher Criticism은 현존 성경이 편집되기 이전에 문서 자료 전승의 전 단계에 대한 비판적인 연구를 수용하는 것으로서 '문학 비평'이라고도 한다.

4) 근본주의 반동 : 반문서설과 성서무오설

문서설 수용 여부에 대한 첨예한 신학적 갈등은 문서설이 비교적 늦게 소개된 미국에서 폭발하였다. 구약의 4문서설(1878년)과 신약의 2문서설

(1838)은 유럽에서는 더욱 정교하게 발전되어 갔지만, 신대륙 미국 교회에 처음 소개된 것은 1890년이다. 독일 베를린 대학에서 유학하고 돌아온 브릭스Chrales A. Briggs 교수가 "성서의 권위"라는 제목의 미국 북장로교 소속 뉴욕 소재 유니온 신학교 취임 강연에서 성서의 영감靈感을 부인하고, 성서의 고등 비평을 수용한다고 주장하여 '브릭스 사건'이라 불릴 만큼 큰 물의를 일으켰다. 미국 북장로교회는 1892년 고등 비평적 성서관을 정식으로 정죄하고, 브릭스 교수와 그를 동조하는 교수들의 교수직을 해임하였다. 이로 인해 보수적인 교계 지도자들과 신학자들은 성서의 무오설을 지키기 위해 대단합을 꾀하게 되는데, 이것이 근본주의 운동을 가시화하는 계기가 되었다.

문서설과 성서 고등 비평에 위기를 느낀 보수적인 지도자들은 기독교 근본 교리를 확립·수호하기 위한 대중 전도 집회에 나섰다. 무디를 중심으로 한 '사경회'는 전국적으로 퍼지기 시작했고, 1878년 나이아가라에서 모인 사경회Niagara Bible Conference에서 14개의 항목으로 된 소위 '나이아가라 신조'를 채택하였는데, 그중에 5개 항목을 1895년부터 '5대 근본 교리'로 알려지게 되었다.52)

1. 성서의 축자영감설(The verbal inspiration of the Bible)
2. 그리스도의 동정녀 탄생(The virgin birth of Christ)
3. 그리스도의 대속적 죽음(The substitutionary atonement of Christ for the sins of the world)
4. 그리스도의 육체적 부활(Christ's bodily resurrection)
5. 그리스도의 재림(Christ's second coming)53)

이러한 5대 교리에 기초한 근본주의 운동을 주도하기 위해 1902년 창립된 미국성서연맹the America Bible League은 1909년부터 1915년까지 12권으로 된 근본주의 총서 『근본원리들*The Fundamentals : A Testimony to the Truth*』을 출판함으로써 엄청난 영향력을 행사하였다.[54] 미국장로교총회PCUSA는 1910년, 1916년, 1923년에 이 '근본주의 5대 교리'를 교단의 정통성 확립을 위한 필수적인 교리로 채택하였다.[55] 이 여파로 미국 북장로교는 프린스턴 신학교의 보수적인 지도자들 즉, 하지Charles Hodge, 워필드B. B. Warfield, 메이첸J. G. Machen이 중심이 되어 보수적인 5대 근본 교리를 옹호하는 일에 앞장섰다.

근본주의 5대 교리의 중심은 성경이다. 근본주의는 성경 무오와 축자영감, 그리고 성경에 대한 문자적 해석을 강조한다. 근본주의의 대표적인 신학자 찰스 하지가 주장하는 '성령의 구술에 의한 기계적 축자영감설'은 세 가지로 요약된다.

첫째, 영감과 계시를 구분하여 계시의 목적은 사람들을 더 지혜롭게 하는 것이요, 영감의 목적은 무오성을 보장하는 것이라는 영감무오설이다. 둘째, 성경의 무오성은 신앙과 행위에만 국한되는 것이 아니라 역사적인 것, 지리적인 것, 과학적인 것에 제한되지 않는다는 완전무오설이다. 셋째, 성경의 원본은 무오하며 단지 사본 과정에서 필사의 오류가 발생한 것이라는 원본무오설이다.[56]

이토록 맹렬하게 전개되던 근본주의 운동도 결정적인 위기를 맞이하게 된다. 뉴욕제일장로교회의 담임목사였던 포스딕Harry Emerson Fosdick은 1922년 5월 21일 "근본주의자들이 승리할 것인가?"라는 제목의 설교를 통해 자유주의자들도 기독교인임을 강조하는 한편, 근본주의자들의 편협과 불관용을 비판했다. 그리고 그리스도의 처녀 탄생과 성서의 영감, 그리스도의 재림 등을 절대적 교리로 고집하는 근본주의자들은 온 세계가 무지와 빈곤과 전쟁 등 사회악으로 죽어 가고 있는데도 "사소한 일로 다투고 있다."고 비난하였다. 또한 이러한 시대착오적 발상과 세속 사회에 대한 무관심을 비판하고 교회의 사회적 책임을 강조하였다. 새로운 지식, 현대 과학, 새로운 신학을 거부하고 신앙의 자유를 억압하는 근본주의는 마침내 실패할 것이며 그리고 천년왕국설을 앞세워 무리하게 해외 선교를 하는 것 역시 성공할 수 없다고 비판하였다. 근본주의자들 사이에도 근본주의 자체의 교리적 축소주의, 방법적 편협주의, 소아병적 부정주의, 전투적 호전성 그리고 분열의 악순환을 자체 비판하기에 이르렀다.57)

이러한 주장에 동조하는 세력들이 형성되어 마침내 성서 비평학을 수용하여야 한다고 생각하는 목사 1,274명이 1924년 1월 뉴욕의 오번 신학교에 모여서 미국장로교총회에서 결의한 "근본주의 5대 교리"를 수용할 수 없다고 선언하였다. 그리고 교단 내 목사들의 사상과 교육의 자유를 주장하고 앞으로 목사 고시에 응시할 목사후보생은 5대 교리에 얽매일 필요가 없다고 결의했는데, 이것이 오번 선언Auburn Affirmation이다.

이에 대해 근본주의자들 중에서 제임스 브룩스James H. Brookes와 같은 천년왕국론자들58)과 프린스턴 신학교 교수 메이첸J. Gresham Machen과 같은 축자영감론자들은 포스딕 목사의 퇴진을 요구하였다. 미국장로교회 내의 분열을 피하기 위해 구성된 15인 위원회는 보고서를 통해 장로교단은 전통적으로 다양한 의견에 대해 관용해 왔고, 총회가 기독교 신앙의 본질적인 교리를 결정할 권리를 가지는 것을 거부하여 왔다는 입장을 취하였다. 이 보고서는 근본주의자들과 현대주의자들 사이의 논쟁 결과 근본주의자들이 패배한 것을 의미하였다.

이 여파는 프린스턴 신학교의 분열로 이어졌다. 프린스턴 신학교는 1812년 설립 이래로 미국 보수 신학과 "성서 영감설"의 본거지로서 군림해 왔다. 그러나 1914년 스티븐슨J. Ross Stevenson이 교장으로 취임한 후 상황이 바뀌기 시작했다. 그는 보수적인 신앙 전통에 서 있는 학자이지만 신학적 입장에서는 중용적인 입장을 견지하였다. 그러나 메이첸 등 보수적 교수들은 자유주의 신학 사조가 학교 안에 침투하였다고 맹렬히 비난하였다.59) 그러나 이들은 새로운 지식과 현대 과학을 거부하고 신앙과 자유를 억압하고 다른 의견에 대한 비관용적인 태도와 시대착오적인 발상으로 세속 사회에 대한 무관심으로 일관하였기 때문에 소수로 전락할 수밖에 없었다.

결국 1929년 메이첸 일파는 전통적인 성경관의 기반이 흔들리는 것을 느끼고 프린스턴 신학교에서 이탈하여 웨스트민스터 신학교를 설립하게 되었다.60) 웨스트민스터 신학교는 하지, 워필드, 메이첸으로 이어지는 구 프린스턴 신학교의 전통인 무오성에 관한 교리를 유지하기 위해 설립된 것이다.61)

이러한 근본주의 운동은 분열을 거듭하였고 성경무오설을 주장하는 이들이 점차 소수로 몰리게 되었지만 최근까지 이러한 주장은 사라지지 않고 있다. 성서무오설을 확고히 지키고자 하는 학자들이 모여 국제성경무오협회ICBI를 결성하여 1978년 시카고 선언을 통해 성서무오성을 지키려는 선언문을 채택하기도 하였다.62)

반면에 제2 바디칸 공의회(1968년)에서는 성서 연구 방법론에 대하여 혁신적인 결의를 내렸다. 가톨릭 주석가들에게 역사 비평적 방법으로 성서를 연구하는 것을 단순히 묵인해 주는 정도로 끝난 것이 아니라, 역사 비평적 방법으로 연구하는 것을 의무 사항으로 규정하였다.

하나님께서는 성서에서 인간을 통하여 인간적인 방식으로 말씀하셨기 때문에, 성서 해석자는 하나님이 우리에게 무엇을 전달하시고자 원하셨는지 파악하기 위해서 성서 저자들이 실제로 말하려고 의도하는 것이 무엇인지를 또 하나님이 그들의 말로써 알리고자 원하신 것이 무엇인지를 주의 깊게 탐구하여야 한다.63)

5) 한국 교회의 성서관 논쟁

미국에서 일어난 문서설과 고등 비평 수용 여부로 인한 신학교와 교단 분열이 30년이 채 못 되어 한국 교회에서 그대로 재현되었다. 구 프린스턴 신학교 출신과 신 프린스턴 신학교 출신의 성서관 대립이 그대로 재현되어 한국장로교회의 최초의 분열을 가져온 것이다.64)

성서 비평학을 최초로 한국에 소개한 이는 양주삼 목사라고 한다.65) 그러나 문제의 발단이 된 것은 같은 프린스턴 신학교를 나온 박형룡 목사와 김재준 목사 사이의 치열한 신학적 논쟁에서 비롯되었다.

미국 프린스턴 신학교(1929)와 웨이턴 신학교(1932)를 졸업하고 막 귀국한 김재준은 「신학지남」(1933)에 "이사야의 임마누엘 예언 연구"라는 논문을 발표하면서 성서의 축자영감설을 반대하는 주장을 폈다. 이 논문에 대한 즉각적인 반발이 박형룡을 통해 제기되었다. 평양신학교 교수인 박형룡은 성서무오설과 성서의 고등 비평을 단죄하고 1935년 5월 이후 김재준 목사의 글을 「신학지남」에 싣지 못하게 하였다.66)

1935년 예수교장로회 24회 총회에는 성서 고등 비평과 관련된 세 가지 안건이 제기되었다.

첫째, 남대문교회의 담임 김영주 목사가 1934년에 모세 저작설을 부인하는 설교한 것이다. 이에 대한 조사를 위임받은 박형룡 목사는 "모세의 창세기 저작설을 부인하는 사람은 장로교 목사 됨을 거절함이 가하다."67)

는 유권적 해석을 총회에 보고하였다.

둘째, 김춘배 목사가 '여성은 잠잠하라 한' "2천 년 전의 한 지방교회의 교훈과 풍습을 만고불변의 진리로" 아는 것은 허황하다고 설교한 것인데, 이에 대해서도 박형룡 목사는 여권女權 운동을 주장하는 이들은 시대 사조에 영합해서 성경을 해석하려는 사람이기 때문에 교회의 징계를 처함이 옳다고 보고하였다.

셋째, 결정적인 분란은 '아빙돈 주석 사건'이다. 해외에서 신학 공부를 하고 돌아온 장로교와 감리교의 젊은 신학자들이 개신교 선교 50주년을 기념하여 부분적으로는 고등 비평까지 수용한 최첨단의 성경 주석서인 『아빙돈 단권 성경 주석』(1934년)을 번역 출판하였다.68) 보수적이고 근본주의적인 신앙을 가지고 있던 미국인 선교사들과 길선주 목사 등은 이 책을 이단서라고 규정하고 출간에 참여한 장로교 소속 목사들을 처벌하라고 총회에 건의하였다. 1935년 총회에서 이 문제가 정식 안건으로 상정되었고, 박형룡 목사는 이 주석이 "성서를 파괴적인 고등 비평의 원칙으로 해석하며 계시의 역사를 종교적 진화의 편견으로 분석하고 있다."69)고 지적하였다. 총회에서는 '장로교의 교리에 위배되는 점이 많음으로' 구독을 금지하고 번역과 집필에 관여하였던 목사들을 소환하여 심문하였다. 마침내 채필근에 이어 김재준, 송창근, 한경직은 성명서를 발표함으로써 이 문제는 일단락되었다. 그러나 이 사건을 전후하여 당시 조선에서는 보수 신학과 진보 신학이라는 양대 신학적 흐름이 등장하였다.

고등 비평과 관련한 이러한 신학적 갈등이 축적되어 해방 이후에 신학교와 교단 분열의 한 계기가 되었다. 이 분열의 중심에는 둘 다 프린스턴 신학교를 나온 박형룡과 김재준이 버티고 있었다.70) 공교롭게도 김재준은 반문서설과 성경무오설을 주장하던 메이첸 일파가 프린스턴 신학교를 떠난 해에 1929년부터 프린스턴 신학교에서 수학을 하였기 때문에 자연스럽게 고등 비평을 수용하는 학문적 전제가 확고하였다. 반면에 박형룡의 미국 프린스턴 신학교 수학 기간(1923-1926)[71]은 기본적으로 구 프린스턴 신학과 일치했다. 1923년 무렵에 프린스턴 신학교가 근본주의 대 현대주의 논쟁에 휩싸이는 것을 보면 메이첸J. Gresham Machen 박사의 반문서설의 영향을 받은 것이다.[72] 결국 한국 개신교는 해방 이후에 이 두 진영의 신학적 입장의 차이를 대변하는 김재준과 박형룡의 주장이 팽팽하여 기독교장로회와 예수교장로회로 분열하게 되었다.

김재준은 평양신학교가 폐교한 후 1940년 서울에 조선신학교를 설립하고 성서 비평에 입각하여 모세 오경 저작 문제와 십계명의 역사적 배경에 대해 강의하였다. 해방 후 조선신학교에 많은 신학생들이 몰려왔고 김재준의 강의를 들은 학생 51명이 1947년 봄 제33회 총회에 진정서를 제출하여 "우리가 유시幼時로부터 믿어 오던 신앙과 성경관이 근본적으로 뒤집어지는 것을 느꼈다."고 지적하고 김재준 교수의 강의가 부실하고 비복음적이라고 하여 '근대주의 신학 사상과 성경의 고등 비평의 거부'를 주장하였다.[73]

이에 대해 김재준 교수는 석명서釋明書를 발표하여 "'신약성경은 신언神言이니, 신앙과 본분에 대하여 정확무오한 법칙이라' 한 신조가 나의 신앙"이라고 밝혔다.[74] 총회의 요청으로 이 문제를 조사한 박형룡은 성서의 권위를 인정한다는 말과 "성서의 권위를 파괴하는 고등 비평"은 피차 양립할 수 없는 것인데 김재준 교수가 한국 교회를 능욕한다고 비판하였다.

1952년 4월 제37회 장로회총회가 성경유오설과 자유주의를 주장한다는 이유로 김재준 목사를 제명 처분함으로써 한국 교회의 보수주의가 아직 건재하다는 것을 입증하려 하였다. 김재준의 목사직 파면이 마침내는 교단 분열의 결과를 가져왔다.

그리하여 최근까지 한국 교회는 성서관에서 이 양대 진영이 나뉘어 있다. 장로교(통합) 기장, 감리교, 성공회 등 에큐메니칼 노선을 지향하는 교단과 신학교는 성서의 고등 비평을 수용하는 입장이고 장로교(합동), 성결교, 침례교, 하나님의 성회 등 복음주의적 노선을 지향하는 교단과 신학교는 성서의 고등 비평이나 문서설에 대해 대체로 비판적인 입장이다.

6) 신정통주의의 성서관 : 성서의 신언성과 인언성

칼 바르트는 자유주의 신학의 성서 비평학과 그 반동으로 일어나 근본주의의 성경무오설 양자의 장점은 수용하고 단점은 비판하는 변증법적 종합을 시도하였다. 이러한 신학적 경향을 신정통주의라고 부른다.

첫째, 19세기 자유주의 신학은 17세기 정통주의에 대한 반발로 등장한 것인데 정통적인 교리와 제도적인 교회와 성서의 영감설의 속박에서 벗어나 개인의 신앙 자유를 최대한 신장하려고 하였다. 따라서 자유주의 신학은 성서 비평학을 적극 도입하였다. 자유주의 신학을 배운 바르트 역시 성경은 다른 모든 책과 마찬가지로 역사 비평의 대상이 될 수 있다는 점을 인정한다. 왜냐하면 "성서는 역사적 문서이며, 역사적 문서로서 성서는 역사 과학의 대상"[75]이기 때문에 성서 이해의 예비적 과제로써 역사 비평은 배제할 수 없다고 하였다. 바르트는 자신은 '옛 역사 비평학의 전 과정을 철저하게 수료한' 역사 비평의 문화생임을 인정하였으나, 문서 가설 등 비평적인 방법들을 별로 사용하지는 않았다. 오히려 역사 비평이 성서 이해를 촉진할 수도 있고 저해할 수도 있음을 지적한다. 역사 비평학이 충분히 비평적이지 못하기 때문에 성경의 역사성을 사실상 더 강조해야 한다고 본 것이다.[76] 다시 말하면 원전이 말하는 역사적 중심 사실이 드러나게 해야 하며, 성서와 그 저자들이 의도하고 있는 중심 사실은 하나님의 말씀의 계시이기 때문에 성서 해석은 역사비평적 분석을 뚫고 나아가서 이 계시의 증언을 해석하여야 한다는 것이다.[77]

바르트는 마틴 켈러가 구분한 사건사로서 히스토리Historie와 의미사로서의 게쉬히테Geschichte의 개념을 도입하여 창조, 성육신, 그리스도의 부활과 같은 성서의 중심 사실은 실사實史, Historie의 영역이 아니라 역사Geschichte의 영역에 속하는 것이라고 하였다.[78] 이처럼 역사적 실재를 묘사하는 역사에는 비역사적인unhistorische 차원 즉 계시의 차원이 있다는 점을 지적한다. 참 역사Geschichte로서 계시는 실사Historie의 차원과 동일시될 수 없다는 것이다.

그리고 바르트는 1916년 가을 로이트빌Leutwill에서 행한 "성서 안에 놀라운 새로운 세계"라는 강연을 통해 자유주의 신학의 성서 비평학은 하나님의 말씀을 인간의 말로 환원시켰다고 비판한다. 진정한 신학은 신에 대한 인간의 말이 아니라, 인간의 대한 하나님의 말씀이라는 신학에서의 코페르니쿠스적 전회轉回를 시도하였다.[79]

초기 바르트의 '하나님의 말씀의 신학'은 성서 비평학보다 옛 영감설이 하나님의 말씀의 계시성을 더욱 공고히 할 수 있다고 본 것이다. 성서 안에서 발견되는 새롭고 놀라운 세계는 한 마디로 말해서 "인간의 역사가 아니라 하나님의 역사다."[80]라고 하였다. 성서는 하나님의 말씀, 하나님의 놀라운 사역, 하나님의 기적에 대한 증언이기 때문에 성서가 비록 인간에 의해 기록되었다 하더라도 하나님의 말씀인 것이다.[81]

바르트는 1919년 발간한 『로마서 강해』 서문에서 성서 비평학이 옳은 방법이기 긴 하지만 둘 중에 선택해야 한다면 옛 영감설을 선택하겠다고 하였으나, 양자택일의 문제가 아님도 분명히 하였다.

성서 연구의 역사적·비판적 방법은 옳다. 역사 비평적 방법은 이해에 필요한 준비를 지시한다. 그러나 내가 역사 비평적 방법과 옛 영감설 사이에서 선택해야 한다면, 나는 결단코 옛 영감설을 택할 것이다. 왜냐하면 영감설은 더 크고, 더 깊고, 더 중요한 정당성이 있다. 왜냐하면 영감설은 이해 자체의 작업을 지시하기 때문이다. 이 이해 자체의 작업이 없이는 모든 준비는 무가치하다. 기쁘게도 나는 역사 비평적 방법과 영감설 사이에서 하나를 선택해야만 하는 처지는 아니다.[82]

이러한 주장 때문에 바르트는 "역사 비평학의 공공연한 적"으로 불리기도 하였지만, 1921년 판 『로마서 강해』에서는 "나는 역사 비평의 권리와 필요성을 다시 한 번 인정한다."는 입장을 분명히 밝혔다.[83]

둘째, 바르트가 비록 옛 영감설을 성서 비평학보다 우선적으로 선택해야 할 것으로 보았지만 옛 영감설이 지니고 있는 문제점도 날카롭게 비판하였다. 일찍이 토마스 홉스는 『리비아덴*Liviathen*』(1651)에서 '성경은 하나님의 계시 자체가 아니라 그 계시의 기록'이라고 하였다.[84] 마찬가지로 바르트는 성경은 하나님의 계시의 단순한 기록이 아니라 '계시의 말씀을 받아 선포한 것의 증언'이라고 하였다.

> 성경은 그 자체로 하나님의 과거 계시가 아니다. 그것은 하나님의 말씀으로서 하나님의 과거의 계시를 증언한다.[85]

성경 전체를 구성하는 성문화된 말씀은 계시된 하나님의 말씀을 받은 예언자들과 사도들에 의해 선포된 하나님의 말씀에 대한 증언이다. 따라서 기록된 말씀 그 자체가 계시가 아니다. 그것을 계시로 보는 것은 성경 우상숭배이다bibliolatory. 성경은 계시 자체가 아니라 계시의 증언이며, 인간의 말로 인간들에 의해 기록된 것이므로 모든 점에서 인간적 오류가 있다고 보았다.86) 바르트는 축자 영감을 받아들였으나 전혀 다른 개념으로 사용하였다.

축자 영감이라는 것은 성경 언어가 인간의 언어로서 그 언어학적, 역사적 및 신학적 성격에 있어서 무오함을 의미하지 않는다. 그것은 유오하고 결함 있는 인간 언어가 그대로 하나님에 의해 사용되고 그러므로 인간적 유오성에도 불구하고 받아들이고 들어야 한다는 것을 의미한다.87)

바르트는 유오한 인간들에 의해 인간의 언어로 쓰인 성경은 모든 면에서 유오함에도 불구하고 하나님에 의해서 개개인에게 말씀하시고 대결하시는 도구로 사용된다고 했다.88)

셋째, 바르트는 성서 비평론자나 옛 영감론자가 아니라 양 입장을 변증법적으로 종합한 '신학적 성서 해석자'로 만족한다고 하였다. 바르트는 성서 연구에서 역사 비평적 작업이 요청되지만 그것은 본문의 의미를 좀 더 정확히 이해하려는 예비적인 작업으로만 유익할 뿐이며, 성서 이해의 궁극적 목적은 성령의 감동으로 쓰인 하나님의 말씀의 신앙적 의미를 이해하는 것이라고 하였다.

바르트는 성경의 고등 비평이 성경에 계시된 새롭고 놀라운 하나님의 말씀의 계시적인 차원을 무시하는 '과격한 합리주의'라면, 축자영감설은 성경의 문자적인 무오성을 통해 하나님의 말씀의 무오성을 증명하려는 것은 양자를 혼동하는 '천박한 초자연주의'라고 하였다. 특히 축자영감설은 행위의 무오성을 통해 자기 의를 주장하고, 교황의 무오성을 통해 교회의 완전성을 주장하는 것과 마찬가지로 '문자를 믿는 죽은 신앙'이며, 이 경우 성경은 '종이 교황'이 된다고 하였다.89) 따라서 성경의 완전무오설은 오류 가능성이 있는 도그마라고 비판하였다.

바르트는 성경을 단지 인간의 말로만 취급하는 성서 비평학이나 이에 반발하여 성경을 순전히 하나님의 말씀으로만 취급하는 축자영감설은 각각 많은 문제점이 있음을 파악하고 성경의 신언성과 인언성을 기독론의 양성론의 유비로 해석하였다. 바르트는 그리스도가 참 인간임에도 불구하고 참 하나님이듯이 성경이 인간의 말임에도 불구하고 하나님의 말씀이라는 역설을 강조하였다. 따라서 성서는 전적으로 인간의 말이므로 역사 비평적으로만 연구해야 한다는 자유주의 신학의 성서관은 예수 그리스도의 인성만을 주장하는 에비온파의 오류를 반복하는 것이며, 반대로 성경을 전적으로 하나님의 말씀으로 주장하는 축자완전영감설은 예수 그리스도의 신성만을 주장하는 영지주의적 가현설의 현대적 유형이라고 비판하였다.[90]

바르트는 성서의 신언성과 인언성의 역설을 "죄인이며 동시에 의인"이라는 기독론적 실존 방식의 역설에 적용한다. 성경이 하나님의 말씀이라 해서 하나님이 직접 서술한 것은 아니다. 영감과 계시를 받은 저자들에 의해 기록된 것이다. 그런데 이 저자들은 오류가 없는 완전한 의인이 아니다. 그렇다고 오류투성이인 완전한 죄인도 아니다. '의인인 동시에 죄인'인 것이다.

바르트에 따르면 성서가 하나님의 말씀이요 동시에 인간의 말이고, 성서 저자가 의인이며 동시에 죄인이라 해서 성경이 부분적으로는 하나님의 말씀이고 부분적으로는 인간의 말이라는 뜻은 전혀 아니라고 한다.

성서는 어느 부분도 하나님의 말씀이 아닌 것이 없고, 성서의 어느 부분도 인간의 말이 아닌 것이 없다. 그것은 완전히 인간의 말이며 완전히 하나님의 말씀이다.[91]

따라서 하나님의 말씀의 무오성을 인간의 유오성과 혼돈해서는 안 된다고 한다. 바르트에 따르면 하나님의 말씀은 인간의 오류성에도 불구하고 무오한 하나님의 말씀이다.

이런 이유로 바르트는 하나님의 말씀은 삼중적 양태를 지닌 것, 즉 말씀이 육신이 되신 계시된 말씀(예수 그리스도), 계시된 말씀이 채택되어 기록된 말씀(성서), 그리고 기록된 말씀을 계시의 말씀으로 선포된 말씀(설교)이라고 하였다. 역사적으로 보면 로마 가톨릭교회는 성서의 기록된 말씀보다 교회의 선포된 말씀 즉 교회의 전통을 더 강조하였고, 반면에 열광주의적 재세례파는 영적 은사를 받은 개개인에게 주어지는 하나님의 직접적인 계시의 말씀을 더 중요하게 여겼다. 그러나 루터와 칼빈 같은 개혁자들은 '오직 성서'라는 원리에 입각하여 성서의 기록된 말씀에 집중하였다. 그러나 바르트는 이 세 가지 입장을 변증법적으로 종합하여 하나님의 말씀의 삼중적 양태의 삼중적 삼중관계를 다음과 같이 서술하였다.

하나님의 계시된 말씀을 우리는 오직 교회의 선포에 의해서 수납된 성서로부터만 혹은 성서에로 정초된 교회의 선포로부터만 알게 된다.

하나님의 기록된 말씀을 우리는 오직 선포를 성취하는 계시를 통해서만 혹은 계시에 의해서 이미 성취된 선포를 통해서만 알게 된다.

하나님의 선포된 말씀을 우리는 오직 우리가 성서를 통해서 증언된 계시를 알게 됨으로써 혹은 계시를 증언하는 성서를 알게 됨으로써 알게 된다.[92]

이러한 칼 바르트의 신정통주의적 성서관은 「미국연합장로교UPC 신앙고백서」(1967년)에 잘 반영되어 나타난다.[93] 이 신앙고백서는 성경이 하나님의 말씀이며 동시에 사람들의 말인 것이라는 점을 분명히 하였다.

하나님의 유일 충족한 계시는 성육신하신 하나님의 말씀 곧 예수 그리스도다. 그에 대하여 성령은 성경을 통하여 유일하고 권위 있는 증거를 한다. 성경은 기록된 하나님의 말씀으로 수락되고 복종을 받는다. 성경은 다른 여러 증거들 중의 하나가 아니라 비길 데가 없는 증거이다. 성경은 성령의 인도 아래서 주어진 것이지만 역시 사람들의 말이며, 그것들이 기록된 장소와 시대의 언어, 사상 형식, 문학 형태들의 지배를 받는다. 성경은 그 당시에 유행하던 인생관, 역사관, 우주관을 반영한다.(1. 3. 2)[94].

5

설교의 위기와
성서 해석의 원리 및 과제

1) 설교의 위기

성경을 정확무오한 하나님의 말씀으로 보느냐 아니냐 하는 문제보다 실제로 더 중요한 것은 성경을 어떻게 해석하느냐 하는 문제이다.

최근 한국 교회의 설교가 비평의 대상이 되고 있다.[1] 목회자들의 설교가 성경 말씀에 충실하지 못하며 본문의 뜻과 반대되게 해석하는가 하면, 본문을 피상적으로 이해하여 말씀의 깊은 의미를 이해하지 못하거나, 성경 66권의 다양한 말씀 가운데도 설교자의 편향된 취향으로 인해 선포되는 말씀의 폭이 좁기가 이를 데 없는 경우가 많다는 것이다. 무엇보다도 많은 설교자가 스스로 하나님 앞에 서서 말씀을 들으려는 겸손한 자세와 교인들을 말씀 앞에 세우려는 의지보다는 설교자가 말씀 위에 서서 말씀을 자신의 뜻에 따라 좌우하려는 경향이 있는 것으로 평가되고 있다.

말씀이 설교자를 지배하는 것이 아니라 설교자가 말씀을 지배하는 주객전도야말로 말씀의 위기의 근원이 되는 것이다. 그린Garrett Green과 스마트James D. Smart는 현대 교회의 설교에서 성경의 말씀이 이상할 정도로 침묵하고 있는 것이 성경 해석학의 가장 큰 위기라고 하였다.2)

종교개혁의 기본 원리는 성경으로 돌아가자는 것이다. '오직 성경sola scriptura'의 원리는 결국 성경을 어떻게 해석하느냐 하는 성경 해석의 원리와 방법의 문제로 귀결된다. 성경이 하나님의 말씀이므로 말씀으로 돌아가야 하지만, 하나님의 말씀인 성경은 여러 시대를 거치면서 다양한 인간의 언어로 기록되었다. 따라서 성경을 언어와 문화, 시대와 사회가 다른 또 다른 사람들이 바로 알아듣고 바로 행하고 바로 전하게 하기 위해서는 바른 이해의 기술로써 '해석Hermeneia'(고전 12:10)이 요청된다.3)

2) 초대 교회의 성서 해석

신약성서 안에는 이미 구약성서가 새롭게 해석되어 있다. 초대 교회의 성경 해석의 원리는 구속사적 해석 원리와 속죄론적 해석 원리 그리고 기독론적 해석 원리를 공유했으며 해석 방법은 우의적 유비론Allegory과 모형적 예표론Typology이 대세를 이루었다.

유비적喩比的 해석은 '견주어 깨우친다는 의미'이다.4) 호머의 작품 속에 나오는 영웅들의 행동을 유비적으로 해석하여 온 희랍 철학의 해석의 전통을 이어받은 것인데, 알렉산드리아의 유대인 학자 필로에 의해 구약성서 해석에 적용되기 시작하였다. 그는 성경에는 두 가지 차원의 의미가 있다고 했다. 첫째, 문자적인 외적 의미와 문자 뒤에 숨어 있는 내적 영적 의미이다. 문자 뒤에 숨어 있는 의미는 텍스트와는 직접적으로 관계없는 다른 것에 의해서만 해석될 수 있다고 생각했다.5) 문자 배후에 숨은 영적 의미(고후 4:6)를 찾아내려는 유비적 해석은 '어느 한 가지를 말하면서 사실은 말하고 있지 않은 다른 의미를 밝히려는 방법'이다. 이는 예수께서 씨 뿌리는 자의 비유(막 4:3-25)에서 이미 적용한 것으로, 초기의 교부들은 특히 복음서의 많은 비유들을 유비적으로 해석하였다.6)

이러한 유비적 해석의 방법론적 체계를 확립한 이는 오리겐이다.7) "너는 그것을 삼중으로 쓰라."(잠 22:20, 70인역)는 말씀을 '영과 혼과 몸'(살전 5: 23)의 삼분법과 관련시켜 성경은 삼중적 의미를 지닌다고 하였다. 그는 "너는 권면과 지식으로써 말씀을 삼중으로 묘사하여라. 그리하여 너를 질문하는 자에게 진리의 말씀을 답하여라."(*De Pr*. iv. 2. 4.)라고 하였다.

성서의 말씀에는 '몸'과 같은 문자적 의미, '혼'과 같은 도덕적 의미, 그리고 '영'과 같은 유비적 의미가 있다는 것이다. 성경에 기록된 구원의 진리를 평범한 대중을 위해서는 문자적으로somatic 해석하고, 지식인들을 위해서는 철학적으로psychic 해석하고, 신앙인을 위해서는 영적으로pnumatic으로 유비적으로 해석하여야 한다는 주장이다.

성서의 의미를 자기의식意識 속에 3중으로 기록하여 말하자면 순박한 사람들은 성서의 '육체'로부터 교화를 받고 ― 우리는 가장 가까운(즉 문자적) 의미를 이렇게 부르고 있음 ― 얼마쯤 진보한 사람들은 말하자면 성서의 '심혼'에서(즉 도덕적 의미에서) 교화를 받는다. 그러나 사도가 그들에 관해서 '그러나 우리가 성숙한 자들에게는 지혜를 말합니다.'(고전 2:6 이하)라고 말한 바와 같은 그런 성숙한 사람들은 장래의 좋은 것들의 그림자를 가진(히 10:1) 영적인 율법에서 교화를 받는다. 마치 인간이 육체와 심혼과 영로 이루어진 것처럼 인간의 구원을 위해 하나님이 마련하신 성서도 그러하기 때문이다.8)

오리겐이 이러한 3중적 해석의 원리를 제시했으나 모든 경우 이 원리에 따라 성경을 해석한 것은 아니다. 실제에 있어서는 이것을 단지 영과 육, 두 가지 의미만으로 구분하였다. 혼적 의미와 영적인 의미가 대개 일치되고 육적 내지 역사적 의미는 무시되었다. 인간의 영이 몸보다 가치 있듯이 성서의 영적 의미가 육적 의미보다 가치 있다고 보았기 때문이다.9) 그의 의견에 따르면 성경을 문자적으로만 해석할 경우 그야말로 무의미하고 비도덕적인 의미만 드러나는 본문이 있다고 한다. 이러한 본문들을 해석하기 위해서는 알레고리적 해석 방법을 통하여 본문 배후의 영적인 의미를 해석해 내고자 하였다. 이는 오늘날까지 이어져 영해靈解라고 불리는 성서 해석의 전형적인 방법이 되었다.10)

초대 교회의 이러한 유비적 해석은 선한 사마리아인의 비유를 유비적으로 해석한 클레멘트, 오리겐, 어거스틴에 의해 현란하게 전개되어 왔다.11) 그 한 사례로 어거스틴의 해석을 살펴보자.

여리고로 내려가는 사람 = 아담

예루살렘 = 평화스러운 하늘의 도시

여리고 = 우리의 죽어야 할 운명을 상징하는 달(달과 여리고를 가리키는
　　　　　히브리어로 된 희곡이 있다.)

강도들 = 마귀와 그의 천사들

옷을 벗기는 것 = 그의 불멸성을 빼앗는 것

그를 때리는 것 = 죄를 짓도록 그를 설득하는 것

그를 거의 죽게 한 후 내버린 것 = 죄를 짓게 하여 영적으로 죽게 만들었으
　　　　　나 하나님을 아는 지식 때문에 아직 반쯤 살아 있는 것

제사장 = 구약의 제사장 제도(율법)

레위 사람들 = 구약의 사역자들(예언자들)

선한 사마리아 사람 = 그리스도

상처를 싸매는 것 = 죄를 억제하는 것

기름 = 선한 소망의 위로

포도주 = 활발히 일하라는 권고

짐승 = 그리스도의 몸

주막 = 교회

두 데나리온 = 사랑의 두 계명

주막 주인 = 사도 바울

선한 사마리아 사람의 돌아옴 = 그리스도의 부활12)

유비적인 해석 방법과 상벽을 이루는 예표론typology은 "유사성과 차이성의 구조적 병행을 역사적 선례에 따라 해석하는 방법"이다.13) 예표론의 해석 방법은 과거 현재 미래의 사건과 사람 사이에 있는 상관관계를 발견하고자 노력하는 것이다. 그러므로 미래를 해석하는 예언적 해석이나, 역사적 관련성과 무관하게 문자 배후의 영적 의미를 해석하는 유비론과 다르다. 예표론은 본문 배후의 의미를 역사적인 상호관련성 안에서 찾으려고 한다. 이스라엘의 역사에서 일어난 어떤 과거의 사건들과 미래에 일어날 사건을 '약속과 성취의 도식'으로 해석한다.14) 구약과 구약의 각기 다른 사건이나 인물을 '약속과 성취'라는 구속사적인 관점에 일관성 있게 해석하는 것이다. 그러므로 예표론은 과거의 것을 가지고 현재적인 것에 의미를 부여하는 수평적인 해석이며, 반대로 우의적인 해석은 세속적인 것을 가지고 영적인 진리를 해석하는 수직적인 것이라 할 수 있다.

신약성서 안에 이미 예표론이 등장한다. 예수 그리스도 사건을 구원사적 해석 원리에 따라 구약의 약속이 신약에서 성취되었으며 구약을 신약의 전형archy type으로 해석하는 것이다. 바울의 모세-예수 예표론(고전 10:1-13)과 아담-그리스도 예표론(롬 5:12-21)은 대표적인 예표론적 해석의 사례이다.15) 바울은 "이런 일들이 그들에게 일어난 것은, 본보기typikos 가 되게 하려는 것이며, 그것들이 기록된 것은 말세를 만난 우리에게 경고 가 되게 하려는 것"(고전 10:11)이라고 하였다.

이러한 것을 이레네우스는 예수를 야곱과 비교하여 예표론적으로 해석 하기도 하였다.

야곱 장자	예수 독생자
에서의 불평	헤롯의 시기
야곱의 축복	예수의 축복
야곱의 열두 아들	예수의 열두 제자
야곱의 신부 라헬	예수의 신부 교회
야곱의 박해	예수의 고난
야곱의 귀향	예수의 부활

초기 교회에서도 이러한 해석법에 반대하는 사람들이 있었다. 특별히 안디옥 학파의 교부들이 이러한 유비론과 예표론의 해석을 반대했다.16) 펠루시움의 이시도레Isidore of Pelusium(360-435), 바실Basil(ca. 329- 379), 몹수에스티아의 데오도르Theodore of Mopsuestia(350?-428), 그리 고 크리소스톰Chrysostom(349-407)과 같은 사람들은 유비론과 예표론의 우의적愚意的 해석을 반대하였다. 크리소스톰은 "비유 속에 있는 모든 것을 글자 하나하나에 호기심을 갖고 조사하는 것은 지혜롭지도 못하고 또 정확 하지도 않다. 그리고 비유의 목적을 일단 알고 난 후에는 그 이상 호기심을 갖고 비유의 내용을 우의적으로 해석하는 데 몰두해서는 안 된다."고 하였 다.17) 그러나 유비론이나 예표론의 방법을 통해 신구약 성경을 구속사적 원리와 기독론적 원리로 해석하려는 것이 초대 교회의 주류를 이루었다.

현대에 들어오면서 유비론적 해석에 대한 비판이 여러 학자들에 의해 제기되었다. 특히 어거스틴의 경우처럼 선한 사마리인의 비유를 우의적으로 해석하여 그 영적 의미를 구원사의 도표로 작성한 것의 문제점을 지적하였다.[18]

첫째, 이 비유의 서론과 결론에서 하나의 주요한 핵심적인 내용으로 등장하는 것은 누가 나의 이웃인가? 누가 이웃으로 입증되었는가? 하는 점이다. 본문의 구조를 분석하여 볼 때 이러한 사실은 더욱 분명하게 제시된다. 누가복음 10:25-37의 본문은 두 개의 평행본문으로 구성된 논쟁 설화이다. 두 부분은 각각 네 개의 요소로 구성되어 있다.

A. 25-28절

1) 율법사의 질문(25절) : "제가 무엇을 하여야 영생을 얻겠습니까?"
2) 예수의 반문(26) : "율법에 무어라 기록되어 있느냐?"
3) 율법사의 대답(27절) : "… 하나님을 사랑하고, … 이웃을 사랑하라."
4) 예수의 명령(28절) : "그것을 행하라 그리하면 살 것이다."

B. 29-37절

1) 율법사의 질문(29절) : "내 이웃이 누구입니까?"
2) 예수의 반문(30-36절) : "이 세 사람 중 누가 … 이웃이 되었느냐?"
3) 율법사의 대답(37상반절) : "자비를 베푼 사람입니다."
4) 예수의 명령(37하반절) : "너도 가서 이와 같이 행하라."

이 두 부분을 연결하는 핵심적인 주제는 이웃 사랑과 이웃이 누군가 하는 것이다. 첫 번째 부분은 이웃이 사랑의 대상으로 나타나고 두 번째 부분에서는 이웃이 사랑의 주체로 등장한다.[19]

둘째, 이 비유가 말해진 삶의 자리에서 볼 때 이 비유는 어거스틴의 해석처럼 구원사의 복잡한 도식을 나열한 것이 아니다. 본문이 당시에 의미했던 것(What it meant?)은 단순한 이웃 사랑의 실례를 제시한 것이다. 율법학자는 이웃을 사랑하라는 율법을 이미 알고 있었지만 문제는 누가 이웃인가 하는 이웃의 범위에 대한 율법적인 의문을 제기한 것으로 해석하여야 한다. 1세기의 유대인들은 부정하고 불결하거나 "율법을 모르는 족속들"에 속하는 세리나 창녀나 사마리아인이나 이방인들과는 상종하지 아니하였다. 서로 다른 종교나 인종이나 계층에 속하는 집단 간의 신분의 장벽이 두터운 사회에서는 그 장벽이 사교적 터부에 의해 유지된다. 유대인의 최고의 종교적 의무는 죄인과의 접촉을 피하는 것이었다.[20]

중동 지역에서는 특히 다른 집단에 속하는 사람과는 식사나 잔치나 축제에 참여하지 않는 것을 철칙으로 여겼다. 자기네보다 낮은 신분의 사람이나 자기네가 못마땅하게 여기는 사람들과는 예의상으로도 함께 먹고 마시는 일이 없었다. 히브리인들 역시 가족, 부족, 민족을 일종의 집단 인격으로 생각하였다. 자신이 속한 집단에 대한 절대적인 애착과 충성심은 엄격한 배타성으로 표출되었다. 이웃과 원수의 차별도 현저하였다. 이웃을 사랑하고 원수를 미워하라는 것(레 19:18)은 이러한 사회적 현상을 반영하는 명백한 계명이었다. 예수가 이웃뿐 아니라 원수라도 사랑하라고 명한 것(마 5:44)도 바로 이러한 배경에서 이해되어야 한다.[21] 그만큼 집단 간의 증오가 심각하였던 것이다.

따라서 이방인과 경건치 못한 사마리아인들은 이웃에 포함될 수 없었다. 쿰란 종파는 공공연히 "빛의 아들은 사랑하고 어둠의 아들을 미워하라고 가르쳤다." 이런 까닭에 율법사는 자신의 동족인 유대인만을 사랑함으로써 자신은 의롭다고 스스로 생각하고 있었다. 그러므로 이웃에 대한 편견을 철저히 부수는 것이 필요하였다.[22] 그래서 예수는 이웃에 대한 전적으로 새로운 개념을 제시한다. 안면이 있거나 친지이거나 동족이든 아니든 재난을 당한 자가 곧 이웃이라는 것이다. 따라서 재난당한 자의 이웃이 되어 끝까지 철저하고 온전하게 도와주라고 교훈하신 것이다.

마지막으로 이 비유를 통하여 오늘날 우리에게 무엇을 말씀(What it mean?)하고 계신가를 찾아보아야 할 것이다. 율법학자는 자기의 동족만을 이웃으로 생각하고 동족은 사랑하고 이방인은 미워하는 것을 당연히 여겼다. 따라서 이러한 이웃 개념은 인종적, 성적, 문화적, 계층적인 차별을 극대화하는 요소로 작용하였다. 율법이 가르치는 이웃 사랑은 동일 집단의 법주를 벗어나지 못하는 집단 이기주의에 지나지 않았다. 예수는 이러한 차별을 타파하기 위해 이 비유를 통해 이웃의 개념을 확장한 것이다. 따라서 예수가 율법의 좁은 이웃 개념을 부인하고 인종적, 성적, 문화적, 계층적으로 다른 사람일지라고 재난당한 자들을 레위인과 율법학자처럼 '피하여 가는 것'이 아니라 '가까이 다가가는' 이웃이 되어야 한다는 것을 가르친 것이다.

그리고 본문의 이웃neighbor이라는 말의 희랍어 원어 "플레시온*plesion*"의 기본적인 의미는 "가까이 있는 자"이기 때문이다. 선한 사마리아인의 비유는 인간 사이의 온갖 차별을 철폐하고 모든 인류의 참다운 연대성을 회복하고 강화하여야 한다는 사실을 우리에게 일깨워 주는 중요한 교훈인 것이다.

3) 중세 교회의 성서 해석

중세기에도 초대 교회의 성경 해석의 원리와 방법에서 크게 벗어나지 못했다. 중세 교회는 성경을 '신앙의 최고의 규범*prima fidei regular*'으로 여겼으며 성경을 사사로이 해석할 수 없음을 강조하여 교황의 최종적인 성서 해석권을 주장하였다. 교회가 성경을 정경으로 채택하였으므로 교회의 가르침이 성서의 가르침 이상의 신앙의 규범으로 실천되었다. 따라서 자연히 성경 해석은 교회론적인 원리에 의해 좌우되었다. 성서 해석 방법에서는 오리겐의 삼중적 해석을 조금 발전시켜 카시안J. Cassian(360-430/435) 이래로 성서의 4중의 의미에 관한 교의가 형성되었다.

빅토르 휴고Hugo de Sante Victor는 사중적 해석 방법을 시적으로 표현하였는데 종교개혁 이전까지 널리 통용되었다.

문자적 의미litera는 하나님과 우리 조상들의 행한 일을 가르쳐 주며, 유비적 의미allegoria는 우리들의 신앙이 숨은 뜻을 가르쳐 주며, 도덕적 의미moralis는 일상생활의 규율을 가르쳐 주며, 비의적(또는 천상적) 의미anagogia는 우리의 고달픈 나그네 길이 어디에서 끝날 것인지를 알려준다.[23]

중세의 유비적 해석의 마지막 대표자는 토마스 아퀴나스Thomas Aquinas(1226-1274)이다.[24] 아퀴나스 역시 말로 표현된 사물들은 크게 두 가지 의미 즉, 문자적字義的 의미와 영적 의미*sensus spiritualis*를 지닌다고 하였다. 영적 의미는 다시 유비적 의미, 도덕적 의미, 천상적 의미로 구분된다고 하였다.

옛 법의 것들이 새 법의 것들을 의미한다는 데는 유비적 의미가 있으며 그리스도에 있어서 혹은 그리스도를 의미하는 것들 안에 이루어진 것들이 우리들이 행해야 할 것들의 상징이라는 데는 도덕적 의미가 있다. 그리고 영원한 영광 안에 있는 것들을 의미할 때는 천상적天上的 의미가 있다.[25]

이러한 성경 해석법을 갈라디아서 4:25-6에 나오는 예루살렘과 '빛이 있으라'(창 1:3)는 말씀에 적용하여 다음과 같이 4중적 의미로 해석하였다.

'예루살렘'을 보면, 문자적으로는 팔레스틴의 예루살렘 도시를 의미하고, 풍비적(유비적)으로는 교회를 의미하고, 도덕적으로는tropologically 인간 영혼을 의미하고, 천상적으로는 하늘의 도시를 의미한다. — '빛이 있으라.'는 문자적으로 실제의 창조 행위를 의미하고, 유비적으로는 '그리스도의 사람이 되라.'를 의미하고, 도덕적으로는 '그리스도에 의해 정신적으로 조명을 받으라.'를 의미하고 천상적으로는 '그리스도에 의해 영광으로 인도되라.'를 의미한다.26)

이러한 이중적 해석의 배경은 헬라 철학 특히 플라톤 사상의 영향으로 보아야 할 것이다. 보이는 현상 세계와 보이지 않는 가상의 영적 세계 구분이 그대로 성서 해석에 적용되어 "성경은 보이는 세계로 보이지 않는 세계의 하나님과 모든 다른 진리들을 보여주는 커다란 거울"이라는 생각을 하게 된 것이다.

4) 종교개혁과 성서 해석

종교개혁자들은 성서 해석의 새로운 변화를 시도했다. 루터와 칼빈은 성서를 신앙의 유일한 규범으로 삼았다. 그리고 오직 성서라는 종교개혁 원리에 따라 성서로 돌아가되 라틴어 번역본이 아니라 성서 원전으로 돌아가 원전의 의미를 새롭게 해석하려고 시도하였으며, 무수한 성서 주석이 출판되었다.

종교개혁자들은 영적 의미를 추구하는 우의적인 영해靈解의 한계를 지적하였다. 유비론은 본문의 역사적 배경과 문맥적 맥락과 문자적 의미를 무시함으로써 성경을 자의적이고 번잡하게 해석하거나 본문의 본래적인 의미를 왜곡하는 해석이 되기 쉽다는 점을 분명히 자각하기 시작한 것이다.

초기의 루터Martin Luther(1483-1546)는 중세의 4중 의미를 비판하고[27] 그리고 성서를 영해라는 이름으로 우의적으로 해석하는 사람들을 "속임수Affenspiel를 쓰는 성직의 사기꾼"으로 비난한 것이 사실이다.[28] 그러나 그는 앞의 주장과는 달리 "죽이는 문자litera occidens와 살리는 영spiritus vivificans"을 대립시키는 이원론적 해석을 주도하였다. 그리고 많은 비유들을 우의적으로 해석하는 경향성을 보여주었다. 그는 성서의 2중적인 의미를 더욱 확고히 하였으며, 그의 시편 강해에는 이러한 이원론적 대립 명제가 반복하여 등장한다.

신적-육적, 보이지 않는 것-보이는 것, 지적-감정적, 감추인 것-나타난 것, 내적-외적, 위의 것-아래의 것, 신적-인간적, 하늘의 것-땅의 것, 영원-시간, 장래-현재, 진리-허무, 보이지 않는 세계의 참된 현실-보이는 세계의 환상[29]

후기의 루터는 『탁상담화』에서 "나는 수사 시절에 성경을 영적 의미 곧 알레고리로 해석하는 데 익숙해 있었습니다. 그것이 내가 가진 재능의 전부였습니다. 훗날 로마서를 읽으면서 그리스도에 관해 조금 알게 된 다음에는 알레고리가 그리스도에 관한 것을 예외하면 허황된 것임을 알게 되었다"[30]고 고백하였다. 그 전까지는 모든 것을 알레고리로 풀었고, 심지어 인간 본성의 가장 저급한 욕구까지도 그런 방법으로 해석했지만 후에는 '역사적 사실들에 눈을 돌렸다.'고 하였다 알레고리는 훌륭한 장식이지

만 증거의 힘은 없으므로 알레고리를 가볍게 사용해서는 안 된다고 경고하였다.31)

종교개혁자들 가운데서 가장 일관성 있고 또 가장 훌륭한 성서 주석가는 존 칼빈John Calvin(1509-1564)이었다. 루터와 마찬가지로, 칼빈도 알레고리의 우의적 해석을 반대하였다. 그는 알레고리적 해석을 "쓸데없는 어리석은 행위"이며, "이러한 알레고리적 해석은 그리스도의 정신에서 멀리 떠난 사람들에 의하여 만들어진 억측에 불과하다는 것을 누구나 알 수 있다."고 하였다.32)

칼빈은 예표론적 해석은 인정했다. 그리스도 자신의 예표들, 성령의 예표들, 복음의 예표들, 교회의 예표들을 구약에서 찾아냈다. 구약이라 해서 그리스도와 분리된 것이 아니며, 하나님 자신이 두 언약 사이에 의도적으로 제정하신 유사성이 있으며, 하나님의 섭리에 의하여 성육하신 그리스도를 미리 효과적으로 보여주기 위해서 구약을 사용하신 것이다. 그러나 세부 사항에서의 지나친 유형론적 해석을 추구하면 이 역시 알레고리화의 위험이 있다고 하였다.33)

종교개혁자들은 알레고리적 해석을 피할 수 있는 대안적인 해석 방법으로 성경 본문의 역사적 · 문맥적 · 문자적 의미에 단순 명료하게 집중할 것을 제안하였다. 루터는 '본문의 한 절과 한 문장'을 깊이 숙고하고 파악하는 것이 주석을 많이 하는 것보다 중요하다고 강조하였다. 루터도 단순 명료한 해석을 추구하였다. 외형적 명료성claritas externa을 밝히기 위해서는 문법과 단어에 대한 정확한 의미를 알아야 하며, 내재적 명료성claritas interns은 그리스도인들이 마음에 열고 그리스도에게 집중할 때 일어난다고 보았다.34) 성경이 하나님의 말씀이므로 "이성만 가지고 비평하고 설명하고 판단해서는 안 되고, 기도의 심정을 품고 근실하게 묵상하여 그 뜻을 찾아야 한다."35)고 하였다.

칼빈 역시 주석의 최고의 미덕은 간단 명료성에 있다고 하였다. '간단 명료*percipicua brevitas*' 원리는 성경 본문에 후대의 교리들을 집어넣어 해석하는 강해*eisgesis; Einlegung*를 배제한다.36) 성경 해석에 인간적인 자유를 행사하거나 본문의 역사적인 의미를 찾지 않고 단순히 본문에서 교리들의 열매를 따내는 것도 배제한다. 그는 본문의 의미를 전체적으로, 또 부분적으로 하나도 빼지 않고 본문에서 이끌어내는 주석*exgesis*을 강조하였다. 이 점에는 칼빈은 멜란히톤이나 부처와 비교된다. 멜란히톤과 부처는 당시에 논쟁과 관심이 되는 임의적인 주제들*loci*을 선별하여 이에 대한 성서적 증빙구*proof text*를 제시하는 해석 작업을 시도하였기 때문이다.37)

이러한 칼빈의 '간단명료성' 원리는 그의 설교에도 반영되었다. 그는 당시의 문화나 시류적 토픽에 대하여 말하거나 교회력에 따라 설교하지 않았다. 성경 한 권을 택하여 연속적으로 설교하였으며, 대지도 인위적으로 나누지 않고, 그냥 성경 본문의 흐름에 따라 한 구절 한 구절 빼지 않고 설교했다. 이런 방식으로 이사야서만 350회 설교하였다. 하나님의 말씀을 사람들이 듣기 좋아하는 방식으로 장황하게 해설하지 않고, 간단명료하게 보통 사람들이 이해할 수 있도록 설교한 것이다.38)

간단명료성은 유비론적 해석의 '다중적 복잡성'에 대한 대안이었다. 그래서 칼빈은 '선한 사마리아 사람의 비유'를 전통적인 방식에 따라 어거스틴처럼 구원사적으로 복잡하게 우의적으로 해석하는 것을 거부하였다.39) 이 비유의 목적은 "우리 각자가 서로 행해야 할 의무로서 이웃 사랑은 친구나 친척에게 국한시킬 것이 아니라 온 인류에게까지 널리 개방되어야 한다."는 사실을 단순명료하게 가르친 것이라고 하였다.40)

종교개혁자들은 성경을 '신앙의 유일한 규범*sola fidei regular*'으로 여겼기 때문에 성경 해석을 중요시하였다. 그리하여 세 가지 중요한 해석의 원리로서 성서가 성서를 해석한다, 성령이 성서를 해석한다, 교회 공동체가 성서를 해석한다는 원리를 세웠다. 이러한 종교개혁의 성서 해석 3대 원리는 신정통주의 신학자인 칼 바르트에 의해 그대로 계승되었다.[41] 무엇보다도 바르트는 성서가 성서를 해석하고, 성령이 성서를 해석한다는 것을 강조한다. 그리고 성서 해석이 교회 공동체의 설교와 신학의 책임이며 과제라는 것을 강조하였다. 그의 『교회교의학』은 교회의 학문으로서 신학의 성격을 고스란히 드러낸다.[42]

따라서 설교의 편협성과 피상성과 설교에 대한 설교자의 주도권의 위기에 처한 한국 교회의 현실에서 종교개혁의 성서 해석의 세 원리가 새로운 대안이 될 수 있음을 살펴보려고 한다.

(1) 성서가 성서를 해석한다

칼빈도 성서가 성서를 해석한다는 성경의 자증自證을 주장했으나,[43] 이 주제는 루터에 의해 더욱 분명하게 드러난다. 루터에 따르면 모든 책에 타당한 규칙이 하나 있는데, 그것은 그 책들이 저자의 정신으로 해석되어야 한다는 것이다. 따라서 성서 자신이 스스로 가장 확실한 것이며 가장 논란이 없고 가장 분명한 것이며 자기 자신의 해석자라고 하였다. '성서가 성서 자체의 해석자Scriptura sacra sui ipsius interpres'라는 루터의 주장은 '성서가 성서를 해석한다Scripture interprets Scripture'는 종교개혁의 성서 해석 원리로 받아들여졌다. 「제2스위스 신앙고백」 제2장은 "성서의 해석은 성서 자체에 집약된 정통적 순수한 해석이어야 한다."[44]고 하였다. 「웨스트민스터 신앙고백」(1647) 제1장은 이를 계승하여 "성경을 해석하는 틀림없는 법칙은 성경 자체이다"[45]고 하였다.

성서가 성서를 해석한다는 종교개혁의 원리는 "어느 성경 한 구절이 내포하고 있는 참되고 충족한 의미에 관하여 의문이 있을 때는 더 분명하게 말한 다른 성구를 통해서 고찰하고 이해해야 한다."[46]는 의미이다. 이는 성서로 돌아가되 성서의 일부가 아니라 성서 66권 전체로 돌아가야 한다는 의미로 재해석된다. 각자의 취향과 기호에 따라 자의적으로 성서의 일부만을 하나님의 말씀으로 여겨서는 안 되며, 성서 66권 전체를 하나님의 말씀으로 받아들여 성서의 어느 한 구절을 해석할 때에는 앞뒤 문맥뿐 아니라 성서 전체의 말씀에 비추어 해석하여야 한다는 것이다. 성서 전체에 비추어 성서 일부를 해석할 때 성서의 다양한 가르침과 조화 있는 해석에 이를 수 있으며 모든 극단적이고 왜곡된 편협적인 성서 해석상의 오류를 피할 수 있기 때문이다.

예를 들면, 성서에는 '믿음으로 의롭게 된다'(롬 1:17)는 말씀과 '행함으로 의롭게 된다'(약 2;24)는 서로 다른 말씀이 분명히 기록되어 있다. '폭력을 사용하지 말라'는 말씀(칼을 쓰는 자는 칼로 망한다. 마 26:52)이 있는가 하면, '폭력을 사용하라'(이제 검이 없는 자는 겉옷을 팔아 검을 사라. 눅 22: 36)는 상반된 말씀이 분명히 기록되어 있다. 이처럼 서로 다른 상반되는 듯한 말씀을 모두 하나님의 말씀으로 인정하고 양극단에 빠지지 않게 양자의 관계를 바르게 정립하는 것이 성서 해석의 주요한 과제이기 때문이다. 그러므로 두 상반된 말씀의 뜻에 비추어 지금 우리에게 하시는 하나님의 말씀을 받아들이는 것이 숲도 보고 나무도 보는 자세라고 여겨진다.

실제로 많은 설교자들이 성서로 돌아가긴 하지만, 교회력에 의한 설교를 하지 않을 경우 자신의 신앙의 취향에 따라 성서 본문 선택이 편향되어 있다는 사실을 자각하지 못하는 것 같다. 한국 교회의 대표적인 설교가들의 본문 선택 사례와 본문 인용 빈도수를 통계조사로 비교해 보면, 본문 선택과 인용이 얼마나 제한적이고 편향되어 있는지 쉽게 알 수 있다. 그들이 성서로 돌아가 성서적 설교를 한다고 하지만 결과적으로는 성서의 일부로 돌아가서 하나님의 말씀을 편향되게 전하는 심각한 오류를 범하게 되는 것이다. 이는 일찍이 마르키온이 자신의 영지주의적 입장에서 영지주의와 상응하는 내용만을 따로 뽑아 자신의 성경을 편집한 것과 크게 다를 바 없는 오류일 수 있다.

따라서 66권 전체로 돌아가 보면 성서의 말씀이야 말로 광폭廣幅하기 이를 데 없다. 성서는 개인 구원에 관한 말씀뿐 아니라 사회 구원과 생태 구원의 말씀을 포함하고 있다. 그래서 조용기 목사도 그동안 자신의 설교가 개인 구원에 치우쳐 있음을 반성하고 사회 구원과 생태 구원에 더 많은 관심을 집중하겠다고 선언하기도 하였다.[47] 그러나 실제로는 설교의 변화가 있는지는 의심스럽다.

이처럼 성경 말씀의 폭이 한없이 넓지만 한국의 설교자들은 자기 취향과 청중의 요구에 맞추어 설교의 폭을 한없이 좁혀 놓은 것이다. 성경이 신앙의 유일한 기준이지만, 성서의 한두 구절이 신앙의 유일한 기준이 될 수 없다. 성서 전체의 다양한 말씀이 우리를 구원하기 위한 하나님의 지혜의 말씀으로서 신앙의 유일한 기준이기 때문이다.

한국 교회의 설교의 위기도 여기서 찾을 수 있다. 말씀의 편협성과 극단화는 신앙의 편향과 왜곡을 부추기기 때문 정말로 심각한 문제이다. 그래서 66권 전체의 말씀을 골고루 설교할 수 있는 교회력에 의한 설교가 그 대안으로 제시되기도 한다.

(2) 성령이 성서를 해석한다

루터는 '성서가 성서를 해석한다.'는 원리는 성령에 의한 해석이라고 설명하였다. 그는 『로마서 강해』에서 "성령만이 성서를 바르게 이해하게 한다."[48]고 하였다. '살리는 영과 죽이는 문자'의 대립을 통해 하나님의 영을 받지 않고서는 성서의 단 한 획도 보지 못한다고 하였다.[49]

그러나 이 주제를 더욱 명시적으로 제시한 이는 칼빈이다. 칼빈은 '신령한 일은 신령한 것으로 분별할 수 있다.'(고전 2:12-13)는 말씀에 근거하여 성령의 조명illumination을 받았기 때문에 성경이 하나님의 말씀으로부터 왔다는 것을 믿을 수 있다고 하였다.50) 성령은 성경의 저자이시므로 성령이 성경 안에서 자신을 드러내 보이신다.51) 이처럼 말씀과 성령은 불가분의 관계를 가진다. 성경이 하나님의 말씀인 또 다른 이유는 성경이 비록 인간의 글로 쓰이고 번역되었지만 그것을 읽는 순간 성령의 조명을 통해 성령의 내적 증거가 있을 때 하나님의 말씀으로 들리는 것이기 때문이다.

하나님만이 그의 말씀에 있어서 자기 자신에 대한 적합한 증인이듯이 그 말씀은 성령의 내적 증거*Testmonium Spiritus Santi Interum*에 의해 확인되기 전에는 인간들의 마음에서 신임을 얻지 못할 것이다. 그러므로 예언자들의 입을 통해 말씀한 바로 그 성령이 우리 마음에 들어와서 하나님이 명령한 것을 그들이 신실하게 선포했다는 것을 설득하는 것이 필요하다.52)

이와 같이 칼빈에게 '성령의 영감과 성령의 내적 증거'는 성경의 신언성을 증거하는 한 쌍을 이루고 있는 근거이다. 따라서 성령의 감동을 주지 못하는 그런 문자는 죽은 글이며, 그 문자가 성령으로 말미암아 우리의 마음에 효과적으로 새겨지면 그것은 영혼을 소생케 하고 우둔한 자를 지혜롭게 하는 생명의 말씀이 된다고 하였다. 성령은 성경의 기자를 감동시켜서 성경을 기록하게 하셨으며, 동일한 성령은 오늘날에도 우리를 조명하사 하나님의 말씀의 자연스럽고 분명한 의미를 깨닫게 한다.53)

칼빈의 가르침에 따라 「스코틀랜드 신앙고백」(1560) 제18장에는 "성서 해석은 한 개인이나 공적 인물에 소속하는 것은 아니다. … 오히려 그것은 성서가 기록되게 한 성령에 속한다."고 하였다. 그래서 성서 해석의 논란이 있을 때에는 "성령이 성서의 본문 안에서 무엇을 통일적으로 말하고

있는지” 물어야 한다고 하였다.54) 이러한 입장을 계승한 「웨스트민스터
신앙고백」(1647) 제1장에서도 성령이 성경 해석의 최종 권위자라고 하
였다.

최고 심판자는 성경 안에서 말씀하시는 성령 이외에 는 아무도 있을 수가
없다. 이로 말미암아 모든 종교적 논쟁은 결정되어야 하고 교회 회의의 모든
명령과 고대 학자들의 의견과 인간론과 개인의 정신 문제도 이 심판자의 감독
을 받아야 하며 그의 판결에 순응해야 한다.55)

바르트에 따르면 성령의 내증이란 “성서가 하나님의 말씀이다.”고 인정
하는 것을 의미한다. 예언자들과 사도들이 성경이 하나님의 말씀이라는
것을 증거한 증인들이다. 따라서 예언자들과 사도들의 인간적인 말이 사
실로 하나님의 말씀으로 읽히고, 그들의 인간적인 증언을 통해서 하나님
의 말씀이 받아들여지는 것이 증거인 것이다. 이러한 성령의 역사를 통해
인간의 말로 증언된 성경이 하나님의 말씀으로 경청되고 복종되는 것이
다.56)

(3) 교회 공동체가 성서를 해석한다

성서의 최종 해석권이 어디에 있는가 하는 것은 종교개혁 신학의 쟁점
중 하나이다. 로마 가톨릭교회는 교황에게 성서 해석의 최종 권위를 부여
하였다. 반면에 신령주의 재세례파는 영적 은사를 받은 모든 개인의 자유
로운 성서 해석을 주장하였다.

루터는 「독일민족 귀족에게 고함」(1522)에서 “성경을 해석하거나 어
떤 특정한 해석을 확증하는 것이 교황만의 직능이라고 주장하는 것은 이를
뒷받침할 수 있는 성경의 증거를 한 획도 들 수 없는 악하고 나쁜 조작이

다."[57]고 비판하였다. 그리고 1525년 농민 반란을 통해 개개인 신자, 특히 제대로 교육받지 못한 독일 농민들은 결코 성서를 해석할 수 없다는 확신을 갖게 되었다. 그리하여 루터는 교황의 성서 해석권과 개개인의 성서 해석권 양자 모두를 비판한다. 양자는 모두 성경이 금하는 '성경을 사사로이 해석하는 것'(벧후 3:16)이라는 주장이다.[58]

그 대안으로 제시된 것은 교회 공동체의 권위에 호소하는 것이다. 종교개혁자들의 이 원리는 가톨릭교회와 재세례파 중 신령주의자spiritualist들의 성서 해석에 대한 대응이었다. 가톨릭교회는 성서 해석의 권위를 교회의 직분자에게 귀속시켰고, 신령주의자들은 문맹자를 위한다는 명분으로 성령의 직접 계시와 각자에게 주어진 특별한 영적인 은사에 귀속시켰기 때문이다. 성서를 해석자의 해석에 복종시키는 오류에 이르게 된다고 보았다.

이 문제에 대해 두 가지 방식의 대안이 제시되었다. 첫째는 공식적인 요리문답이나 신앙고백 또는 신조를 통해 독자들에게 성경을 이해할 수 있는 기본적인 틀을 제시하는 것이다. 루터의『소요리문답』과『대요리문답』(1529)이나 칼빈의『기독교 강요』[59](1559)도 이런 목적으로 집필된 것이다. 둘째로는 츠빙글리에 의해 새로운 돌파구가 열리게 된 방식인데, 공동체의 결정을 따르는 것이다. 제1차 취리히 논쟁을 통해 "시의회는 무엇이 성서에 합치하고 무엇이 그렇지 않은가를 결정할 수 있는 권한"을 위임받게 되었다.[60] 사적인 해석에서 공적인 해석의 길을 열어준 취리히 결정은 후에 칼빈이 주도한 제네바의 종교개혁 과정에서 제기된 성서 해석의 공적인 권위를 확립할 수 있는 근거가 되어 일사불란한 종교개혁의 과제를 성공적으로 수행하는 데에 결정적인 영향을 끼쳤다.

루터는 교회 공동체가 성서를 해석한다 하여도 성경의 모든 비밀을 다 헤아려 이해할 수는 없다고 하였다. "우리는 성경의 단 한 절의 깊이도

다 파악하지 못합니다. 다만 ABC만 쥐고 있을 뿐이요 그것조차 불완전합니다."61)고 하였다. 해석자가 성서의 신비 앞에 겸허히 서야 한다는 사실을 일깨워 주는 것이다.

바르트 역시 성경 해석은 교회 공동체의 책임이라는 것을 분명히 하였다. 그래서는 그는 그의 조직 신학을 「교회교의학」이라고 명명하였다. 교회 공동체의 가장 큰 책임은 하나님의 말씀이 하나님의 말씀이 되도록 말씀을 섬기는 것이다. 그러므로 교회에 속한 성경 해석자는 말씀의 지배자가 아니라 '말씀의 봉사자'이다. 말씀에의 봉사는 구원의 감격과 감사에 근거한다.62)

그러나 칼 바르트가 말하는 '말씀을 통해 교회를 섬기는 성경 해석'은 개교회를 위한 것이 아니다. 이 땅에 흩어져 있는 모든 교회가 말씀 위에 바로 서도록 하는 책임이다. 그런데 한국 교회의 설교는 지나치게 개교회주의에 함몰되어 있다. 한국 교회 전체가 바르게 나아갈 방향을 제시하는 설교와 사역을 등한시하고 있다. 이러한 개교회주의적 성경 해석으로 오는 폐해가 오늘날 한국 교회가 직면한 가장 큰 설교의 위기인 것이다.

5) 현대 성서 해석학의 과제

현대의 성경해석학에도 다양한 논쟁이 있지만 크리스터 스텐달Krister Stendahl은 보다 포괄적인 의미에서 성서 해석은 본문이 무엇을 의미했는가와 본문이 무엇을 의미하는가를 종합하는 것이라고 하였다. 스텐달에 따르면, 성서 신학의 과제는 처음에는 하나의 서술적인 작업이었다. 다시 말하자면, 성서 신학자는 "그것은 무엇을 의미했는가?What it meant?"에 대해 관심을 집중하였고, 반면에 조직 신학자는 "그것은 무엇을 의미하는

가?What it means?"63)에 집중했다고 보았다. 성서 비평학적 연구를 통해 인간이 기록한 역사적 문서인 성서 본문이 기록될 당시에 무엇을 의미했는 지 그 역사적 의미를 밝혀야 하지만 그와 동시에 예언자들과 사도들에게 하나님의 영적인 말씀이 주어졌던 그 본문이 오늘 우리들에게 주어지는 하나님의 말씀으로서의 영적인 의미를 선포해야 하는 것이다.

본문이 그때 그 당시에 무엇을 의미했는지를 해석하는 것을 엑서지시스 *exegesis*라 하는데, 성서 본문으로부터(ex) 성서 기자에게 뜻했던 의미를 끄집어내는 주석註釋이다. 반면에 본문이 오늘 여기서 무엇을 의미하는 지를 해석하는 것은 에이스지시스*eisgesis*인데, 오늘 우리에게 주어지는 의 미를 성서 본문 안으로(eis) 집어넣는 강해講解이다. 성서 해석은 이러한 주석과 강해 양자를 통합하는 것이며 이를 주해註解라고 할 수 있다.

성경은 하나님의 말씀인 동시에 인간의 말이다. 따라서 성경의 이러한 양면적 존재론적 역설에 근거하여 성경 해석은 두 방향으로 이루어져야 한다. 역사적 문서로 인간들에 의해 기록된 본문에 대한 역사적 의미를 드러내는 '역사 비평적 해석'과 더불어 하나님의 말씀으로 선포된 본문의 케리그마적 의미가 오늘날 우리에게는 무엇을 의미하는지 그 '영적 해석' 이 요청된다고 하였다.64)

(1) 본문은 무엇을 의미했는가?

성서 본문이 기록될 당시 무엇을 의미했는지를 밝혀내야 한다. 이를 위해서는 무엇보다도 본문의 자구, 문맥, 역사적 배경 등에 대한 주석적인 연구가 요청된다.

루터는 본문이 의미하는 바를 해석하는 것은 내적 명료성*claritas intern*의 원리라고 하였고, 칼빈은 본문의 의미를 간단명료하게 해석하는 주석*exege-sis*을 강조하였다. 바르트 역시 성서 해석의 첫 번째 과제는 역사 비평적 연구라고 하였다. 성경 본문은 역사 비평적 탐구의 검토를 받아야 한다. 성경을 읽고 이해하기 위하여서는 지금까지 알려졌고 입수 가능한 모든 수단들을 양심적으로 사용해야 한다. 즉, 성서 원어, 문법, 언어학, 양식사, 세계 역사 문화사 및 문헌사의 비교 연구로 획득한 지식도 사용해야 한다는 것이다.[65]

우선 단어 하나하나의 정확한 역사적 의미를 탐구하지 않으면 본문의 본래적인 의미를 곡해하게 된다. 어떤 설교자가 "심지心志가 견고한 자"의 심지를 촛불의 심지心枝로 해석하는 설교를 들은 적이 있다. 개역 신약성경에 열 번이나 등장하는 참람僭濫이라는 단어의 뜻을 정확히 모르는 설교자도 적지 않다. 본문을 좀 더 정확히 이해하기 위해 한자 사전이라고 찾아보거나 여러 번역본을 비교해 본다면 그 뜻이 신성모독blasphemy이라는 것을 금방 알 수 있을 것이다. 그러나 본문의 정확한 의미를 알려는 의지가 부족하거나 태만하여서 본문을 피상적으로 해석하거나 왜곡하게 되는 것이다.

문맥상의 왜곡도 비일비재하다. "내게 능력 주시는 자 안에서 내가 모든 것을 할 수 있느니라."(빌 4:13)를 믿는 자에게는 '모든 것이 가능하다.'는 의미로 해석하여 교회가 '불법적인 일'까지도 믿음 안에서는 해도 된다고 해석하는 경우도 없지 않다. 그러나 전후 문맥에서 보면 바울이 말한 모든 것은 바로 앞 절에 언급한 '일체의 비결' 즉 "내가 비천에 처할 줄도 알고 풍부에 처할 줄도 알아 모든 일에 배부르며 배고픔과 풍부와 궁핍에도 일체의 비결을 배웠노라."(빌 4:12)는 말씀을 지칭한다. 따라서 12-13절을 문맥을 따라 해석하면 내게 능력 주시는 자 안에서 "배부르거나 배고프거나 넉넉하거나 궁핍하거나 그 어떤 경우에도 적응할 수 있는 비결을 알고 있습니다."(빌 4:12, 공동번역)는 뜻이 된다.

그리고 많은 설교가들이 "천국은 마음속에 있으므로, 천국은 마음먹기에 달렸다."고 설교하는 것을 들었다. 본문에는 바리새인들이 천국이 언제

오느냐고 물었을 때 예수님은 "너희 안에 있다."(눅 17:22)고 대답하였다. 여기서 전치사 엔토스*entos*는 '너희 안에with in'가 아니라 '너희 가운데 among'의 뜻이다. 이는 천국은 "하나님의 뜻이 하늘에서 이루어진 것 같이 여기 너희 가운데서 이루어진다."는 뜻이다. 이를 '너희 마음속에'라고 번역하면 완악한 율법주의자인 바리새인들의 마음에 천국이 임한 것이라는 엉뚱한 의미로 해석된다.

원어상의 의미를 따지면 문제는 더욱 심각해진다. 성경은 히브리어, 일부의 아람어 그리고 희랍어로 기록되었고 그중의 대부분은 현재에는 사용치 않는 고어古語이거나 사어死語이다. '하나님의 형상'이나 '히브리의 하나님'과 같은 용어처럼 고고학적 어휘 연구를 통해 그 본래적 의미가 더욱 분명해지는 경우가 허다하다. 그래서 슐라이어마허는 "항상 근본적 으로 전제할 것은 정경을 원어 그대로 취급하는 사람만이 자기 고유의 해 석을 할 수 있다."[66]고 하였다. 따라서 성경 본문에 대한 성실한 주석을 위해서는 반드시 성서 원어의 확인과 다수의 번역본의 대조와 여러 주석서 및 성서신학서를 심도 있게 연구하는 일이 불가피하다.

(2) 본문이 무엇을 의미하는가?

설교가 본문에 충실하기 위해서는 본문에 대한 성실한 주석적 연구가 요청되지만, 그렇다고 해서 설교는 본문에 대한 성서 주석적 지식을 전달 하는 것은 아니다. 계시로 선포되고 영감을 통해 기록된 하나님의 말씀이 오늘 우리에게 선포되는 하나님의 계시의 말씀으로 드러나야 하기 때문 이다.

어거스틴에 따르면 설교는 지식을 전하는 것이나 교훈을 전하는 것이 아니며 영적 감동을 전하여 상대를 설득하고 삶의 변화를 일으키는 것이 라고 하였다.[67] 칼빈은 본문에 대해 이런저런 의미를 부여하는 번잡한 강해eisgesis는 본문의 의미를 자의식으로 풀이할 위험이 있다고 여겨 단순명료한 주석을 더 선호한 것이 사실이다. 그러나 그 역시 성령께서 설교자와 청중들을 다 감동시키실 때만이 설교가 구속적救贖的인 효과를 가진다고 하였다. 과거에 기록된 낯선 본문을 지금 여기에서 하나님의 말씀으로 선포하기 위해서는 성서 본문에 대한 주석적 연구와 더불어 본문에 대한 묵상과 기도를 통해 본문이 말하고자 하는 바에 대한 영감을 얻어야 하는 것이다.

그래서 바르트는 이러한 성경 해석 과제를 '성령적 석의Pneumatic exegesis'라고 하였다. 그의 『로마서 강해』는 이러한 성령적 신학적 석의가 그대로 적용되었다.68) 그리고 이 성령적 석의는 전통적인 알레고리적 해석의 영해靈解와 다른 것임을 강조한다.69) 바르트는 성경 해석의 이 두 번째 과제는 성경 저자들이 직접 들었던 하나님의 말씀을 성경 해석자가 그들의 기록을 통해 다시 듣는 것이라고 하였다. 저자들이 하나님의 말씀을 직접 들은 것은 원영감original inspiration이고 우리들이 그들의 음성을 통해 하나님의 말씀을 듣는 것을 의존적 영감dependent inspiration이라 하였다.70)

따라서 성경 해석은 성서 비평학적 심판을 따르더라도 성경의 인간의 말이 하나님의 영적 말씀으로 순수하게 선포되는 케리그마이어야 한다.71) 이 세상의 문헌들 속에 있는 많은 본문들과는 달리 성경의 본문들은 그 저자들의 의도와 그 내용의 성격상 일반 역사 속에서 진정으로 일어났고 진정으로 일어났다고 보고된 하나님의 행동과 언어의 증거요 선포로 읽혀야 하고 설명되기를 요구한다고 하였다.

본문의 역사적 상황에서 본래적 의미를 묻고 이를 다시 현재의 역사적 상황에 적용하는 '해석학적 순환'도 강해의 한 방식이라고 할 수 있다. 세군도Juan L. Segundo가 "돼지고기 먹지 말라."(신 14:8)는 말씀을 당시의 유대인들에게 무엇을 의미했는지를 그 역사적 본래적 의미를 먼저 밝히고 이를 다시 오늘날 남미의 빈곤한 상황에 적용시켜 "돼지고기를 먹으라."는 의미로 재해석한 것은 순환적 성서 해석의 특이한 사례이다.72) 신명기에는 돼지는 굽은 갈라졌으나 새김질을 못하므로 너희에게 부정하기 때문에 "돼지고기를 먹지 말라."고 나온다.

그러나 세군도의 해석학적 순환의 상황적인 해석에 따르면 구약성경이 중동 지방 사람들에게 돼지고기를 먹지 못하게 한 본래적인 의미는 건강을 위한 위생학적 이유 때문이라는 것이다. 돼지는 잡식성이어서 초식동물처럼 그 고기를 말려서 보관하며 먹을 수 가 없다. 따라서 아열대 지방에서 돼지고기는 쉽게 부패하는 아주 비위생적인 식품이 되는 셈이다. 냉장고가 없던 시절 우리나라에서도 "여름 돼지고기는 잘 먹어야 본전"이라는 말이 있을 정도였다. 따라서 돼지가 부정하니 먹지 말라는 것을 문자적 의미로 해석하는 것은 본문의 역사적 본래의 의미를 이해하는 데 이르지 못한다. 본문은 의도는 '건강과 위생을 위해서'이다. 건강과 위생을 위해서 전제 조건에 근거하여 돼지고기를 먹지 말라는 의미이므로 무조건적이고 절대적으로 돼지고기를 먹지 말라는 문자적 의미가 아니라는 것이다. 돼지고기를 먹느냐 마느냐는 비본질적인 문자적 의미이고 건강과 위생을 위하라는 것이 본질적인 영적 의미라는 것이다.

따라서 세군도는 중동의 아열대 상황에서 '건강과 위생을 위해서 돼지고기를 먹지 말라.'는 성경 말씀의 본질적인 의미를 현재의 브라질의 영양 결핍에 시달리는 가난한 민중들에게 적용하여 해석할 때는 "건강과 영양 공급을 위해서는 돼지고기를 먹으라."는 의미로 해석해야 한다고 하였다. 남미의 가난한 빈민들에게는 돼지고기보다 값싸고 쉽게 구할 수 있는 고단백질 영양 공급원이 없기 때문이다. 이처럼 성서 본문이 그 당시 독자에게 무엇을 의미했느냐 하는 본래적 의미를 찾아 그 본래적인 의미를 현재의 상황에 적용하면 문자적인 의미의 한계를 벗어나서 "돼지고기 먹지 말라."

는 말씀을 문자적으로는 전혀 반대되는 뜻인 "돼지고기 먹으라."는 영적 말씀으로 해석할 수 있다고 하였다. 과거의 상황에 적용된 본문의 의미에서 현재의 상황에 적용할 본문의 의미를 해석하는 '해석학적 순환'은 본문의 본래적인 의미를 밝히는 새로운 해석 방법인 것이다.

마지막으로 성서 본문과 그 본문을 적용하여야 할 현재의 상황에는 시대적 문화적 차이가 현저하다. 불트만은 성경은 1세기의 신화적 세계관에 따라 기록된 것이기 때문에 20세기의 과학적 세계관을 가진 사람들에게 성서의 본문을 이해시키려면 성서의 신화적 용어들을 비신화화하여 그 실존론적 의미를 해석해내어야 한다고 주장하였다.

성서의 어떤 용어들은 당시의 문화적 소산이기 때문에 다른 언어로 번역할 때에는 문화적 충격이 따르게 마련이다. 예를 들면 "약대가 바늘귀로 나가는 것이 부자가 하나님의 나라에 들어가는 것보다 쉽다."(막 10:25, 병행)는 구절의 '바늘귀'는 원래 희랍어 원어나 영어로는 '바늘 눈'으로 되어 있다. 그러나 우리말로 번역할 때 이를 직역하면 의미상의 혼란을 일으키기 때문에 바늘은 눈eye을 바늘 귀ear로 번역한 것이다.

이처럼 성서 해석은 성서가 기록될 당시 성서 본문이 의미하였던 것을 주석한 후 그 본문이 오늘 우리에게는 어떤 의미가 있는지를 강해하는 것이다. 그리고 이 양자를 종합하는 것이 주해로서 바른 성경 해석의 최종 목표인 것이다. 바르트는 본문이 의미했던 역사적 의미를 해석하려면 본문에 대한 역사적 연구가 불가피하고 그리고 본문이 의미하는 하나님의 말씀의 계시적 의미를 들으려면 기도가 요청된다고 하였다. 그리고 이 두 과제는 상호 보완적이다. 성경을 역사적으로 연구하면 공허하게 되고 반면에 성경을 영적으로만 해석하려고 하면 맹목이 된다. 그래서 "연구 없는 기도는 공허하며, 기도 없는 연구는 맹목적이다."73)고 하였다. 바르트의 이 유명한 말의 의미를 한국 교회의 설교 위기 상황에 적용하면 "폭 넓은 본문에 대한 연구 없는 설교는 본문을 편협하게 하고, 깊은 기도 없는 설교는 하나님의 말씀을 피상적이게 한다."는 뜻이 될 것이다.

(3) 새로운 해석학 : 본문이 우리를 해석한다

바르트의 제자 오트와 불트만의 제자 풍크W. Funk, 푹스E. Fuchs, 에벨링 G. Ebeling 등이 주장하는 새로운 해석학new hermeneutics은 성서 해석의 주도권의 문제를 현대적인 방식으로 새롭게 제기하였다.74) 새 해석학은 "우리가 본문을 해석하는 것이 아니라 본문이 우리를 해석하여야 한다."는 새로운 명제에서 출발한다. 이러한 새로운 해석학은 후기 하이데거가 제기한 새로운 언어관에서 비롯된다. 후기 하이데거는 '언어는 존재의 집'75)이라고 하였다. 인간이 언어를 만들어 사용하는 존재가 아니라, 언어가 인간을 만들고 그 존재를 규정한다는 주장이다. 이러한 언어관은 성서의 언어에 대한 새로운 이해를 가능케 하였다.

슐라이어마허로부터 딜타이를 거처 불트만에게 이르는 해석학의 전통은 모두 나름대로의 정교한 방법론을 통해 "본문의 저자와 해석자 사이에 있는 인간적 공통성"을 해석의 바탕으로 삼았으나, 바르트는 이들과 전혀 다르게 "과거의 문헌인 로마서를 현재의 하나님의 말씀으로 들을 수 있도록 해석"하려고 하였다.76)

여기서 이해의 전제에 대한 해석학적 논쟁이 제기된다. 불트만은 이해의 전제를 본문에 표현된 사물에 대한 해석자의 실존적 삶의 관계에서 찾았으나, 바르트는 인간 존재의 공동성에서 찾을 것이 아니라 하나님의 계시의 영원한 동일성에서 찾아야 한다고 하였다.77) 불트만처럼 본문 저자의 실존적 상황과 현대 독자 또는 해석자의 실존적 상황을 비교하여 그 동일성을 찾는 것이 해석의 과제가 아니라, 본문이 지니고 있는 하나님의 계시의 영원한 동일성을 찾는 것이 성경 해석의 본질적 과제라는 것이 바르트의 입장이다. 해석자는 과거의 본문으로 돌아가서 본문이 말하는 많은 것, 아직도 들어 보지 못하고, 발견되지 못한 채로 남아 있는 소식을 묻고 찾아야 한다고 하였다.

불트만과 바르트 사이의 결정적인 쟁점은 해석학에서 본문과 해석자 사이의 주도권의 문제와 해석에서의 전제의 유무에 관한 것이었다. 이는 전이해前理解 또는 접촉점에 상응하는 개념으로 논쟁이 되었는데, 불트만은 저 유명한 "전제前提 없는 해석은 없다."는 명제로 자신의 입장을 확정하였다. 성서 저자와 독자 사이의 세계관 차이를 인정하고, 실존론적 전이해의 공통성에서 해석의 실마리를 찾으려 했던 것이다. 그러나 바르트는 이러한 모든 시도를 배격하였다. 어떠한 해석학적 전제나 전이해나 접촉점은 오히려 하나님이 성서의 본문을 통해 우리에게 선포하려고 하는 말씀을 듣는 데에 장애가 된다고 보았기 때문이다.

바르트와 불트만 사이의 이러한 논쟁은 불트만의 제자 푹스와 에벨링 그리고 바르트의 제자 오트[78]에 의해 제안된 '새로운 해석학'으로 그 돌파구를 찾게 되었다. 푹스는 예수의 비유에 대한 해석학적 과제를 다루면서, "인간이 비유를 해석하는 것이 아니라, 비유가 인간을 해석한다."[79]고 하였다. 그 예로 포도원의 비유(마 20:1-15)를 들었다. 먼저 와서 일한 품꾼과 나중 와서 일한 품꾼에게 똑같은 품삯을 지불하였다. 이 비유를 읽는 독자가 그 비유를 해석하기보다는 오히려 그와 반대로 그 비유가 독자를 두 가지 부류의 품꾼 중 그 어느 하나로 해석해야 한다는 것이다. 해석에 있어서 본문의 주도성을 역설한 것이다. 우리는 우리 자신을 텍스트 앞에 놓기를 요구받는다.[80] 그러므로 텍스트가 우리에 대하여 말하려고 하는 내용으로 그 자체를 해석하여야 한다는 점에서, 성경 해석은 해석자의 "이해의 기술"이라기보다는 "언어 사건"으로 일어난다고 역설하였다.[81]

우리의 해석의 규범은 설교이다. 본문은 하나님이 선포될 때 해석된다! 따라서 우리는 본문이 우리에게 말하도록 해야 하고 본문과 함께 본문이 우리를 인도하고자 하는 곳으로 가야 한다.82)

에벨링 역시 해석학의 궁극적인 목표는 복음의 선포를 통해 언어의 사건으로서 구원의 사건이 일어나게 하는 것이라고 주장했다. 이는 해석학이 본문 주석의 이론이라는 통념을 반대하는 말이 된다. 원초적인 이해의 현상은 언어의 이해가 아니라 언어를 통한 이해이다. 왜냐하면 "말 자체가 해석학적 기능을 가지고 있기" 때문이다. 그러므로 그는 설교는 역사적 이해의 과제에 집중하는 본문의 주석Auslegung이 아니라, 본문이 말하고자 하는 것을 시행하는 본문의 시행Ausführung"83)이라고 하였다. 설교자가 본문을 만들어내는 것이 아니라, 본문이 설교자와 청중을 만들어내는 것이기 때문이다.

이처럼 에벨링과 푹스는 하나님 말씀을 '언어 사건Sprachgeschehen'84)으로 이해하고, 사건으로서 언어를 그들의 전 신학적 프로그램에 연결시키고자 하였다. 예수 그리스도의 구원 사건은 일종의 말씀 사건word event 이므로 우리가 성경을 해석한다는 것은 단지 성경의 말씀을 우리의 취향대로 이런 식으로 또는 저런 식으로 해석하여 인지적으로 이해하는 것이 아니라, 성경의 말씀이 우리에게서 하나의 구원 사건으로 일어나도록 하는 것임을 강조한다. 그래서 에벨링은 해석학이란 '말씀 사건을 동반한 이해론'이라고 규정한다.

그러나 한국의 설교자들은 본문이 우리를 해석하도록 설교자 자신이 본문 앞에 겸손히 서는 자세가 심히 부족하다. 말씀 위에 서서 말씀을 제멋대로 주도하려고 한다. 그러기 때문에 청중들에게 말씀을 일방적으로 강요할 뿐 청중을 말씀 앞에 세워서 말씀 안에서 스스로 결단하고 순종하도록 말씀 자체를 듣도록 하여 '말씀 사건'이 일어나게 하여야 한다는 비평을 듣게 되는 것이다.

바르트에 따르면 설교란 성서의 기록된 말씀을 하나님의 계시의 말씀으로 선포하는 것이다.[85] 교회가 계시의 말씀으로 선포한 것을 계시의 말씀 즉, 예수 그리스도라는 시금석에 비추어 자기 검증하는 것이 신학의 과제라고 하였다.[86] 바르트는 설교의 과제와 신학의 과제가 구분하지 않는다. 둘 다 우리에게 감추인 하나님의 말씀이 드러나도록 선포하고 검증하는 것이기 때문이다.[87]

바르트는 1916년 가을 로이트빌Leutwill에서 행한 "성서 안에 놀라운 새로운 세계"라는 제목의 강연을 통해 성경의 진정한 내용은 신에 대한 인간의 사고가 아니라, 인간의 대한 하나님의 사고라는 신학에서의 코페르니쿠스적 전회轉回를 시도하였다.[88]

따라서 설교는 사람들을 하나님의 말씀 앞에 세우는 것이다. 본문을 통해 성령이 말씀하시는 말씀 앞에 서게 하는 것이다. 성령의 증거는 성경이 하나님의 말씀이라고 증거하는 것이기 때문이다. "하나님의 말씀은 살았고 운동력이 있어 좌우에 날선 어떤 검보다도 예리하여 혼과 영과 및 관절과 골수를 찔러 쪼개기"도 하며 "마음의 생각과 뜻을 감찰"(히 4:12)하시기 때문이다.

그런데 한국 교회는 설교의 편협성과 피상성과 설교자의 말씀 주도가 심각한 문제로 제기되고 있다. 종교개혁자들이 주장한 성서 해석의 세 원리를 이러한 설교의 위기와 관련시켜 보았다. 성서가 성서를 해석한다는 원리는 성서 전체로 돌아가서 본문 선택의 폭을 넓히라는 성서 해석의 광폭성의 원리로, 성령이 성서를 해석한다는 것은 하나님의 말씀의 심오한 영적 현실을 드러내어야 한다는 성서 해석의 심오성의 원리로, 그리고 교회가 성서를 해석한다는 원리는 성서 해석의 주도권이 교회 공동체에 있다는 원리이지만 설교는 목회자의 목적 성취를 섬기는 것이 아니라 하나님의 몸 된 교회 공동체를 섬기는 사역이라는 원리로 해석할 수 있을 것이다.

그리고 현대 성서 해석학의 세 가지 쟁점도 역시 이러한 세 원리에 상응시켜 해석할 수 있을 것이다. '본문이 무엇을 의미했는가?' 하는 질문은 성서 본문의 본래적 역사를 의미를 폭넓게 연구할 것을 요청하고 있으며, '본문이 무엇을 의미하는가?' 하는 질문은 본문이 하나님의 말씀으로 지금 현재 우리에게 주어지는 영적인 심오한 의미를 드러낼 것을 요청하며, 특별히 새로운 해석학은 본문 위에 군림하여 본문을 좌지우지하려는 설교자의 독단에 대한 경종이다. 설교자 자신이 말씀 앞에 겸허히 서서 설교를 듣는 청중들로 하여금 하나님의 생명의 말씀 앞에 세워 '말씀이 우리를 해석하도록 하는 것'이 설교자의 일차적인 과제인 것을 일깨워 주고 있다.

제4장

교회의

학문으로서

신학

1
신학의 컨텍스트^{Context}로서 교회

1) 교회의 어원적 고찰

신학의 컨텍스트는 교회이다. 신학은 교회를 섬기는 학문이기 때문이다. 그러므로 현대 신학의 위기는 교회의 위기이기도 하다. 현대에 접어들면서 교회 내외의 상황이 급변하였다. 산업혁명과 프랑스 혁명을 통해 산업 사회와 시민 사회가 등장하게 되자 중세적 그리스도 왕국이 무너지고 교회는 사회적 특권과 지배력을 상실하게 되었다. 몰트만이 말한 것처럼 '교회와 사회의 옛 조화가 붕괴'된 것이다. 마르크스의 종교에 대한 사회적 비판과 이어서 일어난 러시아 혁명은 교회의 사회적 책임을 더욱 촉구하였다. 이러한 와중에서 벌어진 두 차례의 세계대전은 정통적인 서구 기독교 국가 사이의 분열과 갈등을 가져왔다. 기독교 국가들이 전쟁에서 서로 자국의 전승戰勝을 기도하는 아이러니가 발생한 것이다.

한편, '위대한 선교의 세기'라 일컬어지는 19세기를 통해 교회가 범세계적으로 크게 확장되어 기독교 신학은 아시아, 아프리카, 남미의 기존

종교와 문화와 접하면서 제기되는 선교적, 신학적 문제들도 적지 아니하였다.

이처럼 변화된 사회와 분열된 세계 그리고 다양한 문화권 속에서의 교회의 본질과 책임에 대한 논의가 여러 형태로 제기되어, 1939년 세계기독교교회협의회WCC의 결성 준비 모임의 주제는 "교회를 교회답게 하라."는 것이었다.

교회론의 첫 번째 근거는 교회ecclesia라는 특수한 용어에 기초한다.[1] 에클레시아는 "부름 받은 자들의 무리"라는 뜻이다. 이 에클레시아라는 명칭과 제도는 신약성서에서 사용되는 용어이지만 구약과의 내적 연관성을 무시할 수 없다. 구약성서의 히브리어 "하나님의 성회kahal Yahweh"라는 용어가 신약성서의 희랍어 "하나님의 교회ekklesia tou Theou"라는 새로운 공동체의 이름으로 통용되었고, 오늘날 간단히 "교회"라고 불리고 있는 것이다.[2] 구약에 나타나는 '이스라엘 민족의 구속사적 소명의식', '선택된 백성 의식', '계약 공동체'의 개념 등은 신약성서의 교회, 즉 '에클레시아'와 상관이 있는 개념들인 것이다.[3]

그러나 교회는 구약의 성막이나 성전처럼 예배당이나 성당과 같은 장소의 의미로 사용하거나 아니면 신자들의 공동체라는 회중의 개념으로 이해되어 왔다. 신약성서를 자세히 살펴보면 교회는 장소의 의미와 회중의 의미만 있는 것이 아니다. 최초의 교회는 오순절 사건을 통해 형성되었다. 따라서 사건으로서 교회라는 교회론의 성서적 근거를 새롭게 살펴보아야 할 것이다.

(1) 장소로서 교회

교회는 구약의 성전聖殿을 대체하는 하나님의 집 또는 성소聖所로서 장소적인 의미를 지닌다. 신약성서(개역개정판)에서는 교회라는 용어가

112회 등장하는데 장소의 의미로 쓰인 용례도 적지 않다. 교회가 장소를 지칭하는 사례들을 분류하여 정리하면 '가정 교회'와 '지역 교회'와 '온 교회'로 구분할 수 있다.

가정 교회에 관한 언급은 '아킵보와 네 집에 있는 교회'(몬 1:2), '눔바와 그 여자의 집에 있는 교회'(골 4:15) 등이다.

지역 교회로 지칭되는 것은 예루살렘 교회(행 11:22), 안디옥 교회(행 13:1), 갈라디아 교회(행 16:1), 겐그리아 교회(롬 16:1), 데살로니가인의 교회(살전 1:1, 살후 1:1), 그리고 요한계시록 2장과 3장에 나오는 소아시아 일곱 교회 즉, 에베소, 서머나, 버가모, 두아디라, 사데, 빌라델비아, 라오디게아 교회이다.

그 외에도 이 땅에 흩어져 있는 모든 교회를 지칭하는 것으로 '온 유대와 갈릴리와 사마리아 교회'(행 14:23), 아시아 교회(고전 16:19), 마케도니아 교회(고후 8:1), 온 교회(행 15:22), 이방인의 모든 교회(롬 16:4), 모든 교회(고후 11:28; 계 2:23), 여러 교회(고후 11:8), 각 교회(행 14:23), 각처 각 교회(고전 4:17)라는 표현이 등장한다.

신약성서에 나오는 가정 교회home church는 작은 무리들이 모인 예배처일 것이다. 이 가정 교회들이 점차 성장하여 지역 교회local church가 되고 여러 지역에 교회가 세워지면서 온 교회, 모든 교회, 여러 교회를 지칭하는 거룩한 공교회holy catholic church라는 개념으로 발전하게 된 것이다.

초대 교회는 예수의 최후 분부에 따라 세례를 베풀었고, 세례는 그리스도께서 이루신 구원에 참여하는 입교 의식으로 확립되었다. 217년 로마의 감독이 된 칼리투스Callitus는 교회에 입교하는 자들만 구원을 받는다는 의미에서 교회를 '노아의 방주'로 표상하였다.4) 키프리안 역시 교회를 '구원의 방주'5)로 이해하였다. 따라서 교회의 장소적 의미가 주요하게 취급되었다. 그래서 구원선인 교회를 크고 화려하게 건축하는 일에 몰두하였으며 도처에 이러한 성당이 세워졌다. 종교개혁 직전인 1506년 거대하고 화려한 베드로 대성당 건축을 시작한 후 건축비 마련을 위해 면죄부를 강매한 것은 교회를 단지 장소나 건물로 오해한 것의 전형적인 역사적 사례라 할 수 있다.

한국 교회도 선교 초기부터 하나님의 집 또는 성전이라고 하여 교회에 대한 장소의 개념이 강조되었다. 그래서 교회를 예배당 또는 성당이라고 칭하였다. 특히 개신교의 경우 교회를 구원의 방주로 여겨 방주 형태의 교회 건물이 도처에 세워지게 된 것이다. 거룩한 성전이요 하나님의 집인 교회를 크고 화려하게 지어 하나님의 영광을 드러내어야 한다는 취지로 교회 건축에 힘쓰는 교회들이 적지 않았다. 가시적인 교회 건물의 크기와 훌륭함이 목회 성공의 척도로 여겨지기도 하여 지역마다 경쟁적으로 교회를 건축하는 경우도 없지 않다.

(2) 회중으로서 교회

장소로서 교회 다음으로 교회하면 연상되는 것은 '회중으로서 교회'이다. 교회를 지칭하는 희랍어 '에클레시아'는 '부르심을 받은 무리'[6]를 뜻한다. 사도행전에는 최초의 교회 구성원들에게 베드로가 "너희와 너희 자녀와 모든 먼 데 사람 곧 주 우리 하나님이 얼마든지 부르시는 자"(행 2:39)라고 지칭하였다. 무엇보다도 사도신경에서 "교회와 성도가 서로 교제하는 것"을 고백하고 있기 때문이다. 가시적인 장소로서 교회보다는 하나님의 부름을 받은 거룩한 백성인 성도들의 공동체로서 회중이 곧 교회라는 개념이다. 전통적으로 가톨릭교회가 거룩한 성소聖所로서 교회를 강조해 왔다면, 개신교회는 하나님의 거룩한 백성들로 구성된 성도들의 공동체인 회중으로서 교회를 강조해 왔다. 루터와 칼빈은 교회를 죄인임에도 불구하고 믿음으로 의롭게 된 의인의 공동체로 보았다. 본회퍼 역시 누구보다도 회중으로서 교회를 강조하여 교회가 '성도들의 공동체'[7]인 것을 강조하였다. 이런 의미에서 예수원의 대천덕 신부는 교회敎會라는 용어를 교회交會로 고쳐 부를 것을 제안한 적이 있다.

현대의 '교회성장론자'[8]들 역시 회중으로서 교회를 강조하고, 교인의 수를 증가시키는 것이 교회의 성장이고 그것이 교회의 궁극적인 목표와 과제라고 주장한다. 대도시 교회의 경우 회중을 증가시키기 위해서 건물의 접근 용이성과 편리한 주차시설과 안락한 교회 분위기와 다양한 부대시설을 갖추어야 한다고 하였다. 회중을 끌어 모으기 위해서 장소가 중요하다는 논리이다. 교회 간의 경쟁이 불가피한 도시에서는 다시금 장소로서 교회가 교회 성장을 좌우하는 척도로 여겨지게 된 것이다. 교회성장론은 전도의 열정과 욕망을 부추치고 자본주의적인 시장 논리에 근거한 '교회성장 마케팅'을 구체적으로 제시하여 개교회의 무한한 성장과 개교회 간의 무한 경쟁을 신학적으로 정당화시켜 주었다.[9] 이에 관해서는 제4장 5의 "한국 교회의 구조적 위기와 교회론적 대안"에서 자세히 살펴보려고 한다.

어떤 목회자 그룹에게 설문조사를 하였다. 현재 한국 교회의 가장 큰 문제는 무엇인가 했더니 교회의 외적 성장에 치중하여 교회 건축에 몰두하는 것이라고 하였다. 그래서 당신이 섬기는 교회의 목회에서 가장 큰 애로사항이 무엇이냐고 물었더니 예배와 교육 시설의 부족이라고 하였다. 많은 목회자들이 다른 교회의 교회 건축은 비판하면서도 자기 교회의 시설 협소는 목회의 가장 큰 취약점으로 보는 자기 모순에 빠져 있는 것을 알 수 있다.

(3) 사건으로서 교회

에밀 브룬너는 『교회에 대한 오해』[10]라는 책에서 지난 1800여 년 동안 그리스도의 교회가 교회를 하나의 제도 즉 장소 또는 회중과 단순히 일치시켜 온 것은 교회에 대한 큰 오해라고 주장했다. 브룬너에 따르면 교회는 장소로서 교구와 회중들의 직제로 구성된 제도 자체가 아니라, 하나님과의 인격적 만남과 이웃과의 사랑의 만남 속에 존재한다고 하였다.11) 이 이중적 만남의 사건이 교회의 본질적인 개념이라고 하였다. 성령 안에서 이루어지는 이 거룩한 사건으로서의 교회 회복을 주장한 것이다.

사도행전에 나오는 최초의 교회는 오순절 사건이었다. 예수께서 승천하시기 직전 "저희에게 분부하여 가라사대 예루살렘을 떠나지 말고 내게 들은바 아버지의 약속하신 것을 기다리라."(행 1:4)고 하였다. 그래서 이 약속을 믿었던 120명 정도의 무리들이 오순절 날 예루살렘의 한 다락방에 모였던 것이다. 그때 거기서 성령이 충만하게 임하였고 이에 베드로가 예수가 그리스도라고 말씀을 선포하고 많은 사람들이 회개하는 놀라운 역사가 일어났다. 최초의 교회 사건이 일어난 것이다. 따라서 다락방이라는 장소와 120명이라는 회중이 중요한 것이 아니라, 그곳 그 사람들 사이에서 일어난 거룩한 사건이 본질적으로 중요하게 취급되어야 한다.

부름 받은 무리들이 함께 모였을 때 하나님의 말씀이 선포되고 그 말씀이 들려지는 사건 가운데서 최초의 오순절 사건으로 교회가 출발하게 된 것이다. 종교개혁자들은 '하나님의 말씀이 선포되고 경청되는', 다시 말하면 하나님의 말씀을 듣고 순종하는 신앙의 사건이 일어나야 그 장소와 그곳에 모인 회중을 참된 교회라고 하였다.

이러한 전통을 이어받아 바르트는 『교회교의학』 IV/1–3에서 '하나님의 화해의 사건Ereignis으로서 교회'라는 주제를 통해 '사건으로서 교회'를 교회의 본질적 개념으로 제시하였다.12) 바르트에 따르면 화해의 사건은 그리스도 안에서 일어나는 칭의, 성화, 소명의 사건이다. 교회는 하나님의 말씀 사건, 계시의 사건, 화해의 사건으로 존재하는데 이 사건을 단순히 제도적인 장소와 회중으로 일치시킬 수 없다는 것이다.13)

한국의 일부 대형 교회의 목회자가 성 문제로 비난받고 공금 횡령으로
사법처리되고 아들에게 목사직을 세습하여 사회적으로 비난받으면서도
교회 건물과 회중의 수만으로 교회의 정당성을 주장하는 경우가 없지 않
다. 물론 교회에는 밀과 가라지가 섞여 있지만 그래도 참다운 교회라면
잘잘못에 대한 치리와 회개의 사건이 일어나고 스스로 자정 능력을 갖추어
최소한 교회의 법과 질서가 유지되고 신앙의 상식이 통하여야 할 것이다.
신앙의 상식은 안 통하더라도 최소한 일반적인 상식과 통념이라도 통하여
야 사회적 비난을 피할 수 있을 것이다.

따라서 한국 교회는 장소와 회중을 교회에 일치시켜 온 교회론의 오해
를 자각하고 장소와 회중에 대한 경쟁적인 집착에서 다소 물러나서 하나님
의 말씀을 바로 전하고 바로 행하여 말씀의 사건이 온전히 일어나는 교회
를 회복하는 일에 힘써야 할 것이다.

2) 교회의 성서적 표상

교회를 지칭하는 '에클레시아'라는 단어의 본래적인 의미를 분석해 보
면 교회의 본질을 유추할 수 있다. 에클레시아가 '불러내다'라는 뜻이라면
누가, 누구를, 언제, 어디서, 어떻게, 왜 불렀느냐 하는 질문을 제기할 수
있다. 이 중에서 "누가 불렀느냐?"는 질문은 존재론적 본질에 상응하고
"왜 불렀느냐?"는 질문은 목적론적 본질로서 교회의 구조와 기능에 상응
한다.

먼저 부르심의 주체를 중심으로 성서에 나타난 교회의 용례를 찾아보면
하나님의 교회, 그리스도의 교회, 성령의 교회로 구분할 수 있다.

신약성서에는 '하나님의 교회'(고전 1:2, 10:32, 11:16, 11:22, 15:19;

고후 1:1; 살전 2:14; 살후 1:4; 갈 1:13; 딤전 3:15)라는 명칭이 가장 많이 등장한다. ‘하나님의 교회’라는 말은 하나님이 부르신 무리들이라는 뜻이다.

그리고 ‘그리스도의 교회’(롬 16:16; 갈 1:22)와 그의 몸인 교회(골 1:24)라는 표현이 등장한다. ‘그리스도의 교회’라는 말은 그리스도께서 부르신 무리라는 뜻이 된다.

성령의 교회라는 직접적인 표현은 찾을 수 없지만 “성령이 교회들에게 하시는 말씀을 들을지어다.”라는 표현은 모두 7번(계 2:7, 11, 17, 19, 3:6, 13, 22) 나타나는 것으로 보아 하나님의 교회와 그리스도의 교회는 곧 ‘성령의 교회’라고 볼 수 있다. 성령의 교회는 성령께서 부르신 무리들이라는 뜻이 된다.

따라서 교회를 부르심의 주체 즉 ‘누가 불렀는가’ 하는 관점에서 살펴보면 교회는 ‘삼위일체 하나님의 부르심을 받은 무리’인 것이 분명하다고 여겨진다. 삼위일체 하나님이 부르셨기 때문에 교회는 존재론적으로 하나님의 교회이며, 그리스도의 교회이며, 성령의 교회이다.

성서에 나타나는 교회의 표상은 ① 하나님의 택한 백성이며(벧전 2:9-10), 하나님의 자녀이다.(요 1:13; 롬 8:16) ② 그리스도가 머리되시고 모든 성도가 그 지체가 되는 그리스도의 몸이며(고전 12:27; 엡 2:22, 골 2:19) ③ 성령의 능력과 성령 안에서 성도의 교제가 현존하는 곳이다.(고전 3:16; 고후 13:13)[14]

「스코틀랜드 신앙고백」(1560) 제16장은 교회에 대하여 하나님이 택한 백성들의 무리이며, 그리스도의 몸이며, 성령의 교제라고 하였다.

한 아버지 하나님과 아들과 성령을 믿는 것과 같이 우리는 처음부터 하나의 교회가 있었고 현재도 있고 세상 끝 날까지 하나의 교회가 있을 것을 굳게 믿는다. 즉 하나님에 의하여 택함을 받은 하나님의 무리인 집단이 있을 뿐이다. 그들은 그리스도 예수에 대한 믿음으로써 하나님을 바로 예배하며 그를 모신다. 그리스도 예수는 교회의 유일의 머리요 교회는 그의 몸이요 신부이다. 이 교회는 보편적인 교회이다. 즉 우주적이다. 왜냐하면, 교회는 모든 시대와 지역과 국민과 방언을 가진 택한 사람들을 포함하고 있기 때문이다. 가령 그들이 유대인에 속했거나 이방인에 속했거나 그들은 다 같이 성령의 성화를 통하여 아버지 하나님과 그의 아들 그리스도 예수와 더불어 교제하고 공동체를 형성하고 있기 때문이다. 그러므로 그것을 불경자不敬者와의 교제라 부르지 않고 성도의 교제라 부른다. 그들은 하늘의 새 예루살렘의 시민으로서 헤아릴 수 없는 많은 은사의 열매를 가지고 있다.15)

바르트 역시 그의 「화해론」의 방대한 체계를 통해 이 세 가지 표상을 수용했으나 그리스도의 몸, 성령의 교제, 하나님의 백성이라는 순서로 설명하였다. 반면에 한스 큉은 그의 『교회론』에서 교회의 근본 구조를 하나님의 백성, 성령의 전, 그리스도의 몸이라는 순서로 제시하였다.16) 이처럼 하나님의 백성, 그리스도의 몸, 성령의 전으로서 교회는 여러 신학자들에 의해 다양하게 소개되었다.

교회에 대한 이 세 가지 성서의 표상은 부르심의 목적과 관련한 교회의 삼위일체론적 존재 구조와 상응한다. 성부 하나님은 하나님의 은혜로 택하사 하나님의 새로운 백성(벧전 2:9)인 하나님의 자녀(롬 9:26)로 부르셨으며, 하나님의 흠 없는 자녀(빌 2:18)로서, 하나님을 본받아(엡 5:1, 8), 하나님의 계명을 지키며(요일 5:2), 진리 안에서 행하고(요삼 1:4) 하나님의 자녀답게 살라고 불렀다. 성자 하나님께서는 우리로 하여금 자기 십자가를 지고 그리스도를 따르며 그리스도의 몸corpus christianum을 세우도록 그의 몸의 지체로 불렀다.(골 2:19) 그리고 성령 하나님은 우리로 하여금 성령의 능력과 현존 안에서 교제(고후 13:13)하며 거룩하고 흠이 없게 하시고(엡 5:27), 거룩한 삶(살전 4:7; 벧전 1:15-16)을 살도록 부르신 것이다.

그러나 이 삼위일체 하나님의 부르심은 궁극적으로 삼위일체 하나님의 나라를 선포하고 실현하고 기다리라고 부르신 것이다. 하나님의 나라는 하나님의 통치를 뜻하며, 하나님의 뜻이 하늘에서처럼 땅에서 이루어지고(마 6:9) 하나님의 의가 이루어지는 것이며(마 6:33), 하나님의 권능dunamis과 하나님의 권위exousia를 통해 천국복음을 전파하고preaching, 그리스도께서 분부한 모든 것을 가르쳐 지키게 하고teaching, 모든 병자와 약자를 치유하는healing 것이다.(마 4:23)

따라서 하나님의 나라는 하나님의 백성, 그리스도의 몸, 성령의 교제라는 교회의 삼위일체적 표상을 통합하는 핵심적인 표상인 것이다. 그러므로 성서에 나타나는 교회의 표상은 크게 네 가지로 설명할 수 있는데 그중의 핵심은 삼위일체 하나님의 나라에로의 부름이다.

① 하나님의 부름 : 하나님의 새 백성 – 새 계약의 공동체
② 그리스도의 부름 : 그리스도의 몸 – 메시아적 삶의 공동체
③ 성령의 부름 : 성령의 교제 – 성령 공동체
④ 삼위일체 하나님의 나라로의 부름 : 하나님 나라의 선취 – 종말론적 공동체

사도행전에 따르면 예수께서 부활하신 후 제자들에게 "확실한 많은 증거로 친히 사심을 나타내사 사십 일 동안 저희에게 보이시며 **하나님 나라의 일**을 말씀하셨다."(행 1:3)고 하였다. 따라서 하나님의 나라의 일은 최초의 부활 공동체인 교회의 존재 이유이기도 하다. 빌립도 "하나님 나라와

및 예수 그리스도의 이름에 관하여 전도"(행 8:12)했으며, 바울도 "회당에 들어가 석 달 동안 담대히 하나님 나라에 관하여 강론하며 권면하였다."(행 19:9, 참조 20:25, 28:28, 31)

이처럼 최초의 교회 공동체의 가장 큰 목표는 예수 그리스도께서 공생애 동안 가르치신 것처럼 '하나님의 나라가 하늘에서처럼 이 땅'에 이루어지도록 길을 예비하고 그 첩경을 평탄하게 하는 것이었다. 따라서 교회는 '하나님 나라의 전위대前衛隊 혹은 돌격대突擊隊'요, 하나님의 나라를 이 땅에서 앞당겨 맛보고 이루어 가는 '하나님의 나라의 선취anticipation'요, 그리고 '하나님의 나라의 표징表徵'으로 이해된다. 하나님의 나라가 오고 있기에 그 전조前兆로 교회도 온 것이지, 교회가 왔기에 그 결과로 하나님의 나라가 오고 있는 것은 아니다.

예수 그리스도께서는 하나님의 나라를 선포하셨고 그 일을 위임받은 공동체가 교회라고 볼 수 있다. 예수의 가르침이 집중적으로 전승된 복음서에는 교회라는 말이 두 번(마 16:18, 18:17)밖에 등장하지 않지만 하나님의 나라는 1백여 곳에 걸쳐 나타나기 때문이다. 그래서 한스 큉은 "예수는 하나님의 나라를 선포하였지만 도래한 것은 교회였다."는 사실을 다시금 제기하였다.17)

하나님 나라Basileia와 교회Ecclesia는 분명히 밀접한 관계를 가지고 있다. 실제로 예수께서는 처음에 교회에 대해 언급하실 때 그가 교회를 세우실 것이며 '음부의 권세가 그것을 이기지 못할 것'이라고 선언하신 후 곧바로 베드로에게 "내가 천국(하나님의 나라) 열쇠를 네게 주리라."(마 16:18-19)고 하였다. 여기서 교회와 하나님의 나라 사이의 역동적 관계가 잘 드러난다.

교회가 단지 교회만을 위하여 존재하는 것은 아니다. 교회는 '도상에 있는 존재'로서 하나님의 나라가 온전히 이루어지면 더 이상 존재할 이유가 없기 때문에 자동적으로 소멸될 수밖에 없는 한시적 존재인 '순례 공동체'인 것이다. 그래서 종교개혁자들은 이 땅에서 교회는 '이 세상에 거하나 이 세상에 속할 수 없기' 때문에 이 악한 세상에 대적하여 싸우는 '전투적인 교회'라고 하였다. 그러나 지상의 전투적 교회는 또한 그리스도 안에서 최후의 종말론적 승리를 고대하는 '승리의 교회'라고 하였다. 그런데 교회가 교회 자체만을 위해 존재할 때 교회는 교회로서의 본래적 생명을 상실하게 되고 점차 부패하게 되는 것이다.[18] 따라서 교회는 하나님의 나라의 자연의 통치, 은총의 통치, 영광의 통치를 선포하고 이를 확장하고 예비하며 기다리는 '하나님 나라의 종말론적 구원의 공동체'[19]인 것이다. 특히 어거스틴은 『신의 도성』에서 교회와 하나님 나라 사이의 이러한 종말론적 긴장 관계를 자세히 서술하였다.

하나님 나라의 종말론적 공동체로서 교회는 모이는 교회와 더불어 '흩어지는 교회'를 주장하는 '하나님의 선교*missio Dei*'라는 현대 신학 교회론의 핵심이기도 하다.[20] 교회는 '교회의 유지와 확장을 위해 '교회의 선교'를 하는 것이 하나님의 뜻이 이 세상의 삶의 모든 영역에서도 이루어지게 하기 위하여 '하나님의 선교'에 참여하여야 한다. 교회는 자신만을 위해 실존하지 않으며 하나님의 세계 선교를 위해 존재하며, 세상을 위하여 존재한다는 것이다.

바르트는 '세상을 위한 교회'는 '하나님 나라의 교회'이어야 한다고 주장하였다. 그의 『교회교의학』 IV/3(1959)에서 "세상을 향한 교회"라는 교회론의 새로운 과제를 신학적으로 체계화하였다. 바르트에 따르면 예수 그리스도께서 인간과 세상을 위해 계셨던 것과 마찬가지로 교회 역시 인간과 세상을 위해 존재해야 한다. 세상을 위해 존재하는 교회는 궁극적으로는 하나님의 나라를 위해 존재하는 공동체라는 것이다.[21]

몰트만 역시 "하나님의 나라를 위한 교회"라는 개념을 그의 신학과 교회론의 중심 개념으로 설정하였다고 볼 수 있다.『성령의 능력 안에 있는 교회』[22)에서는 교회의 삼위일체론적 해석을 시도한다. 교회는 종말론적 하나님 나라의 교회이며, 메시아적 교회이며, 성령의 은사와 능력이 현존하는 성령 공동체라는 것이다. 몰트만은 그리스도의 몸을 세움이라는 개념을 확대하여 교회를 메시아적 삶에 참여하는 메시아 공동체라고 하였다. 교회가 메시아이신 그리스도의 몸의 지체라면 교회는 그리스도께서 공생애 동안 보여주셨던 메시아적 삶에 참여할 뿐 아니라 십자가와 부활에 참여하는 십자가 공동체이며 부활 공동체라고 하였다. 그리고 성령의 현존과 능력에 힘입어 땅 끝까지 복음을 전하도록 부르신 것이다.(행 1:8) 이러한 삼위일체론적 교회론을 통해 참다운 교회는 '삼위일체 하나님의 나라의 종말론적 역사'에 참여하는 교회라고 하였다.[23)

3) 교회의 3중적 구조와 6가지 기능

(1) 교회의 3중적 구조

교회론의 두 번째 근거는 "왜 불렀느냐?"는 질문에서 유추되며 이는 목적론적 본질로서 교회의 구조와 기능이 여기에 상응한다. 호켄다이크는 교회의 구조를 모이는 교회와 "흩어지는 교회"라 하여 이중적으로 보았다.

"교회는 항상 동시에 세계로부터 나오라고 부름을 받으며 또 세계 속으로 가라고 보냄을 받고 있다. 이 이중적 운동의 두 요소는 서로 배제하지 않고 항상 서로 포함한다."[24)

그러나 칼 바르트는 그의『교회교의학』 4부에서 다룬 '화해론'의 방대한 체계를 통해 에클레시아를 삼중적인 화해의 역사로 해석하였다.

바르트에 따르면 교회의 어원 에클레시아는 불러 모음calling out, gathering(회집)과 불러 세움calling up, upbuilding(양육)과 불러 보냄calling into, sending(파송)이라는 삼중적 의미를 함축하고 있다. 바르트는 교회에 대한 세 가지 성서적 표상을 수용했으나 그리스도의 몸, 성령의 교제, 하나님의 백성이라는 순서로 설명하면서 이를 회집, 양육, 파송과 관련시켰다. 따라서 삼위일체 하나님의 교회는 삼위일체 하나님의 화해의 삼중적 사건이며, 이는 각각 믿음의 칭의와 사랑의 성화와 소망의 소명에 상응한다는 사실을 2권의 방대한 화해론의 체계로 서술한 것이다. 바르트는 교회는 단지 모여서 흩어지는 2중적 구조가 아니라 회집, 양육, 파송의 3중적 구조를 가져야 한다고 주장한 것이다.25) 바르트 교회론의 특이한 점은 하나님의 백성을 회집으로 해석하지 않고 파송으로 해석하였다는 점이다.

① 그리스도의 몸 : 불러 모음(calling out, 회집) - 믿음의 칭의
② 성령의 교제　 : 불러 세움(calling up, 양육) - 사랑의 성화
③ 하나님의 백성 : 불러 보냄(calling into, 파송) - 소망의 소명

이제까지의 논의를 종합하여 보면 교회는 모이는 구조와 양육하는 구조와 흩어지는 구조를 지닌다. 이는 구원의 방주, 성도들의 어머니, 구명선이라는 신학적 표상에 상응한다.

첫째, 모이는 교회의 신학적 표상은 구원의 방주로서 예배 공동체이다. 217년 로마의 감독 칼리투스Callitus가 교회를 구원받은 자들만이 들어갈 수 있는 노아의 방주26)라고 주장한 이후 구원의 방주 교회론은 널리 수용되었다. 키프리안은 "노아 방주 밖에 있었던 사람 모두가 목숨을 구할 수 없었듯이 교회 밖에 있는 사람들 역시 구원을 받을 수 없습니다."27)고 하

였다.

노아의 방주는 실제로 온갖 동물들의 분뇨 냄새가 진동하고 온갖 동물들의 울음소리로 밤낮 가릴 것 없이 시끄럽기가 극에 달하여 있었다. 게다가 방주는 창도 없었고 밀폐된 공간이었으니 만약에 노아의 식구들이 방주 안에서 1년 동안 냄새와 소음을 견디지 못하고 밖으로 나와 버렸다면 구원을 기대하기는 어려웠을 것이다. 구원의 방주인 교회 역시 알곡과 가라지가 섞여 있어 냄새나고 시끄럽지만 그 안에 있어야만 구원에 참여할 수 있다는 점을 강조한다.

따라서 목회자는 예수의 마지막 분부처럼 가능한 한 많은 사람에게 세례를 베풀어 구원의 방주에 참여할 수 있도록 하는 일에 전문가가 되어야 한다. 교회와 사역의 목표도 세례교인의 수평 이동이 아니라 불신자를 세례교인으로 만드는 일에 두어야 한다. 따라서 목회자는 사람들을 불러 모아 세례를 주고 예배에 지속적으로 참여시키는 것을 목회의 우선순위로 삼아야 할 것이다.

둘째, 양육하는 교회는 성도의 어머니로서 양육 공동체를 의미한다. 일찍이 키프리안과 어거스틴과 칼빈은 교회를 '성도들의 어머니'라고 하였다. 키프리안은 "우리는 어머니의 모태에서 태어났으며, 그의 젖으로 양육되고, 그의 영으로 생기"[28]얻으므로 "교회를 어머니로 모시지 않는 사람은 하나님을 아버지로 모실 수 없다."[29]고 하였다.

어거스틴에 따르면 교회는 세례를 통하여 하나님 아버지를 믿는 지체들을 낳는다. 교회는 우리를 낳고 아버지의 뜻으로 양육하고 그리스도의 형상을 이루기까지 해산의 수고를 아끼지 않는다.(갈 4:19)

마찬가지로 칼빈이 교회를 '신자들의 어머니'라고 한 것도 같은 맥락에서 이해할 수 있다. 신자들의 어머니인 교회는 자신의 자녀인 신자들은 교회 안에 모으고 하나님의 자녀로 양육하기 위해 훈련하고 치리하는 일을 게을리 해서는 안 되는 것이다.30) 교회는 신자들을 잉태하고 양육하고 성장하게 하며 보호하고 인도하여야 한다고 하였다.

브라질의 교육학자 파울로 프레이리는 지식축적식(은행적금식) 교육과 문제해결식 교육을 구분하고 가난하고 무지한 브라질의 민중들에게 단시간의 순회 교육을 통해 자신의 정당한 권리를 쟁취할 수 있는 의식화 교육을 실시하였다.31) 따라서 목회자는 교회를 찾아온 이들에게 신앙의 의식화 교육의 전문가가 되어야 한다. 어느 연령 어느 계층에 속하는 사람이든지 학식의 유무와 상관없이 각자의 형편과 처지에 따라 가장 단시간에 효과적으로 복음을 가르쳐 신앙을 심어 주는 신앙 의식화 교육의 최선의 방법과 모델을 모색하여야 할 것이다.

셋째, 흩어지는 교회는 재난의 현장을 찾아 나서는 구명선으로서 하나님의 선교를 위한 파송 공동체이다. 전통적으로 가톨릭교회가 예배를 미사라고 부른 것은 예배의 마지막 순서가 세상으로의 파송missio 선언이기 때문에 여기서 미사mass라는 단어가 유래한 것이다.

호켄다이크는 교회의 궁극적인 목적을 '땅 끝까지 이르러 예수 그리스도의 증인'(행 1:8)이 되기 위해 '세상으로 흩어지는 것'이라고 하였다.32) 이러한 '흩어지는 교회'라는 개념은 '하나님의 선교missio Dei의 신학'33)을 통해 보다 명확한 입지를 확보하였다. 전통적인 복음주의 선교관에서 말하는 하나님의 구원 역사는 하나님께서 교회를 통하여 이 세상에 역사하신다는 '교회의 선교'를 '하나님 → 교회 → 세상'으로 도식화했다. 그러나 교회 중심적인 선교관에 비판을 가한 호켄다이크는 하나님 자신이 선교 주체이시며 직접 세상에 역사하시므로 하나님의 구속사와 세속사가 별개의 것이 아니므로 하나님의 선교는 '하나님 → 세상 → 교회'의 도식을 갖게되고 교회는 선교의 주체가 아니라 선교의 결과물이며 세상을 향한 하나님의 살아 있는 선교의 도구와 수단에 불과하다고 하였다.

모이는 교회는 교회 중심의 선교로써 불신자들을 교회로 불러 모으는 '구원의 방주'로 표상한다면, 흩어지는 교회는 하나님의 보내심에 따라 세상으로 흩어져 생명을 살리는 하나님의 일을 수행하는 '구명선'으로 표상된다. 선한 사마리아인의 비유에서처럼 재난당한 사람들이 교회로 찾아오도록 기다리는 것이 아니라, 재난 현장으로 찾아가서 그들을 교회로 데려오는 것이 교회의 궁극적인 사명이라는 의미이다. 땅 끝까지 복음의 증인이 된다는 것은 삶의 모든 영역에서 하나님의 뜻이 하늘에서 이루어진 것같이, 교회가 아니라, 이 땅에서 이루어지게 하기 위하여 사회 선교의 책임을 다하는 것이다. 이를 통해 신앙을 생활로 증거하고 신앙과 삶의 궁극적인 일치를 지향하는 것이다.

① 모이는 교회(불러 모음) : 구원의 방주 – 예배 공동체
② 양육하는 교회(불러 세움) : 성도들의 어머니 – 양육 공동체
③ 흩어지는 교회(불러 보냄) : 구명선 – 파송 공동체

한국 교회의 가장 큰 문제로 제기되는 것은 신학적 양극화이다. 복음주의자들은 교회의 모이는 구조를 강조하여 개인 구원과 기복신앙의 성장제일주의로 기울었고, 반면에 에큐메니칼 노선을 따르는 특히 민중 교회는 흩어지는 교회를 강조하여 사회 구원과 인간화의 사회 변혁에 기울게 되었다. 모이는 교회와 흩어지는 교회의 양극화를 극복하기 위한 교회론적 대안은 양육하는 교회에서 찾아볼 수 있다. 교회는 신자들의 어머니로서 신자들을 잉태하고 양육하고 성장하게 하며 보호하고 인도한다고 하였다. 훈련받은 병사가 전투를 잘하듯, 양육받은 성도만이 진실한 봉사와 힘찬 선교 사역을 잘 감당할 수 있는 것이다.

모이는 구조로 편향된 교회가 흩어져 사회 선교와 하나님의 선교의 사

역을 잘 감당하지 못하는 것은 교회를 통한 신앙의 양육 기능이 약화되어 있기 때문이다. 교회에 모여든 신자들을 바르게 양육하여 그들이 믿음의 장성한 분량에 이르면 교회 안에게 겸손하고 진실하게 봉사할 수 있게 되며, 그래야 흩어져 나아가 신앙과 삶의 일치를 실현하고 그리스도인의 사회적 책임과 하나님의 선교의 사명을 감당하면서 세상에서 빛과 소금의 직분을 수행하게 되는 것이다.

사회로 흩어지는 교회들이 몰트만이 말한 것처럼 '단지 사회 개혁의 세력으로 여겨 기독교의 자기 동일성을 상실할 위기에 처한 것'은 그들이 제대로 복음으로 양육받아 장성하기도 전에 성급히 흩어지기 때문이라 할 수 있다. 따라서 참된 교회는 모이는 구조와 양육받는 구조와 흩어지는 구조의 삼중적 조화를 이루어야 하는 것이다.

(2) 교회의 6가지 과제

교회의 원형적·이상적 모델은 오순절 교회의 역사적 신앙 사건이다. 사도행전 2장에 기록된 역사적 사건으로서 교회가 구체적으로 행한 일을 통해 교회의 과제를 유추할 수 있다. 전통적으로 사도행전 2:42-47에 기초하여 교회의 과제 또는 기능을 삼중적으로 해석하여 왔다. 즉 선포적 기능kerygma, 봉사적 기능diakonia, 친교적 기능koinonia이다.

바르트는 오순절 사건에 근거하여 교회의 과제로서 12개의 중요한 교회의 일들을 언급했는데 다음과 같다.

1) 예배와 찬양, 2) 설교, 3) 교육, 4) 복음화, 5) 선교, 6) 신학, 7) 기도, 8) 영혼 위로(Seelsorge), 9) 기독교적 존재와 삶의 모범되기, 10) 디아코니아, 11) 예언자적 사명, 12) 새로운 공동체의 형성[34]

그러나 오순절 교회의 사건을 구조적으로 정리하면 몇 가지 기능을 더 세분화하여 추가해야 한다는 사실을 알게 된다. 예수의 추종자들이 예수 부활을 체험한 후 예루살렘을 떠나지 않고 그리스도의 약속과 명령에 따라 한곳에 모였다. 날마다 성전에 모이기를 힘쓰는 가운데서 성령의 임재를 통해 회개와 속죄와 구원의 역사가 일어난 것이다.

초대 교회 공동체 무리들 가운데서 일어난 일은 다음과 같다. 사도들이 '십자가에 달린 예수가 다시 살아나셨다.'는 복음을 선포하였으며(keryg-ma), 그 무리들은 또한 사도들의 가르침을 받았고(didache), 전혀 기도하기를 힘쓰고 떡을 떼었으며(liturgia), 서로 교제하였고(koinonia), 그리고 모든 물건을 서로 통용하고 또 재산과 소유를 팔아 각 사람의 필요에 따라 나눠주었다.(diakonia) 그 결과 사도들로 인하여 기사와 표적이 많이 나타났으며 온 백성에게 칭송을 받았고, 주께서 구원받는 사람들을 날마다 더하게 하셨다(Missio).

위에서 언급한 초대 교회가 한 일을 내용으로 분류하면 교회가 수행해야 할 6가지 과제로 나눌 수 있다.

① 예배 또는 예전의 과제(liturgia) : 기도와 떡을 뗌

② 말씀 선포의 과제(kerygma) : 베드로의 말씀 선포

③ 교육의 과제(didache) : 사도들의 가르침을 받음

④ 교제의 과제(koinonia) : 서로 교제함

⑤ 나눔과 섬김의 과제(diakonia) : 재산 통용 필요에 따라 나눔

⑥ 전도와 선교의 과제(missio) : 3000명의 세례, 구원받은 자 날로 더함

칼빈도 일찍이 "교회에 관한 칙령"(1541)에서 교회의 임무를 복음 전파, 성례 집행, 믿음 교육, 순종 훈련, 고통당하는 자의 보살핌이라고 하였

다. 이 다섯 가지는 앞서 살펴본 6가지 과제와 거의 일치하는 것으로 볼 수 있다. 이 6가지 과제에 대하여 자세히 다루지 못하고 다만 '교회의 사회 선교 과제'와 '교회의 정치적 책임'에 대하여 2절과 3절에서 다루려고 한다.

4) 교회의 특성과 참된 교회의 표식

사도신경에는 "거룩한 공교회와 성도의 교제를 믿습니다."라고 되어 있지만, 니케야-콘스탄티노플 신조(381)에는 "하나이며, 거룩하고 보편적이며 사도적인 교회를 믿습니다."라고 하였다. 이러한 전통에 따라 가톨릭과 개신교를 막론하고 교회의 4가지 특성으로 교회의 단일성unity, 보편성catholicity, 거룩성holiness, 사도성apostolicity이 다양한 내용으로 주장되고 해석되어 왔다. 이 4가지 특성 외에 화합과 일치성ecumenicity을 포함시켜 5개의 특성을 주장하는 개신교 신학자도 없지 않다.35)

종교개혁으로 인해 1500년 동안 유지하여 온 가톨릭교회의 제도적 단일성이 무너지고 가톨릭교회와 프로테스탄트 교회와 재세례파로 분열되어 이 세 교회 중에 "어느 교회가 참된 교회인가?" 하는 문제가 심각하게 제기되었다. 가톨릭교회는, 키프리아누스 이후 '배교보다도 분열이 나쁘다.'는 가르침에 따라 교회의 일치를 유지하여 왔으므로, 루터와 칼빈을 그리스도의 몸 된 교회를 분열시킨 분열주의자라고 매도하였다. 이에 대해 칼빈은 가톨릭교회가 참된 교회가 아니어서 성서와 초대 교회로 돌아가서 참된 교회를 회복restoration한 것이지 교회를 분열한 것을 아니라고 주장하였다. 이에 대해 알곡과 가라지가 섞여 있는 경험적·제도적 실체인 가시적인 교회라는 관점에서 보면 가톨릭교회도 온전하지 못하지만 불가시적인 교회라는 관점에서 보면 가톨릭교회도 하나님의 택한 백성이요 거룩하고 참된 교회라고 하였다. 이런 반론에 대해 칼빈은 불가시적인 교회는 가시적인 교회를 떠나 따로 존재할 수 없으며 따라서 참된 교회인지 아닌지를 인간이 판단할 수 있는 가시적이 표식이 있다고 하였다.

칼빈은 참된 교회의 가시적인 표식을 보이는 말씀과 보이지 않는 말씀인 성례라고 하였다. "하나님의 말씀이 순전히 전파되고 경청되는 곳 또 그리스도께서 제정하신 대로 성례가 시행되는 곳에는 하나님의 교회가 존재"36)한다고 하였다. 그런데 가톨릭교회는 이러한 참된 교회의 2가지 표식notae ecclesia이 없으므로 참된 교회가 아니어서 프로테스탄트 교회가 참된 교회를 회복한 것이지 결코 교회를 분열시킨 것은 아니라고 항변하였다.

한편으로 재세례파는 루터와 칼빈의 개혁이 철저하지 못한 것으로 보았다. 그리고 성서로 돌아가자고 하고선 바울의 칭의론이라는 교리로 돌아갔으므로 참된 교회의 원형인 오순절 초대 교회로 돌아가야 한다고 주장하였다. 그리하여 오순절 교회의 성령의 직접적인 계시와 예언사역을 주장하는 신령주의자들spiritualist과 초대 교회의 유무상통의 사회적·경제적 개혁을 주장하는 과격한 농민혁명가들이 등장한 것이다. 이에 대해 칼빈은 이들 재세례파야 말로 참된 교회의 가시적인 2가지 표식이 있는 프로테스탄트 교회를 분열시킨 것으로 비판하였다.

칼빈은 참된 교회를 유지하기 위해서는 교회의 치리와 권징이 필요하다는 점도 역설하였다. 권징과 치리의 참된 목적은 부도덕한 사람들에게 그리스도인이라는 호칭을 빼앗으므로 그리스도의 몸이신 거룩한 교회를 보호하고 주님의 성찬을 합당하게 보존하기 위함이며, 교회 안에서 "악한 자와 교제함으로써 선한 자들이 타락하는 일이 없도록 하는 것"이며, "비루鄙陋한 자신에 대한 부끄러움을 이기지 못하는 사람들이 회개"37)하게 함이라고 하였다.

칼빈이 권징과 치리의 필요성을 강조하였기 때문에 참된 교회의 3번째 표식으로 권징과 치리를 포함시키려는 주장이 제기되었다. 그리하여 교회의 참된 표식을 2가지로 보는 사람과 3가지를 주장하는 사람으로 나뉘게 되었다.38)

「아우구스부르크 신앙고백서」(1530) 제7조에는 유일하고 거룩한 교회의 참된 표식을 두 가지 즉 "복음을 순수하게 가르치며, 성례전을 올바르게 집행하는 성도의 회중"39)이라 하였다. 그러나 「스코틀랜드 신앙고백」(1560)에는 교회의 훈련을 추가하여 참된 교회의 3중적 표식론을 가르친다.

> 그러므로 우리가 믿고 고백하고 공언하는 참된 교회의 표적은 다음과 같다. 첫째로 하나님의 말씀을 참되게 전하는 것이다. … 둘째로 그리스도의 예전을 정당하게 시행하는 것이다. … 그리고 하나님의 말씀이 규정하듯이 교회의 훈련을 정직하게 집행하는 것이다. 이것에 의해서 악덕은 제재制裁되고 덕행은 양육되는 것이다.40)

세 번째 표식의 내용에 대한 견해도 다양하게 주장되었다. 레이든은 교회의 권징을, 알스테드는 훈련된 그리스도인의 삶을 진지하고 열심히 실천하는 것을, 우르시누스는 '교리와 사역에 대한 순종을 고백하는 것'을 세 번째의 참된 교회의 표식*notae verae ecclesiae*이라고 하였다. 어쨌든 이 세 가지 표식이 어느 때든지 계속되는 곳에 그리스도의 참된 교회가 있다. 교인의 수가 완전하든지 못하든지 의심할 여지없이 거기에 참된 교회가 있다고 하였다.

예수께서 생전의 최후의 사역으로 제정하신 것이 성만찬이고, 부활하신 후 최후의 분부가 '말씀을 가르쳐 지키게 하고 세례를 주라는 것'이었다. 따라서 말씀의 선포와 성례의 집행은 그리스도께서 세운 교회의 참된 표시일 수밖에 없는 것이다. 말씀의 선포와 경청에 대한 하나님의 "말씀의 세 양태와 들음의 세 양태"에 관해서는 이 책 제2장 3절의 3에서 자세히 다루었으므로 여기서는 참된 교회의 두 번째 표식인 세례와 성찬의 신학적 의미만 살펴보려고 한다.

① **세례의 신학적 의미** : 세례를 받는 것은 예수 그리스도의 마지막 분부의 이행이다. 예수께서는 부활하신 후 "너희는 가서 모든 족속으로 제자를 삼고 아버지와 아들과 성령의 이름으로 세례를 베풀고 내가 너희에게 분부한 모든 것을 가르쳐 지키게 하라."(마 28:19-20)고 했기 때문이다. 그러므로 모든 신자들은 세례를 받아야 하는 것이다.

세례는 예수를 나의 구주이신 그리스도로 믿는 믿음을 고백하는 예식이다. 그러므로 예수를 구주로 믿고 세례를 받는 사람은 구원을 얻는다.(막 16:16; 행 18:8, 18:13) 세례가 믿음의 고백이기에 세례는 성부의 이름으로(마 28:19), 성자의 이름으로(행 2:38, 19:5), 성령의 이름으로(마 28:19) 받는 것이고 그것은 삼위일체 하나님을 믿는 믿음으로 받는 것이다. 이 믿음을 통해 죄사함을 받는 것이다.

세례는 예수를 믿는 믿음을 공개적으로 고백하는 것이다. 그래서 특별한 예외를 제외하고는 반드시 공예배共禮拜에서 여러 증인들 앞에서 신앙 문답과 신앙고백을 한 후 안수받은 목사가 베풀게 되어 있다.

1982년 세계교회협의회의의 '신앙과 직제 위원회'가 페루 리마에서 택한 문서(BEM Text)는 다음과 같이 세례의 5가지 신학적 의미를 설명한 바 있다.[41]

1. 세례는 그리스도의 죽음과 부활에 참여함이다.

2. 세례는 중생, 용서 그리고 씻김을 말한다.

3. 세례는 성령의 선물이다.

4. 세례는 그리스도의 몸과 하나 됨이다.

5. 세례는 하나님 나라의 표지이다.

믿음으로 받는 세례는 단 한번이며, 반복할 수 없다. 세례의 효과도 예수님을 구주로 믿는 믿음으로 말미암아 나타나는 것이며, 세례의 재확인은 세례교인만이 누릴 수 있는 성찬을 통해 이루어지는 것이다.

세례는 구원을 약속하신 하나님의 은혜를 믿음으로 받아들여 세례를 받은 경우에 그 효과가 나타나는 것이다. 그래서 이를 신효론信效論 또는 은효론恩效論이라고 한다. 세례를 베푼 자의 신앙이나 인격에 따라 효과가 나타나는 것이 아니고, 단지 정당한 집행자에 의해 정당한 절차를 거처 정당하게 시행되었다고 세례의 효과가 나타나는 것은 아니다. 전자는 인효론人效論, *opus operans*이라 하고 후자는 사효론事效論, *opus operantum*이라 한다.42) 세례는 성경의 말씀처럼 죄사함과 구원의 표라기보다는 '구원을 약속한 표'이므로 끝까지 선한 양심과 신실한 믿음을 지켜 나가야 하는 것이다.

물은 예수 그리스도의 부활하심으로 말미암아 이제 너희를 구원하는 표니 곧 세례라. 육체의 더러운 것을 제하여 버림이 아니요 오직 선한 양심이 하나님을 향하여 찾아가는 것이라.(벧전 3:21-22)

세례는 전적으로 하나님의 은총으로 주어지고 믿음으로 이를 받아들이는 것이기 때문에 유아세례는 유아에게 주어질 하나님의 은총을 믿으며 믿음으로 유아를 양육하겠다고 부모의 신앙을 근거로 베풀 수 있다고 본 것이다. 유아세례는 유아를 부모의 신앙에 참여시킨다는 의식이다. 유아세례는 세례를 통해 주어지는 모든 축복이 약속의 형태로 유아에게 베풀어지는 것이다. 그러므로 유아는 장성한 후(15세 이상) 입교 예식을 통해 개인적인 신앙고백을 공적으로 해야 한다.

장로교의 경우 세례를 받은 자만이 교인으로서 특권과 책임이 있다. 세례교인만이 성찬에 참여하고 교회의 직분자(목사, 장로, 권사, 집사)를 택하는 일에 있어 선거권과 피선거권이 있다. 그리고 공예배 출석, 헌금과 구제, 봉사와 교제의 의무가 있다.

세례를 받지 않으면 천국에 가지 못하는가 하는 질문을 받은 적이 있다. 천국은 믿음으로 가는 것이다. 믿음은 마음으로 믿고, 입으로 시인하고, 더 나아가서 공개적으로 고백하는 세례를 통해서 더욱 확실하게 증거된다. 그러므로 보다 온전한 믿음은 세례를 통해 드러낼 수 있다. 신앙 생활을 잘 하거나 못 하거나 상관없이 예수를 구주로 믿는 믿음을 공개적으로 고백하고 다짐하는 것이 죄사함을 받고 구원을 얻어 천국에 가는 가장 온전한 길이라고 할 수 있다.

② **성만찬의 신학적 의미** : 성만찬의 방식에 대해서는 가톨릭교회의 화체설, 루터의 동재설, 츠빙글리의 기념설, 칼빈의 영적 임재설 등 다양한 신학적 견해가 주장되어 왔다. 마찬가지로 성만찬의 신학적 의미에 대해서는 그동안 다양한 전통과 교리의 차이로 인하여 많은 논란이 있어 왔다. 그러다가 1982년에 세계기독교교회협의회의 '신앙과 직제 위원회'에서 세계 여러 다양한 교회들의 예전적 일치를 위하여 세례와 함께 성만찬Last Supper의 신학적 의미를 공동으로 고백할 수 있는 기초를 마련하였다.43)

1. 성부께 대한 감사로서 성만찬

2. 그리스도에 대한 기념으로서 성만찬

3. 성령 임재로서 성만찬

4. 성도의 교제로서 성만찬

5. 하나님 나라의 식사로서 성만찬

가톨릭교회에서는 성만찬을 제단에서 피 흘리지 않고 영원히 반복되는 희생 제사라고 하였다. 그것도 신자들이 하나님께 바치는 희생 제사라고 하여 성례전적 선행으로 가르쳤다. 그러나 루터는 가톨릭교회의 7성례를 비판한 『교회의 바벨론 포로』에서 성만찬은 우리가 받는 것이지 우리가 바치는 것이 아니라고 하였다. 그리스도께서 십자가에서 희생 제물이 되심으로 우리를 구원하시기 위해서 베푸신 은총이기 때문이다. 예수께서 제정하신 성만찬의 제정사에서 "이것은 너희를 위하는 내 몸이니"(고전 11:24)라고 하였다. 그래서는 루터는 떡과 포도주는 "축복하고 봉헌 이후에는 더 이상이 제물이 아니라 하나님에게 받게 되는 선물이 된다."[44]고 하였다. 성만찬은 우리가 하나님께 바치는 희생 제사가 아니라, 그 반대로 우리가 하나님으로부터 받은 구원의 은총에 감사를 드리는 것이 성만찬의 본질적인 의미라고 하였다.

이상에서 살펴본 바와 같이 기독교 성만찬이 갖는 의미는 그것이 창조와 구속의 하나님의 은혜에 대한 감사Eucharist와 찬양의 제사요, 그리스도의 희생을 기념하며 또한 부활의 기쁨을 나누는 제사요, 성령을 초대하는 것이요, 그리스도 안에서 한 몸인 성도들의 교제이며, 또한 하나님 나라의 메시아적 향연이다.

5) 교회의 직제와 제도

초대 교회는 그 구성원을 제자, 성도, 그리스도인으로 불렀다.

제자(mathetos) : 제자의 수가 삼천이나 더하더라(행 2:41)

성도(hagios) : 예루살렘 교회의 주의 성도(행 9:13) 등 60여 회

그리스도인(christianos) : 안디옥 교회에서 사용됨(행 11:26)

교회가 성장하고 확산되면서 교회의 효과적인 관리를 위한 직제가 생겨났다. 처음에는 말씀의 수고를 맡은 사도와 공궤하는 하는 일을 맡은 집사(행 6:2)로 업무가 분담되어 일곱 집사가 선택되었다. 신약성경에는 여러 직분들이 자연발생적으로 생겨난 것을 알 수 있다. 초대 교회의 직분자 목록은 다음과 같다.

행 13:1	선지자, 교사
고전 12:28	사도, 선지자, 교사(하나님이 교회 중 몇을 세움)
엡 4:11-12	사도, 선지자, 복음 전하는 자, 목사, 교사
딤후 1:11	반포자(kerux), 사도, 교사
딤전 3:1-5:19	감독, 집사, 교사, 장로의 자격
디도 1:5-9	장로, 감독
빌 1:1	성도, 감독, 집사

교회가 점점 더 확산되자 사도들은 전체 교회의 지도자가 되고 후에 목사, 감독 또는 장로, 집사, 교사의 직분이 생겨났다.

그가 혹은 사도로, 혹은 선지자로, 혹은 복음 전하는 자로, 혹은 목사와 교사로 주셨으니 이는 성도를 온전케 하며 봉사의 일을 하게 하며 그리스도의 몸을 세우려 하심이라.(엡 4:11-12)

이들 직분자의 사명은 성도를 온전케 하고, 봉사의 일을 하도록 하고, 그리스도의 몸된 교회를 바로 세우는 일이라고 하였다.

히폴리투스는 로마 교회의 직제에 대해 감독*episcopus*, 장로*presbyter*, 봉사자*diaconus*가 있다고 했는데 후에 교황과 대감독이 생겨났다. 한국 가톨릭 교회에서는 이를 각각 대주교archbishop, 주교bishop, 사제priest, 부제deacon로 번역하여 사용한다.45)

251년의 한 서신에는 로마 교회 안에는 1명의 감독자와 46명의 장로와 7명의 봉사자, 7명의 부봉사자, 42명의 복사*accolitus*, 52명의 구마자와 다수의 독서자 그리고 수문직자*ostiarius* 들이 있으며 1,500명 이상의 과부와 가난한 사람이 있다고 전하고 있다.46)

칼빈은 목사pastor, 교사doctores, 장로presbyter, 집사deacon를 교회의 네 가지 직제라고 하였다. 목사는 "그리스도의 가르침으로 사람들을 교훈하여 참된 경건을 향하게 하며, 성례를 집행하고, 올바른 치리를 유지하고 실시"하는 직분을 맡았다.47) 목사는 말씀 선포와 성례 집행과 치리 시행을 담당할 뿐 아니라 교사의 일도 담당한다. 교사는 주로 성경을 해석하여 가르치는 일과 교리를 유지하는 일을 목사와 함께 수행한다. 장로는 다스리는 자로서 도덕적 견책과 권징을 목사와 함께 수행한다. 집사는 두 종류가 있는데 구제를 담당하는 집사와 빈민과 병자를 돌보는 집사이다.48)

교회의 직분자는 하나님을 두려워하고 교회의 덕을 세우도록 부름받은 하나님으로부터 주어지는 '내적 소명'이 있어야 하며, 이와 더불어 교회의 선출을 통한 '외적 소명'을 통해 내적 소명을 더욱 견고케 하여야 한다고 하였다. 인간으로부터 주어지는 외적 소명에는 교리와 삶에 대한 검증과 시험, 교회의 선출, 그리고 정당한 절차의 임직식이라고 하였다.[49)]

　교회의 직제와 더불어 교회를 운영하는 다양한 제도가 발전하였다. 가톨릭의 중앙집권적인 교황 제도, 정교회와 성공회 등의 감독 제도, 장로교의 대의 제도, 하나님의 성회Assembly of God 등의 회중 제도, 퀘이커 등의 무교회주의가 있다.[50)] 이러한 교회의 제도적인 차이를 서로 이단시했던 시대도 있었으나 지금은 어떠한 교회 제도도 절대적인 것이 아니며, 이러한 제도들을 모두 교회사를 통해 생겨난 기독교 신앙의 다양성의 표현으로 수용하고 있는 것이다. 그러나 무교회주의가 단지 제도적인 교회와 더불어 '그리스도의 몸 된 교회'를 부인한다면, 이는 '교회를 믿습니다.'라는 사도신경의 주요 항목을 부인하는 것이 되므로 정통적인 신앙에서 벗어난 것으로 보아야 할 것이다.

2

교회의 삼중적
사회 선교의 전략적 이해

바르트는 '사회를 위한 교회'를 교회의 중요한 본질로 새롭게 제시한 바 있다. 정치 신학과 남미 해방 신학에서 '사회 구원'이라는 새로운 구원의 개념을 제시한 이후 사회 선교가 교회의 선교적 과제로 부각하였다.

1970년대 이후 민주화 운동에 일부 기독교인들이 적극 참여함으로써 대체적으로 사회 선교를 사회 비판적인 기능으로 축소한 감이 없지 않다. 물론 특수한 상황에서는 교회의 사회 비판적 기능이 사회 선교의 개념에 포함될 수 있다. 또한 일부 기독교 민주 인사들이 한국 교회에 요구되는 교회의 사회적 책임과 역할에 충실했던 것은 평가할 만하다.

그러나 현대 사회는 매우 다양한 다원적인 사회이다. 비판과 변혁이 필요한 영역도 있고, 보호와 육성이 필요한 부분도 있고, 지지와 계도가 필요한 분야도 있는 것이다. 따라서 사회 선교의 포괄적 영역을 개념적으로 세 가지로 구분하려고 한다. 어느 사회든 지도적인 위치에 있는 상류층과 여론을 형성해 가는 중산층과 사회의 뒷전에 밀려나 도움을 받아야 할 계층이 있기 마련이다. 교회의 사회 선교도 이러한 사회구성체이론에 따라 그 전략의 차별화가 있어야 한다. 그러므로 ① 빈민층을 위한 사회봉사적 선교를 통해 사회적 공신력을 회복하고, ② 중산층을 향한 사회 계도적 선교를 통해 사회적 영향력을 확충하고, ③ 지도층을 위한 사회 정책 대안적 선교를 통해 사회적 지도력을 강화하여야 한다. 그리고 이러한 삼중적 사회 선교 전략의 필드로서 지역적 사회 선교, 민족적 사회 선교, 국외적 사회 선교로 그 영역을 확대할 수 있을 것이다.

1) 사회봉사적 선교

교회의 인적·물적 자원을 통해 사회적 약자들에게 시혜를 베푸는 사회봉사social service가 사회 구제적 선교이다. 교회는 예수의 명령에 따라 '주리고 목마르고 나그네 되고 헐벗고 병들고 옥에 갇힌 자'(마 25:35-36)들을 구제하고 시혜를 베푸는 이웃 사랑을 실천하여야 한다. 그래서 예장 통합 교단에서 일찍이 "사랑의 현장 갖기 운동"을 전개한 적이 있다. 그러나 아직도 우리 주위에는 독거노인, 유기아, 각종 심신 장애자, 결식아동, 실직자, 실업자, 농어촌 빈민, 미혼모, 외국 노동자 등 산업 사회에서 소외된 자들이 즐비하다.

자기 힘으로 자기를 문제를 해결하지 못하고 누군가의 도움을 받아야만 자기 문제를 해결할 수 있는 '강도 만나 거덜 난 자'들이 우리 주변에 산재해 있다. 선한 사마리아 사람처럼, ① 절실한 사람의 마음으로 '불쌍히 여겨', ② 그들에게 '가까이 가서', ③ 우선 '기름과 포도주를 붓고 싸매어' 그들의 상처를 응급처지 하고, ④ '짐승에 태워 주막으로 데려가' 그들이 스스로 일어날 수 있도록 상황을 변화시켜 주고, ⑤ '데나리온 둘을 주어' 필요한 비용을 부담하여 끝까지 돕는 일을 해야 하는 것이다.(눅 10:33-35) 이것이 바로 교회가 사회적 약자에게 이웃 사랑을 실천하기 위해 도움을 베푸는 사회봉사 선교이다.

그러나 통계에 따르면 교회의 전체 예산 가운데 사회 선교비(구제비)로 지출하는 것은 8-15%에 불과하다고 한다. 이것도 그나마 비기독교인들에게보다는 교인들을 위해 사용하고, 주로 수재민 돕기, 고아원, 양로원, 교도소 방문 지원 등 일시적이고 전도를 목적으로 한 프로그램이 대부분을 차지한다고 한다.

그러므로 사회 구제적 선교의 활성화를 위하여 보다 구체적으로 "사회 선교 예산 늘리기 운동"을 전개하여 교회의 물적 자원을 보다 많이 사회 구제적 선교에 쓰도록 해야 한다. 사회 선교 비용 지출 비중이 높은 교회를 사회 선교부에서 선발하여 시상하고 격려하는 일도 가능할 것이다.

사회 구제 물적 자원을 확충하는 것과 동시에 교회의 인적 자원을 사회 구제적 기능인으로 양성하여 지속적인 봉사가 가능하도록 하여야 할 것이다. 교회가 각종 자원봉사 인력을 양성하여 사회 구제적 선교 요원으로 파송할 수 있을 것이다. 기독교 계통의 방송후원자를 방송선교사로 지칭하듯이 개교회에서 이들에게도 '사회선교사'라는 명칭을 부여할 수 있을 것이다.

그래도 한국 사회에서 개신교회가 사회 구제 역할을 가장 많이 담당하고 있는 것이 사실이다. 따라서 현재의 활동을 적절히 홍보하고, 나아가서 사회 구제적인 역할을 더욱 강화하여 사회적 공신력을 회복하여야 할 것이다.

2) 사회 운동적 선교

중산층으로 하여금 사회적 책임을 자각하고 각종 사회 운동social action 에 능동적으로 참여하도록 하는 것이 사회 계도적인 선교이다. 예수의 말씀처럼 기독교인들이 이 사회 구석구석 자신이 처한 곳에서 소금과 빛의 역할(마 5:13-16)을 능동적으로 수행하여 사회적 모범을 보이는 것이다. 어느 사회이든 중산층이 건전해야 사회가 건강하고, 중산층이 변해야 사회가 변한다. 중산층은 남을 도울 수 있고 사회를 변화시킬 수 있는 중추적인 역할을 할 수 있는 계층이다. 따라서 이러한 중산층을 형성하고 있는 도시 소시민들로 하여금 개인적인 안일만을 추구하지 않도록 사회의식을 일깨우고 그들을 계도하여 각종 사회 운동에 적극 참여하도록 계도하고 유도하는 일에 교회가 앞장서야 한다.

부정부패 추방 운동, 기독교 환경 운동, 아나바다 운동, 음란 업소 추방 운동, 기독교 윤리 실천 운동, 금주금연 운동, 경건과 절제 운동 등 교회와 지역의 특성에 맞는 여러 가지 운동을 교회가 선도해야 하는 것이다. 무엇보다도 무수한 시민단체가 벌이고 있는 사회 계도적인 기능을 교회가 앞장서서 능동적으로 수행하여야 한다. 그리고 교회가 속해 있는 지역의 여러 문제 해결에 교회가 적극적으로 참여하고 지역 사회의 발전을 위한 다양한 프로그램을 계발하고 지속적으로 시행해야 할 것이다.

교회야 말로 인적·물적 자원이 시민단체들보다 풍부하므로 이들과 연대를 통해서라도 사회 계도적 선교 역량을 강화하여야 한다. 이를 통해 사회적 영향력을 점점 확산해 나가야 한다.

3) 사회 정책적 선교

사회 구조의 조정과 개혁social change의 바람직한 방향을 제시하는 것이 교회의 사회 정책적 선교이다. 예수가 "먼저 하나님의 나라와 하나님의 의를 구하라."(마 6:33) 하신 것처럼 정치·경제·사회·문화 전 분야에서 하나님의 뜻과 하나님의 의가 실현되도록 방향을 설정하고 제시하는 일 역시 교회의 사회적 책임이다. 예수의 가르침이 길이요 진리라면 교회는 사회가 나아가야 할 바른 길과 방향을 제시하여야 한다.

종교는 말 그대로 으뜸 되는 가르침이고 가장 앞선 생각이다. 따라서 종교의 사회적 기능 중의 하나는 그 사회가 나아가야 할 바른 방향을 구체적으로 제시하는 것이다. 따라서 교회는 사회의 근원적인 문제를 지적하고 그 대안을 제시하는 정책 대안적인 기능을 수행하여야 한다. 이를 통해 교회의 대對 사회적 지도력을 강화하여야 한다. 교회가 가난한 자를 돕는 것도 중요하지만, 근원적으로는 사회 지도층으로 하여금 경제 구조를 바람직하게 개혁하여 가난한 자가 없게 하도록 제도화하는 것이 더 중요하기 때문이다.

복지 제도가 확대될수록 선진국으로 나아가는 것이므로 교회가 사회 복지 제도를 확립하는 정책적인 수립에 힘을 모아야 하는 것이다. 지방자치 제도가 생긴 이후로 지방 재정이 가시적인 사업에 낭비되는 경우가 허다하므로, 이처럼 불요불급한 사업에 투자하는 재정을 복지 예산으로 전환시켜 집행할 수 있도록 정책 감시와 대안 제시에 지역 교회가 힘을 모아 협력한다면 많은 성과를 거둘 수 있을 것으로 생각한다.

이제까지 서술한 사회 선교의 삼중적인 전략을 요약하여 도표로 정리하면 다음과 같다.

사회 선교의 삼중적 전략

	하류층	중류층	상류층
사회 선교의 방식	사회 구제적 선교	사회 계도적 선교	사회 정책적 선교
사회 선교의 기능	사회 시혜적 봉사 (social service)	사회 참여적 운동 (social action)	사회 구조적 개혁 (social change)
사회 선교의 대상	사회적 약자	중산층	지도층
선교의 목표	사회적 공신력 회복	사회적 영향력 확산	사회적 지도력 강화

3
교회의 정치적 책임
- 정교 분리와 정교 유착을 넘어서

2007년 18대 국회의원선거에 3개의 지역구에 입후보한 기독사랑실천당은 정당 득표율 2.59%를 기록해 44만 2천여 표가량을 얻는 데 그쳤다. 한편에 평화통일가정당은 245개 전 지역구에 후보를 냈으나 1.05퍼센트를 얻는 데 그쳤다. 정당법상 득표율이 2퍼센트 미만일 경우는 자동 해산된다.

기독교인인 이승만 장로, 김영삼 장로에 이어 이명박 장로가 집권을 하여 한국 사회에서는 기독교와 정치에 관한 여러 담론들이 쟁점이 되고 있는데 그 핵심은 정교 분리인가, 정교 유착인가? 하는 것이다. 지난 노무현 정부를 단지 좌파라는 이유로 정책적 검증 없이 교계의 지도자들이 매우 비판적이었다. 그래서 뉴라이트를 비롯한 우파 기독교인들에 의해 이명박 정부가 들어섰고 미국 쇠고기 수입의 일방적인 결정으로 빚어진 광우병 파동, 미디어법 날치기 통과 그리고 4대강 살리기 사업의 추진 등의 일련의 정책에 대한 서민들의 비판이 최고조에 달하였으나 교회 지도자들은 이명박 정부를 여전히 적극 지지하는 현실이다.

그리하여 과연 한국 교회는 계속 기독교정당을 통해 정치에 참여해야 하는가? 한국 교회가 계속 이명박 정권을 아무런 정책적 검증 없이 무조건 지지하는 것이 정당한가? 하는 쟁점이 제기된다. 종교개혁의 쟁점 중 하나는 교회와 국가 관계의 바른 설정이다. 이에 관해 루터와 칼빈이 처한 상황은 판이하였고 그 주장도 상이하다.

이 절에서는 루터가 이왕국론에 근거에 정교 분리를 주장한 배경과 칼빈이 제네바의 특수 상황에서 신정정치론적 정교 유착을 지향한 것을 살펴보고 교회의 정치적 책임을 새롭게 제시하는 몰트만의 정치 신학을 대안의 하나로 제시하려고 한다.

1) 루터의 이왕국론과 정교 분리의 정치적 무관심

루터가 이왕국론을 통해 정교 분리를 강력하게 주장한 것은 두 가지 정치적·종교적 상황의 산물이다. 첫째는 세속 권력의 공격으로 그는 웜스 국회에 나아가 재판을 받아야 했다. 그래서 루터는 「세속 권력에 대하여 : 그 복종의 한계」(1523)라는 글에서 그리스도인의 영적 자유를 수호하려고 하였다.[1] 그의 일차적인 관심은 세속 정부가 영적인 문제에 관한 한 일체의 권한을 행사할 수 없기 때문에 신앙에 관한 한 세속 정부의 명령에 대한 복종의 의무가 없음을 밝히려는 것이었다. 그리스도인이 영적 자유를 누리기 위해서는 영적 통치의 영역과 세속 권력의 영역 사이에 가시적인 경계선을 분명히 긋는 일과 영적 정부가 세속 정부보다 높은 위치에 있음을 밝히고 그리고 세속 권력의 본질과 한계를 설정하는 것이 우선 과제였다. 두 왕국 사이의 근본적인 구분이 분명하지 않으면 '칼로 영혼을 다스리고 문자로 육신을 다스리는 것'[2] 즉, 보른캄이 말한 바와 같이 '통치

권력의 이중 왜곡'3)이 생기기 때문이다.

둘째는 과격한 개혁자들이 종교개혁뿐만 아니라 정치적·경제적 개혁을 주장하여 농민 반란을 일으키며 루터의 온건한 개혁을 공격하였다.

1525년 2월 27일부터 3월 1일 사이에는 쉬바비아Swabia 농민들의 요구 조건을 재세례파 후브마이어Balthasar Hubmaier가 12개 조항으로 작성한 것으로 알려졌는데, 그 내용은 다음과 같다.

1. 개교회의 목사 청빙권은 개교회 교구민에게 주어져야 한다.

2. 곡물의 10분의 1 세는 바쳐야 될 것이지만 각종의 세금 제도(십일조)는 폐지되어야 한다.

3. 그리스도의 복음은 인간의 자유를 전제하고 있으므로 농노는 폐지되어야 한다.

4. 사냥과 고기잡이는 허용되어야 한다.

5. 산림山林은 공동으로 사용할 수 있도록 허용되어야 한다.

6. 강제 노동은 제한되어야 한다.

7. 농민들에 대한 과중한 부역은 피해야 하며 농민들을 부역에 동원할 시는 농민들의 생활에 지장이 없도록 해야 한다.

8. 집세 혹은 토지세는 공정해야 하고 노동의 정당한 대가를 지불해야 한다.

9. 재판은 성문법에 의거해야 하며 사형死刑은 폐지되어야 한다.

10. 불의하게 점유한 토지는 반환되어야 한다.

11. 유산을 물려받을 과부나 고아가 사망했을 경우 저들의 유산을 사망세death due란 이름으로 빼앗아가서는 안 된다.

12. 이상의 조항중 하나님의 말씀에 위배되는 내용이 있으면 즉시 철회될 것이다.

농민들이 수도원과 성을 강탈하고 살인과 방화를 저지르는 난폭한 무정부 상태에 이르게 되자 '이 세상의 멸망은 시간문제'라는 위기의식에 사로잡히게 되었다.4) 루터는 「농민 폭도들에 만행에 반대함」(1525)이라는 글에서 농민 폭도들의 만행에 분노하고5) 「평화를 위한 제언」(1525)이라는 글에서는 폭도를 무자비하게 진압할 것을 촉구했다.6)

하나님이 세우신 세속 정부의 법질서와 징계를 거부하는 것은 악마의 사도나 할 짓으로 보았다. 농민 폭도들은 하나님이 세우신 세속 정부를 부인하고 하나님의 나라를 이 땅에 이루려고 하는 또 다른 '통치 권력의 이중적 왜곡'에 빠져 있으므로 두 왕국의 구분을 다시금 명확히 할 필요가 절실했던 것이다.

이처럼 루터의 이왕국론에서 두 왕국 또는 두 정부를 구분한 것은 역사적 상황에서 볼 때 두 왕국을 혼돈하여 종교적 혼란을 야기한 가톨릭교회의 교권주의자와 정치적 혼란을 일으킨 과격한 개혁주의자들과 맞서기 위해서 이왕국론을 주장한 것이다. 전자에 의한 두 왕국의 중세적 혼합은 내적으로 영혼의 자유를 침해했고, 후자가 주장하는 천년왕국론에 의한 두 왕국의 혼합은 외적으로 세속 질서의 혼란을 가져왔기 때문이다.7)

결과적으로 이러한 상황적인 요구에 부응하여 루터는 이왕국론을 통해 영적 자유를 일방적으로 강조하다보니 자연히 정치적 자유에 대해서는 무관심할 수밖에 없었다. 그리하여 루터는 영적 자유를 보호해 줄 정치적인 질서의 효율성을 앞세워 정치적인 이유로 권력을 가진 자들에게 항거하는 것조차 인정하지 않았다. 기독교 국가이든 아니든 정치적인 이유로 세상 나라에 반역하는 것은 하나님에 대한 반역이므로 무자비하게 진압하는 것이 정당하지만, 복음을 수호하기 위한 저항은 정당한 것이라고 가르쳤다. 따라서 저항에 관해서도 이중적인 구분을 분명히 하였다. 루터의 이왕국론은 질서를 너무 강조한 나머지 정치적 권력을 가진자들의 불의에 항거할 필요성에 대해 지나칠 정도로 무관심하게 만들었다.8) 이러한 이중적인 태도는 루터로서는 불가피한 선택이었겠지만, 그리스도인의 정치적 무관심과 사회 변혁에 대한 무책임을 정당화하고 하나님 나라와 세상 나라의 종말론적 긴장을 약화시킨 것으로 후대의 신학자들에 의해 많은 비판을 받았다. 특히 루터의 영향으로 히틀러 치하에서 독일 교회가 정치적인 문제를 건설적으로 책임 있게 항거하지 못한 치명적인 과오를 초래하였으므로9) 루터의 이왕국론의 재검토가 정치 신학이 주요한 과제로 부각하게 된 것이다.

2) 칼빈의 신정정치론과 정교 유착의 정치적 우상숭배

이에 비해 칼빈은 하나님의 주권과 "모든 그리스도인의 보편적인 왕직"을 강조한 것으로 평가된다. 칼빈이 활동하였던 제네바는 일찍이 시민들의 참정권이 인정된 시민 사회가 건설되었고 대의 정치가 시행되고 있었다. 감독과 군주의 영향력이 최소화된 도시 국가였으므로 유럽의 여러 지역에서 개신교도들이 정치적 박해를 피하고 종교적 자유를 찾기 위하여 몰려온 곳이었다. 세속 정부와 개신교회 사이에는 갈등보다는 조화와 협조가 용이한 분위기였으므로 중세기적 신정정치에 버금가는 개신교적 신정정치의 이상을 실현할 수 있는 바탕이 이루어져 있었다.

제네바는 일찍이 시민들의 정치적 자유를 확보한 도시였다. 1387년에 엄숙히 선포된 헌장을 통해 이 도시 안에서의 3개의 서로 다른 권위를 인정하였다. 자유 도시민에게 선거권이 주어짐으로써 주교와 백작과 자유 도시민은 동등한 권위를 가지게 되었다.10) 이때부터 평신도의 송사에 대한 재판도 교구의 주교가 아니라 시민들에 의해 선출된 4인의 평의원syndic에게 넘어갔다. 1519년을 전후하여 감독은 감독대로 시민들과 백작을 통제하려 하였고, 볼쇼이 백작은 백작대로 감독과 시민들을 장악하려고 마지막 시도를 하였으나 결국 실패하고 제네바는 일련의 의회councils에 의해 다스려지게 되었다.11) 네 명의 평의원으로 구성된 평의회syndics가 점차 확대되어, 시 회계와 16명의 의원에 추기된 소위원회the little council을 구성하였는데 이 소의회에서 종교개혁의 주요한 결정이 내려졌다. 이어서 60인 의회council of sixty가 생겨났으며, 1527년부터는 그 수를 추가하여 200인 의회council of two hundred가 설립되었다. 그리고 이 모든 배후에는 모든 시민들의 모임인 총회general council가 있었다.12)

1536년 5월 21일 총회에서 시민들은 손을 들고 개신교의 신앙을 수용하고, 하나님의 말씀을 좇아 살 것과 우상을 버릴 것을 서약하고 학교를 운영하는 것과 모든 자녀들을 학교에 보낼 것에 동의하였다. 그리하여 무상 의무교육이 시작되었다.

그해 7월에 칼빈은 파렐의 요청으로 제네바에 온다. 다음해 1월 16일 소의회는 목사들이 제출한 "제네바의 교회와 예배 조직에 관한 조항들"이라는 문서를 채택하였다. 이 규칙에는 성찬을 합당하고 경외하는 태도로 자주 시행하게 하였고 그것을 지키지 않거나 모독하는 자에게는 배찬을 중지하거나 출교의 징계를 하게 하였다. 신자들 중에 '좋은 평판과 모범적인 생활을 유지하는 어떤 사람들'을 목사로 임명하여 도시의 모든 사람들의 생활과 처신과 비행을 살펴보도록 하였다. 다른 사람의 현저한 비행을 목격한 자는 목사에게 보고해야 하며 목사와 함께 그 형제를 훈계하여 회개를 촉구하도록 하였다. 그러나 그가 회개하지 않을 때에는 교회에 보고하여 죄인의 고집을 꺾기 위한 출교의 치리도 불사하게 하였다. 그 외에도 교회에서 예배드리는 시간에 카드놀이나 공놀이 주사위 놀이를 하는 것을 금하였다.

그러나 1538년 1월 4일 200인 의회는 목사들의 강경한 신앙 규제에 반기를 들어 목사들이 문제가 있는 교인들에 대한 성찬 중지 조치를 취하는 것을 금지하였다. 이에 불복하여 강력한 항의를 제기하던 칼빈과 파렐은 그해 선거에서 다수를 이룬 반대파에 의해 4월 23일 총회에서 제네바를 떠나라는 명령을 받게 되었다.

1540년 9월 21일 소의회는 칼빈을 복권하였다. 칼빈은 제네바로 돌아와 11월 20일 주일 총회에서 "제네바 교회의 법령들"을 다시 채택하였다. 그 법령들에는 교회의 조직과 권징의 일반적인 원칙들이 담겨 있다. 이 중에서 우리의 관심을 끄는 것은 교회의 순결을 보호하고 회개를 유도하는 수단으로 장로와 목사로 구성된 치리법원Consistory이다.

열두 명의 장로와 여섯 명의 목사로 구성된 치리법원은 오락과 도박과 춤과 같은 관습에 관한 지극히 사소하고 다양한 과오들을 직접 치리하였고, 강퍅한 범죄자의 처벌은 관원에게 인계하였다. 더 중요한 문제는 치리법원에서 다루기 직전이나 직후에 소의회에서 취급되었다.13)

이 치리법원에서는 칼빈이 중심이 되어 술집과 사창가를 제거하기 위한 강제적인 조치를 취하기도 하였다. 1546년에는 술집을 건전한 오락의 중심지로 만들기 위하여 과음과 외설적이고 경건하지 않은 노래를 부르는 것을 금하게 하였고 불어 성경을 펴 놓고 종교적 담화를 장려하였으며 9시에는 문을 닫게 하였다.

칼빈은 제네바에서 종교개혁과 더불어 그 도시의 헌법과 법률을 개혁하고, 사회적 관습 개혁과 교육 제도 개혁을 병행하였고 이 일을 위해 관리들과 협력하였다. 관리들인 장로와 목사들로 구성된 '치리법원'과 관리와 시민의 대표로 구성된 '소의회' 두 기관 사이의 협조는 대체로 잘 이루어졌다. 소의회는 장로들을 비록 정치적으로 임명했으나 교회적인 역할을 맡고 있었다. 교회의 멤버라는 것과 도시의 시민권을 가진 멤버라는 것 사이에 아무런 구별이 없었다. 이처럼 교회 공동체는 시민 공동체의 사람들과 동일한 구성원으로 이루어져 있었다.14)

16세기에는 교회와 국가의 긴밀한 유대를 자연스럽고 바람직한 것으로 여겼다. 당시에 양자의 관계는 오늘날 우리가 알고 있는 교회와 국가의 관계가 아니었다. 제네바의 경우는 교회와 국가는 별개의 공동체가 아니라 같은 공동체 내에서의 종교적 문제와 정치적 문제를 각각 별도로 수행하는 기구에 지나지 않았다. 칼빈은 1560년 시의회 선거 전날 밤 시민 총회에서 그들에게 자신들의 집권자들을 "순수한 양심으로 오로지 하나님의 명예와 영광만을 염두에 두고서 이 공화국의 안전과 방어를 위하여 뽑도록" 촉구하였다.15) 이처럼 신정정치와 민주정치가 그의 가로침에서 쉽고도 자연스럽게 결합되어 있었으며, 자신의 특별한 활동 영역이었던 도시 국가 제네바는 그로 인해 지속적인 영향을 받게 되었다.

그러나 칼빈이 지향한 정부는 현대적인 의미의 인권과 관계없으며 '하나님의 영원한 사랑의 법'에 대한 성서적 관념과 관련된 것이었다. 하나님의 사랑의 법은 신앙의 자유와 더불어 범죄에 대한 엄격한 통제가 동시에 수행되는 것을 이상으로 삼는다. 이러한 정치적 이상은 현대의 자유민주 국가의 정치적 이상에 큰 영향을 주었으나 현대적 의미의 인본주의적 자유 민주주의와는 일정한 거리가 있었다.

칼빈이 제네바의 시민권을 얻기 이전에 이미 완성한 『기독교 강요』에서 신정정치론을 제시한 것으로 주장되어 왔다. 칼빈은 삼직무론 중에서도 그리스도의 왕직을 아주 강조했으며, 그리스도의 영적 영원한 통치를 역설하였다. 그리스도의 영적인 통치는 그리스도인의 영적인 자유와 밀접한 관계를 가지고 있다. "그리스도의 자유는 모든 부분에서 영적인 것"이기 때문이다.16) 루터와 마찬가지로 칼빈 역시 '그리스도인의 자유'에 관한 논의 과정에서 양심의 자유와 정치적 자유의 관계를 이왕국론으로 전개하였다.17) 루터는 그리스도인의 자유를 영적인 자유에 초점을 두어 파악했으나 칼빈은 정치적 자유의 개념으로 파악한 것은 그들이 처했던 상황과 해결해야 할 신학적 과제가 상이했기 때문이다.18)

루터와 달리 칼빈은 제네바와 같은 도시 국가의 귀족 계급의 통치하에서 교회의 선교 자유를 확보하고 세속 통치를 이용해 종교를 보호 육성하고 종교가 침해되는 것을 막으려는 동기에서 그리스도인의 자유를 정치적 자유와 관련하여 해명한 것이다.

칼빈에 따르면 그리스도의 영적인 통치는 이 세상에 속하는 것이 아니므로*non terrenum velcarnale* 외적인 제도나 통제로부터 자유로운 것이지만 그렇다고 해서 인간이 제정한 제도를 폐기해버리는 것은 아니다. 칼빈은 양자의 관계에 대해 실족하는 일이 없도록 하기 위해 두 개의 정부를 구분하였다. 인간 가운데는 두 세계가 있어 서로 다른 왕과 다른 법을 가지고 통치한다. 그러므로 인간 안에는 두 개의 정부가 있다*duplex esse in homine regnen*. 하나는 영적 정부인데 그것에 의해 양심이 경건과 하나님에 대한 경배를 지도받는다. 다른 하나는 시민 정부인데 그것에 의해 인간은 인간 됨과 시민의 의무를 교육받는다. 전자는 영혼의 내적 생활에 관한 영적 통치*sprituale regium*이고 후자는 현세의 생활에 관한 정치적 통치*politicum regium*에 해당하는 것이다.19)

양자의 관계를 '세속 정치에 관하여'20)라는 제목의 독립적인 장에서 자세히 다룬 칼빈은 두 개의 정부가 구분되긴 하지만 분리되지는 않는다고 하였다. 이 두 정부는 궁극적으로 하나님이 세우신 것이요 하나님의 나라에 속하는 것이기 때문이다. 칼빈이 두 정부를 구분한 것은 루터의 경우와 마찬가지로 정교합일주의나 교권주의를 배격하기 위한 제안이라는 점에서 같은 동기를 지니고 있다.

칼빈은 시민 정부에 대한 두 개의 서로 다른 입장을 거부한다. 첫째는 재세례파의 무정부주의적 입장이다. 이들은 양심의 자유에 따라 법정도 법도 관리도 없는 새로운 이상적인 사회를 세워야 한다는 주장 아래 기존의 정부 형태를 전적으로 배격하였다. 둘째, 마키아벨리의 정치지상주의이다. 이들은 제후들의 권력을 지나치게 과장하여 하나님 자신의 통치와 대립적인 위치에 서려고 하였다.21) 칼빈은 시민 정치를 부정하지도 과장하지도 않았다. 다만 하나님이 세우신 시민 통치의 사명과 그 유용성을 분명히 설정하려고 하였을 뿐이다. 시민 통치의 최우선적인 사명은 "외적으로 하나님에 대한 예배를 보호·격려하고, 경건한 자의 건전한 교리와 교회의 지위를 방어"22)하는 것이며, "우상숭배와 하나님의 이름에 대한 모독과 하나님의 진리에 대한 모독과 그 밖의 종교에 대한 침해가 사람들 가운데서 공공연하게 일어나 만연하는 일이 없도록"23) 하는데 그 유용성이 있다고 역설하였다. 이처럼 종교를 옳게 제도화하는 일을 '인간의 정치적 과제'로 본 것이다.24)

칼빈은 루터보다도 국가의 권리를 더 많이 인정하였다. 루터는 불의한 자를 다스려 외적인 평화를 유지하는 것만을 국가의 과제로 여겼으며 영적인 문제에 관한 한 국가는 일체의 간섭을 하지 못하도록 하였다. 그러나 칼빈에 따르면 "관헌이 하나님과 종교에 대해 고려하지 않고 다만 인간 가운데서 정의를 행하는 일만 생각한다면 그 사람은 틀림없이 어리석은 자이다."25) 건전한 종교를 육성 보호하고 종교에 대한 침해를 적극적으로 방지하는 것을 세속 정치의 주요한 사명으로 인정하였기 때문이다.

무엇보다도 관헌의 직무를 중시하였다. 관헌은 "하나님으로부터 위임을 받고 신적 권위를 부여받으며 어떤 의미에서 하나님의 직무를 행하는"26) 자들이므로 관헌에게 저항하는 것은 곧 하나님께 저항하는 것이라고 하였다.27) 군주의 주권에 복종해야 할 뿐만 아니라 어떠한 의미에서 '비록 군주로서 그 의무를 다하지 않더라도 그에게 복종'해야 한다.28) 부당한 관헌이나 사악한 군주라도 하나님이 세우신 자이기 때문에 불의하고 난폭한 독재자가 등장하더라도 국민은 저항해서는 안 된다고 가르쳤다. 왜냐하면 백성들의 악행을 벌하기 위해 하나님이 불의한 통치자를 세울 수도 있으므로 우리의 잘못이 무엇인지 먼저 살펴보아야 하기 때문이다. 그리하여 사악한 군주를 등장하게 한 우리의 잘못을 회개할 경우에 하나님께서 해방자를 보내어 악한 정부를 벌하고 불의하게 압박받는 백성을 구출하실 것이다. 이러한 가르침을 통해 칼빈은 시민저항권을 부정하였는가 하는 논의가 제기되어 왔다.

결론을 먼저 말하면 칼빈은 사인*privatis hominibus*으로 국민의 저항권은 인정하지 않았지만 백성의 관리*populares magistratus*의 저항권을 인정한 것만은 분명하다.29) "관헌들이 직무상 왕들이 광포한 방종에 저항하는 것을 나는 결코 금하지 않는다. 아니 왕들이 무절제하게 모든 백성을 괴롭히는 것을 보고서 못 본 체한다면 그들의 행위는 사악한 배신행위라고 단언한다."30)고 하였다. 어쨌든 칼빈은 그리스도인의 정치적 자유를 확보하려는 동기에서 시민 정부의 종교적 의무를 강조했고 불의한 정부에 대한 관리들의 무저항을 배신행위로 규탄함으로써 관리들의 종교적인 의무를 역설했다.

이상의 논의를 바탕으로 칼빈이 지향한 신정정치의 개념을 좀 더 분명히 규명하여 보자. 신정정치theocracy라는 용어가 여러 의미로 사용되므로 우선 그 개념을 명확히 설정하여야 한다. 성직자들의 속권을 주장하는 성직자의 통치hierocracy나, 성서의 말씀에 따라 다스려야 한다는 성서적 통치bibliocracy도 신정정치로 이해되곤 하였다. 칼빈의 정치적 이상은 성직자의 직접 통치나 성서에 입각한 통치가 아닌 설교와 교육을 통해 훌륭한 정치가를 길러내어 그들에 의해 하나님의 뜻에 따라 선한 사회를 건설하려는 것이다. 신정정치라는 말을 '신앙을 가진 정치인들의 통치'라는 의미에서 사용한다면 제네바는 신정 사회였다고 할 수 있을 것이다.

그러나 엄밀히 말한다면, 신정정치는 보다 성서적인 의미에서 그리스도의 통치로 해석해야 할 것이다. 칼빈의 신정정치론은 삼직무론에 나타난 그리스도의 왕권과 불가분의 관계가 있기 때문이다. 하나님의 통치의 대리자이신 그리스도는 교회의 머리요 세상의 주이시다. 따라서 그리스도의 통치는 교회 안에서 영적인 직접 통치와 세계의 주로서 시민 정부에 의한 간접 통치를 포함한다.[31] 칼빈은 그리스도의 통치의 이중적인 성격을 중보자의 인격과 관련하여 설명하였다. '하나님의 아들로서 성자聖子'이신 그리스도는 삼위일체의 제2위로서 성부와 함께 우주적 통치를 수행하시지만 '신인神人으로서 중보자'이신 그리스도는 교회 내에서의 영적 통치와 정부 안에서의 시민 통치를 모두 수행하신다.

이러한 구분은 육체 안에 있는 그리스도와 육체 밖에 있는 그리스도를 구분한 칼빈의 근본적인 사유와 일치한다.[32] 육체 안에 있는 그리스도가 영적인 구원을 위해 십자가에 못 박히는 그 순간에도 '육체 밖에 있는 그리스도extra Calvinisticum'는 세계를 다스린다. 따라서 그리스도의 통치는 그리스도를 따르는 이들을 통해 그리스도의 몸인 교회의 안과 밖에서 동시에 이루어져야 한다. 이러한 의미에서 칼빈이 주장한 신정정치는 하나님의 절대 주권이 온 우주에 미친다는 보편적인 하나님의 통치가 아니다. 중보자이신 그리스도를 통해 그리스도의 몸인 교회 안과 밖에서도 그리스도의 뜻이 실현되어야 한다는 의미에서 신정정치는 그리스도의 통치로 이해되어야 한다. 그리스도가 세우신 교회의 지도자를 통해서 교회 안에서도 그리스도의 통치가 영적으로 실현되고, 이와 동시에 교회 밖에 있는 세속 정부도 그리스도가 세우신 경건한 관리들을 통해 그리스도의 통치가 정치적으로 실현되는 것을 지칭하는 개념으로 이해해야 할 것이다.

3) 몰트만의 정치 신학과 교회의 정치적 책임

루터는 중세 가톨릭교회의 교직 제도에 대항하여 그리스도인의 영적 자유를 확보하기 위해 두 나라 교리를 주장했으나 정치적 무관심을 자초했다. 칼빈이 제네바 시민 사회의 정치적 자유를 신장하기 위해 신정정치론을 제안했으나 정치적 우상숭배를 조장하였다는 것이 몰트만의 분석이다. 전자는 극단적 정교 분리를 통해 정치적 무관심을 유발하였다면 후자는 신정정치의 이상을 통해 정치적 우상숭배를 조장했다는 것으로 풀이된다. 결국 양자는 기독교인들의 정치적 책임을 진지하게 수용하여 실천하는 데에 일정한 장애가 된다고 보았다.

정치 신학이라는 용어는 스콜라 철학에서 기원하였다.[33] 국가의 최고의 목적과 시민의 의무는 공적인 종교 행사를 집행하는 것이었기 때문에 국가의 신에 대한 제반 사항을 다루는 것을 정치 신학의 과제로 여겼다. 국가의 신에 대한 제의는 종교적인 실천이 그 전면에 있었으나 정치적이었기 때문이다. 한 황제, 한 종교, 한 국가의 이념을 견지해 온 로마 제국이 콘스탄틴 이후 기독교를 공인함으로써 기독교는 로마 제국 안에서 내면의 종교가 되었다.

그러나 중세적인 그리스도 왕국이 쇠퇴하면서 교회의 사회적 특권과 지배력은 점차 상실되었다.[34] 이어서 산업혁명에서 프랑스 혁명에 이르는 동안 세속화가 가속됨으로써 교회의 사회적 영향력은 점차 더욱 감소되었다. 이러한 상황에서 계몽주의적 영향을 받은 근대의 신학은 신앙을 철저히 사적인 것으로 개인화privatization했다.[35] 현대의 정치 신학은 기독교 신앙의 공적인 의미를 회복하려는 신학적인 작업으로 메츠, 쐴레 그리고 몰트만에 의해 주장되었다.

메츠는 정치 신학은 신학을 개인의 영역에만 국한하려는 일부의 경향

즉, 초월적, 실존적, 인격적 신학에 대한 비판적 개선책이라고 했다.36) '이러한 비사사화Entprivatisierung가 정치 신학의 우선적인 신학적 비판적 과제'37)라고 하였다. 그리하여 성서의 전승 가운데서 예수의 종말론적 사건과 현재의 공동체적 정치적 현실 사이의 관련성에 근거하여 '새로운 정치 신학'을 주창하였다.38) 예수가 선포한 하나님 나라의 미래라는 범주와 사회지향적인 왕국 또는 신정神政이라는 범주는 하나님의 주권이 아직 실현되지 않았으며, 하나님의 주권은 기존 정치권력에 대한 철저한 비판과 변혁임을 명시한다고 하였다.39) 이를 메츠는 '종말론적 유예eschatologische Vorbehalt'라는 개념으로 설명하였다. 그러므로 "모든 종말론적 신학은 (사회적) 비판 신학으로서 정치 신학이어야 한다."고 하였다.40) 이런 의미에서 '옛 정치 신학'이 질서의 신학이라면 '새로운 정치 신학'은 사회 비판과 정치적인 변혁을 지향하는 신학이다.41)

젤레는 특히 불트만이 실존 개념을 통해 신앙을 개인화privatization한 것을 정치 신학적으로 비판한다.42) 불트만의 케리그마 신학은 상황과 독립된 케리그마의 절대적인 요청을 강조하였다. 선포 행위와 선포 내용을 상호 무관한 것으로 취급하였고 결과적으로 실천의 개념이 약화되었다. 그러나 케리그마는 필연적으로 상황 관련적인 것이다. 그럼에도 불구하고 불트만은 케리그마의 그리스도를 배타적으로 주장함으로써 역사적 예수를 부인하였다.

이처럼 역사적 예수를 부인하는 것은 다른 한편으로 정치적 예수를 부인하는 것이 된다.43) 예수의 역사적 언행에는 순수 케리그마의 형식과 달리 종교적 내용과 더불어 정치적 관련성을 함축하고 있기 때문이다. 그뿐 아니라 실존의 진지한 이해는 사회적 매개 없이는 생각할 수 없다는 것이 젤레의 비판이다.44)

몰트만은 "정치 신학은 정치적 무관심이나 정치적 우상숭배를 극복하려는 기독교 신앙의 특수한 과제"45)라고 정의하였다. 정치 신학은 종교적인 신조를 가지고 정치적 권익을 옹호하거나, 교회가 정치적인 권력 투쟁에 효율적으로 대응하기 위한 대안을 제시하려는 것이 아니다. 그들의 양심 때문에 사회에 드러난 불행에 직면하여 고통을 겪으며 투쟁하는 그리스도인의 신학적 반성이다. 달리 말하면 정치 신학은 "모든 기독교 신학의 정치 의식을 신앙의 근본적 과제로 각성시키는 것"46)이라고 하였다.

몰트만은 마르크스의 종교에 대한 정치적 비판을 진지하게 받아들여 비판적인 종교로서의 기독교 신학은 정치 신학이어야 함을 주장하였다.47) 마르크스는 종교를 사회적·정치적으로 실현하려고 하였다. 마르크스는 "종교란 한편으로 현실적인 고난의 표현이며, 다른 한편으로는 현실적 고난에 대한 저항이다."고 하였다.48) 그러나 종교가 현실적 고난을 은폐하거나 고난에의 저항을 환상적으로 또는 왜곡하여 실현하거나 내세로 투사할 경우, 종교는 '민중의 아편'이 된다. 마르크스에게서 종교 비판은 여러 비판들 가운데 한 비판이 아니라 가장 중요한 비판 다시 말해서 모든 비판의 시작이었다. 이에 대해 몰트만은 마르크스주의 자체가 민중을 해방하는 대신에 민중을 억압하는 작용을 한다면 마르크스주의도 민중의 아편이 된다는 점을 지적하였다. 세상의 고난의 문제를 진지하게 취급하는 진정한 기독교야말로 '민중의 아편'이 아니라 '자유의 누룩'이며 그런 의미에서 기독교는 정치 비판적인 종교라고 하였다. 마르크스주의의 종교 비판은 기독교로 하여금 자신을 비판적인 종교로 이해하게 하는 자극이 된 것이다.49)

마르크스의 '종교의 정치적 비판'은 히틀러 치하의 독일 고백교회의 정치적 저항 운동을 통해 더욱 명확한 의미를 띠게 되었다. 1차 대전 후 히틀러가 집권하자 본회퍼를 중심으로 한 독일 고백교회는 '국가 정치에 대한 그리스도인의 본질적인 책임'을 새롭게 제기하였다. 이어서 1934년 바르트가 중심이 되어 작성한 고백교회의 바르멘 선언은 복음의 정치적 해석의 기틀을 마련하였다. 몰트만은 마르크스의 '종교의 정치적 비판'과 바르트의 '복음의 정치적 해석'을 수용하여 '정치 신학'의 전개하였는데 그 특징은 다음과 같이 정리할 수 있다.

첫째, 몰트만은 정치라는 용어를 마키아벨리적인 '권모술수'라는 의미로 사용하지 않고 아리스토텔레스의 폴리스Polis에서 유래한 '삶의 포괄적인 영역'을 정치적 영역으로 정의한다.50) 정통주의 신학은 두 나라 교리에 입각하여 영적 자유와 정치적인 자유를 구별하였다. 루터는 중세 가톨릭 교회의 교직 제도에 대항하여 그리스도인의 영적 자유를 확보하기 위해 두 나라 교리를 주장했으나 정치적 무관심을 자초했다. 칼빈은 제네바 시민 사회의 정치적 자유를 신장하기 위해 신정정치론을 제안했으나 정치적 우상숭배를 조장하였다는 것이 몰트만의 분석이다. 그러나 신앙의 자유는 정치적 자유의 영역에서 영위되며, 신앙의 자유는 자유케 하는 행동을 추구한다.51) 따라서 영적인 것과 육적인 것, 사적인 것과 공적인 것, 현세적인 것과 내세적인 것 사이의 구분이 철폐된다. 정치 신학은 삶의 이 모든 영역에서 그리스도의 통치를 실현하기 위해 그리스도인의 정치적인 실천의 과제를 중시한다. 따라서 정치 신학은 그리스도의 왕직에 대한 정치 신학적 이해를 함축하고 있다.

둘째, 이제까지의 신학은 고난과 악의 문제를 우주론이나 자연 신학을 바탕으로 한 신정론神正論으로 질문했으나 정치 신학은 이를 사회적·정치적 영역 안에서 생겨나는 고난의 문제로 취급한다.52) 사회적·정치적 고난의 문제를 진지하게 취급하는 정치 신학은 복음의 신화적 해석이나 이를 비신화화한 실존론적인 해석을 거부하고 복음의 정치적 해석의 근거를 십자가의 정치적인 의미에서 찾는다.53) 예수는 빌라도에 의해 로마의 평화를 교란한 정치적인 모반자 또는 열심당으로 오해를 받아 정치적인 사형

도구인 십자가형으로 죽었다. 예수가 십자가에 달린 정치적 사건 가운데 그리스도인들의 정치적 실천과 정치 신학의 출발점과 기준이 있다는 것이다. 몰트만은 마르크스의 종교 비판에 대해 "그리스도의 십자가는 인간의 비참한 현실의 표현이며 그리스도의 부활은 인간의 비참한 상황에 대한 참다운 항거를 뜻한다."고 답변한다.54)

십자가는 종교적 신화나 우상숭배에 대한 비판의 척도이며 고난에 대한 생생한 삶의 항거이기 때문에 기독교는 비판적인 종교라는 것이다. 정치 신학은 또한 십자가의 정치적 해석을 통해 전통적인 속죄론을 비판하고 죄와 구원에 대한 사회적이고 정치적인 의미를 추구하므로 이는 그리스도의 제사장직에 대한 정치 신학적 해석을 함축하고 있는 것으로 분석된다.

셋째, 정치 신학은 진리에서 실천의 우위성을 강조한 마르크스의 명제를 수용하고 성서적 사실에 입각하여 이론과 실천의 문제를 진지하게 취급한다. 정치적 해석학은 현재의 상황 속에서 과거를 이해하는 것이 아니라 '현재의 상황을 변화시키는 것'을 해석학의 일차적인 과제임을 천명한다.55) 바른 교리Orthodoxis보다 바른 실천Orthopraxis을 지향하는 진리관은 그리스도의 예언자직의 정치 신학적 의미를 내포하고 있다. 몰트만은 마르크스의 종교에 대한 정치적 비판을 진지하게 받아들인다. 마르크스는 "종교란 한편으로 현실적인 고난의 표현이며, 다른 한편으로는 현실적 고난에 대한 저항이다."고 하였다. 그러나 종교가 현실적 고난을 은폐하거나 고난에의 저항을 환상적으로 또는 왜곡하여 실현하거나 내세로 투사할 경우, 종교는 '민중의 아편'이 된다고 하였다.

따라서 정치 신학은 진리에 있어서 실천의 우위성을 강조한다. 정치적 해석학은 현재의 상황 속에서 과거를 이해하는 것이 아니라 '현재의 상황을 변화시키는 것'을 해석학의 일차적인 과제임을 천명한다. 바른 교리 Orthodoxis보다 바른 실천Orthopraxis을 지향하는 진리관은 그리스도의 예언자직의 정치 신학적 의미를 내포하고 있다는 주장이다.

몰트만은 "기독교인들의 정치적 책임을 강조하는 정치 신학은 정치적 무관심이나 정치적 우상숭배를 극복하려는 기독교 신앙의 특수한 과제"라고 정의하였다. 정교 분리를 주장한 루터의 이왕국론은 정치적 무관심을 조장하였고, 정교 유착의 신정정치론을 주장한 칼빈은 정치적 우상숭배에 빠졌기 때문에 새로운 대안이 필요하다는 것이다. 따라서 정치 신학은 마키아벨리식의 권력 쟁취를 지향하는 것이 아니다. 종교적인 신조를 가지고 정치적 권익을 옹호하거나, 교회가 정치적인 권력 투쟁에 효율적으로 대응하기 위한 대안을 제시하려는 것이 결코 아니다. 기독교계가 중심이 된 사학법 개정 반대나 뉴라이트의 우파정권 집권 운동은 이러한 성격을 지닌 것으로 비판받을 소지가 다분하다.

몰트만의 정치 신학은 오히려 아리스토텔레스의 정치적 책임과 바르트의 복음의 정치적 해석을 수용한 개념으로, "모든 기독교 신학의 정치의식을 신앙의 근본적 과제로 각성시키는 것"이라고 하였다. 기독교인의 신앙과 양심 때문에 사회에 드러난 불의에 직면하여 고통을 겪으며 투쟁하려는 그리스도인의 신앙적 실천이다. 성실한 기독교인 신앙과 양심에 따라 조직이나 권력 내부의 불의를 고발하고 저항하는 책임적인 행동을 말한다.

2006년 김용철 변호사가 천주교정의구현사제단과 함께 삼성의 50억 원 비자금 차명계좌 의혹을 폭로한 것이나 2007년에 '4대강 정비 계획의 실체는 운하 계획'이라고 주장한 건설기술연구원의 김이태 연구원의 고발 등은 칼빈이 말한 '관리에 의한 공적 정치적 저항'이라면 2008년 광우병소 수입 재협상을 주장하는 촛불 문화제는 몰트만이 말한 '시민들의 의한 정치적 저항'이라고 볼 수 있다. 제임스 파울러는 자기희생을 각오하고 사회 변혁에 헌신하는 것이 가장 성숙한 신앙의 자세라고 하였다. 기독교인이 하나님의 뜻을 사회 정치 현실 속에서 실현하려는 것은 '땅 끝까지 이르러 그리스도의 증인'(행 1:8)된 삶을 사는 일이기 때문이다.

4
한국 교회의
구조적 위기와
교회론적 대안

1) 한국 교회의 구조적 위기

한국 교회의 문제는 교회론의 신학적 문제라기보다도 교회 구조 자체의 취약성이 더 큰 문제라고 생각된다.

한국 개신교는 선교 100주년을 전후하여 놀랄 만한 양적 성장을 이루었음에도 불구하고 2000년대에 접어들면서 점차 그 성장의 동력을 상실하고 여러 내적 외적 위기가 드러나기 시작하였다.[1] 가장 가시적인 위기는 성장의 둔화와 교세의 감소라는 통계청의 통계(2005년)로 나타났다. 개신교의 경우 성장 주도의 공격적인 선교에도 불구하고 지난 10년 동안 144,000명의 신자가 줄었으며 -1.6%의 성장률을 기록했다. 이에 비해 가톨릭은 10년 새 2,195,000명이 늘었는데, 인구 증가분 5.6%를 13배 이상 초과한 수치로 경이적인 성장세이다.[2] 미국의 경우도 1947년에서 1988년 사이에 가톨릭은 전체 인구의 20%에서 27%로 늘었고 개신교는 69%에서 56%로 줄었다.[3] 이런 추세는 전 세계적인 경향이다.

교회를 떠나 성당으로 가는 이유로 오경환 신부는 가톨릭 성직자들의 청렴성, 정의와 인권 활동, 조상 제사와 장례 예식에 대한 유연한 태도, 그리고 타종교에 대한 열린 태도 등을 들었다.4) 무엇보다도 성당에선 신자들의 개인 헌금액을 절대로 공개하지 않아 헌금을 두고 경쟁을 시키거나 압박하지 않고, 성당의 수입 지출에 대해서는 모두 공개하며, 신부와 수녀들은 생활비와 주거, 노후 생활, 질병 치료를 교구가 책임지기 때문에 성직자가 주택을 소유하거나 재산을 모으지 않는 점을 좋은 이미지를 갖게 되는 이유로 꼽았다.

박영신 명예교수는 개신교의 교세 둔화에 대해서 "마침내 교회의 성장 드라이브에 모두가 지친 것 같다."5)고 분석하고 교인의 숫자와 헌금 액수, 교회당 건물의 크기 같은 세속적인 관심과 집중에서 벗어난 성스러운 교회의 회복을 주장했다.6) 그리고 성장주도형 대형 교회를 지향하는 한국 교회의 특징은 천민자본주의에 편승한 천민 기독교라고 하였다. 한국의 재벌이 문어발식으로 확장하여 매출 규모를 통해 순위 경쟁을 하고 가족 중심 경영을 통해 2-3세에게 부를 세습하는 구조가 그대로 대형 교회에서도 나타난다고 분석하였다. 이러한 개교회 이기주의로 인해 다른 교회나 다른 교단과의 연합도 어렵다고 진단했다.7)

그러나 이 글에서는 개신교가 가톨릭에게 교세의 역전을 당하게 된다면 그것은 개신교의 구조적 취약점의 필연적인 결과일 것임을 살펴보려고 한다. 개신교의 '주요 모순'들은 고리로 연결되어 있는데 그 '근본 모순'은 개신교의 개교회 중심의 성장으로 인한 교회의 양극화와 교파 중심의 경쟁적인 신학 교육으로 인한 단기간의 허술한 목회자 양산 시스템에서 비롯한 것이라고 볼 수 있다. 따라서 개신교의 이러한 취약한 교회 구조를 가톨릭의 교구 제도 중심의 성당 분립을 통한 교세 확장 및 교구 중심의 장기간에 걸친 집중적이고 엄격한 사제 양성 시스템과 비교 분석하려고 한다.

종교개혁 후 500여 년이 지난 지금 한국에서는 종교개혁 당시 개신교가 지녔던 장점이 이제는 구조적 취약점으로 드러나게 되고, 당시의 가톨릭의 단점은 장점으로 부각하게 이른 것이다. 그러므로 개신교의 구조적 단점을 극복하기 위한 새로운 종교개혁이 강력히 요구되는 상황이라는 점을 살펴보려고 한다.

2) 통계 비교에 나타난 개신교의 구조적 취약점

한국 천주교회 주교회의가 2009년 5월 발표한 '한국 천주교회 통계'(2008)에 따르면 천주교인은 5,004,115명으로 총인구 9.9%를 차지하였다. 교구 소속 신부는 3,477명이며 본당 수는 1,543개이고 공소는 1,037개로 나타났다. 하나의 본당에 평균 3,243명의 신자가 속해 있는 것으로 집계되었으며, 신부 1인당 대비 신자 수는 평균 1,190명이다.[8]

개신교의 경우 한국 교회 미래를 준비하는 모임이 한국갤럽에 의뢰하여 주요 21개 교단을 대상으로 조사한 통계(2003년)에 따르면 교인 1,295만 명, 교회 수는 41,734개, 목사는 59,000명이고 선교사는 5,194명이다.[9] 2005년 통계청의 조사로 개신교인 수가 860만 명인 것으로 밝혀졌으나 2009년 현재 대체로 1천만 명은 넘으며 목회자도 10만 명으로 추정한다.[10] 통계청 조사에 따르면 2007년 교회 수는 52,905개이다.[11]

이를 종합하면 1개 교회당 평균 신자 수는 대략 200명 내외이고 목회자 1인당 평균 신자 수는 100명 내외가 될 것이다. 1인의 신부가 1,200명의 신자를 담당하는 천주교와 비교하면 목회자 수가 12배가 많으니 각종 비용 부담도 12배나 높을 수밖에 없는 것이다.[12] 교회 하나당 평균 신자 수도 각각 3,200명과 200여 명이니 가톨릭 성당 하나가 개신교 교회 16개로 쪼개져 있는 꼴이 되므로 그 중복 투자의 비효율성은 심각한 것이다.

신학교 수와 신학생 수의 경우도 개신교는 무인가 신학교도 부지기수이므로 그 정확한 통계를 산출할 수 없다. 다만 교인 수가 268만 명인 예장통합 측에서 2009년 한 해에 3년 과정의 7개 직영 신학교 졸업생 중 목사고시에 합격한 자가 1,056명(남자 802명, 여자 254명)이라고 한다.[13] 반면에 교인 수가 500만 명이 되는 가톨릭은 7년 과정의 7개 가톨릭 신학교에 재학 중인 전 학년의 신학생 수는 모두 1,413명이다.

한국 개신교와 천주교의 통계 비교

	한국개신교(2009)	한국천주교회(2008)	개신교 대 천주교
교인 수	10,000,000명 추정	5,004,115명	약 2 : 1
교회 수	50,000개 추정	본당 1,476개 공소 1,089개	약 50 : 3
성직자 수	100,000명 추정	3,477명	약 100 : 3.5
성직자 1인 당 교인 수	100명 내외 추정	1,190명	약 1 : 12
교회 1개당 교인 수	200명 내외 추정	3,243명	약 1 : 16
신학교 수	?	7개	
신학생 수	?	1,413명	

위의 교세 비교는 통계 수치이고 실제로 개신교는 무수한 교파로 난립되어 있고 대형 교회와 소형 교회의 심각한 양극화 현상에 빠져 있으며, 다수의 무임 목사들이 속출하고 있는 실정이다.

이러한 문제들은 근본적으로 교회 구조의 차이에서 비롯한 것이다. 가톨릭교회는 일찍이 제도적 일치의 교권주의와 교구 제도를 확립하고 견지하여 왔기 때문에 교파 분열이나 교회의 양극화와 미자립이나 무임 성직자 양산은 구조적으로 불가능한 패러다임이다. 250년경 박해 기간 동안 배교한 신자들에 대한 처리 문제로 분열의 위기에 처했을 때 키프리안은 『교회 일치론』을 통해 "감독을 떠나서는 교회가 없다."고 주장하고 강력한 제도적 일치를 주장하였다. "교회 밖에는 구원이 없다."는 저 유명한 명제는 여러 면에서 배교보다 분열이 더 나쁘기 때문에 로마 교회를 분열시키고 교회 밖으로 나간 노바티안파에게 구원이 없다는 가혹한 선언이었다. 교회의 분열을 죄악시하고 감독들의 연대 속in solidium에서 이뤄지는 중앙집권적인 제도적 일치를 이루고 있다.14)

콘스탄틴 황제의 개종과 기독교의 공인으로 인해 가톨릭교회는 로마의 시市나 주州의 행정 구조와 일치하는 교구제를 도입하여 공교회로서의 행정적인 구조와 골격을 갖추기 시작하였다. 그리하여 로마의 주에 속하는 도시에 있는 교회의 감독을 점차 대감독metropolitan으로 부르게 되었다.15)

이처럼 로마 교회가 하나의 교회를 유지하고 중앙집권적 교황을 중심으로 지역 분할의 교구 제도를 통해 제도적 교회가 개인의 신앙의 자유를 어느 정도 통제한 것이 사실이다. 무엇보다도 성서의 권위보다 교회의 권위를 앞세우는 가톨릭교회는 교권적 권위와 제도적 일치를 내세워 개인의 신앙 자유를 침해한 점도 없지 않다. 그래서 루터와 칼빈과 같은 개혁자들은 개인의 신앙의 자유와 개교회의 자율적 사역을 극대화하는 방향으로 나아갔다. 따라서 그리스도인의 자유와 만인제사장직은 이러한 배경에서 이해된다. 그리고 키프리안이 "감독이 있는 곳에 교회가 있다."고 하였지만, 츠빙글리는 "사역이 있는 곳에 교회가 있다."고 한 것은 이러한 상황을 반영한다.

종교개혁 초기에는 개신교가 교육의 질은 낮지만 소명감이 투철한 다수의 목회자를 양산하였고 교구 제도의 틀에 매이거나 주교의 파송이 없이도 자발적으로 어느 곳에서나 교회를 설립할 수 있었기 때문에 급속한 교세 성장이 가능하였다. 개신교는 목사 개인의 카리스마적 역량과 개교회의 자율적인 역동성을 바탕으로 교회를 경쟁적으로 성장시켜 나갔다.[16] 따라서 선교 지역의 선점이 필요하였고 해외와 오지와 벽지에서 선교가 가능하게 되었다.

반면에 가톨릭의 경우 주교의 통제하에 있는 교구 제도라는 구조 안에서는 성당들끼리 경쟁할 필요가 없을뿐더러 개별 성당이 사제 개인의 카리스마적인 능력에 의존하여 설립되고 운영되고 성장하는 구조가 아니다. 특정 사제가 능력과 의욕을 발휘하여 교구 내 지역 성당을 크게 성장시킨다 하더라도 그것은 그의 개인적인 공적으로 지속되지 않는다. 따라서 개신교는 어느 교회하면 그 교회의 목사 이름이 떠오르지만, 가톨릭의 경우는 어느 성당하면 그 성당의 신부가 떠오르는 일이 없다.

그러나 개신교의 기본 구조는 개교회주의이다. 개교회주의란 "교회가 그 목표를 설정하고 활동을 전개하며 교회 내외 인적, 물적 자원을 사용하는 데 개별 교회 내부의 문제는 특별히 개별 교회의 유지와 확장에 최우선을 부여하는 태도와 방침"이라고 한다.[17] 그리고 신도들의 의식, 교회의 물질적 인적 자원의 운영 실태, 연합사업 운영 실태 등으로 개교회주의의 정도를 평가할 수 있다. 그러므로 개신교는 목사의 개인적 카리스마나 능력에 따라 무한히 성장할 수 있는 구조를 지니게 되었고 같은 지역 내에서도 여러 교파의 여러 목사들이 개교회 중심으로 서로 경쟁하는 구조 속에 노출되었다.

20세기에 접어들어 인구의 도시 집중화와 신흥도시의 형성으로 말미암아 단기간에 급속도로 성장하는 교회들이 생겨났다. 그러자 대형 교회의 건축이 건축공학적으로 가능해지고 방송이나 영상 시스템을 비롯한 테크

놀로지를 도입하여 다수의 청중에게 설교의 전달이 가능해졌다. 그리고 하비 콕스가 지적한 것처럼 도시화와 이에 따른 '기동성과 익명성'[18]과 대중적 인기성으로 인해 초대형 교회의 출현이 불가피하였다.

이와 더불어 미국을 중심으로 '교회 성장학'[19]이라는 새로운 교회론이 등장하여 선교의 열정과 욕망을 부추치고 자본주의적인 시장 논리에 근거한 '교회 성장 마케팅'을 구체적으로 제시하여 개교회의 무한한 성장과 개교회 간의 무한 경쟁을 신학적으로 정당화시켜 주었다.[20] 결과적으로 메가-처치mega-church들이 점점 늘어나게 되었고[21] 지성전인 파라-처지 para-chuch들을 통해 교세를 확산시켰다. 그래서 미국 교회 출석교인 절반이 상위 10% 메가-처치에 집중되어 있다는 통계가 제시되고 있다.[22]

개인들의 구원과 교회의 증가를 교회 성장의 척도로 보는 교회 성장학은 한국 교회의 수적 증가와 지역적 확장에 큰 영향을 주었다. 몇몇 대형 교회와 세계 최대 교회의 성공 사례는 목회자들에게 목회 성공 신드롬을 확산시켰다. 실제로는 대형 교회의 성공 모델을 추종하는 성장주도형 교회가 교파를 막론하고 모든 교회의 대세가 되었다. 그리하여 1970년대부터 등장한 선발대형 교회의 성공 모델을 추종하는 후발대형 교회들이 1980년대 후반부터 등장하게 되었다.[23]

교회 성장학은 도시 교회가 건물을 확장하고 주차장 등 편의시설을 확충하면 회중이 모여든다는 구체적 전략을 제시하였다. 그리하여 대형 교회는 경쟁적 교세 확장을 위해 그리고 소형 교회는 최소한 자립 생존을 위해 무리하게 건물을 확장하는 경우가 비일비재하다. 은행 빚을 얻어 건축한 후 교인이 늘어나 교회가 크게 성장한 성공 모델을 추종하느라 교회 건축을 전후하여 경상비 지출 외에 모든 교회의 대내외 사역을 축소하는 경우가 허다하다. 준비된 재정 없이 건물을 무리하게 확장했으나 교인이 채워지지 않아 매달 엄청난 이자를 갚기 위해 수단과 방법을 가리지 않고 전도와 헌금을 강요하는 경우도 많은 실정이다. 교회 대출보증으로 교인의 주택이 압류 처분되거나[24] 심지어 불어난 부채를 갚지 못해 교회가 부도가 나는 사례도 적지 않다. 이러한 개교회주의의 구조적 취약점은 그대로 여러 신앙적인 문제점을 일으키고 교회의 공신력과 목회자의 신뢰도를 실추하게 하는 요인으로 작용한다.

물론 성장주도형 개교회주의의 공헌도 없지 않다. 자율적 목회자 양산으로 방방곡곡 오지와 도서 지방에도 교회가 세워질 수 있게 되었고 2007년 말 현재 168개국에 1만 7천 697명 선교사를 파송하여 세계 2위의 해외 선교사 파송국이 가능하게 된 것이다.[25] 그러나 개교회주의의 구조적 취약점이 여러 부작용으로 나타나기 시작하여 개종을 통한 성장보다는 수평 이동을 통한 교회의 양극화로 귀결되었다.[26] 이성희 목사는 "많은 사람들이 수평 이동을 비판하지만 영성적 약극화 시대에는 자연적인 현상"이라고 주장한다.[27] 그러나 대형 교회의 형성과 교회의 불균형과 양극화는 교회의 목적전치目的轉置 현상과 사회적 불신과 반발을 초래[28]하여 안티 기독교 세력의 빌미를 주었다.[29]

목회자가 개교회주의에 치우치게 되는 가장 중요한 변수는 '사회적 관심과 전통의식'에 대한 관심의 정도라는 분석이 제시되었다.[30] 그러나 보다 근원적인 제도적 구조의 문제는 언급하지 않았다. 따라서 개신교의 성장률이 둔화되고 여러 가지 위기들이 연계되어 분출하는 데에는 개인의 신앙적 자유와 목회자 개인의 카리스마와 개교회의 자율적 사역이 가능한 개신교의 구조적 패러다임의 취약점이 극대화되어 나타나는 현상이라는 점에 대한 구체적인 통계적인 분석이 요청된다.

3) 개신교의 양극화와 가톨릭의 교구 제도의 평준화

한국 개신교에 관한 교회성장연구소(2003)의 통계에 따르면 성인 300명 이하의 교회가 80%이며, 크리스찬리더십연구소는 150명 이하의 소형 교회가 80-90%라고 하였고, 한국교회살리기운동본부는 50명 미만의 교회가 60% 이상이라고 한다.[31] 대형 교회의 등장으로 교인들의 수평 이동으로 인해 큰 교회로 교인이 몰리고 그나마 작은 교회는 그 교인마저 빼앗기고 있는 것이다.

실천신학대학원대학교가 목회자 430명을 대상으로 설문조사(2009년 5월)한 결과 응답자의 91.4%가 교회 양극화 현상에 대해 '문제가 있다'고 지적했다. 58.1%는 '매우 심각한 문제', 33.3%는 '어느 정도 문제'라고 답했다.[32] 「목회와 신학」은 10년 후 한국 교회의 모습을 예측하는 설문조사에서 '앞으로 한국 교회가 삼가야 할 가장 중요한 사항이 있다면 무엇인가?'라는 질문에 '도덕성 결여'(28%)와 비슷한 비율로 '대형 교회와 소형 교회의 양극화'(25%)라고 답했다.[33] 역시 교회의 양극화가 주요한 문제로 지적되었다.[34]

교회의 양극화는 미자립 교회와 무임 목사의 양산으로 이어진다. 전체 개신교의 40-50%가 미자립 교회로 추산된다. 예장통합 측은 현재 7,600여 교회 중 절반 이상인 2,600개 교회가 미자립 교회이므로 "교회 자립화 및 미자립 교회 목회자 생활비 평준화 사업이 성공적으로 정착될 수 있도록 모든 힘과 정성을 기울이고 있다."고 한다.[35]

기독교대한감리회 역시 경상비 결산액 2,500만 원을 기준으로 했을 때 감리회 산하 전국 5,489교회 중 41%가 미자립 상태인 것으로 나타났다.[36] 또 이들 미자립 교회 가운데 약 43.1%가 점진적으로 성장하고 있거나 곧 자립할 가능성이 큰 이른바 '발전적 미자립 교회'로 파악됐다. 반면

창립된 지 5년이 넘었지만 잦은 담임자 교체 등으로 인해 침체된 상태여서 성장을 기대하기 힘든 교회도 20.3%에 달하며 대부분은 6년 이상된 교회들로 10년 이상이 57%, 6년 이상은 72%나 차지했다. 미자립 교회 가운데 50%가 경상비 1,000만 원 이하인 교회가 1,100여 개이다.

전체적으로 한국 개신교는 매년 25,00여 개의 교회가 새로 생기지만 3,000여 개의 교회가 문을 닫고 있는 현실이라고 한다.37) 개신교가 급성장하던 70-80년대에는 미자립 개척 교회들이 속속 자립하였고 일부는 대형 교회로 성장하였지만 2000년대에 접어들어 성장 동력을 상실한 이후 과반수에 육박하는 미자립 교회는 자립할 수 있는 가능성이 점차 낮아지고 있는 추세이다. 교회를 개척했다가 미자립 상태를 벗어날 희망이 없어서 문을 닫은 교회의 목회자는 무임목사로 전락하게 되어 "현재 무임 목회자 3만 명을 기록하고 택시운전을 하는 목회자만도 2,000명을 육박하는 현실"38)이라는 지적이 있을 정도이다.

가톨릭의 경우는 이러한 도시 교회의 양극화나 미자립 교회와 무임 목사의 존재 자체가 불가능하다. 로마 제국의 콘스탄틴 황제의 개종과 기독교의 공인으로 인해 가톨릭교회는 로마의 시市나 주州의 행정 구조와 일치하는 교구제를 도입하여 공교회로서의 행정적인 구조와 골격을 갖추기 시작하였다.39) 이러한 교구제의 의하여 모든 성당의 개척과 설립은 해당 교구에서 주교의 감독과 통제하에 있으며 특정 성당의 교세가 성장하면 제도적으로 성당을 분립하기 때문에 대형 성당이 존재할 수 없다. 특정 사제가 개인적 카리스마를 발휘하여 성당을 성장시켜 대형 성당으로 만들어 세습하고 은퇴 후에도 종신토록 영향력을 행사하는 일이 구조적으로 불가능하다. 대체로 5년마다 성당 주임 사제들이 교체되기 때문이다. 그리고 도시의 경우 새 성당을 건립할 때는 교구 내의 지역과 교세를 안배하여 충분히 자립할 수 있는 교회로 분립하기 때문에 미자립 소형 교회가 존재할 수 없다.[40] 물론 천주교회도 지역적인 인구 격차로 인한 도농 간의 교회 양극화는 불가피한 측면이 있다. 그러나 교구 내 성당 간의 상호 교류 협력이 활발하고 성직자의 기본 생계는 교구가 책임지므로 개신교처럼 그 문제점이 심각한 것은 아니다. 그러므로 모든 성당은 거의 평준화되어 있는 것으로 보아야 할 것이다.

뉴욕타임즈에 따르면 세계 50대 교회 가운데 한국 교회가 23개나 포함되어 있다고 한다.[41] 이처럼 대형 교회가 가능한 것은 개신교의 구조적인 문제에서 기인한다.

4) 가톨릭의 사제 양성 제도와 개신교의 목회자 양산

최근 「시사저널」이 미디어리서치에 의뢰해 33개 직업군을 대상으로 신뢰도를 조사 발표(2009. 7. 27)하였는데 종교인 중에서는 가톨릭의 신부가 11위, 승려는 18위, 목사는 25위로 하위권을 맴돌았다. 신부와 승려는 신뢰도의 비율이 60~70%인 반면 목사는 50%대에 머물렀다.[42] '신뢰하지 않는다.'는 응답이 42.7%이니 심각한 상황이 아닐 수 없다.

실천신학대학원대학교의 설문조사(2009년 1월)에 따르면 한국 교회가 당면한 문제에 대하여 42.3%가 '목회자의 자질 부족'이라고 답했으며 신학생 과다 배출(16.5%)도 지적되었다. 그리고 앞서 인용한 「목회와 신학」의 통계에는 10년 후 한국 교회가 '감소한다면 그 이유는 무엇인가?'라는 질문에, 목회자 및 성도의 낮은 윤리적 수준(41%)이라고 답했다.[43]

신부에 비해 목사의 사회적 신뢰도가 낮은 것과 한국 교회의 당면 문제가 목회자의 자질 부족이라는 지적을 받는 것은 개신교의 또 다른 구조적인 문제이다. 교파 경쟁에 따른 신학교 난립과 목회자 양산으로 목회자의 질적 저하가 불가피하며, 교회와 교인 수에 대한 목회자 수가 가톨릭교회에 비해 12배나 많기 때문에 거기에 따르는 비효율성 등 각종 문제점이 그 극에 달한 것으로 보인다. 개신교와 가톨릭교회의 성직자 양성 정책을 비교해 보면 개신교의 목회자 양성 과정이 얼마나 허술한지 그 구조적 취약점이 그대로 드러난다. 개신교의 신학 목회자 양성 제도의 개혁을 위해 가톨릭교회의 사제 양성 제도를 참고할 필요가 있어 자세히 살펴보려고 한다.

(1) 가톨릭교회의 사제 양성 제도

'한국 천주교 사목 지침서'(1995년 4월 16일 공포)에는 성소聖召 지망자와 사제 양성 지침서에 관한 규정이 포함되어 있다. 제99조 성소 지망자 규정에는 "온 교회에 성직자가 충분하도록 성소를 배양할 의무가 신자 공동체 전체에게 있다. 이 의무는 신자 가정, 교육자, 사제, 특히 사목구 주임 및 교구장에게 있으며, 교구 및 본당 사목구 사정에 따라 사제 성소를 조기에 발굴하고 육성하는 성소 지망자 모임을 적극 권장한다."고 하였다.44)

사제 후보생들이 해당 교구별로 교육받고 사제 서품 뒤에도 교구별로 근무하는 철저한 속지屬地주의 원칙에 따라 7개 신학교별로 7년 과정의 교육을 받고 있다. 정진석 서울대교구장은 "가톨릭의 사제 양성은 맞춤형 인재를 양성하는 식이다. 해당 교구의 실정, 그리고 교회의 수요에 맞춘다는 의미이다."고 하였다.45)

가톨릭의 사제가 되기 위해서는 복사服事, 성소聖召 모임, 예비 신학교, 신학대학교(7년 과정), 부제 서품, 사제 서품(독신 서약)의 과정을 거쳐야 한다.

복사服事 : 한국 가톨릭교회의 각 교회에서는 해당 성소계발위원회를 두고 있으며 교구에서는 예비 신학교를 운영한다. 각 교회는 초등학교 3학년부터 중학교 3학년까지 어린 학생들을 가운데 복사를 선발하여 미사를 원활하게 하기 위해 사제를 도우는 일을 하게 한다.

2008년 발표된 통계에 따르면 성소에 최초로 관심을 갖는 시기는 초등학교 시기까지가 42.8%, 중학교 이전인 경우가 68.5%를 차지했다. 사제 성소에 처음 관심을 갖게 된 계기에 대하여는 '복사단 참여'가 46.1%(248명)로 가장 많으며, 사제가 되기로 결심할 때 가장 큰 영향을 준 인물은 '본당 신부'가 35.2%로 가장 많았다.46)

본당 성소聖召 **후원회와 성소자 모임** : 각 교회마다 성소자를 조기 발굴하여 양성하고 후원하기 위해 성소계발위원회를 두고 있으며 각 교회의 성소자 모임을 운영하고 있다. 본당 성소후원회 조직 여부는 77.1%가 '조직돼 있다'고 답했으며, 주요 활동으로는 성소후원금 모금, 성소자·성직자를 위한 기도, 교구 사제 서품식 참여, 본당 성소후원회 회원 관리, 본당 신학생 등록금 및 용돈 지원 등을 꼽았다.47) 이 외에도 가톨릭교회는 성소 계발을 위해 여러 제도적 모색을 시도하고 있다.48)

성소국과 예비 신학교 : 사제로서 살아갈 소양이 있는지를 잘 식별하기 위해 교구에서는 성소국을 통해 '사제 성소'에 뜻을 둔 중고생들과 일반인을 대상으로 '예비 신학생 모임'을 운영한다. 월 1회 모이는 이 모임을 통해서 교구뿐 아니라 성소자 자신도 참으로 사제 성소가 있는지를 식별하게 한다. 동질감과 소속감을 키워주기 위해 예비 신학생 전원을 기숙사 생활을 시키기도 한다.49)

예비 신학생 중 중등부가 72.4%로 가장 많고, 대부분(72.3%)이 유아

영세자이다. '가족 모두 신자'인 경우가 81.6%였고, 21.3%가 친척 중 성직자·수도자가 있다고 응답했다. 예비 신학생 모임 참가 시기는 중학생 때가 90.1%로 가장 높았다.[50] 이처럼 가톨릭교회는 조기에 성소를 계발하여 '가정과 본당 교회와 교구'가 협력하여 장기간 성소에 합당한 신앙의 모범적 삶을 살도록 준비시키고 학교 성적도 평균 80점 이상이 될 수 있도록 지도한다.[51]

이에 반해 개신교 신학대학원의 경우 부모의 반대에도 불구하고 신학교에 오거나 고령자가 갑자기 소명을 받아 신학교 문을 두드리는 경우가 많은 것이 사실이다.

신학대학교와 신학원(7년 과정) : 신학교에 입학하려면 1년 이상 예비 신학교 과정을 수료하고 소속 본당 신부의 추천과 교구장의 추천이 있어야 지원이 가능하며, 입학시험(전적 대학 성적과 교리시험과 면접)에 합격해야 한다. 현재 한국 천주교회에는 서울·인천·수원·대전·광주·대구·부산 등 모두 7개 신학대학(대신학교)이 있는데 학부 과정과 대학원 과정을 포함해서 7년을 공부해야 한다. '한국 천주교회 통계'(2008)에 따르면 2008년 12월 31일 현재를 기준으로 전체 신학생 수가 1,413명이다. 신학생들은 의무적으로 기숙사에서 공동체 생활을 하면서 지적 교육뿐 아니라 인성 교육, 신앙 교육, 덕성 교육 등을 받게 된다. 신학생들은 성적뿐 아니라 기도 생활, 인간관계 등 신학교 생활 전반과 방학 중 생활까지도 평가를 받는 엄격한 과정을 거쳐서 사제가 된다.

그러나 대부분의 개신교의 경우 이러한 전 학년 전원 기숙사 생활이 여건상 불가능하며 목회자 후보생의 전인교육을 위한 제도적 장치가 미흡한 편이다.

성체 지도와 부제副祭 : 서품 대학에서 4년간 소정의 학점을 이수하고 신학원에서 2년간의 석사과정, 또는 연구과를 이수하여야 부제 서품 자격이 부여된다. 대학과 연구 과정에서 아무리 소정의 학점을 취득하였다 하더라도 신학원에서 성체 지도신부에 의해 자격이 인정되지 않으면 서품을 받을 수 없다.

사제司祭 **서품** : 7학년 과정을 마친 후 사제 서품敍品을 받으려면 천주교 세례를 받은 지 만 5년 이상, 예비 신학생 모임에 1년 이상 출석, 본당의 성소자 모임 참석, 가정생활, 건강 상태, 학업 성적, 품행 등에 결함이 없으며, 성性적으로 문제없는 만 28세 이하의 남성(성 불능을 비관한 도피처로써 신앙을 선택하는 것을 막기 위함)이어야 한다.

서품식이 거행되기 전 '서품공시'라 하여 각 교구에서는 서품을 받는 대상자들의 품행이나 그동안의 행적들에 문제가 없었는지를 2주 정도 서품자의 해당 본당에 묻게 된다. 여기에서 문제가 없어야 소속 교구장의 면접을 거쳐 서품식을 갖게 되는 것이다.

한국 천주교 사목 지침서(1995년 4월 16일 공포) 제 101조에는 사제는 신체적, 정신적 결함이 없어야 하며, "사회적으로 지탄을 받는 가정 또는 불미스러운 결손 가정"도 특별한 심사를 거쳐야 한다고 규정한다. 실제로 사제가 되기 위해 신학교에 입학하려면 신체검사와 인성검사를 받아야 하며 본인뿐 아니라 가족 전원이 면접을 받아야 한다. 이는 가족 사항과 상관없이 어느 정도 장애가 있어도 목사가 될 수 있는 개신교의 경우와 다르다 하겠다.

새 사제 학교 : 사제 서품식을 마친 후 신입 사제들은 소속 본당에서 사목 경험을 쌓기 위해 '새 사제 학교'에 등록하여 약 6개월 동안 연수를

받는다.52) 그런 후에야 각 임지로 발령을 받아 보좌신부로서 사목 활동을 한다. 성소국 홈피에는 "침묵 속에 그리스도의 향기가 나는 사제, 기도하는 사제, 힘없고 약한 자를 돌보고, 그들의 고통을 나누며, 사회정의를 위하여 열심히 일하는 사제, 검소하고, 물질에 신경을 안 쓰며, 공금에 확실한 사제, 죽기까지 사제 성직에 충실한 사제" 등 '평신도가 바라는 사제상' 14항목과 '사제를 위한 기도'가 소개되어 있다.

(2) 개신교의 목회자 양성 제도 – 예장 통합의 경우

개신교의 목회자 양성 과정은 교파마다 조금씩 다르지만 대표적인 사례로 예장 통합의 경우를 살펴보자.

목사 후보생 : 예장 통합의 헌법에는 목사 후보생과 목사의 자격이 명시되어 있다. 제28조 '목사 후보생' 규정에 따르면 "목사 후보생은 무흠 세례교인(입교인)으로서, 당회장의 추천으로 노회장의 허락을 받아 신학대학원에 재학 중이거나 졸업한 전도사로서 소속은 당회에 있고 노회 목사후보생지도위원회의 지도 감독을 받아야 하며 목사 안수 시 면접(시취)은 노회 정치부가 담당한다."고 되어 있다. 그리고 "목사 후보생이 학업과 신덕이 불량하거나 노회의 지도 감독을 따르지 아니할 때에는 노회장의 허락을 취소할 수 있다."고 하였다.53)

장로교의 경우 목사 후보생은 신학대학원 재학생을 의미한다. 가톨릭교회의 경우처럼 중고등 학생 가운데 성소자를 물색하여 가정과 본당과 교구와 신학교가 협력하여 장기간의 성소자 모임과 예비 신학교를 통해 성소를 주관적 · 객관적으로 충분히 검증하는 단계가 미비하다.

목사의 자격 : 예장 통합의 경우 '목사의 자격'(26조)에 대하여 "목사는

신앙이 진실하고 행위가 복음에 적합하며, 가정을 잘 다스리고 타인의 존경을 받는 자(딤전 3:1-7)"로서 무흠한 세례교인(입교인)으로 7년을 경과하고, 30세 이상 된 자로서 총회 직영 신학대학원을 졸업한 후 2년 이상 교역 경험을 가진 자로서 총회 목사고시에 합격한 자로 규정하고 있다. 목사가 되려면 대학 졸업자로서 노회의 추천을 받아 총회 직영 7개 신학대학원 중에 입학하여 3년 과정을 이수한 후 목사고시에 합격하여야 한다. 가톨릭의 경우 예비 신학교를 포함하여 최소한 8년 이상 사제 양성 과정을 거친 후 다시 6개월간 집중적인 새 사제 교육을 받지만 개신교의 경우는 학부에서 신학을 전공하지 않은 다수의 신학대학원생들은 신학 교육 기간이 3년에 불과하다.

목사 안수는 목사고시 합격자 중에서 개교회의 청빙을 받은 자만이 노회가 면접고사 후 안수하게 된다. 청빙은 당회의 결의와 공동의회 출석회원 3분의 2 이상의 찬성을 얻은 후 청빙서를 노회에 제출하여 노회가 가합하다는 결의를 받아 청빙받은 목사에게 교부한다. 노회의 결의 없이 교회가 직접 목사에게 청빙서를 교부할 수 없지만 대부분의 경우 노회의 결의는 요식 행위에 지나지 않는다.[54]

목사의 청빙 : 목사고시에 합격하여도 청빙하는 교회가 없으면 안수를 받지 못하게 되어 있다. 각 노회는 목회자 후보생을 관리하지만 가톨릭 교구처럼 엄격하지 않으며 사역지나 청빙지에 따라 노회를 이적할 수 있다. 노회나 총회가 필요로 하는 목회자의 소수 정예를 직접 재정을 투입하여 양성하는 구조가 아니므로 명목은 총회직영 신학교이지만 총회의 재정 지원 없이 실제 운영은 거의 자율적으로 하기 때문에 신학교들은 생존을 위해 신학생 정원을 계속 확충할 수밖에 없다. 따라서 목회자의 수급 조절과 질적 향상은 구조적으로 어렵다. 따라서 신학 교육의 문제는 교육 과정

과 내용의 문제라기보다는 교육 재정 확보를 위해 불가피하게 신학생 정원을 늘려 신학생을 양산하는 구조적인 문제가 더욱 심각한 것으로 보아야 할 것이다.[55]

가톨릭의 경우 소수 정예의 신학생을 각 교구에서 전액 장학금을 지원하여 조기에 발굴하여 장기간에 걸쳐 양성하기 때문에 결과적으로 사제 양성과 수급에 따른 비용 부담을 현저히 줄이고 양질의 평준화된 성직자를 배출할 수 있는 것이다. 따라서 개신교의 목회자 양산의 구조적 취약점을 개선하지 않는 한 개신교의 근본 모순을 극복하기 어려울 것이다.

5) 개신교의 구조 개혁을 위한 대안

최근 한국 개신교의 성장 둔화라는 외형적 위기 외에도 자정 능력과 사회적 신뢰가 형편없이 떨어지고 있는 여러 사건에 직면하게 되었다. 개신교는 개교회주의와 교회의 물량화, 대형 교회와 소형 교회의 양극화, 미자립 교회와 무임 목사의 양산, 신학교의 난립과 목회자의 질적 저하, 교단 분열과 교권 쟁탈, 교단 정치의 파행과 자정 능력 상실, 대형 교회의 교회 세습, 교회의 정교 유착과 기득권화, 반공주의와 통일에 대한 대안 부족, 고령화 사회와 교회의 고령화, 정보화 마인드와 인터넷 소통의 부족, 안티 기독교와 이단 기독교의 등장 등 한국 교회가 당면한 구체적인 위기는 한둘이 아닌 것으로 제기되고 있다. 그래서 한국 교회의 패러다임 전환을 주장하는 이들도 늘어나고 있다.[56]

이오갑은 한국 교회개혁 테마 20가지를 제시하였으며,[57] 최근 한국 교회언론회는 '목회자의 복음적 책무와 자정을 위한 선언문'(2009년 5월 14일)을 통해 복음적 가치에 충실하지 못한 것, 교회가 분열과 대립으로

서로 사랑하지 못한 것, 목회자들의 도덕적 해이, 교회가 성장 지상주의에 사로잡혀 교회 간 양극화를 초래한 일 등을 바로잡아야 할 과제라 하였다.58) 그러나 이러한 모든 주요 모순은 '모순의 굴레'로 연결되어 그 '근본모순'은 개신교의 성장주도적 개교회주의와 신학교 난립에 따른 목회자 양산이라는 구조적인 문제라고 생각된다. 이러한 근본적인 구조의 취약점을 극복할 대안은 없을까?

첫째, 한국 개신교의 교단 분열59)의 문제점이 모든 위기의 근원이므로 교단 통합을 통한 개신교의 구조 조정이 생존의 불가피한 선택임을 자각하여야 한다. 한국기독교총연합에 가입한 회원 교단만 하여도 모두 63개이다. 이 중 대한예수교장로회라는 명칭을 사용하는 교파가 50개에 달한다. 한국 교회가 교단의 통폐합을 통해 구조 조정을 이루지 못한다면 교파 분열에 따른 비효율성과 중복 투자로 인해 스스로 경쟁력을 상실하게 될 것이다.

다행스러운 것은 최근 통합 측과 합동 측, 통합 측과 고신 측 총회장이 서로의 교회를 방문하여 강단 교류를 가졌다는 사실이다. 이제야 강단 교류의 물꼬를 겨우 튼 것이기 때문에 교단 통합에 이르기까지는 그 길이 멀다 하겠다. 그러나 분열 50년 만에 예장통합총회와 예장합동정통총회가 정식 기구를 통한 교단 통합 논의를 본격화하고 있어 그 귀추가 주목된다. 그러나 아직까지 개신교의 교파 분열의 구조적인 취약점과 심각한 위기에 대한 인식이 미미한 실정이다.

둘째, 교단별로라도 신학교를 통폐합하는 일대 개혁과 양질의 소수 정예의 목회자를 배출할 수 있는 시스템을 마련하여야 한다. 예장 통합 교단의 신학교육부에서는 교단 내의 총회 직영 7개 신학교의 신학 교육 일원화를 모색하고 있다. 신학 교육의 통폐합을 통한 구조 조정의 필요성을 절감하고 있으나 그 실현을 위한 난제도 적지 않다.60) 왜냐하면 각 신학교는 교단 직영이라고 하지만 실제로는 별도의 이사회가 자체 운영하고 있기 때문에 신학교의 생존을 위해 학생 정원 확장을 경쟁적으로 시도하여 왔고 이를 통제할 수 있는 제도적 장치가 전무한 실정이기 때문이다. 그리고 목회자의 자질 향상을 위해 가족과 교회와 신학교와 교단이 보다 효율적인 제도와 프로그램을 만들어 나가야 할 것이다,

셋째, 교회의 대형화에 따르는 양극화를 해소하기 위한 개교회의 자발적인 분립이다. 평양의 장대현교회만 하여도 교인 수가 늘어나면서 여러 번 교회를 분립하였다. 장대현교회의 교인 수가 크게 증가하자 1903년 가을에는 일부의 교인을 분리하여 남문밖교회, 사창동(후일 창동)교회(1905), 산정현교회(1906), 서문밖교회(1909), 외성교회(1911)를 각각 분립하였다.[61] 그러므로 이런 전통을 살려 중·대형 교회의 분립이 가속화되어야 한다. 올해 초부터 5천여 명의 성도를 4개 교회로 자발적으로 분립한 높은뜻숭의교회의 선구적인 노력과 사례가 저변으로 확산되어야 할 것이다.[62]

어쨌든 종교개혁 이후 가톨릭교회가 종교개혁의 도전에 대한 응전으로 자체 개혁counter-reformation을 시도한 것처럼 가톨릭의 교구 제도의 교회 평준화와 장기간의 체계적이고 전인적인 사제 양성 제도의 장점을 개신교에서 개교회주의 신학생 양산에 대한 대안으로 참고하고 '개신교의 새로운 종교개혁'을 서둘러야 할 것이다.

5
한국 교회의
목회 리더십과 팔로우십

1) 리더십의 위기

한국 사회뿐만 아니라 한국 교회는 최근 심각한 리더십과 팔로우십fol-lowship의 위기를 겪고 있다. 대체로 한국 사회도 오랜 군부독재 시대를 거쳐 문민정부, 국민의 정부, 참여정부를 거치면서 리더십의 변천을 겪고 있다. 특히 최근 이명박 정권이 들어서서 민주와 복지와 통일 정책이 후퇴하였다는 우려와 함께 소통 부재와 폐쇄적인 논의 구조의 일방적인 리더십에 대한 비판이 적지 않다. 세계는 모름지기 권력의 집중과 일방적 지시의 독재적 리더십에서 권력의 위임과 쌍방적 참여의 시대로 나아가고 있는데 한국의 정치 지도자들은 역주행을 서슴지 않는다는 목소리도 높다.

이는 피지도자의 상황의 변화에 따른 불가피한 과정이다. 이제는 능력도 있고 의욕도 있는 피지도자의 수가 증가할 수밖에 없는 상황인 것이다. 그 원인은 여러 가지로 설명된다.

첫째, 소득 수준이 1만 불 이상이 되면 경제적인 이유로 일방적 지시에 무조건 순복하는 태도의 여유가 생긴다. 참여를 통해 자아를 실현하려고 한다.

둘째, 자가용 소지자가 늘고 해외여행의 여유가 생기게 되면서 폐쇄적인 체제에 불편해 하고 개방적인 사유가 신장된다.

셋째, 교육 정도가 높고 인터넷의 쌍방 의사소통이 원활할수록 정보의 독점, 왜곡, 빈곤의 일방성에서 벗어나 다양한 정보를 공유하고 수정하고 쌍방 교류가 활발해진다.

넷째, 삼군사관학교의 응원과 월드컵의 응원은 이러한 일사불란함의 군사 문화와 자유분방한 참여 문화의 차이를 극명하게 드러내 보인다.

이제까지의 권위주의적 독재형 리더십은 국민소득이 1만 불 미만 시대에는 그 부작용에 비해 효율성이 커 보였지만, 2만 불 시대를 바라보는 국제적 무한경쟁 시대에서는 효율성이 현저하게 떨어져 경쟁력 자체를 상실하게 된다. 다수의 참여에 의한 진정성과 민주성, 투명성의 확보 없이는 효율성을 기대하기 어렵기 때문이다.

노무현 대통령은 특권과 반칙이 횡행하는 "일방적 독재의 리더십"에서 원칙과 상식이 통하는 "참여와 위임의 리더십"을 제시하였다. 노무현 대통령은 민주화 운동과 지역주의 타파를 위한 정치적 행보의 진정성이 카리스마로 작용하여 대통령이 되었으나, 우리 사회의 중심부 출신이 아니라 주변부 출신으로 전통적으로 통치자에게 기대되어 온 권위가 취약하다는 비판을 받게 되었다. 참여의 리더십은 권력 집중의 일방적 권의주의 자체를 배격하였기 때문에 권위주의적 리더십에 맹목적으로 지지하던 일에 익숙한 팔로우어follower들로부터 맹목적인 반대에 직면하고 있는 것이다. 기존의 독재적 권위적 리더십과 팔로우십에 익숙한 이들이 이 새로운 참여의 리더십에 적응하지 못하고 있다고 보인다. 독재형 리더십의 추종자들은 서로 봐주기의 권력의 카르텔을 형성하여 집단적 이익을 위한 맹목적 추종을 팔로우십의 요체로 생각한다. 리더와 팔로우어는 권력의 주종관계를 형성하여 온갖 특권과 반칙을 함께 누릴 수 있었던 것이다.

그러나 참여정부는 종래의 이러한 권력형 주종관계를 해체하려고 시도하였고 어느 정도 해체 과정이 진행된 것이 사실이다. 여기서 새로운 참여형 리더십과 구태의연한 특권적 이익을 공유하면서 묵계적으로 추종하여 온 팔로우십의 갈등이 일어날 수밖에 없는 것이다. 독재적 리더에 추종하는 것이 익숙한 맹목적 팔로우어들은 새로운 리더십을 자신들의 기득권을 해치는 적대적 리더십으로 간주하고 그 새로운 리더십을 인정하지 않으려고 맹목적 반대자로 나선 것이다. 새로운 참여의 리더십이 자신들의 기득권뿐만 아니라 국가 전체를 위기로 몰아넣는 것으로 인식하는 경향까지 보이고 있다. 이러한 리더십과 팔로우십의 갈등을 어떻게 극복하느냐 하는 것이 우리 사회 전반의 중요한 과제로 등장한 것이다.

최근 한국 교회도 한국 사회와 마찬가지로 리더십과 팔로우십의 갈등을 빚고 있는 대형 교회들이 등장하여 심각한 문제를 야기하고 있다. 이러한 대형 교회들은 대체로 양적 성장을 성취한 목회자의 카리스마적 권위에 입각하여 행사하여 온 수십 년 동안의 권위적 리더십의 진정성에 대한 문제 제기로 인해 첨예한 대립이 부각되기 시작한 것이다.

그리고 리더십의 교체기를 맞이하여 카리스마적인 리더십을 갖추지 못한 후계자들에 대한 팔로우어follower들의 불만이 도처에서 폭발하게 된다. 그리고 권위적 리더십에 따라 맹목적인 복종의 팔로우십에 익숙한 다수의 교인들이 그동안 알려지지 않은 권위적 리더의 어떤 부정적인 측면이 공개되자 이제까지 맹목적으로 추종해 온 리더의 진정성을 의심하고 하루아침에 맹목적 비판으로 돌아선 사례도 나타난다.

시대적·교회적 상황의 변화로 교회 내에서도 권위적 리더십과 맹목적 팔로우십의 한계가 드러나기 시작한 것으로 여겨진다. 참여적 리더십에 따라 비판적 지지의 팔로우십이 형성된 상황이었더라면 이처럼 급속한 갈등이 증폭되지는 않았을 것이다. 한국 교회도 새로운 리더십과 새로운 팔로우십의 형성이 불가피하게 된 것이다. 이 문제는 좀 더 광범위하게 논의되어야 할 것이다.

리더십에 대한 학자들의 정의 내용을 살펴보면, 테리Terry(1960)는 리더십을 "집단 목표의 달성을 위하여 기꺼이 노력하도록 사람들에게 영향을 미치는 활동"이라고 정의하였고, 탄넨바움Tannenbaum(1959)은 "하나의 특별한 목표나 목표들의 성취를 향해 의사소통을 통해서 하나의 상황에서 행사되는 대인 간의 영향력"이라고 하였다. 콘즈Koonz와 오도넬O'Donnell(1959)은 "리더십이란 하나의 공동 목표의 달성에 사람들이 따르도록 영향력을 행사하는 것"이라고 하였다. 리더십에 대한 여러 정의 내용을 종합해 볼 때 "리더십이란 주어진 상황에서 공동 목표의 성취를 향해 한 개인 혹은 집단의 활동에 영향력을 행사하는 과정"이라고 할 수 있다.

그러나 이제까지의 리더십 이론은 리더의 권위와 특성과 유형에 집중하였으나 1970년 이후 리더보다도 팔로우어follower와 상황의 중요성이 새롭게 부각되고 있다. 이 글에서 여러 리더십 이론을 살펴보고 최근의 한국 사회와 한국 교회의 리더십과 팔로십의 위기를 분석하고 예수의 리더십과 제자들의 팔로우십을 그 대안으로 모색하려고 한다.

리더십이 본질적으로 영향력influence의 행사라고 할 때 그 영향력은 권력Dunamis; power과 권위Exousia; authority를 통해 구현된다.

권력과 권위의 구분이 애매한 점이 많아 명확하게 구별하기가 어렵다. 그러나 대체적으로 제도적인 '직위'에 따르는 직권적 권력의 영향력을 좁은 의미의 헤드십headship 즉 지배력이라고 한다. 직위와는 관계없이 일정한 '사람' 자체의 권위에 근거한 영향력을 리더십 즉 지도력과 구분하기도

한다. 직위에 따른 경직된 영향력인 헤드십과 직위를 포함하지만 그 이상의 역동적 영향력을 리더십이라 할 때 지배력과 지도력 양자의 구체적 차이를 살펴보면 다음과 같다.

① 전자는 공식적 조직에서의 공식적 권위자만이 이를 행사하는 데 비하여, 후자는 반드시 그렇지 않다.
② 전자에서 권위의 근거는 제도에 있는 데 비하여, 후자의 그것은 인간(피지도자)의 심리 속에 있다.
③ 전자는 일방성·강제성을 그 본질로 하는 데 비하여, 후자는 상호성·자발성을 그 본질로 한다.
④ 전자는 직권자와 부하와의 사이에 공감이라는 심리적 유대가 없고, 따라서 그 사이에는 간격이 존재하는 데 비하여, 후자는 지도자와 피지도자 사이에 심리적 공감이 있고, 따라서 그 사이에는 간격이 없다.
⑤ 전자에서 직권자-피직권자 관계는 공식적 조직상의 상하관계가 끝남으로써 즉시 해소되는 데 비하여, 후자의 지도자-피지도자의 관계는 피지도자의 심리적 유대가 끝나지 않는 한 조직상의 상하관계의 해소에 관계없이 존속된다.

실제로 많은 목회자들은 이러한 지배력인 헤드십에 의존하기 쉽다. 목사직 자체를 성직으로 여겨 성직자에 대한 비판 자체를 인정하지 않고 무조건 복종하도록 요구한다. 심지어 목사의 잘못은 하나님이 심판한다는 전제하에 목사에 대한 교인들의 항명은 저주를 초래한다고 가르치는 경우도 없지 않다.

2) 권위의 특성에 따른 목회 리더십의 유형

지도자의 영향력은 그의 권위에서 비롯되는데, 막스 베버Max Weber는 종교사회학적 연구를 통해 지도자의 사회적 권위의 특성을 세 가지로 나누어 설명하였다.

첫째, 카리스마적인 권위Charismatic Authority이다. 이는 개인적으로 남다른 천부적인 자질을 갖추었기 때문에 지도자로 추대되어 권위 있게 지도력을 발휘하는 경우이다.

둘째, 전통적인 권위Traditional Authority이다. 자신은 카리스마적인 권위를 갖추지 못했지만 카리스마적인 권위를 세습하거나 전통적인 권위가 부여되는 조직의 일원이 됨으로써 그러한 권위에 상응하는 영향력을 행사하는 경우이다. 카리스마나 합리적인 능력이 없어도 어느 대학 출신이거나 어느 집안의 자녀라는 것이 권위의 요소가 될 수 있다.

셋째, 합리적인 권위Reasonable Authority이다. 천부적인 자질이나, 세습적인 정통성은 없지만 후천적인 학습을 통해 전문적인 자질을 함양함으로써 지도력을 발휘한다. 이 세 종류의 권위는 무속에서 말하는 강신무, 세습무, 학습무에 유비하여 설명할 수 있다.

고대 사회일수록 카리스마적인 권위가 다른 두 종류의 권위보다 강한 지도력을 발휘하였으나, 현대에 접어들수록 합리적인 권위를 강조하는 경향으로 바뀌어 왔다. 종교적인 영역에서는 여전히 카리스마적인 권위가 강한 지도력을 행사하고 있다. 현대 사회 목회자의 이상적인 자질은 이 세 요소를 골고루 갖추는 것이다. 현대의 목회자가 지녀야 할 세 가지 자질을 베버의 세 가지 권위와 관련하여 설명할 수 있다.

(1) 목회자의 카리스마적 권위

목회자는 영적 권위를 지닌 성직자이어야 한다. 목회자는 영적 권한은 그가 지닌 천부적인 자질이 아니라 강한 '내적 소명감'(J. Calvin)을 통해 드러난다. 자신의 신앙 체험에서 비롯한 강력한 소명감이 곧 목회자의 영적 권위의 근원이다. 성서의 모든 지도적인 인물들은 하나님의 부르심을 받은 강한 소명의식에 사로잡힌 사람들이었다. 강한 소명의식 자체가 하나님의 은사이기 때문이다. 하나님의 은사는 인간에게 주어지는 특별한 자질이나 능력이나 체험이 아니라, 하나님의 부르심 자체이다. 이러한 부르심에 응답하는 정도에 따라서 영적 권위가 생기는 것이다.

바울은 그것을 믿음의 역사와 사랑의 수고와 소망의 인내와 성령 안에서의 기쁨이라고 하였다.(살전 1:2-7) 목회자가 자신의 소명에 헌신할 때 믿음의 역사役事가 생기고, 믿음의 역사는 사랑의 중노동을 통해 나타난다. 목회는 믿음의 역사를 일으키기 위해 사랑의 정신노동과 육체노동을 24시간 계속하는 것이다. 이러한 사랑의 수고가 힘들지라도 소망 중에 끝까지 참으며, 고난 가운데서도 기쁨을 잃지 않는 영적인 지도력을 발휘할 수 있는 것이다. 그러나 실제로는 목회 현장에서 형성되는 카리스마는 이러한 신앙적인 것이라기보다는 목회자가 이룬 교회 성장의 정도에 따라 형성되고 있는 것이 문제라면 문제라고 할 수 있다. 이러한 교회 성장형 카리스마로 인하여 한국 교회의 리더십이 왜곡되고 후계자 문제에 위기를 겪고 있는 것이다.

(2) 목회자의 전통적인 권위

목회자는 사도직의 계승자로서 일정한 훈련 과정을 거쳐 안수를 받는 교회의 각종 신앙 활동의 지도자이어야 한다. 따라서 목회자는 사도행전 2:42-47에 기록된 교회의 모든 직무를 잘 수행하고 지도할 수 있는 전문가적인 지도 역량을 갖추어야 한다.

> ① 예전(liturgia) : 목회자는 사제로서 기도와 찬양과 성례의 전문가가 되
> 어야 한다.
> ② 선포(kerygma) : 목회자는 권위 있고 새롭게 선포하는 영적 통찰력과
> 영성을 지녀야 한다.
> ③ 교육(didache) : 목회자는 교육을 통해 신앙의 성장과 삶의 변화를 일으
> 킬 수 있어야 한다.
> ④ 교제(koinonia) : 목회자는 의미 있고 지속적인 교제를 촉진하는 능력
> 을 갖추어야 한다.
> ⑤ 섬김(diakonia) : 목회자는 끝까지 철저하게 베풀고 돌보고 섬기는 자세
> 를 지녀야 한다.
> ⑥ 선교(missio) : 목회자는 어디 있든지 전문 선교사로서 복음 선교에
> 힘써야 한다.

이 모든 것은 목회자에게 기본적으로 요구되는 전통적인 권위이다. 따라서 목회자는 이러한 자질을 함양하기 위해 일정한 경건과 학문의 훈련을 거친 다음 안수를 받아 목회자로서 정통성을 지녀야 한다. 칼빈에 따르면 목회자의 안수식은 바로 이러한 목회자의 전통적인 권위를 부여받는 '외적 소명의 의식儀式'이라고 할 수 있다.

그러나 현실적으로는 목회자도 출신 대학과 학위의 정도 그리고 출신 가문의 전통을 중시하여 이를 중요한 권위의 요소로 받아들이고 있다. 목회자 세습도 이러한 왜곡된 전통적 권위의 한 형태라고 볼 수 있다.

(3) 목회자의 합리적인 권위

목회자는 교회 조직의 전문적인 최고 경영자이다. 현대 경영학에서는 지도자의 합리적인 행정, 경영, 통솔 능력에 대한 여러 기법들을 연구하여 왔다. 현대 목회 역시 종합상사의 경영처럼 다방면의 전문적인 통솔 능력을 요구한다. 따라서 목회자는 이러한 경영 능력과 기법을 배워 목회에 응용하여야 한다.

잭 웰치Jack Welch는 최고 경영자는 기업의 경영 목표를 세우고 "측정, 분석, 개선, 관리"라는 목표 관리Goal setting를 해야 한다고 말했다. 이것은 다음의 다섯 가지 영문의 첫 자를 따서 SMART라 한다.

특수하고Specific, 계측 가능하며Measurable, 성취 가능하고Attainable, 결과 지향적이며Realistic, Result oriented, 기간이 정해진Time bound 목표를 세워야 한다고 하였다. 이 목표는 또한 성격적으로 3S라 하여 단순하고Simple, 신속하고Speedy, 자신할 수 있는Self-confidence 목표이어야 한다는 점을 강조하였다.

현대의 목회자에게 요구되는 합리적인 리더십의 몇 가지 과제를 살펴보자.

① **기획 능력** : 목회자는 교회의 경영 목표를 세우고 관리하는 기획 능력이 있어야 한다. 목회자는 적절하고 탁월한 선교 교육 목회 프로그램을 계발할 수 있는 능력을 갖추어야 한다. 과제를 설정하여, 정보를 수집 분석하고, 새로운 착안과 발상을 통해 계획을 수립하고, 구성원들에게 이를 설득하여 추진하고, 그 결과를 평가할 수 있어야 한다.

② **통솔 능력** : 목회자는 무엇보다도 교인들을 통솔하는 능력을 갖추어야 한다. 능동적인 조직을 구성하여 능동적인 참여를 유발하여야 한다. 인사권과 재정권을 효율적으로 행사하고 교회 전체의 목표를 제시하고

공동체 의식을 함양하고 원활한 의사소통을 통해 원망과 시비가 없게(빌 2:14) 책임감을 가지고 전체를 관리 통솔하여야 한다.

"열 번 이야기하기 전까지는 한 번도 이야기한 것이 아니다."는 유명한 말을 한 잭 웰치는 통솔 능력은 의사소통 능력이라고 보았다. 그는 커뮤니케이션에 있어서 그 '방식'보다 '횟수'가 더 중요하며, 전달하고자 하는 내용과 의도를 쌍방이 서로 공유할 수 있을 때까지 충분한 의사소통이 필요하다고 강조하였다. '열 번 이야기한다.'는 것은 '열 번 듣는다.'는 의미로 확대 해석해야 하며, 서로의 생각 차이를 확인하고 상대방을 이해하고자 노력한다는 의미도 포함한다고 하였다.

그리고 교회의 각종 소집단을 효율적으로 관리하여야 한다. 소집단의 중간 지도자를 양성하여 적임자를 선정하고, 목표와 위임의 범위를 정해주고 충분한 정보를 교환하고, 소집단의 현황을 정확히 파악하여, 적절한 지원과 시기 짐작에 힘써야 한다. 목회자는 성도 개개인을 통솔할 수 있어야 한다. 여론에 귀를 기울이고, 몇몇 교인을 편애하지 말아야 한다. 특히 개인적으로 목회자의 지도력에 반감을 가진 자들의 비판에 겸허하게 귀 기울이고 그들에게 과제를 주어 불필요한 마찰을 최소화하여야 한다.

③ 위기관리 능력 : 경영자는 경영의 요체인 관리와 인사와 재정의 혁신을 위해 위기를 발굴하여 미리 대처할 능력을 키우고 위기를 발견하고 응급 처지하고 해결하는 능력을 갖추어야 한다. 그래서 잭 웰치는 "변화하지 않을 수밖에 없는 상황이 오기 전에 먼저 변화하라."고 하였다. 목회자도 시대의 변화에 앞서서 목회 환경이 변화할 수밖에 없음을 예견하고 변화에 능동적으로 대처하는 위기관리 능력이 있어야 할 것이다.

④ 자기 혁신 능력 : 지도자의 모든 능력 중에서 가장 중요한 것은 자기 계발과 자기 혁신의 능력이다. 자신의 소명감을 끊임없이 강화하여야 하며 목회자로서 전통적인 자질을 날마다 훈련하여야 하며, 새로운 목회 정

보와 기술을 끊임없이 습득하여야 한다. 목회자의 자기 혁신과 계발이 없이는 교회의 혁신과 성장이 없다는 자각을 한시라도 잊지 말아야 한다.

이처럼 리더로서의 목회자는 소명감에 투철할 뿐 아니라 의욕과 능력을 가지고 기획하고, 통솔하고 위기관리를 하며 아울러 교회가 성장하는 만큼 자신의 리더십도 성장시키는 자기 혁신의 능력을 갖추어야 하는 것이다.

(4) 권력과 권위를 통합한 창조적 빌더십buildership

최근에는 최강의 창조적 리더십으로서 빌더십이란 개념이 도입되었다. 셀프 리더십, 셀프 모티베이션을 기반으로 새로운 환경을 구축함으로써, 기존 조직의 단순한 리더가 아닌 빌더builder로서 자신을 중심으로 하나의 팀, 조직, 기업, 시스템 등을 창조해 가는 원리를 말한다. 빌더십은 종교, 문화, 사회, 정치, 경제 각 분야에서 거대한 조직을 구축한 모든 사람들이 가지고 있는 독특한 원리라고 할 수 있다. 이러한 빌더십의 원리는 모든 대성공자들에게서 찾아볼 수 있다. 이런 의미에서 잭 웰치도 혁신적 지도자의 수퍼리더십superlidership을 주창하기도 하였다. 빌더십의 모델로는 예수, 석가, 노자, 공자, 간디뿐 아니라, 빌 게이츠 같은 기업가들도 해당된다.

목회자의 유형으로 담임목사형, 부목사형, 개척목사형이 있다면 개척교회의 목회자는 일반적인 리더십을 뛰어넘는 빌더십이 있어야 한다. 한경직, 조용기, 곽선희, 김삼환 목사 등의 창조적인 리더십은 대표적인 빌더십이라고 할 수 있다.

3) 리더십의 유형이론과 상황 리더십

(1) 리더십의 유형이론

레윈K. Lewin은 '집단 역학'을 통해 지도자의 유형을 독재형, 자유방임형, 민주형으로 구분하였고 이러한 리더십의 유형론은 널리 알려져 있다.

첫째, 권위형 리더십authoritarian type leadership에서는 리더는 추종자의 의견을 들으려 하지 않고, 조직의 목표와 그 운영 방침 및 상벌을 독단적으로 결정하고, 직무 수행에 관한 정보를 독점함으로써 추종자들이 자기에게 의존하지 않을 수 없게 한다.

둘째, 민주적 리더십democratic type leadership에서는 리더는 권력의 기초가 지도 대상 집단의 동의에 있다고 보고 성원과 지도자 사이에 의사소통이 원활해지도록 하며 의사 결정에 추종자들의 참여를 조장한다. 따라서 조직 운영의 목표와 방침을 리더의 조언에 따른 집단 토의에 기초하여 결정하며 업적이나 상벌을 객관적인 자료에 의하여 결정한다.

셋째, 방임형 리더십laissez-faire leadership에서는 리더가 추종자들의 자유행동을 극단적으로 허용하는 지도 유형이다. 지도자가 방임적 행태를 보일 경우 지도자는 명목상으로만 존재할 뿐 의사 결정에 관여하지도 않고 전적으로 수동적이며 국외자로서 행동하기 때문에 실질적으로는 지도자가 없는 경우와 마찬가지일 것이다.

화이트R. K. White와 리피트R. Lippit는 '리더십 유형에 대한 실험'에서 1939년부터 1940년 사이에 10세의 소년 5명씩으로 취미 클럽을 조직하고, 각 클럽에 성인 지도자를 배치하여 의도적으로 세 가지 유형의 리더십을 각각 행사하도록 실험 결과를 발표하였다.

실험 결과 민주적 리더십이 행사된 서클의 소년들이 가장 호의적인 반응을 보였고 권위적 리더십 하에서는 상당한 저항과 공격 행동이 보였다.

또 방임적 리더십 하에서는 욕구 불만, 목적의식 결여, 우유부단한 태도 등을 보인 반면 민주적 리더십 하에서는 보다 높은 사기와 보다 큰 성취를 이룩하였다. 그리고 권위형의 지도자 밑에서는 비교적 생산성은 높았으나 구성원의 사기가 극히 낮았고, 방임형의 경우에는 구성원의 사기는 비교적 높았으나 생산성이 극히 낮았다. 이에 비하여 민주형의 경우에는 생산성과 사기 모두가 월등히 높았다는 것이다. 그리하여 이들은 민주형을 최선의 유형이라고 했다.

그러나 대체로 목회자들은 권위적인 유형의 리더십을 선호한다. 교회의 질서는 민주형이나 자유방임형이 아니라 하나님의 절대주권의에 입각한 '하나님의 독재주의'이며, 민주적 인본주의가 신본주의라고 주장한다. 목회자들은 때로 자신의 권위를 하나님의 권위에 투사하여 무조건적인 복종을 강요하는 경향이 있다.

"너희는 '예' 할 때에는 '예'라는 말만 하고, '아니오' 할 때에는 '아니오'라는 말만 하여라."(마 5:37, 표준새번역)는 예수의 명령보다는, "예수 그리스도는 '예'이시며 동시에 '아니오'도 되시는 분이 아니었습니다. 그리스도 안에는 '예'만 있을 뿐입니다."(고후 1:19, 표준새번역)라는 바울의 가르침을 더 강조한다.

이러한 독재형 리더십은 교회가 일사분란하게 효율적으로 관리되고 외적으로 성장하는 데는 유리하지만, 목회자의 독단과 전횡으로 인해 교회가 경직되고 구성원의 사기가 떨어지고 교회를 교회답게 성숙시키는 데는 일정한 한계를 지니게 되는 것도 부인할 수 없다.

(2) 리더십의 상황이론

1970년을 접어들면서 이러한 실험 결과에 대해 비판이 이루어지기 시작하였다. 민주형이 어떠한 시간 장소에도 불구하고 최선의 것이라는 생각은 잘못이며, 어떠한 경우에는 권위형 또는 방임형이 최선의 것일 수도 있다는 주장이 제기된 것이다. 리더십에 대한 경험적 연구가 더욱 확충됨에 따라 지도자들이 처한 상황적 변수 즉 추종자들의 상황에 따라 효과적인 리더십의 유형도 달라져야 한다는 경험적 사례 연구들이 리더십의 상황이론으로 제시된 것이다.

피들러F. Fiedler는 '상황적 합성이론'(1953)을 통해 리더는 팔로우의 처지와 상황에 따라 그때마다 적합한 리더십을 행사하여야 한다고 하였다. 상황 리더십에 따르면, 먼저 리더와 구성원의 관계leader-member relations를 분석한다. 구성원들이 리더를 신뢰하고 좋아하는 정도에 관한 변수로 작용한다. 부하로부터 신뢰와 지지를 많이 받는 리더는 그만큼 리더십의 행사가 용이함을 의미한다.

둘째, 과업을 구조화task structure한다. 과업이 얼마만큼 명확하고 구체적으로 규정되어 있는가의 정도에 관한 변수로 작용한다. 명확하고 구체적으로 규정될수록 과업의 달성은 측정될 수 있고 이루어지기 쉬워서 리더십 발휘가 용이함을 의미한다.

셋째, 리더의 직위력leader position power을 확립한다. 리더의 직위로부터 생기는 힘이 부하들로 하여금 리더의 지시를 따르도록 하는 정도에 관한 변수로 작용한다. 분명하고 높은 직위력을 지닌 리더일수록 리더십 발휘가 용이함을 의미한다.

허세이P. Hersey1)와 블랜차드Ken H. Blanchard는 이를 발전시켜 '상황이론'(1969)을 주장하였다. 오하이오 대학 교수인 이들은 지도자가 지도력을 발휘하려면 집단의 과제와 집단의 인간관계와 그리고 집단에 처한 상황이 고려되어야 한다고 하였다.

피지도자의 업무 처리 능력이나 대인관계의 좋고 나쁨에 따라 각각의 상황에 맞게 발휘되어야 한다. 따라서 리더의 행동을 과업지향적인 행동과 관계지향적인 행동이라는 두 차원을 가로축과 세로축으로 한 4분면으로 분류한 후 여기에 상황적 요인으로 구성원의 성숙도를 추가시킴으로써 리더십에 관한 새로운 모형을 제시하였다. 이것이 상황 대응 리더십이론이다.

지도자는 피지도자의 성숙도에 따라 거기에 상응하는 지도력을 발휘하여야 한다. 어느 상황에서나 들어맞는 최고의 지도력의 유형이 따로 없다는 것이다. 상황에 따라 지도자는 융통성을 발휘하여야 한다. 허세이는 바람직한 지도자에 대해 "지도자는 좋은 결단력을 지녀야 하고, 상황 판단에 영감을 가져야 한다. 상황에 따라 인격적으로 융통성을 가져야 하고, 자기 자신의 행동 변화에도 필요한 기술을 가져야 한다. 만약 따르는 사람의 요구와 동기의 양상이 달라지면 자기도 다르게 행동할 줄 알아야 한다."고 하였다.

① S1 : 능력도 있고 의욕도 있는 사람의 경우에는 위임형의 지도력이 요청된다.

Hight Task : 책임의 한계를 정하고 위임한다.

Hight Relation : 권한의 한계를 정하여 위임한다.

② S2 : 능력은 있고 의욕은 없는 사람에 대해서는 참여형의 지도력이 요청된다.

Hight Task : 과제를 주어서 참여시키고 함께 의논하고 함께 일하게 한다.

Low Relation : 칭찬을 많이 하여 의욕을 키운다.

③ S3 : 능력은 없고 의욕이 있는 사람의 경우에는 설득형의 지도력이 필요하다.

Low Task : 의욕이 앞서 설거지하다가 그릇만 깨므로 구체적 과제와 방법을 지시한다.

Hight Relation : 잘잘못을 구체적으로 지적하여 의욕과 능력의 조화를 꾀한다.

④ S4 : 능력도 없고 의욕도 없는 사람에 대해서는 지시형의 지도력이 요청된다.

Low Task : 알아서 할 줄 모르므로 구체적인 과제를 지시한다. 위임은 방임이 된다.

Low Relation : 능력과 의욕을 키우기 위하여 즉각적인 상벌이 효과적이며 강압적이어야 한다. 좋은 게 좋을 수 없다.

위의 설명을 간단히 도표로 설명하면 다음과 같다.

피지도자의 상황	능 력	의 욕	지도 방식
상황 1(S1)	높음(HT)	높음(HR)	위임형
상황 2(S2)	높음(HT)	낮음(LR)	참여형
상황 3(S3)	낮음(LT)	높음(HR)	설득형
상황 4(S4)	낮음(LT)	낮음(LR)	지시형

상황이론에 따르면 지도자는 구성원 중 누구보다도 능력과 의욕이 뛰어나야 한다. 인간관계의 친화력과 구체적 과제 추진 능력이 탁월하여야 한다. 퇴계와 율곡이 선조 임금께 올린 「성학십도」와 『성학집요』에는 임금이 가장 사심邪心과 사심私心이 없고 지혜로워야 하며 근면하고 부지런하여야 한다고 가르쳤다. 그런 의미에서 통치자는 학습 효과가 뛰어나야 하고 도덕성과 진정성이 남달라야 하는 것이다.

따라서 교회의 규모와 교회 팔로우어(구성원)의 성숙도에 따라 목회 역시 적절한 지도력을 행사하여야 한다. 그러기 위해서는 목회자 자신이 어떤 유형의 지도력에 자신을 고착시켜서는 안 된다. 빈에도 처하고 부에도 처할 수 있어야 한다. 상황에 따라 독재적인 지시를 할 수 있어야 하고, 민주적인 설득과 참여를 유도할 수도 있어야 하며, 어떤 상황에서는 자유방임의 위임도 할 수 있어야 한다.

4) 팔로우십의 유형과 파트너십

상황이론에서는 리더십보다 팔로우십followership을 더 중요하게 여긴다. 상황 리더십에 네 유형 즉 지시형, 참여형, 설득형, 위임형이 있다면 여기에 상응하는 팔로우십도 네 유형으로 구분할 수 있다는 것이 필자의 주장이다.

맹목적 지지자 : 지도자의 권위에 무조건 복종하는 추종자
맹목적 반대자 : 지도자의 권위에 무조건 반대하는 추종자
비판적 지지자 : 지도자의 권위에 비판적으로 지지하는 추종자
비판적 반대자 : 지도자의 권위에 비판적으로 반대하는 추종자

독재형 지도자는 맹목적 지지자가 많은 경우 그 영향력이 극대화된다. 그러나 비판적 팔로우어에게는 공격의 대상이 된다. 그리고 독재형 리더는 맹목적 지지자를 형성하기 위해 당근과 채찍을 사용하고 정보의 통제와 왜곡을 통해 우민화를 획책한다.

그러나 리더에 대한 객관적인 정보가 공개되어 리더의 진정성과 도덕성

이 훼손되면 훼손될수록 맹목적인 지지자가 맹목적 반대자로 돌아서기 쉽다는 사실에 유념하여야 한다. 특히 목회자처럼 높은 수준의 도덕성을 요구하는 경우 독재형 목회자의 도덕적 흠결은 맹목적 지지자를 일시에 맹목적 반대자로 돌아서게 만드는 요인으로 작용하는 사례들이 흔하다.

대체로 목회자들은 맹목적 지지자를 최상의 팔로우어로 인식하고 그러한 팔로우어를 형성하여 리더십을 발휘하려는 경향이 있다. 그러나 건전한 영향력을 지속적으로 행사하려면 비판적 지지자를 진정한 팔로우어로 형성하는 일이 무엇보다도 중요하다. 맹목적 지지자는 맹목적 반대자처럼 바람직하지 못한 팔로우어의 유형이기 때문이다.

실제로 맹목적 반대자나 맹목적 지지자는 리더의 영향력과 무관하게 자기 갈 길을 가는 경향이 있다. 따라서 비판적 지지자를 통해 비판적 반대자를 설득하여 건강하고 성숙한 팔로우십을 형성하는 것이 필요하다.

그리고 진정한 리더십과 진정한 팔로우십이 조화를 이룰 때 진정한 파트너십partnership이 이루어진다. 평신도 리더십은 그런 의미에서 비판적인 지지를 통해 형성되는 진정한 팔로우십으로 가능한 것이다. 그러므로 비판적 지지자야말로 진정한 리더의 진정한 파트너가 될 수 있다.

그러나 실제 교회 현장에서는 회의 중에 반대자들을 다루는 일이 쉽지 않다. 리더나 회의 진행자가 반대자를 잘 다룰 수 있는 몇 가지 지침을 제시한다.

첫째, 어떤 의견이나 계획에도 반대자가 있을 수 있다는 것을 전제하고 예상되는 반대의 논리를 먼저 거론하고 그 대안을 제시한다.

둘째, 반대 의견을 제시할 때는 반드시 그 대안도 함께 제안하도록 제도화한다. 대안 없이 반대하는 의견은 묵살한다는 원칙을 세우는 것도 반대를 위한 반대를 차단하는 한 방법이다.

셋째, 반대의 의견을 제시한 소수의 의견을 존중하고, 최종으로 의사 결정할 때 반대 의견을 발언한 자들을 거론한 후 동의를 미리 구해둔다. 이렇게 함으로써 회의의 결정 사항에 대해서 차후에 "나는 반대했는데 누가 찬성하여 통과되었다."는 비난과 분란을 막을 수 있다. 이는 당회의 결정이 잘못되거나 이에 대해 불만이 있을 때 교회에서 흔히 있는 일이기 때문이다.

넷째, 반대 의견을 제시한 사람과 대립각을 세우기보다는 전체가 잘되기 위한 제안이라고 긍정적으로 수용하고 서로 다른 점보다는 공통되는 점을 부각하여 합의에 이르게 한다.

5) 예수의 리더십과 제자들의 팔로우십

최근 예수의 리더십에 대한 관심이 여러 분야에서 새롭게 제기되고 있다. 예수는 유대인 지도자들의 리더십을 "소경이 소경을 인도하는 것"으로 규정하였다. 이는 소경과 같이 잘못 인도하는 리더가 있을 수 있으며, 또한 소경을 따르는 자처럼 맹목적인 추종자가 있다는 사실을 분명히 지적한 것이다. 예수는 "외식하는 서기관과 바리새인들"에게 "화 있을 진저 소경 된 인도자"(마 23:16, 24)라 분노하며, "천국 문을 사람들 앞에서 닫고 너희도 들어가지 않고 들어가려 하는 자도 들어가지 못하게 하는도다."(마 23:13)고 탄식하였다. 유대 지도자와 그 백성 사이에 형성된 위선적이고 가식적이고 본말이 전도된 허위적이고 맹목적인 리더십과 이를 추종하는 맹목적인 팔로우십에 대한 예수의 엄청난 분노와 저주에 귀 기울여야 할 것이다. 따라서 예수와 제자 사이에서 진정한 리더와 진정한 팔로우어의 유형을 찾아볼 수 있을 것이다.

무엇보다도 예수는 영적 권위*Exousia*와 권능*dunamis*을 가진 리더이었다.

그는 영적인 권위와 권능을 가지고 천국복음을 선포하고preaching, 제자들을 가르치고teaching, 병자와 약자를 치유하신 것healing이다. 예수가 사람들에게 "나를 따르라."고 했을 때 자신은 참다운 인도자인 것을 분명히 한 것이다. "나는 길이요, 진리요, 생명이니 나를 말미암지 않고는 아버지께로 올 자가 없다."(요 14:6)고 하였다. 여기서 예수의 리더로서의 주요한 특성이 드러난다.

첫째, 리더는 그가 속한 집단의 목표와 비전을 제시하고 앞서가는 리더십을 발휘하여야 한다. 그가 제시하는 방향이 전향적이고 미래지향적인 것이어야 하며, 그런 의미에서 개방적이고 개혁적이야 한다. 예수는 그 시대에 모든 사람들보다 앞서 생각하고 앞서 살다가 앞서 죽음으로써 하나님의 나라를 앞당겨 이루신 앞서가는 지도였다. 따라서 리더는 새로운 가치관이나 새로운 문물에 대해 수용적인 자세를 지녀야 한다. 이 점에서 여타의 유대교의 지도자와는 근본적으로 다른 지도자였다. 율법을 새롭게 해석하고 성전의 희생 제사를 폐지하고 세례와 성찬을 새롭게 만들어 교회를 세운 빌드십buildship을 발휘한 것이다.

둘째, 리더는 대의와 명분과 진실을 향해 열려진 개방된 리더십을 가져야 한다. 리더가 자신의 이익을 우선시하느냐 대의명분과 집단 전체의 이익을 우선시하느냐가 진정성의 한 척도이다. 그리고 바르고 사심 없는 판단은 다양한 정보와 지식을 필요로 한다. 왜곡되고 단편적인 지식으로는 왜곡되고 단편적인 판단을 할 수밖에 없다. 따라서 리더는 진리에 대한 개방적인 자세가 요청되며 문제가 되는 사안에 대한 쟁점을 정확하게 파악할 수 있는 학습 능력을 갖추어야 하며 가장 바람직한 대안을 분별할 수 있는 판단력과 결단력을 지녀야 한다. 이 점에서 예수는 자유하게 하는 진리의 진정성이 넘치는 하나님의 뜻에 따라 십자가의 길을 결단한 사심 없는 리더였다.

셋째, 리더의 생명은 섬김에 있다. 권력으로 사람을 지배하려고 하느냐 아니면 사람을 섬기려고 하느냐의 문제이다. 생명을 억압하고 죽이는 통치가 아니라 생명을 풍성하게 하는 살림의 통치자이어야 한다. 더 나아가서 강한 자를 편드느냐 약한 자를 편드느냐에 섬기는 리더의 진정성이 드러난다. 예수는 약자의 편에 서서 약자를 먼저 섬기는 리더였다. "내가 온 것은 섬김을 받기 위한 것이 아니라 섬기기 위함"이라 가르친 예수는 자신이 '주와 선생으로서 제자들의 발을 씻기'(요 13:14)시며, 끝까지 철저하고 온전하게 섬긴 리더의 모범을 몸소 실천한 것이다.

예수는 그의 추종자들에게 모든 것을 버리고 나를 따르라고 하였다. 여기서 진정한 리더를 추종하는 진정한 팔로우십의 자세를 살펴볼 수 있다. 예수 시대에도 예수에 대한 맹목적인 반대자와 맹목적인 추종자와 비판적인 추종자와 비판적인 반대자가 있었다고 보인다.

유대 지도자들은 예수를 오해하고 예수에 대해 맹목적으로 반대하였고 결국은 예수를 십자가에 처형하였다. 몰트만은 예수의 십자가형의 역사적 원인은 유대인들의 오해와 로마인들의 오해 때문이라고 하였다.

예루살렘 입성 시 '호산나'를 외치고 종려나무 잎과 더불어 겉옷을 벗어 길에 깔며 예수의 입성을 환영하였던 민중들은 예수에 대한 맹목적 지지자였다. 그들은 예수를 로마의 통치를 종식시키고 유대 왕국을 재건할 정치적 메시아 또는 영광의 메시아로 기대하였기 때문에, 그들의 맹목적 지지는 그가 체포되어 빌라도의 법정에 한없이 무력하게 서 있는 것을 보는 순간 그들의 기대를 저버린 것에 분노하여 맹목적인 반대로 돌아서서 예수는 처형하고 바라바를 놓아주라고 소리친 것이다.

제자들 중에서 가룟 유다는 비판적 반대자라고 여겨진다. 그는 자발적으로 예수를 3년 동안 추종하였고 예수의 진면목을 보았음에도 불구하고 자신의 기대나 전략과 다르다는 이유로 비판적 반대 입장으로 돌아섰다고 여겨진다.

마지막으로 대부분의 제자들은 예수의 죽음에 직면하여 제자들은 자신의 맹목적인 추종의 한계에 직면한다. 위기의 상황에서 맹목적인 지지가 맹목적인 반대로 돌아서는 뼈아픈 좌절을 경험하게 된다. 예수가 십자가에 처형되고 사흘 후에 부활하여 제자들에게 나타나신 것을 목격한 제자들은 리더로서의 예수의 진정성을 분명하게 체험하게 된 것이다. 겟세마네 이전의 예수에 대한 맹목적인 추종과 겟세마네 이후의 맹목적인 반대를 모두 경험한 제자들은 진정한 추종이 무엇인지를 뼈저리게 체험하게 된다. 이 체험을 통해 제자들은 맹목적 추종과 맹목적 반대를 넘어서서 진정한 지지자로 돌아선다. 부활 이후의 제자들의 팔로우십은 어떤 의미에서 맹목적인 추종과 반대를 극복한 진정한 의미의 비판적인 지지라고 여겨진다. 이러한 비판적 지지는 제자들로 하여금 헌신적이고 자발적이고 확신에 찬 지지자로 거듭나게 한 것이다.

부록

영지주의의 기독교 왜곡과 사도행전의 형성

1. 머리말

신약성서에서는 그리스도인을 가장 미혹하는 신앙의 양태를 영육이원론의 영지주의로 지목하고 있다. "예수 그리스도께서 육체로 임하심을 부인하는 자라 이것이 미혹하는 자요 적그리스도"라고 하였다.(요이 1:7) 최근 전 세계적으로 물의를 일으키고 있는 『예수는 신화다』나 『다빈치 코드』 등은 모두 영지주의의 현대적 부활이라는 성격이 농후하다.1) 뉴에이지 운동의 범신론적 성격도 이 범주에서 벗어나지 않는다.2)

영지주의gnosticism란 영적지식gnosis을 추종하는 동방 종교와 희랍 철학3)과 신지학神智學, theosophy 그리고 그리스도교 신앙의 혼합 형태로서 주후 80년부터 150년 사이 초대 교회와 경쟁했던 가장 강력하고 위협적인 운동이었다.4) 그러나 영지주의는 엄격한 의미로 보면 종교도 아니고 순수하고 단순한 철학도 아니었으며 일종의 밀의적인 민중 신앙이다. 또한 여러 체계와 분파들이 있어 그들의 가르침은 서로 간에도 현저하게 달랐다.5)

무엇보다도 대부분의 영지주의자들 즉, 바실리데스Basilides, 헤라클레온Heracleon, 발렌티누스Valentinus, 프톨레미Ptolemy 그리고 마르키온Marcion과 같은 인물들은 기독교인이었던 것으로 알려졌다. 또한 영지주의는 여러 면에서 형식상 신약성서의 가르침과 유사하였다. 퍼킨스P. Perkins는 신약성서의 네 가지 요소 즉, ① 천상의 구속자로서 예수, ② 육과 창조신이 만들어 놓은 율법의 덫에 걸려 있는 인간에 관한 바울 전승, ③ 영생을 소유하거나 혹은 천상의 영역으로 올라간 믿는 자에 관한 실현된 종말론적 징표들, ④ 빛과 어둠, 선택된 자와 불신자, 하늘에 속한 자와 이 세상에 속한 자로 구분되는 요한 문서의 이원론이 영지주의의 초기 형태와 직접적인 관련성이 있다고 보았다.6)

이런 관련성으로 인해 영지주의는 기독교가 초기에 서양 민중 속에 널

리 뿌리를 내릴 수 있었던 유리한 통로가 되었다. 영지주의에 대한 전이해
preunderstanding가 있었기 때문에 기독교의 복음을 수용하는 일이 훨씬 용
이하였다. 그러나 다른 한편으로 영지주의는 기독교와 형태적 유사성 때
문에 기독교 신앙의 본질을 근본적으로 왜곡할 수 있는 위험한 요소를 함
축하고 있었다. 그래서 이레네우스는 영지주의와 기독교의 종교 혼합을
교회에 대한 공공연한 위협으로 간주하였다. 영지주의 가르침을 기독교의
메시지와 혼동한 사람들은 기독교를 바르게 수용하지 못할 것이며, 영지
주의자들의 방자한 주장과 행동에 반감을 가진 사람들은 다른 기독교인들
도 같을 것으로 여겨 비난할 것이라고 하였다.[7]

영지주의 기독교는 근본적으로 기독교에 대한 엄청난 도전이 아닐 수
없었다. 따라서 영지주의라는 이단을 반박하고 기독교 신앙의 정통을 지
키기 위한 효과적인 대응 수단이 요청되었다. 곤잘레스에 따르면 사도적
계승의 확립을 통해 감독 제도 중심의 교회 조직을 강화하고, 신앙의 규범
으로서 사도신경이 형성되고 그리고 신약성서의 위경 가운데서 정경을
확정한 것은 모두 초대 교회가 영지주의와 같은 이단의 위협에 대응하는
데에 상호 보완적으로 쓰인 중요한 수단이었다고 한다.[8]

이 글에서는 영지주의자 중에서 특히 로마 교회에서 영향력 있는 장로
였던 마르키온Marcion의 영지주의 기독교가 가져온 신앙의 왜곡에 대해
초대 교회가 어떻게 신앙을 변증하고 새롭게 정립하였는지 그 핵심적인
쟁점을 살펴볼 것이다. 또한 영지주의 기독교의 왜곡된 신앙을 반박하고
정통적인 신앙의 규범을 새롭게 정립하는 과정에서 형성된 '사도신경'의
신학적 배경들을 살펴봄으로써 신학이 신앙의 바른 정립을 시도한 역사적
한 사례를 제시하려고 한다. 그리고 영지주의에 대한 비판은 그대로『예수
는 신화다』나『다빈치 코드』같은 유의 비기독교적인 저서에 대한 비판의
지침이 되리라고 기대한다.

2. 영지주의의 일반적 특징

1) "진주의 노래"에 나타난 영지주의의 비유

영지주의는 그 성격상 밀의적인 혼합 종교이므로 그 교리와 제도와 의식이 너무나 다양하여 한 마디로 규정하는 일이 쉽지 않다. 그러나 2세기경 이집트에서 쓰인 것으로 보이는 「진주의 노래」는 영지주의의 기본적인 특징을 비유를 통해 가장 구체적으로 보여주는 좋은 사례를 제공해 준다. 동방의 위대한 왕의 아들인 주인공은 진주를 찾는 위험한 일을 위해 그의 아버지에 의해 이집트로 보내진다.9) 그리하여 왕자는 변장을 하고 이집트로 가지만, 시간이 흘러 자신이 왕자였던 것과 진주를 구하러 온 것마저 망각하게 된다.

> 그러나 이러저러한 이유로
>
> 그들은 내가 그들 나라의 사람이 아니라는 것을 알아차렸다.
>
> 그리고 그들은 나를 믿기 어려운 식으로 대해 주었다.
>
> 그리고 그들은 나에게 그들의 음식을 먹게 해주었다.
>
> 그리고 나는 내가 왕의 아들임을 잊어버렸다.
>
> 그리고 나는 그들의 왕을 섬겼다.
>
> 그리고 나는 나의 부모가 나를 보내면서 가져오라고 한
>
> 진주에 대해 잊어버렸다.
>
> 그리고 그들의 '음식'의 나른함 때문에
>
> 깊은 잠에 빠져들었다.10)

고향에서 왕자의 나쁜 소식을 듣게 된 왕은 망각의 잠에서 깨어나게 하는 '마법의 편지'를 보낸다. 이 편지를 통해 왕자는 자신의 본 모습과

본향을 각성하고 귀향하게 된다.

> 나는 내가 왕들의 아들임을 기억하였다.
> 그리고 나의 고귀한 출생이 나타났다.
> 그리고 나는 진주를 빼내었다.
> 그리고 나의 아버지의 집으로 가기 위해 돌아섰다.
> 그리고 그들의 더럽고 누추한 옷을
> 나는 벗어버리고 그것을 그들의 땅에 남겨두었다.
> 그리고 나의 고향땅 동방의 빛으로 이르는
> '내가 왔던' 나의 길로 향하였다.[11]

이「진주의 노래」에서 비유로 설명한 것처럼 영적 망각과 자각이라는 영지주의의 기본적인 모티브가 잘 드러나 있다. 영지주의 자체는 너무나 복잡하고 다양하지만 공통된 일반적인 특징을 몇 가지 간추려 보려고 한다.[12]

2) 영지주의의 일반적 특징

(1) **영육이원론** : 모든 영지주의는 이원론二元論에 기초를 두고 있는데, 영靈의 세계와 물질의 세계, 영혼과 육체는 서로 존재론적으로 대립의 관계에 있다는 전제에서 출발한다. 이러한 영육이원론은 전자는 선하고 후자는 악하다는 선악이원론으로 귀결된다.[13] 이러한 존재론적 윤리적 이원론이 그대로 신론, 인간론, 기독론, 구원론에 적용된다.

영지주의자들이 말하는 참된 신은 영의 세계만 관할하고 물질의 세상과는 전혀 상관이 없는 신이다. 그들은 영의 세계를 어떠한 물질적 요소도 존재하지 않는 '완전함Fleroma'의 세계라 부른다. 인간의 육신을 포함한 세상의 모든 물질은 나쁜 것이며, 조물주를 뜻하는 데미우르고스Demiurgos라고 불리는 사악한 창조의 신이 세상을 만들어냈다는 기본적인 전제를 가지고 있다.14)

영지주의자들은 인간이 고통을 당하고 죽는 까닭은 인간이 이 악한 물질세계에서 악한 육신을 입고 살아가기 때문이라고 본다. 육신은 악하기 때문에 육신을 사랑해서는 안 된다. 그래서 영지주의 문서인「도마복음서」25절에는 예수가 "네 이웃을 네 몸과 같이 사랑하라."는 말씀을 "네 형제를 네 자신의 영혼과 같이 사랑하라."는 말로 바꿀 정도로 영혼과 육신을 이원론적으로 대립시킨 것이다.15) 인간 육신을 적대시하고 천시하는 태도는 서로 다른 두 가지 형태로 나타난다. 첫째, 극단적인 금욕주의로써 일체의 육식과 결혼을 금한다. 둘째, 이와는 정반대로 육신은 전혀 쓸모없는 것이기 때문에 어떠한 짓을 해도 상관없다는 윤리적 방탕주의에 빠지게 된다. 따라서 신앙적 고행이나 금욕은 구원에 아무런 소용이 없다고 말하기도 한다.16)

구원은 영적 각성을 통해 인간의 영혼이 육신에서부터 해방되어 영적 본향으로 귀향하는 것이라고 가르친다. 그리스도의 육체적 죽음과 그리스도의 육체적 부활에 대한 믿음을 통해 죄 사함을 받아 영육 간에 구원을 얻는다는 기독교의 구원론을 조잡한 것으로 배척한다. 영혼의 불멸이라는 플라톤적 교설이나 불교적 의미의 영적 각성을 뜻하는 영적 부활론을 선호하고 영적 세계로의 귀향이라는 신화론적 구원론에 집착한다.17) 심지어는 박해 기간 동안 그리스도를 증거하기 위해 '자기 십자가를 지고 그리스도를 따르는 순교자적인 신앙'을 경멸한다.18) 이레네우스가 "이 거짓 형제들은 너무나 대담무쌍하여 심지어 순교에 대해 경멸을 쏟아 부었다."19)고 토로할 정도였다.

(2) **육체의 감옥 유폐된 영혼** : 영지주의에 따르면 인간은 원래 천상의 영적 존재였다. 일부 영지주의자들은 천상의 영적 존재였던 인간 안에는 마치 신적 로고스의 씨앗*logos spermaikos*처럼 '신적 불꽃divine spark'이 내재해 있었다고 주장한다.[20]

그러나 어쩌다가 천상의 인간은 이러한 '신적 불꽃'인 영혼을 상실하고 지상의 물질 세계로 추방되어 고통과 죽음의 운명을 지닌 육신의 감옥에 유폐되었다고 주장한다. 그들은 육신*soma*은 영혼의 감옥*sema*이라고 보았다. '육신은 감옥*soma-sema*'이라는 그리스어의 압운押韻이 널리 통용되었다. 인간이 육신의 감옥에 유폐된 이유에 대해서는 유출설[21]로 설명하기도 하고 범죄로 인한 타락과 추방으로 설명하기도 한다. 위의 「진주의 노래」 에서는 '동방의 왕자가 이집트에 진주를 구하러 여행을 간 것'으로 비유하였다.

(3) **이중 망각과 영적 각성으로서의 구원** : 영지주의는 영적 세계의 영적 존재였던 인간이 물질 세계로 추방되어 그 영혼이 육체의 감옥으로 유폐됨으로써 온갖 고통을 겪게 되면서 점차 자신의 본래적인 본성을 망각하게 되었다고 본다. 마침내 자신의 추방과 유폐조차 망각한 채 살아가고 있다고 가르친다.

「진주의 노래」에서는 동방의 왕자였던 것과 진주를 구하러 왔던 것도 망각하였다고 설명한다. 중요한 열쇠를 잊어버리고 한참 지나다 보니 잊어버렸다는 사실마저 잊어버린 것처럼 이중 망각에 빠져서, 이 세상에서 육신의 고통을 당하고 죽는 것이 자신의 운명인 것처럼 착각하고 살아간다는 것이다. 「진리의 복음서」는 이를 악몽으로 비유하여 "사람들은 무지할 때 마치 잠 속에 빠진 것처럼 행동하였다. 그리고 마치 깨어났을 때처럼 영지에 이르렀다."고 가르친다.[22]

구원은 영적 지식의 각성에 의해 이루어진다. 영적인 인간임을 망각하고 살아가는 인간은 영적 존재에의 각성을 통해 구원받는다. 영적 각성은 영적 지식을 통해 가능하다. 따라서 만일 사람이 영지주의적 신화를 속속들이 파악하여 자기가 누구인지, 자기가 어떻게 현재의 조건에까지 이르게 되었는지 그리고 최고신인 불가형언의 위대함이 무엇인지 알게 되면 인간 속에 있는 영적인 요소가 물질의 굴레로부터 벗어나게 된다는 것이다.[23)

(4) 구세주의 출현과 영지를 통한 영적 귀환 : 영지주의자들은 자신이 본래는 영적 존재였다는 사실을 망각한 채 깊은 잠에 빠져 있는 인간을 깨우기 위해 천상의 신이 구원자를 이 땅에 보냈다고 가르친다. 인간을 육체의 감옥에서 해방시켜 영적 세계로 귀환하여 구원을 얻게 하기 위해서는 망각의 망각 즉, 이중 망각을 일깨워 줄 영적 지식과 이를 전해 줄 영적 교사로서의 구세주가 필요하다는 것이다.

어떤 영지주의자들은 영적 귀환 과정을 묘사하면서, 세상은 일곱 혹성에 거주하는 악한 영들의 철권 같은 통치 아래 있으며, 선택된 영혼은 죽음 후에 천성天城의 본향으로 돌아가는 과정에서 이 혹성계를 통과하는 위험한 여행을 거치게 된다고 가르친다. 영지주의자들은 많은 시간을 정확한 마술적 암호와 강력한 주문을 외우는 데 할애했다. 이 주문을 알아야 천상으로 돌아가는 문을 막고 있는 악한 세력들을 물리치고 그 문을 통과하여 빛의 세계에 이를 수 있다고 믿었기 때문이다.[24) 영지주의는 다양한 유파가 있었으며 서로 경쟁적이었기 때문에 경쟁적인 관계에 있는 집단들은 서로 다른 암호를 가르쳤으며, 자기들만이 영혼의 복귀를 가능하게 해주는 영적 비밀인 유일한 암호를 소유하고 있다고 주장하기도 하였다.

(5) 밀교적 비밀 전승 : 영지주의자들은 육체의 감옥과 망각의 잠에서 깨어나는 영적 각성과 천상으로의 복귀를 구원으로 이해하였으며, 이러한 구원의 지식을 영지라고 가르쳤다. 이들은 이 구원의 지식을「진주의 노래」에서 '마법의 편지'라고 표현한 것처럼 비밀스러운 지식이라고 한다.

어떤 이들은 인간 안에는 '신적 불꽃'이 있는데, 이 신적 섬광은 원래 영의 세계 요소이며, 모든 사람이 가지고 있는 것이 아니라 일부 사람들 안에만 있다고 한다.[25] 그리고 천상의 영적 세계에 속하는 구원자가 물질 세계에 내려와 '신적 불꽃'을 가지고 있는 사람들에게만 몰래 그 비밀을 깨우쳐 줌으로써 구원이 이루어지는데, 이 비밀이 바로 영지Gnosis라는 것이다. 일부 기독교 영지주의자들은 막달라 마리아와 바울과 야고보 등 열두 제자의 집단 밖에 있는 인물들이 이러한 비밀 전승을 전수한 주체들 이라고 가르친다.[26]

영지주의자들이 말하는 구원은 '신적 불꽃'을 지니고 있는 극소수의 사 람에게 국한된다는 점에서 선민적選民的 운영론이며, 영지가 일반 대중에 게 공개될 수 없는 은밀한 비밀이라는 점에서 밀교적密敎的 성격을 지니고 있다. 흔히 종교를 밀교密敎와 현교顯敎로 구분하는데, 밀교는 교리와 제도 와 의식의 일부는 외부자에게 공개되고 그 일부는 내부자들에게만 공개되 는 이중구조를 지니고 있다. 반면에 현교는 교리와 제도와 의식이 모두 공개되어 있는 종교이다. 따라서 영지주의는 교리와 제도와 의식의 일부 가 외부인들에게는 철저하게 감추어져 있는 밀교의 성격이 강한 것으로 볼 수 있다.[27]

3. 마르키온의 영지주의적 주장과 그 비판

1) 마르키온의 영지주의적 기독교의 전개

2세기에 들어와서는 영지주의와 기독교 신앙이 혼합되어 기독교적 영지주의가 다양하게 전개되기 시작하였다. 특히 이집트의 바실리데스(약 125-160년)와 로마의 발렌티누스(135-160년 활동)의 체계가 전성기를 이루었다.[28] 그러나 실제로 교회 내에서 가장 큰 논란을 일으킨 영지주의자는 140년경 로마에 도착하여 로마 교회에 큰 돈을 헌납하자 환대를 받고 장로가 되어 많은 영향력을 발휘하면서 자신의 영지주의적 기독교 교리를 가르치기 시작한 마르키온Marcion이었다.[29]

로마 교회는 마르키온의 가르침에 문제점이 있음을 간파하고 그가 영지주의자 케르도의 제자라는 것을 확인하였다. 교황은 144년 7월에 로마 교회의 사제단 회의를 소집하고 마르키온을 소환하여 그의 신앙을 공개적으로 고백하게 하였다. 그는 이 자리에서도 구약성서와 신약성서를 대립시키고, 바울 사도를 제외한 다른 사도들의 전통을 이어받은 교회가 구세주의 참된 복음을 왜곡시켰다고 주장하였다. 사제단이 그의 왜곡된 성서 해석을 지적하고 시정할 것을 촉구하였지만, 그는 이에 불응하였다. 교회는 그가 교회에 들어올 때 바친 헌금을 되돌려주고 그를 파문하였다.

마르키온은 로마 교회로부터 파문받은 즉시 자기의 공동체를 만들고, 파문받은 날을 새 공동체의 설립기념일로 경축하기 시작하였다. 작은 공동체로 시작된 이 이단 집단은 그 가르침의 단순성과 기독교와의 유사성 때문에 많은 추종자들을 얻게 되었다. 150년경 이미 저스틴은 마르키온의 이단성을 지적하였고,[30] 154년과 155년에 로마를 방문하였던 서머나의 주교 폴리캅은 마르키온을 만나 토론한 다음, "나는 네가 확실히 사탄의 맏자식임이라는 것을 알게 되었다."고 단죄하였다.[31]

마르키온의 작품인『대립명제*Antitheses*』이외에 그나 그의 제자들의 어떤 작품도 현재에는 남아 있지 않다. 따라서 그의 인물됨과 가르침에 관한 지식은 모두 반대자들, 주로 이레네우스, 터툴리아누스, 히폴리투스, 알렉산드리아의 클레멘스의 작품에 바탕을 둔 것이다.

그의 사망 연대는 160년경으로 추정된다. 마르키온 이단은 로마로부터 시작하여 로마 제국 전역으로 급속히 퍼져나갔다. 200년경부터는 그 세력이 상당히 줄어들었지만 5세기까지도 시리아에 그의 추종자들이 남아 있었다.32)

마르키온 사후에도 영지주의 이단이 교회에 미친 해악은 실제로 매우 극심하였다. 영지주의자들은 형식상으로는 그리스도교의 용어와 개념들을 많이 사용하였기 때문이다. 그러나 그 내용으로 보면 구약성서와 신약성서를 대립시키고 신론, 창조론, 그리스도론, 구원론, 교회론 등 그리스도교의 기본을 뿌리째 왜곡시켜 흔들어 놓았던 것이다. 영지주의 이단을 잘 이해하지 못하는 일반인들이 쉽게 미혹되는가 하면, 때로는 정통 교회 안에 머물면서 의식 없이 그들의 이단에 깊이 빠져드는 경우들도 있었다. 특별히 마르키온은 모든 교회의 중심인 로마 교회의 영향력 있는 장로라는 지위를 이용하여 기독교의 이름으로 영지주의를 전개하였기 때문에 교회에 미친 위험과 해독은 상상을 초월하는 것이었다.

2세기 말과 3세기 초의 교회 교부들의 최대 과제는 영지주의자들의 교설을 분석하고 오류를 논박하는 일이었다. 그 대표적인 교부는 리용의 이레네우스였다. 그의 뒤를 이어 로마의 히폴리투스, 카르타고의 터툴리아누스 등이 반영지주의 논쟁가들로 활약하였다. 마르키온을 중심으로 기독교 영지주의 가르침 중에 논쟁이 되는 점들과 이에 대한 교부들의 반론을 살펴보려고 한다.

2) 두 하나님 교리와 그 비판

무엇보다도 마르키온 역시 영지주의의 기본 원리인 영육이원론을 유대교와 기독교의 신론에 적용하여 물질과 육체를 창조한 구약성서의 여호와 하나님은 열등한 신이며, 신약성서에서 예수가 가르친 영혼의 아버지 하나님과는 다른 하나님이라는 두 하나님 교리를 주장하였다. 이레네우스와 터툴리아누스는 마르키온이 다음과 같이 주장하였다고 증언한다.

구약의 율법서와 예언서들이 선포한 하나님은 우리 주 예수 그리스도의 하나님이 아니시다. 왜냐하면 구약의 하나님은 알려져 있지만 예수 그리스도의 하나님은 알려져 있지 않기 때문이다. 또한 구약의 하나님은 의의 하나님인데 비해 신약의 하나님은 사랑의 하나님이기 때문이다.[33]

폰투스인(즉 마르키온)은 매의 두 날개처럼 두 신을 만들어냈는데 하나는 그도 부인할 수 없는 창조신 곧 우리의 하나님이요, 다른 하나는 자기도 증명할 수 없는 자기가 믿는 신이다.[34]

마르키온은 "하나님께서 무한히 선하시고 전능하신 분이라면 어떻게 불행과 악이 만연해 있는 그런 불완전한 세상을 창조하셨겠는가?"라는 신정론적神正論的 의문을 제기하였다. 그는 파문당하기 직전 로마의 사제단 앞에서 공개적으로 자신의 주장을 이렇게 피력하였다.

예수께서 '좋은 나무가 나쁜 열매를 맺지 않고 나쁜 나무가 좋은 열매를 맺지 않습니다."(눅 6:43)라고 말씀하셨습니다. 세상 도처에 산재해 있는 불행과 불완전함, 그리고 매일 발생하는 악들을 생각해 볼 때, 이런 세상이 어떻게 무한히 선하시고 전능하신 창조주의 작품이라고 할 수 있겠습니까?[35]

그는 여기서 형이상학적인 문제를 제기한 것이다. 다시 말하면 악으로 가득 찬 물질 세상은 '선한 신Deus bonus'이 창조할 수 없고 분명히 다른 신이 창조하였다는 것이었다. 마르키온의 두 하나님론에는 이처럼 천박한 신정론적神正論的 동기가 포함되어 있는 것이 사실이다.

마르키온은 "세상이 왜 악한가?" 하는 질문에 이어, "하나님의 형상으로 창조되어 영혼anima을 지니게 된 인간이 왜 결국 범죄할 수밖에 없었는가?" 하는 문제를 제기한다.

하나님께서 선하고 미래를 예지하며 악을 막을 수 있다면 어떻게 자신의 형상이며 모양이고, 영혼의 출처를 생각한다면 하나님 자신의 본질인 인간이 마귀에게 속아서 율법에 대한 순종을 떠나 죽음에 빠지게 할 수 있는가?[36]

인간이 타락한 것은 전적으로 인간의 의지적 선택이 아니라, '인간의 영혼 자체의 결함' 때문이고, 이는 선하지도 전능하지도 않은 조물주가 인간을 창조하였기 때문이라는 성급한 결론에 이른 것이다. 이 열등한 신이 인간의 영혼을 만든 것이므로 '창조주의 본질 가운데 죄지을 능력이 있는 것이 분명한 것'[37]으로 보았다. 그는 이러한 주장의 성서적 근거로 "나는 환난도 창조하니 나는 여호와라."(사 45:70)는 구절을 제시한다. 악의 조성자인 창조주는 악할 수밖에 없다는 것이다. 이는 "의인은 없나니 하나도 없다."(롬 3:10)는 성서의 가르침과 일치한다는 것이다.[38]

마르키온에 따르면 서로 다르고 대립되는 두 신이 존재할 수밖에 없다.[39] 세상의 창조주는 이스라엘 백성의 신, 즉 구약의 신으로서 본성이 사악하지는 않지만, 그가 창조한 물질 세상이 불완전하기 때문에 세상 악의 원인이 되며, 율법적 사고방식에 따라 물질적 제사를 요구하고 불순종하는 자에게 보복하는 분노의 신이라는 것이다.

마르키온은 『대립 명제』라는 책에서 유대교의 창조주 하나님이 신약의
예수 그리스도의 아버지인 하나님과 얼마나 다른지를 입증하기 위해 구약
성경과 신약성경 사이의 많은 불일치를 열거하였다. 유대교의 하나님은
우상 만드는 것을 금지하고는 후에 모세에게 구리로 된 뱀을 만들도록 명
령한다. 그는 또한 전지全知한 존재가 아니었다. 아담이 어디 있는지 물어
야만 했으며, 소돔과 고모라의 상태가 어떤지 알기 위해 땅으로 내려오지
않으면 안 되었다. 그뿐 아니라 아담의 창조주로서 이 세상에 악이 들어오
게 된 것에 대해 책임이 있다고 하였다. 참으로 수치스러운 성적 생식의
방법, 임신의 불쾌함, 출산의 고통 등을 고안해낸 이는 바로 이 창조주라는
것이다. 이것들에 대해 생각만 해도 마르키온은 속이 뒤집혔다. 그렇기
때문에 마르키온의 공동체는 결혼을 이 열등한 창조주의 혐오스러운 사업
을 도와주는 것이라 하여 엄격하게 배척했다.40) 그러나 마르키온은 인간
의 육체를 가졌기 때문에 누리는 온갖 순수한 기쁨 즉, 부부의 정과 육아의
기쁨과 가정의 행복을 간과하였다.

구약성서의 창조신은 모세의 율법의 기준에 따라 세상을 엄하게 다스리
기 때문에 선해질 수 없으며, 인간을 죽음의 틀 안에 가두어두는 인색하고
폭군적인 신이다.41) 그러므로 마르키온은 정직하게 질문한다. 예수 그리
스도가 선포한 선하신 하나님이 어떻게 구약의 공정하고 벌하시는 하나님
과 같을 수 있는가? 그는 선하신 하나님을 절대화하였기 때문에 선하신
하나님을 벌하시는 하나님과 일치시킬 수 없었다. 그래서 두 하나님의 동
일성에 대한 주장의 근거가 되는 구약성서 전체와 벌하시는 하나님과 관련
된 신약성서의 모든 구절을 거부하였다.

마르키온은 복음서의 영과 사랑의 아버지 하나님은 세계를 창조한 조물
주 하나님과는 전적으로 다른 분이라는 의미에서 '타자Other' 또는 '낯선
하나님Foreign God'이라 하였다. 그러나 이 낯선 하나님이야말로 비가시적

인 영적 세계와 밀접한 관련이 있는 분으로서 어떠한 사악한 죄인이라도 용서해 주는 사랑의 하나님이라고 가르쳤다.

그는 자신의 이러한 주장을 정당화하기 위하여 바울이 말한 삼층천三層天의 구조를 활용하였다. 결코 알려질 수 없는 낯선 하나님은 '셋째 하늘'(고후 12:2)에 거하는 초월적인 존재로 정위定位시켰지만, 이는 한낱 이원론적 구원관을 전개하기 위한 구실에 불과할 따름이었다. 결국 그가 가르친 구원자 하나님은 계시의 능력을 지니고 자연에 대해 지속적으로 섭리하는 성서의 하나님과는 거리가 먼 초월적인 낯선 신이 되고 말았다.

영지주의의 이러한 두 하나님론을 조목조목 반박한 대표적인 교부는 이레네우스와 터툴리아누스이다. 이레네우스는 구약의 창조주 하나님이 신약의 영의 아버지 하나님과 같으신 한 분 하나님이라고 반박하였다. 하나님의 천지 창조와 그리스도의 탄생과 최후 심판에 이르는 구원사역의 전 과정이 그리스도 안에서 통일을 이루는 일관된 구원사임을 밝힘으로써 구약의 창조의 하나님과 신약의 아버지 하나님이 한 분 하나님인 것을 논증한 것이다.

이레네우스는 바울이 즐겨 사용한 첫 번째 아담과 두 번째 아담인 그리스도 사이의 유형론typology을 통해 첫 아담의 실패를 둘째 아담이 회복한 것(고전 12:22)을 구속사적으로 설명한다.

그리스도 자신 안에서 최초의 창조를 다시 회복하셨다. 한 사람의 불순종으로 인하여 세상에 죄가 들어왔고, 그 죄를 통하여 사망이 온 것처럼, 한 사람의 순종으로 말미암아 세상에는 의가 들어왔으며, 그 이전에 죽었던 자들에게 생명을 가져다주었다.42)

이레네우스는 구약의 예언자들에 의하여 선포되고, 신약의 복음에 의

해서 계시된 하나님은 동일한 한 분 하나님이라고 단호하게 말했다. 43)
그는 구약과 신약을 관통하는 이 전체적인 구속사적 경륜을 총괄 갱신re-
capitulation이라는 개념으로 표현하였다. 갱신이라는 말은 회복restoration
이라는 뜻을 내포하기도 하는데, 이 개념은 "하늘과 땅에 있는 모든 것이
그리스도 안에서 통일된다."(엡 1:10)는 말씀에 근거한 것이다.

터툴리아누스 역시 마르키온이 전개한 두 신의 개념은 논리적으로 부적
절하다고 지적했다. 마르키온은 한 신은 선하고 무한한 반면, 다른 한 신은
포악하고 세상 안에 제한되어 있는 존재로 묘사했다. 그러나 신은 최고의
위대한 속성을 모두 소유한 존재임에도 불구하고, 이보다 열등한 존재에
게도 동일한 하나님이라는 명칭을 사용하는 것이므로, 이는 논리적으로
부당하다는 반론이다.

한때 그를 추종했던 마르키온의 제자 아펠레스Apelles도 "나는 동일하
게 영원한 두 개의 원천이 존재한다고 말하는 마르키온으로부터 배울 생각
이 전혀 없다. 왜냐하면 나는 하나의 원천뿐인 하나님만을 알고 그렇게
설교하기 때문이다."고 하였다.44)

이처럼 마르키온은 성서가 말하는 창조 교리를 거부하였다. 그는 영지
주의적 다신론적이고, 남녀 양성신론적이며, 유출설적인 신론을 그대로
수용하였다. 결국 그의 주장은 하나님을 철저히 가시적인 물질 세계와 우
주에서 소외시킴으로써 순수하게 영적 존재로서 무감각하고 무감정한 모
습으로 존재하는 낯설고 감추인 하나님으로 전락시키고 말았다.45)

3) 그리스도의 가현설과 그 비판

구약과 신약, 창조주 하나님과 영의 아버지 하나님의 분리는 그리스도
론과 구원론의 새로운 전개를 불가피하게 만들었다. 예수 그리스도는 아
담의 타락과 무관하게 그때까지 아무에게도 알려지지 않은 선하신 하나님

에 관한 소식을 인류에게 비밀리에 전해 주기 위해 인간의 모습으로 나타난 영지자로서의 구원자로 묘사된다.

마르키온은 영육이원론에 입각하여 하나님의 아들이 세상에 육체로 오는 것은 그의 본성이 더럽혀지는 것으로 보았기 때문이다. 그는 그리스도가 마리아에게서 실제로 '태어났다*generatio*'는 동정녀 탄생을 부정하고 그리스도가 가상의 육체의 모습을 빌어 마치 유령처럼 순전히 영적 존재로 '나타나 보였다*doceo*'고 가르쳤다. 그리스도는 구약의 예언자나 다른 누구의 예고도 없이 갑자기 로마 황제 디베료가 즉위한 지 15년이 되는 해(눅 3:1)에 갈릴리의 가버나움에 있는 회당에 육체의 모습으로 강림하여 가르치기 시작했다고 한다.46) 더군다나 그리스도는 인간적 탄생을 거치지 않고 30세(눅 3:7)쯤 된 가상假想의 성인成人 모습으로 하늘에서 직접 내려왔기 때문에 구약과 완전히 단절된 새로운 존재라고 가르쳤다. 그리스도는 순수한 영적 존재이며, 그리스도의 기적들과 새로운 가르침은 그리스도의 신성을 입증한다는 주장이다.

순수한 영적 존재인 그리스도는 사람들과 만나 구원을 가르치기 위한 방편으로 일종의 '가상적 육신*caro putativa*'을 가지고 행동하였다고 한다. 이 가상적 육신은 실제로 존재하지는 않는 '환상*phantasma*'이지만 사람들의 눈에 실제로 보인다는 것이다.47) 그러므로 그리스도의 육체적 모습은 우리의 착시이고 단지 그렇게 보일(dokesis) 뿐이다.48) 마르키온의 이러한 주장을 그리스도의 가현설docetism이라 부른다.

영지주의자들은 가상적 육신을 지닌 예수의 육체적 출생과 육체적 고난 그리고 육체적 부활을 모두 부인하였다. 어떤 영지주의자들은 예수가 처녀 마리아에게서 태어난 것이 아니라 "물이 파이프를 통과하듯이 마리아를 통과하였다."49)고 가르쳤다. 마르키온을 비롯한 영지주의자들 중에서 예수가 육체적으로 수난당하고 그 육체가 죽임을 당했다는 사실을 인정하는 사람은 없었다. 그리스도가 실재의 육신을 지니고 있지 않았으므로 고통과 죽음을 겪을 수 없었다는 것이다.[50]

어떤 영지주의자는 십자가상에서 예수의 울부짖음(막 15:34)을 예수 그리스도의 영혼이 잠시 빌려 사용한 육체를 떠나는 것을 보고 그의 육체가 외치는 소리이며, "나의 신(영혼)이여 나의 신(영혼)이여 왜 나(육체)를 버렸느냐"는 뜻이라고 해석한다.[51]

마르키온은 그리스도의 실제적인 육체적 수난은 부인하지만, 사도 바울의 신학에 따라 그리스도의 수난이 인간 구원을 위해 매우 중요한 요건이 된다는 점은 부정하지 않았다. 그렇지만 그리스도의 수난이 인류 구원을 위해 지니는 참된 이유를 공개적으로 설명하지 않았는데, 그 이유는 자기들의 이단 집단에 의해서만 전수되는 비밀이기 때문이라고 주장한다.[52] 마르키온의 주장들을 종합해 보면, 그리스도의 십자가상의 수난은 일종의 가상적 상징에 지나지 않은 것이 된다. 그리스도의 탄생과 육신을 부인하는 마르키온은 그분의 수난과 부활에 관한 대목들도 모두 자기 복음서에서 삭제해야 했다.(5,1-3)

마르키온의 가현설을 가장 체계적으로 반박한 이는 터툴리아누스이다. 그는 『그리스도의 육신론』에서 마르키온이 그리스도인들에게 매우 중요한 구원 사건이 되는 그리스도의 수난을 어처구니없는 코미디로 전락시켰다고 비난하였다.[53] 그리고 "그리스도의 육신을 믿지 않고서는 인간 육신의 부활, 즉 구원을 바랄 수 없다."는 그리스도교적 구원론의 원칙하에서 그리스도의 육신이 우리 인간 육신과 같은 육신이어야 인간 육신의 구원이 가능하다는 것을 입증하는 데에 전력하였다.

터툴리아누스는 "주님의 육신은 실체로 존재하는가?"라고 질문하고 그리스도의 육화가 불가능한 것도, 위험한 것도, 부당한 것도 아님을 주장한다. 육화肉化는 세상의 모든 지혜에 의도적으로 도전하는 하나님 사랑의 행위이다. 인간 육신에 대한 마르키온의 증오는 자기 자신과 인류에 대한 증오를 뜻한다. 그러나 인간을 사랑하시는 그리스도는 인간이 존재하는 데에 필수적인 육신까지도 받아들이심으로써 당신의 사랑을 우리에게 드러내 보이셨다는 것이다.

터툴리아누스에 따르면 진정한 육화 없이는 진정한 구원이 있을 수 없다.(5,1-5) 이단자들에게 원수라고 여겨지는 육신은 '우리 신앙을 위해 필수적인 것*necessarium dedecus fidei*'이다. 하나님의 아들은 참으로 육신을 지니셨으며, 그 육신 없이는 그분이 참으로 죽고 부활하실 수 없기 때문이다.(5,3-5)

아울러 그는 "주님의 육신은 어디서 왔는가?"라고 질문하고 "이 세상에서 온 것인가? 다른 곳에서 온 것인가? 하늘에서 떨어진 것인가 태어난 것인가?"라고 반문한다. 이 문제에 대해, 그리스도께서 지상에 내려오기 전에 천상의 별에서 육신을 취했다고 주장하는 마르키온의 제자 아펠레를 주로 겨냥하여 논박한다.(6,1-3)

천사들이 발현한 것과 그리스도가 육신을 취한 것은 같은 이유에서가 아니므로 이단자들이 내세우는 예는 적절하지 못하다.(5-8) 천사들은 죽기 위해 내려온 것이 아니므로 태어날 필요가 없었지만(5), 이와는 달리, 죽기 위해 오신 그리스도는 태어나셔야만 했다.(6,6-7)

터툴리안누스는 주님의 육신은 우리의 육신과 동일한 형태로 존재한다고 주장하고 그리스도의 육체적 고난과 죽음뿐 아니라 육체적 부활을 강조하였다. 무덤에서 일어난 것은 "피가 가득히 차 있고 뼈대로 조립되어 있으며 신경선으로 뒤섞여 있고 혈관들이 교차되어 있는 이 육신"이라고 하였다.54) 또한 그는 자신의 이러한 주장을 읽는 사람들에게 충격을 주리라고 여겨 "이것은 불합리하기 때문에 믿어야 한다."고 역설하였다. 터툴리아누스는 그리스도가 육신으로 무덤에서 살아났듯이 모든 신도는 육신의 부활을 기대해야 된다고 가르쳤다. 그리고 "영혼의 구원은 논할 필요조차 없다."고 한 것은 "그 문제는 이단자들마저도 어떤 형식으로라도 인정"하기 때문이라고 하였다.55) 그는 우리의 육신을 구원하기 위해서 주님은 우리와 동일한 육신으로 나시고 죽으시고 부활하셨다는 논지로 일관하였다.

3) 영적 지식을 통한 영혼 구원론과 그 비판

마르키온은 선한 영혼의 하나님은 사악한 창조의 신에 의하여 율법의 폭정에 시달리고 있는 인간 영혼을 불쌍히 여겨 당신 아들 그리스도를 구세주로 '갑자기subito' 세상에 내려 보내 구원의 복음을 선포하게 함으로써 인간 영혼을 육신으로부터 해방시켰다고 가르쳤다.56) 구세주가 세상에 '갑자기' 내려왔다는 표현에는 구약의 창조신과 대립되는 신약의 '선한 신'의 그리스도가 예언자들의 예고 없이 직접 내려왔다는 뜻이 내포되어 있다. 선한 신은 이 구세주를 통해서 비로소 세상에 알려지게 되었으며, 그를 구약의 창조신과 구별하기 위해 신약의 영의 하나님이라고 부른다.

기독교의 영향을 받은 마르키온의 구원관은 다른 영지주의자들의 운명론적 구원론과는 다르다. 일반적으로 영지주의자들은 '신적 섬광' 즉, 신적 요소를 지니고 있는 사람들만이 구원받을 수 있고, 이를 지니고 있지 못한 사람들은 운명적으로 구원에서 제외된다고 주장하였다. 반면에 마르키온은 그러한 차별을 두지 않고 모든 인간이 구원받을 수 있다고 주장한다. 인간은 세상에서 악에 대한 어떤 책임도 없기 때문에, 그리스도는 십자가의 죽음으로 인간을 죄에서 구원한 것이 아니라 단지 인간의 구원을 위해 필요한 지식을 복음을 통해 계시하였다고 가르쳤다. 그러나 이런 방식의 구원은 그 내용에 있어서 전인적全人的인 구원이 아니라 영혼만의 구원이었다. 육신의 구원은 제외된다고 본 점에서 다른 영지주의자들의 주장과 다를 바 없었다.[57] 따라서 마르키온은 영혼의 구원을 위하여 육신적으로는 철저히 금욕하고 세상에서 멀리 떨어져 있어야 한다고 주장하였다. 더 나아가 미사에서 포도주를 마시지 못하게 하였으며 결혼과 성생활도 하지 못하게 하였다.[58]

정통 교회는 소수의 선택받은 사람에게만 주어지는 영적 지식을 통한 영혼구원론의 오류를 반박하는 논리로써 구약의 창조주 하나님의 성육신과 십자가의 대속적 죽음과 부활을 가르쳤다. 하나님께서 육체를 입고 인간이 되심으로써 육체를 지닌 인간이 예수 그리스도와 연합하여 영생에 참여할 수 있게 되었으며, 이것이 성서가 가르치는 구원과 영생의 복음이라고 하였다. 특히 이레네우스는 인간의 구원을 위하여 예수가 육신을 입고 이 땅에 오신 것이 불가피하다는 점을 역설하였다.

그래서 그는 우리의 몸으로부터 우리와 비슷한 몸을 하나 취하셨고, 모든 몸은 죽음의 부패를 면할 수 없는 고로, 그도 그들 모두를 위해 자신의 몸을 넘겨주셨다. 그리고 모든 것을 하나님께 맡기셨다. 그는 인자하심으로 이를 행하셨는데, 이는 모든 사람이 자신 안에서 죽을 때, 전 인류를 감염시킨 그 부패의 율법을 도말하기 위해서였다. 그리고 주님의 몸 안에서 그 율법의 힘이 다 소모될 때, 그것이 다른 인간에게 더 이상 힘을 발휘하지 못하게 하기 위해서였다. 이렇게 인류를 부패로부터 구하심으로써, 그는 그들에게 다시 불사성을 선사하셨고 자신이 취하신 몸을 통해 그리고 (마치 불 속에 던져진 지푸라기같이 죽음을 사라지게 하는) 부활의 은총을 통해 그들을 죽음에서 생명으로 불러내었다.[59]

육신을 입은 인간이 영육 간에 구원을 얻기 위해서는 육신이 되신 하나님의 성육신과 십자가의 죽음과 부활이 불가피하였다는 성서적 사실을 확립시킨 것이다.

4) 비밀 전승에 대한 비판과 사도 전승

마르키온은 「누가복음」에서 예수가 공개적으로 가르친 내용보다 더 중요한 것이 바로 예수 자신의 비밀 전승이라고 하였다. 부활 이후 40일 동안 예수께서 사도들에게 하신 비밀스러운 말씀들과 사도 바울이 삼층천에 갔다 와서 전해 준 영적 비밀을 자신들만이 비밀리에 전승하였다고 주장하였다. 그리고 이 비전적秘傳的 신비를 공개적으로 선전하지 아니하고, 자기들만의 전례 기도문이나 성례의 정식定式으로 만들어 자기들만의 집회에서 사용함으로써 다른 사람들에게는 비밀로 삼았다.

정통 교회는 공생애 동안의 예수의 가르침과 사역이 공개적인 것이었다는 것과 예수 사후의 베드로와 바울의 가르침과 사역 역시 공개적인 것임을 강조하였다. 이미 요한복음에는 예수가 체포되어 대제사장들이 그의 교훈을 질문할 때 은밀한 가르침은 전무한 것으로 대답하였다고 기록한다.

> 내가 드러내 놓고 세상에 말하였노라. 모든 유대인들이 모이는 회당과 성전에서 항상 가르쳤고 은밀하게는 아무것도 말하지 아니하였거늘.(요 18:20)

예수의 비밀 전승이 실제로 있었다면, 베드로와 바울 같은 사도들은 자신이 교회에 세운 감독들에게 이것을 반드시 전수하였을 것이다. 그러나 사도들이 세운 교회들 가운데 이러한 이단적 가르침이 전수된 실례가 전무하다는 점을 들어 영지주의들의 비밀 전승을 강력하게 부인하였다.60)

이레네우스는 사도들이 세운 여러 교회가 있지만 모든 교회가 그때 이후로 사도들이 공개적으로 가르친 동일한 교훈 그대로를 계속 전승하고 있다는 것을 예증하기 위해 사도들이 직접 임명한 자들로부터 시작하여 사도직을 계승한 교회의 지도자들을 열거하기도 하였다.

진리를 알고자 하는 모든 사람들은, 모든 교회 안에서 온 세상에 두루 전파되어 있는 사도들의 전통을 명백히 관찰할 수 있다. 우리 사도들에 의해 교회 안에서 감독으로 임명된 자들과 오늘날까지 내려오는 그들의 계승자를 열거할 수 있다. 그들은 이단자들이 이야기하는 것과 같은 것을 가르치지도 않았고 알지도 못했다. 사도들이 사적으로 비밀리에 "완전한 자"에게 부여하는 경향이 있는 그 감추인 비밀 전승秘傳을 알고 있었다고 가정해 보자. 분명 그들은 자신들이 교회를 맡긴 자들에게 특별히 그 비전을 전승시켜 주었을 것이다. 왜냐하면 그들은 자신들의 계승자들이 모든 면에서 완전하고 흠이 없기를 바랄 것이기 때문이다.[61]

이레네우스의 기본 논점은 영지주의자들의 교회보다 정통 교회 안에서 사도 전승을 더 분명하게 발견할 수 있다는 것이다. 이레네우스도 영지주의자들이 전통보다 자신이 각성한 영적 진리를 궁극적 기준으로 삼았으며, 온갖 형태의 창의적 발상을 개인의 영혼이 살아 있는 증거로 알고 즐거워한다는 점을 비판하였다.[62] 그리하여 사도 전승은 일관되고 통일된 가르침이지만, 영지주의자들의 비밀 전승은 그 자체가 단절되고 비밀스러운 것이기 때문에 통일성과 일관성이 결여되어 있다는 점이 반론으로 제기되었다. 터툴리아누스 역시 영지주의자들이 전통을 마음대로 바꾸어서 너무나 다양하고 전체적으로 통일성이 결여되어 있음을 지적하였다.

그들은 물려받은 전통을 각각 자신의 기질에 맞도록 수정한다. 전통을 후대

에 물려 내려준 사람들이 그 전통을 수정하였듯이 그들도 자신들의 뜻대로
전통을 만들었다.63)

그래서 이레네우스는 이런 혼란을 막기 위해서라도 교회 내의 신앙의
불일치를 종결지을 처방으로써 "모든 교회들은 반드시 그 (사도직을 계승
한) 교회(로마)와 전통에 일치해야 한다."64)고 가르쳤다. 그러므로 누구
나 교회 안에 있는 사제들에게 순복해야 한다. "그들은 감독직을 계승함과
동시에 확실히 진리의 선물을 받았기" 때문이라고 하였다.65)

4. 영지주의에 대한 대응과 사도신경의 형성

영지주의가 기독교의 중요한 가르침과의 형식적 유사성으로 인해 기독
교를 희랍 문화권에 전파시키는 데 유리한 통로가 된 것은 사실이다. 그러
나 영지주의의 핵심적인 가르침이 기독교의 본질과는 현저하게 다른 것이
기 때문에 기독교 신앙을 근본에서 왜곡하고 있다는 사실을 간파한 당시의
교회는 기독교 신앙의 전통을 수호하기 위해서는 몇 가지 중요한 조치를
취할 수밖에 없었다.

첫째, 정통 교회는 사도직과 더불어 사도들의 가르침을 계승Apostolic
Succession하였다는 입장을 강화한 것이다. 일찍이 이그나티우스는 정통
교회의 감독들이 사도들에게 주어진 그리스도의 권위를 계승한 것이라고
주장하였다. 이를 통해 정통 교회의 가르침의 순수성과 통일성과 일관성
을 유지할 수 있다고 본 것이다. 또한 이를 통해 자신들의 편의에 따라
계시의 내용을 가감하는 영지주의와 마르키온주의의 비밀 전승이 개입할
수 있는 모든 여지를 차단할 수 있었다.

둘째, 정통 교회는 사도 전승을 충실히 따른 4복음서와 바울 문서 등을 선별하여 정경화를 시도하였다. 마르키온은 처음으로 누가복음과 사도행전의 일부와 바울 문서만을 예수의 가르침으로 수용하고 그나마 그 내용을 자기 주관대로 가감하거나 수정하였기 때문에 정경의 확정이 불가피하였다. 따라서 전통적으로 예배 중에 널리 사용되어 온 문서와 사도들의 가르침이 충실히 반영된 문서들이 '정통성과 사도성'이라는 기준에서 정경에 편입되었다.

셋째, 이단에 대응하기 위한 가장 효과적인 수단은 '신앙의 규범*regular fidei*'을 확실하게 정해두는 것이었다. 이레네우스는 신앙의 규범이 감독들에 의해 전수된 것이기에 사도적 전승을 표현하는 것이라고 주장했으며, 터툴리아누스는 신경이 보다 함축적이며 직접적이기 때문에 이단들을 논박하는 데는 성경 자체보다 더 효과적이라고 평가했다.[66]

「신앙의 규범」은 여러 단계를 거쳐 「사도신경」으로 확정되었다. 이레네우스는 영지주의를 염두에 두고 구속사의 중요한 계기가 되는 사건을 간단히 요약하여 「신앙의 규범」으로 제시하였다.

전능하시어 하늘과 땅과 바다와 그 가운데 만물을 만드신 한 분 아버지 하나님을, 그리고 우리의 구원을 위하여 육신이 되신 하나님의 아들 예수 그리스도를, 그리고 성령을 믿는바, 성령은 예언자를 통하여 구속의 경륜과 사랑하는 우리 주 예수 그리스도의 오심과 동정녀 탄생과 수난과 죽은 자 가운데서의 부활과 육체를 입은 채 승천하심과… 모든 육체를 살리시기 위해 아버지의 영광으로 하늘로부터 다시 오실 것을 선포하였다.[67]

이레네우스가 전하는 신앙의 규범은 그 이후 100년 동안 통용되었으며, 로마 교회에서 사용하기 시작한 「로마신조」의 핵심 내용으로 확충되었다.

나는 만물을 다스리시는 아버지 하나님을 믿으며, 독생자 우리 주 예수 그리스도가 성령과 동정녀 마리아에게서 나시고, 본디오 빌라도에게 십자가에 처형되어 장사된 지 사흘 만에 죽은 자 가운데서 다시 사시고, 하늘에 오르사 하나님 우편에 앉아 계시다가 거기서부터 산 자와 죽은 자를 심판하러 오실 것을 믿으며, 성령을 믿으며, 거룩한 교회와 죄의 용서와 육신의 부활을 믿습니다. 아멘.[68]

이 문장은 간단하지만 신앙의 중요한 내용을 거의 포함하고 있으며 영지주의의 이단적인 가르침의 핵심을 명백히 반박하는 성격을 띠고 있다. 전능한 하나님은 언제나 세계의 창조자이며 동시에 우리들의 영의 아버지이다. 하나님의 아들인 그리스도는 육신을 가진 인간으로 태어났으며, 육신적 고난과 죽음 그리고 육신적 부활을 통해서 믿는 자들에게 영육 모두의 구원을 가져오신 분이다. 영지주의자들이 세상과 몸을 폄하하는 것에 맞서서 죽은 자들의 부활에 대한 희망이 단호하게 확정되었으며, 심지어는 영지주의가 멸시하는 육신의 부활도 분명히 표명되었다.[69]

「로마신조」는 300년경에 확정되었으나 4세기에는 첨가된 부분들 때문에 본래의 구조가 바뀌면서 「사도신경」으로 확충되었다. 초기 형태의 「사도신경」도 역시 마르키온파에 대항하기 위해 사용되었다. 몇 가지 예를 들면 「로마신조」의 '만물을 다스리시는'이라는 표현을 '전능하사 천지를 만드신'으로 바꾸었다. 영지주의자들이 구약의 창조주*Demiurgus* 하나님을 열등한 신으로 보아 신약의 영의 아버지 하나님과는 다른 신이라고 했기 때문에 '창조주 하나님이 바로 아버지 하나님인 것'을 밝힌 것이다.

다음으로 "그의 외아들 우리 주 예수그리스도를 믿사오며, 이는 성령으로 잉태하사 동정녀 마리아에게 나시고, 본디오 빌라도에게 고난을 받으사, 십자가에 못 박혀 죽으시고, 장사한 지 사흘 만에 죽은 자 가운데서 다시 살아나시며"라는 구절이다. 이 구절은 예수는 육신으로 태어났으며, 이전에 알려지지 않은 하나님의 아들이 아니라, 창조주 아버지 하나님의 아들이며 유령이 아니라 완전한 인간이라는 것을 주장하고 있다.70) 육신으로 태어나 육신으로 고난을 받고 육신으로 죽으시고 육신이 장사되고 육신으로 다시 살아나셨다는 것을 명시한 것은 그리스도께서 육신으로 오신 것을 부인하는 영지주의자들의 반그리스도anti-Christ적인 주장을 명확히 반박하기 위한 것이다.71)

"하나의 거룩한 공교회를 믿는다."는 항목은 마르키온 등의 이단적인 교회에 대한 거부이다. 콘스탄티노플 신조(381년)에는 여기에 '사도적 교회'가 포함되어 "하나의 거룩하고 보편적인 사도적 교회를 믿는다."는 교회의 4중적 특성론이 확정되었다. 사도 전승과 계도직의 계승을 거부하고 교회의 일치를 해치는 이단적인 교회는 참된 교회일 수 없다고 고백한 것이다.

니케타스Niketas von Remesiana가 전해 준 세례 고백에는 제3조에 "성도가 서로 교통하는 것sanctorum communionem"과 "영원히 사는 것vitam aeteram"이 추가로 첨부되었다. 이것은 하늘에서 구원받은 자들이 사귀는 것 혹은 선지자와 사도, 순교자와 의인, 심지어 천사와의 사귐을 뜻하는 종말론적 구원의 사귐이다.72)

"성령과 동정녀 마리아에게서 나시고"가 "성령으로 잉태하사 동정녀 마리아에게 나시고qui conceptus est de Spiritu Sanctu, natus ex Maria virgine"로 바뀐 것도 4세기의 일이다.

시르미움 회의(359년)에서는 "음부로 내려 가셨다descendit ad inferna"는 항목이 추기로 첨부되었다. 회의 참석자인 마르쿠스Markus von Arethusa는 이 표현의 첨가를 제안하면서 그리스도의 진정한 죽음을 뜻하는 것으로 생각하였다. 그러나 서방에서는 이것을 '승리의 음부행' 또는 '지옥의 정

복'으로 풀이하게 되었다.73)

이렇게 해서 「로마신조」는 완결되었으나 「사도신경」이라는 명칭은 교황 시리키우스Siricius에게 보낸 밀라노 회의(390)의 서신에서 처음으로 나타났다. 중세에 이를 12문장으로 나눈 것은 404년 루피누스Rupinus가 12사도가 각각 한마디씩 한 것이 사도신경이 되었다고 해설한 데서 기인한 전설이다. 가령 도마는 "죽은 자 가운데서 다시 살아나시고"라는 고백을 했다는 것이다.

이레네우스, 터툴리안, 어거스틴과 기타 다른 교부들은 모두 조금씩 내용이 다른 사도신경을 전하고 있으며 750년경의 피르미니우스Saint Pirmin의 본문이 서방 교회의 표준 또는 공인 원문*Forma Recepta*으로 채택되었다고 한다.74) 이처럼 사도신경은 단번에 만들어진 것이 아니라 점진적으로 이루어졌고, 어느 종교회의의 결의로 형성된 것이 아니다.

결론적으로 사도신경은 교회가 영지주의로 인해 야기된 당면한 신앙적인 위기를 극복하고 신앙의 왜곡을 반박하고 신앙의 바른 규범을 정립하기 위해 공동으로 대처하여 온 과정에서 자연스럽게 기독교 신앙의 규범으로 형성된 것이다. 그 내용에서 영지주의에 대한 대응이라는 시대적 제약이 있는 것이 사실이지만 그럼에도 기독교 신앙의 규범을 가장 잘 드러내기 때문에 전 세계 교회를 통해 오늘날까지 전승되고 있는 것이다. 이 사도신경의 간단한 신앙 규범은 오늘날 문제가 되고 있는 『예수는 신화다』나 『다빈치 코드』 같은 왜곡된 주장에 대한 반박의 논리로서 손색이 없다는 점을 지적할 수 있다.

제1장 신학이란 무엇인가

1. 신학에 대한 다양한 이해

1) 김광식(1984), 『기독교신학개론』, 연세대학교출판부, 11-54; F. Whaling(1994), "신학사", 『기독교대백과사전』 제10권, 기독교문사, 497-503.

2) Chan Kei Thong, 『고대 중국 속의 하나님』, 순출판사, 2009, 106. Theos는 Deos(라틴어), Dio(이탈리아어), Dieu(불어), Dyu(산스크리트어), 티(帝), 티엔(天), 탱그리(만주어) 등으로 음운이 변천한 것으로 '빛'을 뜻한다. logos는 말씀(Word, Language), 논리(logic), 이성(Reason)을 뜻한다.

3) F. Whaling(1994), 497. 『희랍어 영어 사전』에는 theos에 파생된 단어가 233개나 된다고 한다.

4) 같은 책, 499.

5) 김광식(1984), 11-17.

6) 자연에 대한 동서양의 개념은 차이가 있다. 서양에서는 자연의 정점을 인간의 이성으로 보았기 때문에 '자연 신학'은 이성을 통해 '자연(우주)'을 추론하여 신인식의 가능성을 탐구하는 '이성적 신학'으로 불리는 것이다. 루소가 '자연으로 돌아가라'고 한 것 역시 대자연의 전원생활로 돌아가라는 뜻이 아니라 자연적인 것 즉 이성적인 것으로 돌아가라는 뜻이다. 따라서 1930년대 초의 칼 바르트와 에밀 브룬너의 '자연 신학' 논쟁도 이성을 통해 하나님을 알 수 있다는 브룬너의 '기독교 자연 신학'에 대해 계시를 통해서만 하나님을 알 수 있다는 바르트의 반박으로 촉발된 것이다.

    그러나 동양에서는 자연自然은 이성적이라는 뜻보다는 '저절로'라는 뜻의 무위자연無爲自然을 의미한다. 인위(人+爲)적인 것은 '가식적이 것(僞)'이므로 인간에게 이롭지 않다는 의미를 함축하고 있다.

7) Augustine, *City of God*, IV. 5.

8) F. Whaling(1994), 499.

9) H. R. Drobner/하성수 역(2001), 『교부학』, 분도출판사, 227-228.

10) F. Whaling(1994), 499.

11) H. R. Drobner/하성수 역(2001), 558.

12) Augustinus/성염 역(1987), 『그리스도교 교양』, 분도출판사. 이 책은 『그리스도교 교양』으로 번역되었으나 내용적으로 보면 『기독교 신앙론』이라 할 수 있다.

13) Dal Sasso & Roberto Coggi(2001), 『신학대전 요약』, 가톨릭대학교출판부. 이 책의 목차 참조. 한국천주교에서는 '신학총론'이라는 용어 대신 '신학대전'으로 번역하였다.

14) T. Aquinas/정의채 역(1989), 『신학대전』 1/1-12, 성바오로출판사, 125.

15) 김광식(1984), 13.

16) 지원용 편역(1998), 『신앙고백서』, 컨콜디아사, 315-462.

17) 같은 책, 316.

18) Melanchton/한인수 역(1998), 『신학의 주요 개념들』, 경건, 20. Loci는 장소의 뜻에서 비롯된 것으로 여기서는 주요 주제라고 할 수 있다.

19) 같은 책, 24.

20) 같은 책, 20. 누구든지 정경 외의 다른 곳에서 기독교의 본질을 구하는 사람은 잘못을 범하게 된다. 교의학 서적들은 이(성서)의 순수성으로부터 얼마나 멀리 떨어져 있는가? 성서 안에서 당신은 거룩한 것만을 발견할 수 있으나 교의학 서적들 안에서는 철학과 인간의 이성의 판단에 좌우되고 성령의 판단과는 아주 극단적으로 대립해 있는 많은 것들을 발견할 수 있다."

21) W. J. Bouwsma/이양호 · 박종숙(1991), 『칼빈』, 나단, 44. *Institutio*는 교육, 입문서, 개요의 뜻이라고 한다.

22) J. Calvin(1536)/양낙홍 역(1996), 『기독교 강요』, 크리스챤다이제스트. 그리고 나머지 부분은 성례, 거짓 성례, 기독교인의 자유와 교회의 권능, 세상 정치를 다루고 있다.

23) J. Calvin(1559)/원광연 역(2005), 『기독교 강요』, 크리스챤다이제스트. 이 책의 목차를 참고할 것.

24) 이양호(1997), 『칼빈 - 생애와 사상』, 한국신학연구소, 55-58. 기독교 강요의 구조에 관한 논의를 참고 할 것.

25) L. Berkhof(1932), *Introductory Volume to Systematic Theology*, Wm. B. Eerdmans, 16.

26) J. Gabler(1878), "On the Proper Distinction Between Biblical and Dogmatic Theology and the Specific Subjectives of Each."

27) F. Schleiermacher(1821)/최신한 역(2006), 『기독교신앙』, 한길사, 39, 47.

28) K. Barth(1928), "The Strange New World Within the Bible", *The Word of God and the Word of Man*, tr. D. Horton, London : Hodder and Stoughton, 100.

29) K. Barth/이형기 역(1987), 『복음주의 신학 입문』, 크리스챤다이제스트, 36.

30) K. Barth/박순경 역(2003), 『교회교의학 - 하나님 말씀에 관한 교의』, 대한기독교서회, 27.

31) 같은 책, 37-52.

32) G. Gutierrez/성염 역(1977), 『해방신학』, 31. 그래서 예지 및 합리적 지식으로서의 신학도 교회의 신앙 실천을 출발점으로 삼고 또 그 노선을 따라야 된다. 성서에 기반을 둔 영적 성장에 관한 이해가 발달해야 한다는 것도 이 신앙 실천과 관련시켜서이며, 신앙이 인간 이성이 제기한 문제와 대면하는 것도 이 신앙 실천을 통해서이다.

33) Jose Miguez Bonino(1975), *Doing theology in a revolutionary situation*, Fortress.

34) J. B. Fuliga(1993), "The Activist Spirituality of Liberation", *AJT*, 7:2, 254-264.; J. Sobrino(1985), *Spirituality of Liberation-Toward Political Holiness*, tr. R. R. Barr, Orbis; G. Gutierrez/이성배 역(1987), 『해방신학의 영성』, 분도출판사; D. Dorr/ 황종렬 역(1990), 『영성과 정의』, 분도출판사.

35) J. Cobb/이기춘 역(1983), 『과정신학과 목회신학』, 대한기독교서회, 124.

36) 정통주의와 정행주의에 상응하는 정경주의라는 용어를 제안하려고 한다.

2. 신학의 정의와 분야, 학문적 특성

1) J. Macquarrie(1967), *Principle of Christian Theology*, SCM Press, 1.

2) K. Barth/이형기 역(1987), 『복음주의 신학입문』, 크리스챤다이제스트, 170.

3) F. Schleiermacher/김경재 역(1999), 76.

4) K. Barth/이형기 역(1987), 125.

3. 신학의 논리와 방법

1) 논리학에 관한 모든 논문을 통틀어 이르는 말이다. 도구道具 · 기관機關이라는 뜻으로, 논리학을 철학의 도구로 간주하는 아리스토텔레스 학파의 입장에서 부르는 말이다.

2) G. Dall Sasso & R. Coggi/이재룡 · 이동익 · 조규만 역(2001), 『성 토마스 아퀴나스의 신학대전 요약』, 가톨릭대학교출판부, 472-487. 74문에서 81문.

3) 허호익(2003), "하나님의 형상의 관계론적 이해", 『현대조직신학의 이해』, 대한기독교
서회.

4) H. H. Hasel/장상 역(1982), 『현대신약신학의 동향』, 대한기독교출판사. 16.

5) M. Kähler(1964), *The so-called Historical Jesus and Historic Biblical Christ*, tr. O. E.
Braaten, Fortress, 94.

6) W. Pannenberg(1968), *Jesus - God and Man*, tr. L. L. Wilkins & D. A. Priebe, London
: SCM, 33-37.

7) Robert W. Funk, Roy W. Hoover, and The Jesus Seminar(1993), *The Five Gospels:
the Search for the Authentic Words of Jesus,* San Francisco : Harper San Francisco.

8) 서중석(2001), "로버트 펑크의 역사적 예수 가설 비판", 「신학논단」 26집, 30-31.

9) Robert W. Funk/김준우 역(1999), 『예수에게 솔직히』, 한국기독교연구소.

10) 정하은(1964), "변증법", 학원사 편, 『철학대사전』, 학원사, 412.

11) R. Heiss/황문수 역(1976), 『변증법이란 무엇인가』, 서문당, 197.

12) 같은 책, 201-203.

13) K. Barth(1972), *The Epistle to the Romans*(sixth edition), tr. E. C. Hoskins, Oxford
University Press, 114.

14) 허호익(2001), "폴 틸리히의 신학 방법론", 「신학과 문화」 제10집, 204-225.

15) P. Tillich(1996), *The Protestent Era*, tr. J. H. Adams, Chicago : The University of
Chicago Press, Author's introduction 참조.

16) P. Tillich(1975), *Systematic Theology*, vol. I., Chicago : The University of Chicago
Press, 7.

17) 같은 책, 8.

18) 김광식(1994), 『조직신학』 III, 대한기독교서회, 227

19) Josepa Fletcher(1968), 『상황윤리 : 새로운 도덕』, 규문각.

4. 신학의 동기와 과제와 필요성

1) J. Calvin(1559)/원광연 역(2003), 『기독교 강요』 상, 크리스챤다이제스트, 16.

2) 같은 책, 37.

3) G. Gutierrez/성념 역(1970), 『해방신학』, 분도출판사, 20-21.

4) F. Schleiermacher/김경재 역(1999), 『신학연구입문』, 대한기독교서회, 57.

5) E. Brunner(1946), *Christian Doctrine of God,* The Westminster, 9-11, 93-95.

6) 송기득(1986),『신학개론』, 생각사, 33.

7) Franees M. Young/이후정 · 홍삼열 역(1994),『초대기독교 신조형성사』, 컨콜디아사, 17.

8) Hippolytus/이형우 역(1992),『사도전승』, 분도출판사, 49. 그러나 두 가지 예외 사항이 있었다. 첫째 예외는 어린이들을 가르치는 교사인데, 특별한 기술이 없어서 다른 직업을 갖기가 어려우면 이를 양해하라는 것이다. 교사직은 이교적 저서들을 기초하여 개인 재량에 따라 그런 위험을 피할 가능성이 있지 때문에 예외적으로 용납된 듯하다. 둘째 예외는 여종인데, 이미 주인의 첩으로 살고 있으면서 자녀를 갖고 있는 어머니라면 자기 주인하고만 관계한다는 조건하에서 용납된다. 이 예외 규정에는 노예로서 달리 선택할 수 있는 가능성이 없는 실제적인 사회 여건과, 자녀에 대한 어머니의 역할이 중대하다는 사실이 함께 작용하고 있다.

9) 재세례파는 신효론에 근거하여 신앙고백이 불가능한 유아세례를 거부하였으나 루터와 칼빈은 은효론에 근거하여 유아세례를 인정하였다. 유아세례에 관해서는 이 책 4장 1절의 4)를 참고할 것.

10)「신학과 문화」15집(2006)과「신학과 문화」17집(2008)에 수록되어 있음.

11) S. L. Neve/서남동 역(1976),『기독교 교리사』, 대한기독교서회, 94-109.

12) H. R. Drobner/하성수 역(2001),『교부학』, 분도출판사. 196.

13) S. L. Neve/서남동 역(1976), 94-109. 니이브는 초대 기독교의 타락된 종파로서 에비온파, 노스틱, 마르키온의 개혁운동, 몬타너스파를 들고 있다.

14) H. R. Drobner/하성수 역(2001), 271.

15) Cyprianus/이형우 역(1987),「가톨릭 교회일치」,『치프리아누스』, 분도출판사, 95.

16) 같은 책, 95-97.

17) 같은 책, 71.

18) 허호익(1985), "한국신학사 방법론서설",「한국교회사학회지」제2집, 65-91.

19) 지동식 편역(1980),『로마제국과 기독교』, 한국신학연구소, 115-173.

20) 유형기 역편(1980),『기독교회사』, 한국기독교문화원, 43.

21) "테르툴리아누스",『기독교대백과사전』15권, 254-302.

22) 같은 책, 72. 셀수스의「참강화」는 이방인이 기독교를 비판한 첫 문서이다.

23) S. L. Neve/서남동 역(1976), 143.

24) 같은 책, 143.

25) 허호익, 『예수 그리스도 바로보기』, 대한기독교서회, 138-142. 판테라 사생아설에 대한 오리겐 등의 반박은 참고할 것.

26) Justin Martyr, *First Apology*, 44; W. C. Placher/박경수 역(1994), 『기독교신학사 입문』, 크리스챤다이제스트, 1994, 75.

27) Justin Martyr, *Second Apology*, 10; 같은 책, 76.

28) E. G. Jay/주재용 역(1991), 『교회론의 역사』, 대한기독교출판사, 76-80.

29) 「로마신조」는 3세기 말경에 로마에서 그리스어로 고백되다가 후에 라틴어로 번역되었다.

30) 이 책 부록의 "영지주의의 기독교 왜곡과 사도신경의 형성"을 참고할 것.

31) 허호익(1985), "한국신학사 방법론 서설", 「한국교회사학회지」 제2집, 65-91.

32) 민경배(1982), 『한국기독교회사』, 대한기독교출판사, 78 재인용.

33) 같은 책.

34) 유동식(1982), 『한국신학의 광맥 – 한국신학사상사 서설』, 전망사, 54, 71-97 참조.

35) 허호익(2008), "통일교의 최근 교리의 비판과 향후 전망", 「한일연합 이단사이비 대책세미나 자료집」 참고할 것.

36) 허호익(2008), "『격암유록』의 위조와 한국 교회의 이단종파들", 「제3회 조직신학자 대회 자료집」 참조할 것.

5. 최근 신학의 새로운 흐름

1) 허호익(1983), "전환시대와 새로운 신학의 흐름", 「연세」 제18집, 66-78.

2) V. Fabella(1985), *Doing Theology in a divided World*, Orbis.

3) G. Gutierrez/성염 역(1977), 『해방신학』, 31. 그래서 예지 및 합리적 지식으로서의 신학도 교회의 신앙 실천을 출발점으로 삼고 또 그 노선을 따라야 된다. 성서에 기반을 둔 영적 성장에 관한 이해가 발달해야 한다는 것도 이 신앙 설천과 관련시켜서이며, 신앙이 인간 이성이 제기한 문제와 대면하는 것도 이 신앙 실천을 통해서이다.

4) Jose Miguez Bonino(1975), *Doing theology in a revolutionary situation,* Fortress.

5) 박순경(1984), "제3세계 신학과 방법론에 대한 고찰", 「신학사상」 제46집, 567-591. 이 협의회의 제6차 신학회의(1983. 1. 5-13)의 주제는 "Doing Theology in a divided World"이었다.

6) Juan L. Segundo(1976), *Liberation of Theology*, Orbis.

7) Kelly Brown Douglas/오덕호 역(2000), 『흑인 그리스도 : 흑인신학이란 무엇인가?』, 한들출판사.

8) J. H. Cone(1984), "흑인신학과 제3세계 신학", 「기독교사상」 Vol. 28, No. 9, 131-147.

9) J. H. Cone(1980), 『눌린 자의 하나님』, 이화여자대학교출판부, 33.

10) 같은 책, 299.

11) 한국여성신학회 엮음(1995), 『성서와 여성신학』, 대한기독교서회; J. M. Halkes/안상임 외 역(1983), 『여성신학입문』, 대한기독교서회; R. Luether(1991), 『페미니즘 문학과 여성운동』, 평민사; Elisabeth S. Fiorenza(1986), 『크리스찬 기원의 여성 신학적 재건』, 종로서적.

12) J. M. Bonino(1982), 『오늘의 행동신학』, 한국기독교교회협의회, 55-57.

13) G. Gutierrez/성념 역(1977), 146.

14) 같은 책, 193-196.

15) 같은 책, 195.

16) J. Moltmann/전경연 편역(1977), 『하나님 체험』, 한국신학연구소, 127-129. 몰트만은 해방 신학이 압제의 양면을 충분히 고려하지 못한 것을 비판하였다. "억압이란 항상 두 측면을 지닌다. 즉 한 면에는 주인이 있고, 다른 면에서는 노예가 있다. 한 측면에 착취자가 있는가 하는 다른 면에는 희생자가 있다. 억압하는 자는 비인간적Unmenschilch이지만 억압당하는 자는 인간성을 상실entmenschlich한 것이다. 억압은 양 측면 모두의 인간성Menschlichkeit을 파괴한다. 그러나 그 양식에는 차이가 난다. 즉 한 측면에는 악으로 인하여 한 측면에서는 고통으로 인하여 파괴된다." 압제받는 자가 현실적 고난에서 해방되어야 하듯이, 압제자도 가해의 범죄에서 해방되어야 한다는 것이다.

17) 토레스 신부는 선거를 통해 개혁이 불가능한 콜롬비아의 상황에서 "가톨릭 신자가 혁명적이지 못하면 용서받지 못할 죄를 범하는 것이다."는 선언과 함께 게릴라 투쟁에 참가하였다.

18) Helder Camara/김윤주 역(1974), 『평화혁명』, 분도출판사.

19) Paulo Freire(1995), 『페다고지 : 억눌린 자를 위한 교육』, 한마당. 프레이리는 전통적 교육의 수동적 성격이 억압을 더욱 촉진시키는 결과를 낳았다고 주장하면서, '은행적 금식'의 주입식 교육보다는 '문제해결식'의 의식화 교육을 해야 한다고 역설하였다.

20) 허호익(1985), "우리는 신학을 어떻게 할 것인가", 「신학의 길」 제1집, 1-35.

21) 지원용 편(1984), 『루터선집』 제5권, 컨콜디아사, 253-262.

22) 위의 책, 258.

23) A. Harnack/윤성범 역, 『기독교의 본질』, 삼성문화재단출판부, 202.

24) 송천성(1985), 『아시아인의 심성과 신학』 중, 분도출판사, 30.

25) 서창원(1993), 『제3세계 신학』, 대한기독교서회

26) 허호익(1985), "우리는 신학을 어떻게 할 것인가", 「신학의 길」 제1집, 1-35; 허호익 (1985), "한국신학사 방법론 서설", 「한국교회사학회지」 제2집, 65-91.

27) 세계신학연구원편(1992), 『상생신학 - 한국신학의 새 패러다임』, 세계신학연구원; 박종천(1991), 『상생의 신학』, 한국신학연구소.

28) 강원돈(1992), 『物의 신학 : 실천과 유물론에 굳게 선 신학의 모색』, 한울.

29) 허호익(2003), 『단군신화와 기독교 - 단군신화의 문화전승사적 해석과 천지인신학 의 시도』, 대한기독교서회.

30) 김흡영(2001), 『도의 신학』, 다산글방,

31) 허호익(2008), "천지인 신학의 성서적 신학적 근거 모색", 「문화와 신학」 제4집, 11-42.

32) R. A. Torrey(1895), *The Baptism with the Holy Spirit*, Baker Pub Group.

33) W. Dayton/조종남 역(1993), 『오순절 운동의 신학적 뿌리』, 대한기독교서회.

34) WCC(1987), *Spiritual Formation in Theological education - An Invitation to Participatio*, Geneva : WCC.

35) 허호익(2003), 『현대조직신학의 이해』, 대한기독교서회, 235-242.

36) 같은 책, 213-217. 서양철학 전통에는 영혼과 육체 이분법의 경향이 있다. 이 경우 영혼은 정신mind와 동일시되며, 개념적으로는 지, 정, 의 세 차원을 지칭한다. 그러나 영혼육 삼분법에 따르면 영spirit은 혼mind과 육체를 아우르는 생명의 차원까지 포함하 고 초월하는 그 무엇이라고 설명해야 할 것이다.

37) K. Barth(1960), *Church Dogmatics*, III/2, 354.

38) J. B. Cobb(1983), 87.

39) J. B Cobb(1983), 110.

40) Ignatius of Loyola(2008), 『영신수련』, 이냐시오 영성연구소. 가톨릭에서는 영신수 련으로 번역하였다.

41) WCC, "신학교육에 있어서 영성의 형성 - 참여를 위한 초대", 노영상 편(1991), 『영성 과 윤리』, 한국장로교출판사, 154.

42) 같은 책, 172.

43) 같은 책, 164.

44) D. Bonhoeffer(1984), 『기독교윤리』, 대한기독교서회. 69-70.

45) 노영상 편(1991), 164.

46) 같은 책, 170.

47) J. Cobb & D. Griffin/강성도 역(1995), 『포스트모던 하나님 포스트모던 기독교』, 조명문화사, 201-210.

48) J. Moltmann/김균진 역(1992), 『생명의 영』, 대한기독교서회, 117.

49) WCC(1987), 10; 노영상 편(1991), 140.

50) J. Macqurrie/장기천 역, 『영성에의 길』, 전망사, 62-67.

51) 노영상 편(1991), 166.

52) J. B. Fuliga(1993), "The Activist Spirituality of Liberation", *AJT*, 7:2, 254-264; J. Sobrino(1985), *Spirituality of Liberation - Toward Political Holiness*, tr. R. R. Barr, Orbis; G. Gutierrez/이성배 역(1987), 『해방신학의 영성』, 분도출판사; D. Dorr/황종렬 역(1990), 『영성과 정의』, 분도출판사.

53) J. Cobb/이기춘 역(1983), 『과정신학과 목회신학』, 대한기독교서회, 124.

54) 정통주의와 정행주의에 상응하는 정경주의라는 용어를 제안하려고 한다.

55) http://www.iucn.org 세계 각 지역의 자연 자원과 생물다양성 보전을 위해 독려하고 협조 및 자연 자원의 균형적 이용을 기하기 위해 1948년 10월 5일 설립.

56) 「경향신문」 2007. 9. 13.

57) 세계개혁교회연맹 편(1989), 『정의, 평화, 창조질서의 보전』, 대한기독교서회, 288-290.

58) 한국기독교사회문제연구원 편(1990), 『정의, 평화, 창조질서의 보전 세계대회자료집』, 민중사.

59) 세계개혁교회연맹 편(1989), 213.

60) 같은 책, 288.

61) 같은 책, 303.

62) 서남동(1970), "생태학적신학서설", 「기독교사상」 11월호, 84.

63) 서남동(1976), "생태학적 윤리를 지향하여", 260-284.

64) 같은 책, 260-266.

65) 같은 책, 266.

66) J. Motmann/김균진 역(1986),『창조 안에 계시는 하나님』, 한국신학연구소, 46-47.

67) 허호익(2003), "천지인 신학 가능성 모색",『단군신화와 기독교』, 255-321.

68) 한국기독교학회 편(1990),『종교다원주의와 신학적 과제』, 대한기독교서회; 장왕식 (2002),『종교적 상대주의를 넘어서 : 과정신학으로 종교다원주의를 품고 넘어서기』, 대한기독교서회.

69)「기독신문」2009년 10월 13일자. 최근 세계교회협의회WCC 제10차(2012년) 총회 한국 유치 결정 이후 일부 합동 측과 고신 측 목사들은 WCC 총회 유치를 반대하면서 WCC가 종교다원주의이며 혼합주의라고 주장하고 있다.

70) 이상린(1997), "종교 간의 대화",「한신논문집」, 339-367.

71) 심창섭(2005), "Extra Ecclesiam Nulla Salus의 역사성",「신학지남」제285호(12월 호), 55-75.

72) 심상태(1986),『익명의 그리스도인 - 칼 라너 신학의 비판적 연구』, 성바오로출판사. 159-167.

73) K. Rahner, *Christianity and the Non-Christian Religion*, 김경재, "종교다원주의와 예수 그리스도의 주성",「신학연구」27집, 398-400 재인용

74) 목창균(1996), "칼 바르트와 보편구원론",「思索」12, 294-308.

75) 최태영(2008), "몰트만의 만유구원론에 대한 통전적 이해",「조직신학논총」22, 107-135.

제2장 신앙의 학문으로서 신학

1. 신학의 프라-텍스트(Pretext)로서 신앙

1) "회개하고 복음을 믿으라."(막 1:15), "믿지 않는 자는 정죄를 받으리라."(막 16:16).

2) "여인아 네 믿음이 너를 살렸다."(막 5:34), "믿는 자에게 능치 못함이 없다."(막 9:23) "구하는 것은 받은 줄로 믿으라."(마 11:23).

3) "하나님을 믿고 또 나를 믿으라."(요 14:1), "나를 믿는 것은 나 보내신 자 믿는 것" (12:44).

4) "예수의 하신 말씀을 믿으니라."(요 2:22), "여자여 내 말을 믿으라."(요 4:21), "말씀으 로 인해 믿는 자가 많아짐."(요 4:41, 4:50).

5) "믿는 자마다 영생을 얻게 하심"(3:16), "믿지 아니하는 자는 이미 심판을 받음"(3:18).

6) "믿음으로 의롭게 됨"(롬 5:1), "믿음에서 난 의"(롬 9:30).

7) "율법의 행위로냐 혹은 듣고 믿음으로냐."(갈 3:2).

2. 무엇을 믿는가 : 신앙의 대상

1) 총회헌법개정위원회(1992), 『대한 예수교 장로회 헌법』, 대한예수교장로회 출판국, 151-184. 대한예수교장로교 신앙고백의 주제는 성경, 하나님, 예수 그리스도, 성령, 인간, 구원, 교회, 국가, 선교, 종말로 구성되어 있다.

2) 이형기(1992), 『정통과 이단』, 대한예수교장로회총회출판국, 169-170 쪽.

3) "The World Council of Churches is a fellowship of churches which confess the Lord Jesus Christ as God and Saviour according to the scriptures, and therefore seek to fulfil together their common calling to the glory of the one God, Father, Son and Holy Spirit."

4) 세계교회협의회 엮음(1996), 『세계교회가 고백해야 할 하나의 신앙고백』, 한국장로교 출판사, 11. 1990년 스코틀랜드의 던불레인에 모인 신앙과 직제 상임위원회는 하나님을 믿고, 예수 그리스도를 믿고, 성령을 믿는 "사도적 신앙에 대한 공동 고백은 에큐메니칼 역사를 통하여 확인된 바, 일치의 본질적 요소들 가운데 하나이다."는 사실을 재확인하였다. 그리고 세계 교회가 기독교 신앙의 본질에 있어서 가시적으로 일치하기 위해서는 사도적 신앙의 공동 고백 외에 세례, 성만찬, 직제에 대한 상호 인정을 제시하였다. 교회의 성례, 교회의 정치 제도의 다양성을 비본질적인 것으로 인정한 것으로 해석할 수 있다.

5) Credo in unum Deum, … Et in unum Diminum Jesum Christum, … Et in Spiritum Sanctum, Dominum, … Et unam sanctam catholicam et apostolicam Eccelesiam.

6) J. Calvin(1559)/원광연 역(2003), 『기독교 강요』 하, 크리스챤다이제스트, 10

7) 이형기(2006), 『역사 속의 내러티브신학』, 한들출판사, 67. 이형기는 전자는 신뢰한다로 후자를 믿는다로 번역하였다.

8) H. Küng/정지련 역(2007), 『교회』, 한들출판사, 42.

9) 이에 관해서는 제4장 4절의 2의 "성서의 오류에 대한 칼빈의 이해"와 6의 "신정통주의 성서관 : 성서의 신언성과 인언성"을 참고할 것.

10) 이 책 제2장 2절의 3의 "신앙의 다양성과 이단성"을 참고할 것.

11) 허호익(1985), "한국신학사 방법론서설", 「한국교회사학회지」 제2집, 65-91.

12) 허호익(2006), "이단과 사이비 규정의 기준과 사례분석", 「제10회 이단사이비 대책 세미나 자료집」, 11-44.

13) 이 단어에서 라틴어 *Haeresis*와 영어 Heresy가 유래하였다.

14) 한국교계에서는 이단異端이란 한자어는 극단極端과 관련시켜 '끝이 다른 자'라는 뜻으로 해석되지만, 원래 이단의 端 자는 바르다, 곧다, 옳다는 뜻이므로 이단異端은 옳지 않다, 바르지 않다는 뜻으로 보는 것이 더 정확하다.

15) 예수의 신성을 가르치지만 예수가 육신으로 오신 인성을 부인하여 적그리스도라고 정죄된 요한 공동체의 영지주의 기독교의 가현설은 예수의 신성과 인성 중에 그의 신성만을 극단화시킨 사례이다. 반면에 유대 기독교의 에비온파는 예수의 신성은 부인하고 인성만을 극단적으로 주장하는 양자론의 이단에 빠졌고, 기독교가 공인된 후 최초의 니케야 회의(325)는 이 양극단적인 이단적 가르침을 배격하고 성서의 모든 가르침을 종합하여 그리스도가 신성과 인성 모두를 지녔다는 양성론의 기초를 확립한 것이었다.

16) 이종성(1989), 『교회론』 II, 대한기독교출판사, 115-133.

17) 지원용 편역(1998), 『신앙고백서』, 컨콜디아사, 142.

18) 칼빈주의의 5대 교리나 근본주의 5대 교리 등은 보편적인 기독교 신앙으로 받아들여지지 않고 있다.

19) 이형기(2001), "사이비 이단에 대한 판단 기준", 134-135.

20) 정행업(1999), "신학적 측면에서 본 이단 사이비", 대한예수교총회 이단사이비문제상담소 편(2004), 『이단사이비 대책 역대세미나』, 21-22.

21) 대한예수교총회 외 편(2001), 『종합 사이비이단연구보고집』, 한국장로교출판사, 217. "기독교의 기본 교리를 전적으로 믿는 입장을 정통이라 하고 부분적으로 믿을 때는 사이비라 하며 전체를 반대할 때는 '이단'(이종성, 『현대사회와 신학의 대화』)이라는 주장이 있고, 위치적인 측면에서 '이단은 교회 밖으로 나간 적그리스도적인 것을 말하고 교회 안에 있을 때는 사이비'(신성종, 『현대사회와 신학의 대화』)라는 견해와, 출처의 측면에서 기독교 내부에서 생겨난 것은 이단이라 하고 기독교 밖에서 생겨나 내부에 영향을 줄 때 이를 '사이비'(이수영)라는 입장도 있다." 참고로 김영한은 "사이비는 실체는 이단이나 현상적으로 마치 정통적인 것처럼 행동한 이단의 위장된 형태"라고 하였다.(김영한(1995), "사이비 이단과 정통의 표준", 「한국기독교연구논총」 13집, 9.)

22) 대한예수교총회 외 편(2001), 219.

23) 김영무·김구철(2004), 『이단과 사이비』, 아가페문화사, 19.

24) 총회이단사이비대책위원회(2008), 『우리 주변의 이단들 - 간추린 이단 사이비 정보』, 5; "이단 사이비 정의와 표준지침에 관한 연구보고서"(2009년 총회).

25) 허호익(2006), "이단과 사이비 규정의 기준과 사례분석", 「제10회 이단사이비 대책 세미나」(2006. 6. 12), 11-44.

26) 탁지원(2004), "현 시대에 나타난 이단과 대처방안", 대한예수교총회 이단사이비문 제상담소 편(2004), 『이단사이비 대책 역대세미나』, 314.

27) 같은 책, 314.

3. 어떻게 믿는가 : 신앙의 방식

1) J. Cob/김상일 역(1970), 『존재구조의 비교연구』, 전망사, 134.

2) G. von Rad/허혁 역(1976), 『구약성서신학 I』, 분도출판사, 257.

3) G. H. Livingston(1990), 『모세오경의 문화적 배경』, 기독교문서선교회, 248.

4) 정장복(2003), 『예배학개론』, 예배와설교아카데미, 100-101. 소제는 제사장과의 관계를 중시하는 제사였다.

5) J. Bright/김윤주 역(1979), 『이스라엘의 역사』 하, 분도출판사, 256.

6) G. von Rad/허혁 역(1976), 249.

7) W. H. Schmidt/강성렬 역(1988), 『역사로 본 구약성서』, 나눔사, 194.

8) J. Cobb/김상일 역(1970), 136.

9) 같은 책, 141.

10) 이 책 제4장 1절의 4를 참고할 것.

11) 허호익(1998), 『성서의 앞선 생각』, 한국장로교출판사, 127-140.

12) S. Kierkegaard/강학철 역(1991), 『두려움과 떨림』, 민음사, 108.

13) 같은 책, 32.

14) 같은 책, 83.

15) 같은 책, 82.

16) 같은 책, 44.

17) 같은 책, 184.

18) J. Calvin/양낙홍 역, 『기독교 강요』(1536), 146.

19) K. Barth/박순경 역(2003), 『교회교의학』 1/1, 대한기독교서회, 126-165.

20) 같은 책, 116

21) Tony Lane(1987), 『기독교사상사』, 나침반, 415.

22) Karl Barth(1962), *Theology and Church*, trans. Louise Pettibone Smith, Harper, 317에서 재인용.

23) 박노권(2001), "회심에 대한 심리학적 접근", 「한국기독교신학논총」 제20집, 211-235.

24) 장종철(1998), "종교적 회심의 유형", 「신학과 세계」 36집, 165-196.

25) Mary Jo Meadow and R. D. Kahoe(1984), *Psychology of Religion in Individual Lives,* Harper & Row, 97ff.

26) 강희천(1987), "회심의 경험", 「현대와 신학」 11집, 155-178. 이하의 5 유형에 관한 설명을 이 논문을 주로 참고하였다.

27) 전경연(1981), "바울의 회심 - 그 신학적 성격", 「신학연구」 23집, 13-46.

28) 강희천(1987), 155-178.

29) 김병태(2007), "어거스틴의 사상적 갈등을 통한 회심", 「역사신학 논총」 14집, 31-56.

30) Calvin, *Comm. Je* 31:18 ; 이양호(1997), 『칼빈 - 생애와 신학』, 한국신학연구소, 162.

31) 이양호(1997), 163.

32) William. C. Placher/박경수 역(1994), 『기독교신학사 입문』, 크리스챤다이제스트, 13-14. 플레처는 신학사에서 논쟁이 되어 온 기본적인 신학적 주제 5가지는 예수 그리스도의 인성과 신성, 이성과 계시, 선행과 은총, 성령과 구조, 교회와 국가라고 하였다.

33) Justin Martyr, *First Apology*, 44; W. C. Placher/박경수 역(1994), 75.

34) Etienne Gilson/김기찬 역(1994), 『중세기독교철학사 상』, 크리스챤다이제스트, 238-239.

35) James C. Livingston/이형기 역(2000), 『기독교사상사 1』, 한국장로교출판사, 45.

36) 같은 책, 48.

37) 같은 책, 52-53.

38) John Mee Fuller(1994), "테르툴리아누스", 『기독교대백과사전』 15권, 기독교문사. 274.

39) Tertullianus, *Apologeticum,* 46.

40) Tertullianus, *De Anima,* 3.

41) A. M. Ritter/공성철 역(2006), 『고대교회』, 한국신학연구소, 167.

42) Tertullianus, *Carpet Bag,* 1:5

43) 같은 책, 178.

44) 같은 책, 179.

45) T. Aquinas/정의채 역(1989), 『신학대전』 1/1-12, 성바오로출판사, 40.

46) 같은 책, 55-59.

47) W. C. Placher(1994), 『기독교신학사 입문』, 크리스챤다이제스트, 207-212

48) William. C. Placher/박경수 역(1994), 207.

49) T. Aquinas/정의채 역(1989), 40.

50) Augustinus, 『설교』 43, 4; A. M. Ritter/공성철 역(2006), 441.

51) Augustinus/성염 역(1989), 『그리스도의 교양』, 분도출판사, 51

52) R. A. Markus(1994), "아우구스티누스", 『기독교대백과사전』 15권, 1044.

53) Anselm/공성철 역(2005), 『프로스로기온』, 한들출판사, 63. 5

54) W. J. Bouwsma/이양호 · 박종숙 역(1991), 『칼빈』, 나단. 356.

55) Calvin, *Inst.*, II. ii. 4.

56) Calvin, *Inst.*, III. ii. 14.

57) Augustinus, "욥기에 대한 설교", 102번: W. J. Bouwsma/이양호 · 박종숙 역(1991), 336.

58) I. Kant/최재희 역(1981), 『실천이성비판』, 박영사, 30.

59) 같은 책, 239.

60) Peter Brown/차종순 역(1992), 『어거스틴의 생애와 사상』, 대한예수교장로회총회 출판국, 153.

61) Augustine, *Confession,* 2. 4; W. C. Placher/박경수 역(1994), 『기독교 신학사 입문』, 크리스챤다이제스트, 145.

62) William C. Placher/박경수 역(1994), 153.

63) 같은 책, 305.

64) F. Copleston/박영도 역(1988), 『중세철학사』, 서광사, 508-510.

65) G. Dall Sasso & R. Coggi/이재룡 · 이동익 · 조규만 역(2001), 『성 토마스 아퀴나스의 신학대전 요약』, 가톨릭대학교출판부, 217-376.

66) 같은 책, 169.

67) William. C. Placher/박경수 역(1994), 169. 세미-펠라기우스주의는 제2차 오렌지

공의회Council of Orange(529)에서 이단으로 규정된 바 있다.

68) 알미니우스 등 일단의 신학자들이 이러한 내용이 담긴 "항변서Remonstrance"를 1610
년 네덜란드 교회에 제출하였으나 도르트 총회(1619)에서 거부되었다.

69) William. C. Placher/박경수 역(1994), 153.

70) Peter Brown/차종순 역(1992), 503.

71) W. C. Placher/박경수 역(1994), 153.

72) 손규태(1991), "루터에 있어서 율법의 제3용법", 「성공회대학논총」 5집, 7-52; 강정
우(1996), "칼빈의 율법 제3용법 이해", 고신대학교 대학원 석사학위 논문.

73) 지원용 편역(1998), 『신앙고백서』, 컨콜디아사, 479-480.

74) 허호익(2003), 『현대조직신학의 이해』, 대한기독교서회, 348.

75) J. Hirschberger/강성위 역(1987), 『서양철학사 상권』, 이문출판사, 166.

76) I. Kant/신옥희 역(1984), 『이성의 한계 내에서의 종교』, 이화여자대학교.

77) I. Kant/최재희 역(1981), 『실천이성비판』, 박영사, 136.

78) G. W. F. Hegel(1983), 『예술 종교 철학』, 지양사, 168.

79) G. W. F. Hege/임석진 역(1980), 『정신현상학』 I-III, 분도출판사.

80) F. Schleiermacher(1821)/최신한 역(2006), 59.

81) 같은 책, 65. 경건의 본질은 우리가 우리 자신을 절대의존적으로 느끼는 것, 다시 말해
서 우리가 신에게 의존하고 있음을 느끼는 것이다.

82) 조남국 · 조남욱 편역(1982), 『聖學과 敬』, 양영각, 134.

83) 같은 책, 37.

84) 같은 책, 87.

85) 이 책 제1장 5절의 2 "영성의 위기와 영성 신학"을 참고할 것.

4. 왜 믿는가 : 신앙의 동기 분석과 성숙의 과제

1) L. Kohlberg/김민남 외 공역(2000), 『도덕발달의 철학』, 교육과학사; 장종철(1991),
"콜버그(Kohlberg)의 도덕발달과 기독교교육", 「신학과 세계」 제23호, 232-253.

2) James W, Fowler/사미자(2002), 『신앙의 발달단계』, 한국장로교출판사.

3) 이금만(1997), "신앙발달론과 교육에의 적용", 『지구화시대의 한국신학』, 한빛, 658.

제3장 성서의 학문으로서 신학

1. 신앙의 텍스트(Text)로서 성서

1) 성경과 성서의 번역상의 의미를 구분하여 전자가 경전으로서 품격을 높이는 바른 표현이라고 주장하는 이들도 있다.

2) 본래 신약성서를 받아들이지 않은 유대인들은 '구약'이 아니라 '히브리어 성경the Hebrew Scripture'이란 말을 사용했다. 2세기까지도, 교회는 이 '구약의 희랍어역인 70인역 성경(LXX)을 경전으로 보았고, 이 '구약'을 신약성경의 복음(새 계약) 신앙의 관점에서 읽었으므로, 이 '구약'이 기독교인들에게는 기독교 성경the Christian Bible이었다. 디모데후서 3:15의 '모든 성경은 하나님의 감동으로 된 것'과 요한복음 5:39은 '너희가 성경에서 영생을 얻는 줄 생각하고 성경을 상고하거니와 이 성경이 곧 내게 대하여 증거하는 것이니라."고 한 말씀은 모두 구약성경을 가리킨다.

3) 허호익(2003), 『성서의 앞선 생각』, 한국장로교출판사, 제9장 시내산 계약과 계약의 하나님에 관하여 참고할 것.

4) 눅 22:20; 고전 11:25; 고후 3:6; 히 8:8, 13, 15; 9:15; 12:24.

5) G. Bornkamm/강한표 역(1973), 『나사렛 예수』, 기독교서회, 163.

2. 성경 형성과 정경화의 과정

1) 유다인들은 히브리성서를 '거룩한 경전The Holy Scriptures' 혹은 '타낙Tanak'이라고 부르는데, '타낙'은 이 세 부분의 첫 자를 따서 만든 이름이다. 그 첫째 부분은 율법Law이라 부르는 토라Torah요, 둘째 부분은 예언서Prophets로 불리는 네비임Neviim이요, 셋째 부분은 성문서Writings라고 부를 수 있는 케투빔Kethubim이다.

2) H. Heppe/이정석 역(2000), 『개혁파 정통 교의학』 II, 크리스챤타이제스트, 59.

3) 같은 책, 61.

4) AD 500년 이전의 히브리 사본에는 장모음을 표시하는 일부 자음을 제외하고는 모음 체계가 없었다. AD 600-950년에 이르러 마소라Masoretes라고 일컬어지는 유대인 학자들이 본문을 보다 정확하게 발음하기 위해서 완전한 모음 체계와 악센트를 보안해냈다. 그들은 또한 케리Keri라고 명명되는 난외marginal readings와 케티브kethiv라고 명명되는 본문과 상이한 것textual variants을 수록하여 본문을 표준화시키기도 하였다. 인쇄술을 발달과 더불어 마소라 학자들의 히브리 성경의 모음 체계가 더욱 정교하게 정립되었다. 그리고 최초의 성경은 장절의 구분도 없었다. 플라톤과 아리스토텔레스의 책들이 라틴어로 번역되면서 장절을 구분한 것의 영향을 받아 1228년 스테판 랑톤S. Langton이

장을 구분하였고, 절의 구분은 구약의 경우 1448년 나탄R. Nathan에 의해 신약은 1551년 로버트 스테파누스R. Stephanus에 의해 구분되었다.

5) 헬라어의 정경canon이라는 말은 원래 갈대나 자尺를 뜻하며, 표준이나 규범으로서 '측정되어지는 것'을 의미했다.

6) 허호익(2005), "영지주의의 기독교 왜곡과 사도신경의 형성", 「신학과 문화」 14집, 191-226. 말시온은 누가복음 중에서 예수가 성령으로 잉태하여 동정녀 마리아에게서 육체를 태어난 내용을 담고 있는 1-2장을 삭제하였다.

7) B. M. Metzger/나채운 역(1983), 『신약성서개설』, 대한기독교출판사, 301.

8) 5권의 외경은 「바울행전」, 「헤르마스의 목자」, 「베드로 묵시록」, 「바나바서, 그리고 「디다케」이다.

9) Donald K. Mckim/장종현 역(2005), 222.

10) J. McDowel & B. Wilson(1991), 『예수님은 실존 인물인가』, 생명의 말씀사, 138-139.

11) A. E. McGrath/박종숙 역(1992), 『종교개혁사상입문』, 성광문화사, 168.

12) 희랍 정교회Geek Orthodox Church도 가톨릭의 전통을 따르다가 1672년 예루살렘 회의 Jerusalem Synod에서 「바룩Baruch」과 「예레미야의 편지The Letter of Jermiah」 두 권의 책을 외경에서 제외시켰다.

13) 총회헌법개정위원회(1992), 『헌법』, 한국장로교출판사. 66

14) A. E. McGrath/박종숙 역(1992), 169.

15) 7번이나 결혼하였으나 신랑들이 한결같이 결혼 첫날밤에 죽어버린 사라Sarh라는 여인과 여덟 번째로 결혼한 토비트의 아들 토비아는 물고기의 염통과 간을 태워 만든 연기로 사라의 몸 안에 들어 있던 귀신 아스모데우스Asmodeous 쫓아낸다. 그리고 물고기의 쓸개로 그의 아버지 토비트의 눈을 고치는 데 사용한다.

16) 「도마에 의한 예수의 어린 시절 이야기」 2:3-4: 『위경외경전서』 8권, 성인사, 1980, 105.

17) 「베드로행전」 13장: 『위경외경전서』 9권, 48.

18) 「도마행전」 1:2: 『위경외경전서』 10권, 62.

19) R. Funk/김준우 역(1999), 『예수에게 솔직히』, 한국기독교연구소, 120-130.

3. 성서의 권위와 교회의 권위

1) Donald K. Mckim/장종현 역(2005), 『교회의 역사를 바꾼 9가지 신학논쟁』, UCN, 228.

2) 같은 책, 234.

3) 같은 책, 225.

4) 같은 책, 237.

5) B. Ramm/권혁봉 역(1973), 『성경해석학』, 생명의 말씀사, 19.

6) 전경연(1978), "루터의 '고통의 시련'(Anfechtung)의 연구", 『루터 신학의 제문제』, 공화출판사, 133-141.

7) 허호익(1994), "루터신학의 성서적 구원론적 동기", 「성산 이재완 목사 회갑기념논문집」, 126-151.

8) R. H. Bainton/이종태 역(1982), 『마틴 루터의 생애』, 생명의 말씀사, 46.

9) 같은 책, 55.

10) 같은 책, 181.

11) 같은 책, 181.

12) 같은 책, 64. 특히 전통적인 방법에 따라 시편을 기독론적으로 해석하면서 시편 22편의 '나의 하나님, 나의 하나님, 어찌하여 나를 버리셨나이까'라는 참회시의 대목이 그리스도께서 십자가에서 운명하시면서 부르짖은 말씀(마 27:46 병행)과 일치하는 것을 알게 되었다. 이러한 사실을 통해 루터는 히브리의 위대한 신앙인과 마찬가지로 그리스도께서도 분명히 하나님의 버림을 받았고 내팽개침을 받은 것으로 느꼈다. "그렇다. 그리스도께서도 Anfechtung(겟세마네기도, 채찍, 가시 면류관, 버림받음 등등)이 있었다."

13) M. Lienhard(1982), *Luther: Witness to Jesus Christ*, Augsburg Public House, 22.

14) 지원용 편(1984), 『루터선집』 5권, 컨콜디아사, 266.

15) R. H. Bainton(1982), 71.

16) 지원용 편(1984), 『루터선집』 5권, 45f.

17) 같은 책, 84.

4. 성경의 영감설과 성서 비평학

1) K. Grobel(1980), "성서해석의 역사와 원리", 『기독교대백과사전』 9권, 기독교문사,

115.

2) 기독교문사(1994), 『기독교대백과사전』 11권, 343.

3) P. Althaus/구영철 역(1994), 『마르틴 루터의 신학』, 성광문화사, 115 재인용.

4) M. Luther/이길상 역(2005), 『탁상담화』, 크리스챤다이제스트, 296.

5) Calvin, *Inst.*, I. vii. 2

6) Calvin, *Inst.*, IV. xiii. 6.

7) Calvin, *Inst.*, IV. xiii. 8, "quodammodo dictante Christi Spiritu."

8) Calvin, *Inst.*, IV. xiii. 9, "certi et authentici Spiritus sancti amanuenses."

9) 이양호(1997), 『칼빈 - 생애와 신학』, 한국신학연구소, 85.

10) B. Rohse/이형기 역(1994), 『루터연구입문』, 크리스챤다이제스트, 214. 루터는 16세
    기 후반의 초기 정통주의 신학자들과 달리 어떤 의미에서든 축자영감설을 전개하지
    않았으며 오히려 야고보서나 요한계시록 같은 책의 정경성에 회의를 가졌다.

11) Calvin, *Inst.*, Iv.8, 5-9; W. Niesel/이종성 역(1977), 『칼빈의 신학』, 대한기독교회,
    30

12) "하나님을 알 만한 것이 저희 속에 보임이라… 그의 영원하신 능력과 신성이 그 만드신
    만물에 분명히 보여 알게 된다."(롬 1:19-20)는 말씀 등에 근거하여 성경에 기록된
    하나님의 말씀을 자연인은 누구나 직관적으로 알 수 있다는 직관설intuition theory이다.
    그리고 "내 눈을 열어서 주의 법의 기이한 것을 보게 하소서."(시 119:18)라는 말씀
    등에 근거하여 성령의 조명이 없이는 하나님을 알 수 없다는 것이 조명설illumination
    theory이다.

13) Cavin, *Inst.*, I. vii. 4.

14) 칼빈은 『기독교 강요』 제1권 8장에서 성서의 권위를 입증하는 증거들을 열거하고
    있다. 먼저 구약에 대해서 그 내용이 인간의 지혜를 넘어선다는 것, 그 연대가 오래
    되었다는 것, 조상들의 수치스러운 일까지 기록할 만큼 정직하다는 것, 기적들에 의해
    말씀이 입증되었다는 것, 예언이 성취되었다는 것, 수난의 역사 속에서도 본문이 잘
    보존되었다는 것 등을 들고 있으며, 신약에 대해서는 배움이 없는 사람들도 기록했지
    만 하늘의 신비를 전해 주고 있다는 것, 세계 교회가 다 존경하고 있다는 것, 순교자들
    이 성서적 교리를 위해 피를 흘림으로써 증거했다는 것 등을 들고 있다.

15) Calvin, *Inst.*, I. vii. 1.

16) Calvin, *On Scandals*; Donald K. Mckim/장종현 역(2005), 243.

17) J. Calvin(1559)/원광연 역(2003), 『기독교강요』 상, 크리스챤다이제스트사, 51.

18) 지원용 편역(1998), 『신앙고백서』, 컨콜디아사,276.

19) 같은 책, 466.

20) 미국연합장로교대한선교회 편, 『신앙고백집』, 대한예수교장로회총회교육부, 1968, 30.

21) 총회헌법개정위원회 편(1992), 66-67.

22) Donald K. Mckim/장종현 역(2005), 245.

23) K. Grobel(1994), "성서해석의 역사와 원리", 『기독교대백과사전』9권, 124.

24) Donald K. Mckim/장종현 역(2005), 245.

25) P. Althaus/구영철 역(1994), 124.

26) 권성수(1991), 『성경해석학』, 총신대학출판부, 94

27) 이양호(1997), 90.

28) Calvin, *com, Acts*. 7:14.

29) 신복윤(1993), 『칼빈의 신학사상』, 성광문화사, 43.

30) 이양호(1997), 89. 창 1:16에는 "하나님이 두 개의 큰 광명체를 만드사 큰 광명체로 낮을 주관하게 하시고 작은 광명체로 밤을 주관하게 하시면"이라고 했지만 달은 반사체이지 발광 즉 광명체가 아니다.

31) Calvin, *Inst*., I. viii. 1.

32) Cavin, *Comm. Jeremiah* 15:8.

33) 이양호(1997), 84. 칼빈의 영감론에 대한 학자들의 해석은 대체로 세 부류로 나눌 수 있다. 첫째는 칼빈이 축자영감설과 성서무오설을 주장했다고 보는 견해로 제에베르크Reinhold Seeberg, 워필드Benjamin B. Warfield, 그리고 근래에 와서 데이비스R. E. Davies, 다우위E. A. Dowey, 머레이John Murray 등등이 주장한 이론이다. 둘째는 칼빈은 축자영감설을 주장한 것이 아니라 교리영감설을 주장했을 뿐이라고 보는 견해로 두메르규, 클라비에Henri Clavier, 그리고 근래에 와서 라이드J. K. S. Reid, 맥니일, 프러스트 Richard C. Prust 등이 주장한 이론이다. 셋째는 이 두 학설 중 어느 한편에 동의하지 않고 칼빈의 본문들에는 이 두 요소가 다 있다고 보는 견해로 이것은 해루터니언Joseph Haroutunian, 포르스트만H. Jackson Forstman 등이 주장한 이론이다.

34) H. C. Thiessen/권혁봉 역(1992), 『조직신학강론』, 생명의 말씀사, 160.

35) 박봉랑(1986), 『교의학 방법론(II)』, 대한기독교출판사, 358.

36) "이단성 규정된 '신사도운동' 핵심 3가지", 「교회와 신앙」2009. 10. 15(인터넷판).

37) 이양호(1997), 92.

38) 총회헌법개정위원회(1992), 『헌법』, 66. 웨스트민스터 신앙고백, 1장 2. All which are given by inspiration of God, to be the rule of faith and life.

39) 같은 책, 158. 대한예수교장로회신앙고백 1장 1.

40) 같은 책, 159. 대한예수교장로회신앙고백 1장 3.

41) 발라는 이 책(*De falso credita et ementita Donatione Constantini declamatio*)에서 324년에 작성되어 있는 것처럼 되어 있는 이 기증서는 실제로는 8세기 중엽 이후에서 9세기 중엽에 만들어졌다는 것을 밝힌 것이다.

42) 경건주의자 필립 야콥 스페너Philipp Jakob Spener가 '성서 신학theologia biblica'이라는 용어를 처음 사용하였다고 한다.

43) G. H. Hasel/장상 역(1982), 『현대신약신학의 동향』, 대한기독교출판사, 16. 역사적 예수에 관한 연구는 역사에 대한 개념의 변천에 따라 몇 단계를 거쳐 오늘날에 이르게 되었다.

44) 아스트뤼는 모세가 서로 다른 이 두 문서 자료들을 공관共觀 형식으로 배열하였으나 후대에 와서 사본을 베낀 사람들이 공관란을 흩어버렸을 것으로 추측하였다. 그러므로 창세기를 두 자료로 구분했을 뿐, 오경의 모세 저작설 자체를 부정하진 않았다.

45) R. E. Clements(1988), 『구약성서해석사』, 나눔사, 20-25.

46) 공관복음서라는 용어는 1774년 J. J. Griesbach에 의해 처음 사용되었다.

47) E. P. Sanders, M. Davies(1989), *Studying the Synoptic Gospels*, Trinity Press International. http://www.mindspring.com/~scarlson/synopt/

48) F. F. Bruce(1980), 24. 학자들마다 다소의 차이가 있지만 여기서는 부루스의 견해를 소개한다.

49) A. M. Hunter(1982), 『신약성서개론』, 컨콜디아사, 40.

50) 같은 책, 40-45. 스트리터는 이 4자료는 각각 당시 원시 기독교의 4대 중심지의 신앙적 특징을 나타내고 있다고 주장한다.

51) F. F. Bruce(1994), "성서 비평", 『기독교대백과사전』 9권, 19. "나는 인문주의자에게는 결코 새로운 명칭이라고 할 수 없는 고등 비평의 도움으로 구약성서의 각책의 내적 구성의 연구라는 이제까지 전적으로 손을 대지 않았던 분야에 나의 노력의 가장 많은 부분을 바쳐야만 했었다."고 하였다.

52) http://en.wikipedia.org/wiki/Niagara_Bible_Conference. 14개 항목을 참고할 것.

53) 근본주의 5대 교리에 대해서 다음 다섯 가지라고 주장하는 경우도 있다. (1) 성경의 영감과 무오류성,(2) 삼위일체의 교리, (3) 그리스도의 동정녀 탄생과 신성, (4) 그리

스도의 대속적 죽음, (5) 그리스도의 육체적 부활, 승천, 재림(파루시아).

54) George M. Marseden(1980), *Fundamentalism and American Culture*, Oxford University Press, 118. 몰간G. Campbell Morgan, 워필드Benjamin B. Warfield, 올James Orr, 토레이R. A. Torrey, 피어슨A. T. Pierson, 어드만Charles Erdman 등 저명한 보수주의 학자와 설교가 들이 90편의 논문을 통해 성경의 영감과 권위, 그리스도의 동정녀 탄생과 신성, 초자연적 이적 행사와 대리적인 속죄의 죽음, 육체적 부활과 승천을 기독교 신앙의 근본 원리들로 간주했다. 이 총서는 라이만 스튜어드Lyman Steward와 밀턴 스튜어드 Milton Steward 형제가 희사한 25만 불과 무디기념교회 딕슨A. C. Dixon 목사의 편집으로 이루어졌고, 집필자들은 당시 세계적으로 권위 있는 미국과 영국의 보수주의 신학자 들이었으며, 전국적으로 300만권 이상이 무료로 배부되었다.

55) 기독교문사편(1994), 『기독교대백과사전』 2권, 801.

56) N. L. Gaisler/권성수 역(1988), 『성경무오, 도전관 응전』, 엠마오, 462.

57) 김기홍(1993), 『프리스톤신학과 근본주의』, 아멘출판사; J. Barr(1993), 『근본주의 신학』, 대한기독교서회.

58) 근본주의의 또 다른 근원은 미국의 천년왕국운동의 역사에서 찾을 수 있다. 윌리엄 밀러William Miller가 재림은 1843년 혹은 그 이전에 올 것이라고 선언하여 수많은 신봉 자들의 호응을 효과적으로 얻어냈으나 재림의 불발로 비난의 대상이 되었다. 1870년 대에 이르러서는 천년왕국에 대한 관심이 다시금 고조되었고, 뉴욕시 침례교 목사인 제임스 잉글리스James Inglis에 의해 1872년 천년왕국운동의 정기 간행물인 *The Truth* (1872)가 창간되어 제임스 브룩스James H. Brookes(1830-1897)에 의해 계속되었다. 이 과정에서 나이아가라 사경회(1895)를 통해 확정된 근본주의 5대 교리에는 '그리 스도의 육체적 부활, 승천, 재림'이 포함되어 있었기 때문에 재림을 강조한 천년왕국론 자들도 이 근본주의운동에 열정적으로 참여하였다.

59) 이들은 후에 미국 북장로 교회 전체가 자유주의자들의 지배하에 들어가게 되자, 동지 들과 교회들을 규합하여 1936년 정통장로교회the Orthodox Presbyterian Church 설립함 으로써 교단 분열을 감행하였다. 이후 '이탈과 분리'가 근본주의 운동의 특징으로 인식 되었다.

60) N. L. Gaisler(1988), 『성경무오, 도전과 응전』, 엠마오, 457.

61) Cornelius VanTil(1967), *The Doctrine of Scripture*, Phillipsburg, N. J.: Presbyterian and Reformed Publishing, 24. 이들의 전통을 이어가고 있는 반틸은 마치 하나님이 성육신하셨을 때 죄성을 지니지 아니하신 것과 같이 하나님의 말씀도 인간을 통하여 전달되었지만 오류가 없다고 주장하였다.

62) 권성수(1991), 『해석학』, 총신대학출판부, 353-356. 간략하게 살펴보면 "성경은 그

전체가 언어로(verbally) 영감되었기 때문에 그 모든 가르침에 있어서 아무런 오류가 없으며(네 번째 선언)", "성경이 그 전체나 부분에 있어서 원문의 단어 자체에 이르기까지 하나님의 영감으로 주어졌음을 주장(제6조)"하였다. 또한 성경은 영적, 종교적, 구속적 주제에만 국한되며, 역사적, 과학적 분야에는 해당이 안 된다는 주장을 부인한다.(제12조)

63) 결의 제12항; P. Stuhlmacher(1979), *Vom Verstehen des Neuen Testaments*, Göttingen, 24에서 재인용.

64) 박봉랑(1991), 『신학의 해방』, 대한기독교출판사, 55-98; 민경배(1982), 『한국기독교회사』, 대한기독교서회, 412-414, 459-461; 최병천(2004), "1930-50년대 장로교 신학논쟁 : 김재준, 박형룡의 성서관을 중심으로", 장로회신학대 대학원.

65) 양주삼은 1914년 다시 예일 대학 신학부를 마치고 이듬해 귀국하여 협성協成신학교 교수가 되었다. 1916년 「신학세계神學世界」를 창간하고, 1919년 서울 종교宗橋교회 목사가 되었다.

66) 민경배(1982), 413.

67) 조선예수교장로회총회 제24회 회록(1935), 부록, 89.

68) 유형기 박사가 전체 편집을 책임지고 양주삼, 정경옥, 김창준, 전영택, 변홍규 등이 주축을 이루어 번역을 시작하였다. 이어 당시 장로교 소속으로 미국과 일본에서 신학을 공부하였던 송창근, 김재준, 채필근, 한경직 목사도 이에 찬동하여 번역에 동참하여 번역본이 나왔던 것이다.

69) 조선예수교장로회총회 제24회 회록(1935), 19, 54.

70) 허호익(1987), "한국신학의 회고", 「總神」 제10호, 26-40

71) 1923년 프린스턴 신학교에서 신학사(B. Th.)와 신학석사(Th. M.) 학위를 동시에 받은 박형룡은 1927년에 켄터키 주 루이빌 시에 있는 남침례교신학교의 박사 과정에 두 학기를 등록했다. 귀국 후에 "자연과학의 반기독교적 영향Anti-Christian Influences from Natural Science"이라는 제목의 논문을 제출하여 철학박사 학위(1932년)를 받았다.

72) 최덕성(2006), "박형룡과 개혁파 정통신학", 『정통신학과 경건』, 본문과현장사이, 127-158.

73) 김양선(1956), 『한국기독교 해방10년사』, 대한예수교장로회 총회 종교교육부, 217. 51명의 진정서 참조.

74) 박봉랑(1991), 80-96.

75) K. Barth(1925), "Das Schriftprinzip der reformatischen Kirche", *ZdZ*, Heft 3, S. 217: 박봉랑(1991), 205 재인용.

76) W. D. Jonker(1988), "Some Remarks on the interpretation of Kark Barth", *Geref. Theologische Tydskrif*, 29:1, 36.

77) P. Stuhlmacher(1986), 202.

78) K. Barth, *Church Dogmatics*, IV/1. 336.

79) K. Barth(1957), "The Strange New World Within the Bible", *The Word of God and the Word of Man*, Harper & Brothers Publishers, 100

80) K. Barth(1957), 111.

81) K. Barth, *Church Dogmatics*, 1/2, 527-528.

82) K. Barth(1919), *Der Römerbrief*, 1. Auf. Bern, v.

83) K. Barth(1921), *Der Römerbrief*, Chr. Kaiser Verlag, x.

84) 권성수(1991), 145.

85) K. Barth, *Church Dogmatics*, I. 1, 11.

86) K. Barth, *Church Dogmatics*, I. 2, 462-469.

87) K. Barth, *Church Dogmatics*, I. 2, 533.

88) N. L. Gaisler(1988), 157.

89) 박봉랑(1987), "성서란 무엇인가", 『교의학방법론』 II, 대한기독교출판사, 336.

90) 박봉랑(1991), 201,

91) K. Barth, "The task of Reformed Church", *The Word of God and the Word of Man*, 241; 박봉랑(1991), 203에서 재인용.

92) K. Barth/박순경 역(2003), 『교회교의학』, 166.

93) 권성수(1991), 86.

94) 미연합장로교 대한선교회(1968), "1967년 신앙고백서", 『신앙고백집』, 대한예수교 장로회 총회교육부, 251-265.

5. 설교의 위기와 성서 해석의 원리와 방법

1) 정용섭(2006), 『속빈 설교와 꽉찬 설교』, 대한기독교서회; 정용섭(2007), 『설교와 선동 사이에서』, 대한기독교서회.

2) Garrett Green(2000), *Theology, hermeneutics, and imagination : the crisis of interpretation at the end of modernity*, Cambridge, New York : Cambridge University Press; James D. Smart(1970), *The strange silence of the Bible in the church: a study*

in Hermeneutics, Philadelphia : Westminster Press.

3) B. Ramm/권혁봉 역(1976), 『성경해석학』, 생명의 말씀사, 23.

4) J, MacQueen/김영수 역(1977), 『文學과 聖書의 알레고리』, 신원출판사. 알레고리를 유비論比나 풍유諷諭나 우의愚意로 번역하는데, 유비論比는 아날로기아analogia의 유비類比와 혼돈이 되고 풍류는 풍자라는 의미가 강하며, 우의는 어리석은 의미라는 부정적인 뜻이 너무 강하므로 그냥 알레고리적이라고 사용한다.

5) Harry Wolfson(1968), *Philo,* Harvard University Press, 115, 134.

6) R. M. Grant/이상훈 역(1969), 『성서해석의 역사』, 대한기독교서회, 25-26. 그랜트에 의하면 알레고리라는 말은 스토아 철학자들이 신화를 해석하면서 사용한 용어로 "어떤 한 가지를 말하면서 사실은 말하고 있는 것이 아닌 것을 뜻하는 것을 알레고리라고 부른다."

7) *On First Principles,* IV. 1. : K. Grobel(1980), "성서해석의 역사와 원리", 「기독교대백과사전」 9권, 기독교문사, 118; P. Stuhlmacher(1979), 『신약성서해석학』, 대한기독교출판사, 84. 재인용,

8) Origen, *On First Principles*, IV. 1. : P. Stuhlmacher(1979), 『신약성서해석학』, 대한기독교출판사, 84. 재인용.

9) H. L. Drumwright Jr.(1980), "성서해석의 역사와 원리", 『기독교대백과사전』 9권, 기독교문사, 115.

10) 같은 책, 115.

11) 허호익(2002), "선한 사마리인의 비유", 「Sitz im Lebe」 창간호, 13-25; R. Stein(1988), 『예수의 비유 연구』, 47-56.

12) Augustine, *Quaestions Evangeliorum*, 2. 19.

13) 박광호(1991), "유형론적 성서해석 방법", 「현대가톨릭사상」 4집, 3-30.

14) *Biblical Hermeneutics in Historical Perspective*, ed., Mark S. Burmw & Paul Rorem, 152-72.

15) P. Stuhlmacher(1979), 70-71.

16) R. Stein(1988), 50.

17) J. Chrysoston, *Math Hom* lxiv. 3(NPNF).

18) 허호익(2002), 13-25

19) 김득중(1987), "선한 사마리아인의 비유 연구", 「신학과 세계」 15집, 246.

20) A. Nolan(1987), *Christ before Christianity*, Orbis, 181.

21) 같은 책, 103.

22) 박수암(1981), "선한 사마리아 삶 비유 해석에 대한 재고", 「기독교 사상」 1981년 9월호, 147.

23) T. Aquinas(1985), 『신학대전』 제1부, 성바오로출판사, 46; K. Grobel(1994), "성서 해석의 역사와 원리", 『기독교대백과사전』 9권, 기독교문사, 120. The letter shows us what God and our fathers did. The allegory shows us where our faith is hidden. the moral meaning gives us rules of daily life. The anagogy shows us where we end our strife.

24) R. Stein(1988), 52.

25) T. Aqunas(1985), 45,

26) 권성수(1991), 『성경해석학』, 총신대학출판부, 136.

27) 같은 책, 138. "신학교들에서는 성경이 네 가지로, 문자적, 풍유적, 도덕적, 천상적으로 이해되어야 한다는 것이 잘 알려진 규칙이다. 그러나 만일 우리가 성경을 바로 다루기를 원한다면, 우리는 '하나의 단순하고 적절하고 확실한 문자적 의미'를 얻는 한 가지 노력만을 해야 할 것이다."

28) R. Stein(1988), 53.

29) 전경연(1978), 『루터신학의 제문제』, 대한기독교서회, 29.

30) M. Luther/이길상 역(2005), 『탁상담화』, 크리스챤다이제스트, 461.

31) 같은 책, 459

32) J. Calvin, *A Harmony of the Gospels Matthew, Mark and Luke*, tr. A. W. Morrison(Wm. B. Eerdmanns Pub.) vol. iii. 38-39.

33) 권성수(1991), 144.

34) *WA*. 24. 17, 130-18. 16 = De servo Arbitrio.

35) M. Luther/이길상 역(2005), 37

36) 그러나 성경이 하나님의 말씀이므로 "이성만 가지고 비평하고 설명하고 판단해서는 안 되고, 기도의 심정을 품고 근실하게 묵상하여 그 뜻을 찾아야 한다."고 하였다.

37) 권상수(1991), 139-140

38) 권상수(1991), 141.

39) R. Stein(1988), 54.

40) J. Calvin, *A Harmony of the Gospels Matthew, Mark and Luke,* 38.

41) 박봉랑(1991), 『신학의 해방』, 대한기독교출판사, 225-230.

42) P. Stuhlmacher(1979), 20-21. 제1바티칸 공의회 결의(1870) 참조. 가톨릭교회 역시 성서의 해석권의 교회에 속해 있다고 한다. "성서의 참된 해석과 비판의 권위는 교회에 속해 있다. 그러므로 아무도 이 의미를 거스르거나 교부들의 일치된 의견을 거슬려서 성서를 해석해서는 안 된다." 하지만 그들이 말하는 교회는 교부들의 일치된 견해 즉 교회의 전통적인 가르침이다.

43) Calvin, *Inst.*, I. 7. 5.

44) 미국연합장로교대한선교회 편(1968), 『신앙고백집』, 대한예수교장로회 총회교육부, 76,

45) 총회헌법개정위원회(1992), 『헌법』, 한국장로교출판사. 69.

46) 같은 책, 69.

47) 「국민일보」 2005. 2. 21. 5판 34면, 조용기 목사는 시무예배에서 '2005년을 적극적인 사회 구원의 해'로 설정하고 "기존의 영혼 구원 중심의 사역에 더해 사회 구원과 자연 구원 사역을 확대해 나가자."고 강조했다. 조 목사는 앞으로 구제와 봉사, 자연 보호 등 사회 구원에 보다 많은 힘을 쏟겠다고 밝히고 사회의 구조악에 적극 대응하고 인재 양성에도 최선을 다하겠다고 강조했다. 조 목사는 "예수님은 십자가에서 인류 구원뿐 아니라 사회 구원을 위해서도 피를 흘리셨다."면서 사회봉사를 비롯한 사회 정의 문제에 교회의 역량을 기울일 뜻을 밝혔다.

48) Luther, *Vorlesung über Römerbrief,* 248; 박봉랑(1987), 『교의학방법론』 II, 대한기독교출판사, 329 재인용

49) P. Althaus/구영철 역(1994), 『마르틴 루터의 신학』, 성광문화사, 117. 119.

50) Calvin, *Inst.*, I. 7. 5.

51) Calvin, *Inst.*, I. 9. 2.

52) Calvin, *Inst.*, I. vii. 4,

53) Calvin, *Inst.*, I. 9. 3.

54) 미국연합장로교대한선교회 편(1968), 29.

55) 헌법개정위원회 편(1992), 70

56) 박봉랑(1991), "칼 바르트의 성서 영감론", 197.

57) J. Dillenberger(1994), 『루터저작선』, 크리스챤다이제스트, 492.

58) P. Althaus/구영철 역(1994), 116-117.

59) A. E. McGrath/박종숙 역(1992), 『종교개혁사상입문』, 성광문화사, 182. 1541판 『기독교 강요』 서문에서 칼빈은 이 책이 "모든 하나님의 자녀들이 참으로 성경을 이해

할 수 있도록 하기 위하여, 이들이 성서에 접근할 수 있도록 해주는 열쇠나 입구 같은 것"이라고 하였다.

60) 같은 책, 183.

61) M. Luther/이길상 역(2005), 39.

62) K. Barth(1934), "Der Dienst am Wort Gottes", *In Theologische Fragen und Antwort,* 200-202.

63) Krister Stendahl(1962), "Biblical Theology, Contemporary", *Interpreters Dictionary of the Bible.* Vol. 1., New York and Nashville : Abingdon, 419.

64) 전경연(1978),『루터신학의 제문제』, 대한기독교서회, 20, 44. 중세 때부터 이런 구분이 있었다고 한다. 어구 주석에 해당하는 Glossa와 내용 강해에 해당하는 scholia이다.

65) K. Barth/이형기 역(1987),『복음주의신학 입문』, 크리스챤다이제스트, 174

66) F. Schleiermacher/김경재 역(1999),『신학연구입문』, 대한기독교서회, 80

67) 아우구스티누스(1989),『기독교교양』, 307.

68) 박봉랑(1991), "칼 바르트의 성서 영감론", 227

69) K. Barth/이형기 역(1987), 176. 신학적 석의는 '성령적' 석의가 아니겠는가? 물론 신학적인 석의가 자신이 소유하고 있는 어떤 정신력으로부터 성경을 마음대로 해석할 수 있는 것처럼 생각하는 한 그것은 '성령적' 석의는 아니다. 그것이(신학적 석의) '성령적' 석의가 될 수 있는 것은 그것이 성경 안에서 이해될 수 있는 성령의 자기 증거에 대한 물음을 진지하고 결정적으로 그리고 궁극적으로 성경을 향하여 던질 수 있으며 성경에 근거한 자유를 구사하는 한 그렇다.

70) 박봉랑(1986),『교의학방법론』 II, 대한기독교출판사, 358

71) K. Barth/이형기 역(1987), 175.

72) Juan Luis Segundo(1976), *Liberation of theology,* translated by John Drury. Maryknoll, N.Y. : Orbis Books. 7-9.

73) K. Barth/이형기 역(1987), 170.

74) J. M. Robinson & J. Cobb ed.(1964), *The New Hermenutics,* New York : Harper & Row; R. W. Funk(1966), *Language, Hermeneutics, & Word of God,* New York : Harper & Row; E. Fuchs(1970), *Hermeneutik,* Tübingen : J. C. B. Mohr.; G. Ebeling(1963), *Wort und Claube,* J. C. B. Mohr,

75) M. Heidegger(1975), *Über den Humanismus,* Frankfurt : Klosterman, 5.

76) 김광식(1985), 『土着化와 解釋學』, 대한기독교출판사, 195-196.

77) 같은 책, 196.

78) Heinrich Ott/김광식 역(1985), 『思惟와 存在』, 연세대학교.

79) 김광식(1985), 201에서 재인용.

80) E. Fuchs(1970), 116f.

81) J. M. Robinson & J. Cobb ed.(1964), 55. 푹스의 해석학에서 그런 언어는 주요한 역할을 하며, 그런 점에서 푹스는 언어를 강조하므로 불트만을 넘어 한 걸음 앞서 나갔다.

82) 김광식(1985), 201.

83) G. Ebeling(1963), *Wort und Claube*, J. C. B. Mohr, 347; 김광식(1985), 202에서 재인용

84) 'Sprachereignis'(E. Fuchs)와 'Wortgeschehen'(G. Ebeling)은 둘 다 "언어 사건 Word Event"으로 번역된다. 'Sprache'와 'Wort', 'Ereignis'와 'Geschehen'은 각각 동의어로 받아들일 수 있다.

85) K. Barth(1956), *Church Dogmatics*, I-1, 121.

86) 같은 책, I-1, 47.

87) Provence, Thomas Edward(1984), *The hermeneutics of Karl Barth*, Ann Arbor : University Microfilms International.

88) K. Barth(1957), "The Strange New World Within the Bible", *The Word of God and the Word of Man*, tr. D. Horton, New York : Harper & Brothers Publishers, 100.

제4장 교회의 학문으로서 신학

1. 신학의 컨텍스트(Context)로서 교회

1) H. Küng(1978), 이홍근 역, 『교회란 무엇인가』, 분도, 84-86. 게르만어 계통의 독일어 Kirche, 영어 Church는 비잔틴 희랍어형인 *kyrike*로서, '주님께 속하는'이라는 뜻이다. 보충하자면 "주님께 속하는 집"이라는 뜻이요 '주님(Kyrios)의 공동체'라고 할 수 있다. 로마어는 모두(라틴어 ecclesia, 스페인어 iglesia, 불어 église, 이태리어 chiesa)는 모두가 신약성서에서 사용된 희랍어 '에클레시아*ekklesia*'에서 유래한 것처럼 보인다.

2) 같은 책, 84.

3) 같은 책, 86-87. 구약성서에는 신약성서의 교회에 상응하는 성회Mishikan(출 12:16; 레

23:2-4)와 성막Kodesh(출 26:1, 36:5)의 개념이 등장한다. 성회는 회중의 의미이고 성막
은 장소의 의미이다. 신약성서에서 교회를 나타내는 단어는 에클레시아($\varepsilon\kappa\kappa\lambda\eta\sigma\iota\alpha$)와
쉬나고게($\sigma\upsilon\nu\alpha\gamma\omega\gamma\eta$)이다. 에클레시아는 '부름 받은 무리들'의 회중을 뜻하고, 쉬나고
게는 '함께 모이다'라는 뜻이지만 유대인들의 종교적 회합 또는 공적 예배를 위하여
모인 건물을 지칭했다.

4) W. C. Placher/박경수 역(1994), 『기독교 신학사 입문』, 크리스챤다이제스트, 83.

5) Cyprianus/이형우 역(1987), 「가톨릭 교회일치」, 『치프리아누스』, 분도출판사, 71.

6) 그리스어 동사 칼레오($\kappa\alpha\lambda\varepsilon\omega$, 부르다)와 전치사 엑($\varepsilon\kappa$)의 복합동사인 에클레오($\varepsilon\kappa\kappa\alpha$
$\lambda\varepsilon\omega$, 소집하다)에서 파생된 것으로 "~으로부터 불러내다"라는 어원상의 의미를 지닌
다.

7) D. Bonhoeffer(1994), 『신도의 공동생활』, 대한기독교서회.

8) Wagner, C. Peter/이재훈 옮김(1993), 『교회성장학개론』, 나단.

9) Douglas D. Webster/오현미 역(1995), 『기업을 닮아가는 교회』, 기독교문사, 1995,
31 이하; 박득훈(2008), "한국 교회, 자본주의의 예속에서 해방되어야 - 자본주의에
포획된 한국 교회의 증상 진단과 처방", 「기독교사상」 589(1월호), 32-57.

10) Emil Brunner/Harold Knight tr.(2002), *The Misunderstanding Of The Church*,
Lutterworth Press.

11) 김명용(1997), 『열린신학 바른 교회론』, 장신대출판부, 20-21.

12) 이신건(1989), 『칼 바르트의 교회론』, 성광문화사, 207-214.

13) 김명용(2009), "칼 바르트의 교회론", 한국조직신학회 편, 『교회론』, 대한기독교서회,
202- 205.

14) E. G. Jay/주재용 역(1991), 『교회론의 역사』, 대한기독교출판사, 20-40. 제이는 신약
성서의 교회론을 하나님의 백성, 그리스도의 몸, 그리스도의 성례전적 몸, 그리스도의
신부, 하나님의 건물로서 교회, 성령의 친교로 설명하였다.

15) 미국연합장로교대한선교회 편(1968), 『신앙고백집』, 대한예수교장로회총회교육부,
27.

16) H. Küng/정지련(2007), 『교회』, 한들출판사, 143-374.

17) 같은 책, 55.

18) H. Heppe/이정석 역(2004), 『개혁파 정통 교의학』 2, 크리스챤다이제스트, 935

19) 같은 책, 106

20) J. C. Hoekendijk(1980), 『흩어지는 敎會』, 대한기독교서회; Georg F. Vice-

dom(1993), 『하나님의 宣敎 : 宣敎神學入門』, 대한기독교출판사.

21) 김명용(2009), 218-219.

22) J. Moltmann(1982), 『聖靈의 能力 안에 있는 敎會 : 메시아적 교회론』, 한국신학연구
소.

23) 허호익(1980), "몰트만의 교회론", 연세대 연합신학대학원 석사학위논문.

24) D. J. Bosch/전재옥 역(1991), 『선교신학』, 두란노, 268.

25) 이신건(1989), 218-224.

26) W. C. Placher/박경수 역(1994), 『기독교신학사 입문』, 크리스챤다이제스트, 83.

27) Cyprianus/이형우 역(1987), 『가톨릭 교회일치』, 71. 키프리아누스는 교회를 분열시
킨 몬타누스를 교회 밖으로 나간 사람들로 보고 그들에게는 구원이 없다고 하였다.
"교회 밖으로 사람을 모아들이는 자는 그리스도의 교회를 분열시키는 자들입니다."고
하였다.

28) 같은 책, 69.

29) 같은 책, 71.

30) J. Calvin, *Inst*., IV. 1. 1.

31) Paulo Freire(1995), 『페다고지 : 억눌린 자를 위한 교육』, 한마당.

32) J. C. Hoekendijk(1980), 『흩어지는 敎會』, 대한기독교서회.

33) Georg F. Vicedom(1993), 『하나님의 宣敎 : 宣敎神學入門』, 대한기독교출판사.
1952년 국제선교협의회IMC의 빌링겐 선교대회 이후 '하나님의 선교'라는 개념이 신학
적으로 활발하게 논의되었다. 1968년 WCC의 제4차 웁살라 대회에서 "선교의 갱신"
을 주제로 교회의 선교에서 하나님의 선교라는 선교의 갱신이 논의되었다.

34) 김명용(2009), 215-216.

35) 노영상 편(1991), 『영성과 윤리』, 대한예수교장로회총회 출판국, 167.

36) J. Calvin/양낙홍 역, 『기독교 강요』(1536), 146.

37) J. Calvin, *Inst*., IV xii 5

38) H. Heppe/이정석 역(2004), 『개혁파 정통 교의학』 2, 941-946.

39) 지원용 편역(1998), 『신앙고백서』, 컨콜디아사, 27, 137.

40) 미국연합장로교대한선교회 편(1968), 29.

41) World Council of Churches(1982), *Baptism Eulcharist and Ministry* - Faith and
Order Paper No. 111. Geneva; 박근원 편(1987), 『리마예식서』, 한국기독교교회협

의회. 50년간의 교회 일치를 위한 연구 끝에『세례, 성만찬, 교역』이라는 소책자를 냈다.

42) J. Dillenberg/이형기 역(1994),『루터 저작선』, 크리스챤다이제스트, 359.

43) 주 42 참조

44) J. Dillenberg/이형기 역(1994), 358

45) Hippolytus/이형주 역(1992),『사도 전승』, 분도, 37.

46) 같은 책, 40. 골마의 감독자 꼬르넬리우스 교종이 안티오키아의 감독자 피비우스에게 보낸 한 서간.

47) J. Calvin, *Inst.*, IV iii 8.

48) J. Calvin, *Inst.*, IV iii 9.

49) H. Heppe(2004),『개혁파 전통 교의학』2, 956.

50) 이종성(1989),『교회론』II, 대한기독교출판사, 115-133.

3. 교회의 정치적 책임 – 정교 분리와 정교 유착을 넘어서

1) J. M. Porter(ed)/홍치모 역(1985),『루터의 정치사상』, 컨콜디아사, 75ff. 1521년 웜스의 국회가 교황의 비호 아래 그 전해에 루터가 저술한『그리스도인의 자유』를 비롯한 루터의 저작을 모두 철회할 것을 명령하자 루터는 이에 불복하였다. 그 결과 세속 권력에 의해 루터의 저작들은 불태워졌으며 그 자신은 출교出敎를 당하였고 그의 조국에서 모든 직위와 권리를 박탈당하였다. 그의 추종자들은 투옥되었으며 종교개혁 운동은 세속 권력에 의해 탄압을 받게 되었으므로「세속 권력에 대하여 – 그 복종의 한계」라는 글을 쓰게 되었다.

2) Heinrich Bornkamm/지원용 편(1986), "두 왕국의 교리",『루터신학의 진수』, 컨콜디아사. 90, 212.

3) J. M. Porter(ed)/홍치모 역(1985), 82.

4) Willistion Walker/유형기 역편(1980),『기독교회사』, 한국기독교문화원, 381. 종교개혁이 확산되면서 과격한 개혁자들이 등장하게 되었다. 1524년 독일 남단 쉬바비아 Swabia 지역에서 토마스 뮌쳐Thomas Müntzer(1488-1525)의 지도로 12조항의 요구를 관철하기 위한 농민들의 봉기가 일어났다. 이들의 요구는 그리스도인의 영적 자유를 확립하자는 요구에서 한걸음 더 나아가 정치·경제적 불의를 시정할 뿐만 아니라 이 땅에 하나님의 나라를 이룩하자는 정치적 이상향을 꿈꾸는 양상으로 나타나게 되었다.

5) 같은 책, 141.

6) 같은 책, 110. 루터는 「평화를 위한 제언」(1525)이라는 글에서 파괴적인 반란을 자초한 제후, 영주, 눈먼 주교, 미치광이 사제와 수도사의 사치와 방탕, 속임과 강탈의 책임을 추궁하는 한편 농민들에게는 "통치자들이 악하고 부당하다는 사실이 여러분들의 무질서와 반항을 정당화하는 것은 아니다. 악을 벌할 책임은 모두에게 있는 것이 아니라 칼을 든 세상 통치자들에게만 있기 때문이다."고 자제를 요구했다.

7) Paul Althaus/이희숙 역(1989), 『마르틴 루터의 윤리』, 컨콜디아사, 98-99.

8) 같은 책, 120-121.

9) I. C. Henerr(ed)(1995), 『폴 틸리히의 그리스도교 사상사』, 대한기독교서회, 320-321.

10) T. M. Lindsay/이형기 · 차종순 역(1991), 『종교개혁사』 II, 장로회출판국, 79.

11) J. T. Macnill(1994), 『칼빈주의 역사와 성격』, 크리스챤다이제스트, 154-156.

12) 같은 책, 156. 평의원과 회계는 전 시민들의 총회에서 선출하였고, 200인 의회가 해마다 소의원회 16명을 선출하였고, 자신들의 소의회에 의해 선출되었다.

13) 같은 책, 190-191.

14) 같은 책, 190.

15) D. K. McKim/이종태 역(1991), 『칼빈신학의 이해』, 생명의말씀사, 360.

16) Calvin, *Inst.*, III. xix. 9(*LCC* XX. 840).

17) Calvin, *Inst.*, III. xix. 15(*LCC* XX. 847).

18) 칼빈은 자유의 구성 요소를 율법의 의를 넘어서 신자들의 양심이 하나님 앞에서 의롭게 되고 율법의 멍에와 강제에 벗어나서 자발적으로 하나님의 뜻에 복종하는 영적 자유뿐 아니라 외적인 제도와 통제로부터의 정치적 자유도 포함시켰다.

19) Calvin, *Inst.*, III. xix. 15(*LCC* XX. 847).

20) Calvin, *Inst.*, IV. xx. 1-32(*LCC* XX. 1481-1520).

21) Calvin, *Inst.*, V. xx. 1(*LCC* XX. 1486).

22) Calvin, *Inst.*, IV. xx. 1(*LCC* XX. 1487). 칼빈은 건전한 종교의 보호 육성 외의 시민통치의 사명은 다음과 같다. 공적 평화를 유지하고, 개인의 소유를 보호하고, 원만한 거래를 유지하고 사람들 사이에 정직함과 순수함을 유지하는 것이라고 하였다. 이외에도 칼빈은 가난한 자를 돌보고 학교를 세우고 가난한 자와 여행자를 위한 건물을 세우는 것이 시민정부의 사명이라고 하였다.

23) Calvin, *Inst.*, III. xx. 3(*LCC* XX. 1483).

24) Calvin, *Inst.*, III. xx. 4(*LCC* XX. 1489).

25) Calvin, *Inst.*, IV. xx. 30(*LCC* XX. 1517).

26) Calvin, *Inst.*, IV. xx. 4(*LCC* XX. 1489).

27) Calvin, *Inst.*, IV. xx. 23(*LCC* XX. 1511).

28) Calvin, *Inst.*, IV. xx. 5(*LCC* XX. 1490).

29) 이양호(1986), "칼빈의 政治思想",「신학사상」제53집, 427.

30) Calvin, *Inst.*, IV. xx. 31(*LCC* XX. 1519).

31) W. Niesel(1956), *Theology of Calvin*, Westminster, 234에서 재인용. "하나님은 예수 그리스도를 영원한 왕으로 삼으셨고 지금은 그의 도움으로 통치한다. 그리스도는 동시에 하나님의 대리자요 지상의 모든 주권은 우리 주 예수 그리스도의 왕직의 주권의 모사물이다."

32) H. A. Obermann(1970), "The Extra Dimension in the Theology of Calvin", *Jounarl of Ecclesiastical History*, 21:1, 43ff. 루터가 속성의 교류라는 교리를 통해 양성의 편재를 주장했듯이 칼빈은 'Extra Cavinisticum'의 교리를 통해 인성과 신성의 편재를 주장하였다.

33) J. Moltmann(1974), *The Crucified God*, SCM, 321-325.

34) J. Moltmann(1967), *The Theology of Hope*, Haper & Row, 307.

35) S. Wiedenhoper(1976), *Politisch Theologie*, Stuttgart : Kohlhammer, 115-145. 정치 신학에 관한 자세한 참고 목록을 참조할 것. 신학의 정치적 관련성과 더불어 교육의 정치적 측면도 새로운 문제로 제기되었다. 학교 제도의 공식화된 교육 과정 및 수업 모형을 통해 제시되는 지식 속에는 이미 사회적·정치적·경제적 가치와 통제의 이데올로기가 함축되어 있다고 볼 수 있다. M. W. Apple/박부권·이혜영 역(1985), 『교육과 이데올로기』, 한길사; P. Freire/한준상 역, 『교육과 정치의식』, 학민사.

36) J. B. Metz(1968), *Zur Theologie der Welt*, München : Chr. Kaiser Verlag, 99-100. 메츠에 따르면 계몽주의에 뿌리를 둔 현대 신학의 두 줄기는 자유주의 신학과 세속화 신학이라고 한다. 전자는 오늘날의 세계에 대해 무비판적으로 순응하였고, 후자는 신앙과 세계의 관계에 있어서 근본적인 타자성을 강조하였다. 결과적으로 이러한 신학들은 신앙을 사사화私事化하였고, 이왕국론의 현대적인 형태를 띠게 되었다고 한다.

37) 같은 책, 101.

38) 같은 책, 105.

39) J. B. Metz(1994), "정치 신학", 『기독교대백과사전』 제13권, 1037.

40) 같은 책, 106.

41) 같은 책, 1038. 정치 신학의 대표적인 인물은 E. Peterson과 C. Schmidt라고 한다.

42) D. Sölle(1971), *Politische Theologie*, Stuttgart : Kreuz-Verlag, 31-39; J Bentley (1987), "도로데 쵤레 : 정치신학", 『기독교와 마르크시즘』, 일월서각, 162-192.

43) D. Sölle(1971), 40-46.

44) 같은 책, 57.

45) J. Moltmann/전경연 역(1974), 『정치신학』, 대한기독교서회, 86.

46) J. Moltmann(1984), *Poitische Theologie - Politische Ethik,* Grünewalt, 153.

47) J. Moltmann(1984), "종교와 마르크스주의", 「신학사상」 47, 893-905.

48) J. Moltmann(1973), "복음의 정치학적 해석학", 『신학의 미래』 I, 보진제, 156에서 재인용.

49) J. Moltmann(1984), "종교와 마르크스주의", 898, 900.

50) 같은 책, 163. "인간은 결코 한 차원만의 존재는 아니다. 그는 언제나 더 많은 여러 가지 차원 속에 동시에 살면서 고난당한다."

51) J. Moltmann(1974), *The Crucified God*, 318.

52) J. Moltmann(1973), 162.

53) 같은 책.

54) 같은 책, 157.

55) 같은 책, 159; D. Sölle(1971), 61-108; J. B. Metz(1994), "정치신학", 1037; J. Moltmann(1984), *Poiltische Theologie - Politische Ethik*, 124-140.

4. 한국 교회의 구조적 위기와 대안 모색

1) 노치준(1997), "한국 기독교 신도 수 변화와 정체 추세에 대한 일고찰 – 역[逆] J곡선 현상을 중심으로", 「사회와 역사」 52, 119-154.

2) "기독교인 1.6% 감소, 천주교 74% 증가", 「기독교연합신문」 2009. 2. 18.

3) Mark A. Noll/최재건 역(2005), 『미국 캐나다 기독교역사』, 기독교문서선교회, 556.

4) "'피곤한' 개신교인들, '편안한' 가톨릭으로", 「한겨레신문」 2006. 11. 28.

5) 같은 책.

6) 박영신 · 정재영(2007), 『현대 한국사회와 기독교』, 한들출판사, 107-154.

7) "한국 교회, 천민 기독교에서 벗어나라", 「뉴스앤조이」 2006. 6. 26.

8) "한국천주교 신자 500만 돌파",「연합뉴스」2009. 6. 8.

9) 한미준·한국갤럽(2005),『한국 교회 미래 리포트 : 크리스천의 교회활동과 신앙생활 분석』, 두란노, 303-306.

10) 한국기독자교수협의회(2008),『현대 사회에서 종교권력 무엇이 문제인가』, 동연, 133.

11)「시사저널」1003(2009. 1. 7). 통계청 분류 코드에는 기독교 단체로 구분되어 있다.

12) 황호찬·최현돌(1998). "한국 교회의 재정관리 현황 및 개선을 위한 연구",「기독교사상」475, 104. 평균적으로 교회의 경상비 지출 대비 인건비가 35.3%로 조사되었다.

13) "2009년 목사고시 합격률 62% 달성",「한국기독공보」2009. 7. 24.

14) E. G. Jay/주재용 역(1991),『교회론의 역사』, 대한기독교출판사, 91.

15) 같은 책, 93.

16) 이형기(2000), "교파주의를 절대시하는 17세기 정통주의 시대",「기독교사상」501(9월호), 171-179.

17) 노치준(1986), "한국 교회의 개교회주의에 관한 연구",「기독교사상」329(5월호), 81.

18) 들뢰즈Gille Deleuze는 기동성과 익명성 속에 사는 도시인들을 '유목민Normad'이라고 하며, 이를 탈현대인의 특징이라고 주장한다.

19) Wagner, C. Peter/이재훈 옮김(1993),『교회성장학개론』, 나단, 1993.

20) Douglas D. Webster/오현미 역(1995),『기업을 닮아가는 교회』, 기독교문사, 1995, 31 이하; 박득훈(2008), "한국 교회, 자본주의의 예속에서 해방되어야 - 자본주의에 포획된 한국 교회의 증상 진단과 처방",「기독교사상」589(1월호), 32-57.

21) 신광은·박종삼(2008), "교회가 크기에 목매게 된 역사(2)",「뉴스앤조이」5. 31.

22) "미국 교회 출석교인 절반, 상위 10% 메가처치에 집중",「크리스챤투데이」2005. 6. 1.

23) 최형묵(2008), "한국 교회의 미래, 적응이냐 변혁이냐",「기독교사상」591(3월호), 256-257.

24) "무리한 교회건축 교인에 피해, 교회 대출보증으로 교인 주택압류 처분돼", CBS 2009. 7. 28. http://www.cbs.co.kr/chnocut/show.asp?idx=1216694

25) "한국, 168개국에 1만7천697명 선교사 파송",「뉴스파워」2008 1. 10.

26) 박아론(1983), "교회성장신학, 무엇이 문제인가?",「신학지남」197(3월호), 113; 은준관(1981), "교회 성장론 - 그 문제점과 대안",「가독교사상」279(9월호), 12-26.

27) 한미준·한국갤럽(2005), 『한국 교회 미래 리포트 : 크리스천의 교회활동과 신앙생활
분석』, 28-29.

28) 같은 책, 96-104.

29) “안티기독교 대응, ‘우호적 안티’ 포용하며 전개해야”, 「크리스챤투데이」 2009. 7.
10.

30) 조창연(2006), “개교회주의와 교회팽창주의”, 「한국개혁신학논문집」 20, 365.

31) “교회 양극화, ‘교인의 수평 이동’ 탓”, 「뉴스미션」 2006. 4. 21; 신호균(2007), “한국
교회의 양극화 현실과 실천적인 해소방안에 관한 탐색적 접근”, 「로고스경영연구」
5-1, 7.

32) “목회자 91% 교회양극화 문제 있다”, 「한겨레신문」 2009. 5. 12.

33) 최원준·문인수(2009), “10년 후 한국 교회 설문조사 결과 분석”, 「목회와 신학」 7,
90-98.

34) 김순성(2006), “교회 간의 양극화에 대한 실천신학적 조명”, 「복음과 실천신학」 12,
43-67; 신호균, “한국 교회의 양극화 현실과 실천적인 해소방안에 관한 탐색적 접근”,
1-19.

35) “장로부총회장, 교단 통합”, 「크리스챤투데이」 2009. 7. 15.

36) “감리교, 전체 교회 중 미자립교회 41% 달해”, 「크리스챤투데이」 2006. 3. 22.

37) “미자립교회 ‘할 수 있다’ 자신감이 성장 열쇠”, 「E 처치」 2007. 3. 31.

38) “원로목사회 ‘할 수 있는 일 하자’”, 「크리스챤연합신문」 2008. 12. 26.

39) E. G. Jay/주재용 역(1991), 『교회론의 역사』, 93.

40) 박상경(2008), “교회 양극화, 어떻게 극복할 수 있나?”, 「경향잡지」 100-9, 122-131.

41) “한국 교회 성장보다 기존교회 육성해야”, 「국민일보」 2004. 11. 4.

42) “직업 신뢰도, 신부-승려-목사 순”, 「뉴스파워」 2009. 7. 28.

43) 최원준·문인수(2009), “10년 후 한국 교회 설문조사 결과 분석”, 90-98.

44) 사목회의 성직자 의안, 제2장 23-26항; 한국 사제 양성 지침서 참조.

45) 조우석(2005), “마르지 않는 ‘한국 가톨릭의 샘’”, 「중앙일보」 7월 9일, 31.

46) 「평화신문」 966(2008. 4. 20); 「가톨릭신문」 2008. 4. 13.

47) 「평화신문」 966(2008. 4. 20)

48) 이준혜(2005), “성소 계발 프로그램”, 「사목」 315(4월호), 31-37.

49) 성소국 홈페이지에는 예비 신학교 초중고생들의 학년별 월별 교육 일정과 교육 내용

도 자세히 소개되어 있다.

50) 「평화신문」 965(2008. 4. 13); 「가톨릭신문」 2008. 4. 13.

51) 김진복(2005), "성소의 못자리는 가정, 본당, 신학교", 「사목」 315(4월호), 127-132.

52) 류병일·김형석·김일영·이창훈(1994), "새 사제학교에 거는 기대", 「사목」 180, 41-53.

53) 총회헌법개정위원회(1993), 『대한예수교장로회 헌법』, 한국장로교출판사, 196.

54) 같은 책, 192-193. 제28조 목사의 청빙과 29조 청빙승인을 참고할 것.

55) 정일웅(2006), "미래 한국 교회의 목회자 양성을 위한 신학교육 개선에 관한 연구", 「신학지남」 288, 30.

56) 김상근(2008), "한국 교회의 위기와 목회의 패러다임 전환", 「기독교사상」 589, 168-183.

57) 이오갑(2003), 『한국기독교 개혁의 테마 20』, 한들출판사.

58) "목회자의 복음적 책무와 자정을 위한 선언문 전문"(2009년 5월 14일), 「국민일보」 2007. 7. 15.

59) 임희모(2003), 『한국 교회의 일치·갱신·선교』, 한들, 11-106; 신호균(2007), "한국 교회의 양극화 현실과 실천적인 해소방안에 관한 탐색적 접근", 「로고스경영연구」 5-1, 1-19; 연규홍(2004), "한국장로교회의 주체적 형성과 교회 일치의 실천적 방안", 「장로교회와 신학」 1, 119-126; 위형운(2006), "기독교의 교회분열과 일치운동에 관한 연구 – 한국장로교회 분열과 일치운동을 중심으로", 「신학지평」 19, 62-98.

60) "신학생 '양산' 위기 대안 찾는다", 「한국기독공보」 2008. 12. 20.

61) 허호익(2009), 『길선주 목사의 목회와 신학사상』, 대한기독교서회, 73-74.

62) "높은뜻숭의교회, 4개 교회 분립은 '하나님의 뜻'", 「뉴스앤조이」 2008. 11. 18.

5. 한국 교회의 목회의 리더십과 팔로우십

1) Paul Hersey(1992), 『어떻게 할까? : 상황대응 리더십의 A와 Ω』, 한국조직발전연구소.

부록 : 영지주의의 기독교 왜곡과 사도신경의 형성

1) 허호익(2002), "『예수는 신화다』를 반박한다", 「국민일보」 10월 11일, 18일

2) 근광현, "초기교회 이단 : 영지주의 신관", 「실천하는 신학」, 11.

3) 플라톤의 『티아마오스*Thimaeus*』의 우주발생론은 창세기 제1장의 영지주의적 해석에 공헌하였다.

4) Deakle, David Wayne(1991), *The Fathers against Marcionism : a study of the methods and motives in the developing patristic*, Thesis(Ph. D.)-Saint Louis University; Harnack, Adolf von(1990), *Marcion : the gospel of the alien God*, Durham, N.C. : Labyrinth Press. 1948년 이집트 나그함마디에서 발굴된 영지주의 문서를 영지주의에 관한 지식을 근본적으로 늘렸으며, 이레네우스 등 초기 교부들의 진술이 확실하다는 것을 입증하였다. 나그함마디의 문서는 모두 48개 저작물과 13개 사본인데, 특히 콥트어 번역인 52편의 그리스 영지주의 작품, 복음서, 사도행전, 대화록, 묵시록, 지혜서, 편지, 설교 등이 중요하다. 이 중 가장 중요한 두 작품은 「진리의 복음」과 콥트어로 쓰인 「도마복음서」이다.

5) J. N. P. Kelly/김광식 역(1979), 『고대기독교교리사』, 한국기독교문학연구소출판부, 35.

6) P. Perkins/유태엽 역(2004), 『영지주의와 신약성서』, 감신대성서학연구소, 21.

7) Irenaeus, *Adv. Haer.* 1. 25. 3.

8) J. L. Gonzalez(1988), 이형기·차종순 역, 『기독교사상사 고대 편』, 한국장로교출판사, 191.

9) Edgar Hennecke and Wilhelm Schneemelcher ed.(1963), tr. by R. McL. Wilson, "The Acts of Thomas", in *New Testament Apocrypha*, Westminster Press, 1963, Vol. 2, 499-501; W. Placher(1994), 박경수 역, 『기독교신학사입문』, 크리스챤다이제스트, 54. 재인용.

10) W. Placher(1994), 54-55. 재인용.

11) W. Placher(1994), 55. 재인용.

12) A. M. Ritter/조병하 역(2003), 『고대 그리스도교의 역사』, 기독교교문사, 41. 리터는 영지주의의 일반적인 특징을 현세의 피안의 대립, 신적 자의 타락, 자아의 각성, 빛의 고향으로의 귀환이라고 하였다.

13) 우리나라의 음양사상을 조화적인 이원론이라 한다면, 영지주의의 이원론은 철저히 대립적인 이원론이다.

14) Tertullian/이형주 역주(1994), 『그리스도의 육신론』, 분도출판사, 49.

15) 허호익(2003), 『예수 그리스도 바로보기』, 한들, 532.

16) Tertullian, 『그리스도의 육신론』, 30.

17) 허호익(2003), 532-536.

18) E. Pagals/최의원 외 역(1997), 『영지주의 신학』, 한국로고스연구원, 181.

19) Irenaeus, *Adv. Haer*. 3. 18. 5. 이들은 이그나티우스와 터툴리아누스 등이 순교를 하나님께 바치는 제물이며 순교자의 죽음이 죄사함을 제공한다고 가르친 것을 비웃는다. 이는 인간의 구원을 위해 하나님이 "인간의 희생"을 원하는 것이 되고 결국 하나님을 식인食人하는 자로 만든다는 것이다.

20) H. Chadwick/박종숙 역(1999), 『초대교회사』, 크리스챤다이제스트, 40,

21) 신들의 계보에서 가장 열등한 신이 물질을 창조한 조물주Demiurge이다. 신적 근원에서 멀어짐으로 물질과 인간이 창조되고 인간의 영혼이 육체의 감옥에 유폐되었다.

22) *Gospel of Truth*, 30. 12.

23) J. N. P. Kelly/김광식 역(1979), 『고대기독교교리사』, 한국기독교문학연구소출판부, 37.

24) H. Chadwick(1999), 40-41.

25) 이 신적 섬광이 어떻게 일부 사람들 안에 있게 되었느냐 하는 문제를 설명하는 방법이 영지주의파마다 차이가 있지만, 일반적으로는 천상 세계의 하위 "신"(흑은 "에온")인 소피아가 죄를 지어 물질의 세계로 쫓겨나서 육체 안에 감금되어 있기 때문이라는 것이다.

26) E. Pagals/최의원 외 역(1997), 『영지주의 신학』, 한국로고스연구원, 74.

27) 오늘날 대표적인 밀교의 예로는 통일교를 들 수 있다. 통일교의 일부 교리와 제도와 의식은 이중적이어서 외부인들에게 공개되어 있지 않은 것으로 알려져 있다.

28) H. R. Drobner/하성수 역(2001), *Lehrbuch der Patrologie*, Verlag Herder, 『교부학』, 분도출판사, 188.

29) N. Mclean(1994), "마르키아누스", 『기독교대백과사전』 5, 기독교문사, 688.

30) Justinus, *Apology* 1. 26. 5.

31) Irenaeus, *Adv. Haer*. 3. 3. 4.

32) Tertullian, 『그리스도의 육신론』, 48.

33) Irenaeus. *Adv. Haer*. 1. 27. 1.

34) Tertullian, 『마르키온 논박』 1. 2. 1 : 공성철(2003), "마르키온Marcion, 사상적 배경에서 본 새로운 해석", 「신학과 문화」 제12집, 192.

35) Epiphanus. *Panarion* 42(PG 41, 697-698); H. Chadwick(1999), 47.

36) Tertullian, 『마르키온 논박』 2. 5. 1 : 공성철(2003), 187.

37) Tertullian, 『마르키온 논박』 2. 9. 1.

38) 공성철(2003), 187-188.

39) Tertullian, 『마르키온 논박』 1. 2. 2-3.

40) Henry Chadwick(1999), 44-45.

41) Tertullian, 『마르키온 논박』 2. 28. 1.

42) Irenaeus. *Adv. Haer*. 3. 21. 9-10.

43) Irenaeus. *Adv. Haer*. 3. 5. 1. ; 3. 9. 2. ; 3. 11. 1.

44) Tertullian, 『그리스도의 육신론』, 60-63.

45) David R. Ruppe(1988), *God, Spirit, and Human Being: The Reconfiguration of Pneuma's Semantic Field in the Exchange between Irenaeus of Lyons and the Valentinian Gnosis*, Ph. D. diss, Columbia University, 77-83.

46) Tertullian, 『마르키온 논박』 4. 7. 1. 사실 마르키온이 유일하게 안정하는 누가복음서에서는 그리스도의 탄생과 유년기에 대한 1-2장이 삭제되고, 가파르나움의 회당에서 설교한 내용부터 시작된다.

47) Tertullian, 『그리스도의 육신론』, 51.

48) H. Chadwick(1999), 42.

49) Irenaeus. *Adv. Haer*. 1. 7. 2.

50) Tertullian, 『마르키온 논박』 4. 20. 8. 그렇지만 마르키온은 역시 예수께서 하혈하는 여인이 치유받을 희망을 가지고 당신의 옷자락을 몰래 만지자 치유의 능력이 빠져나가는 것을 느꼈다(누가 8:43-48 참조)고 하는 성서의 대목을 그대로 전하고 있는 것으로 보아 그리스도의 가상적 육신이 전혀 무감각한 육신은 아니었던 것처럼 말하고 있다.

51) W. C. Placher/박경수 역(1994), 『기독교신학사 입문』, 크리스챤다이제스트, 58

52) A. Harnack, *Marcion*[2] 377. 참조.

53) Tertullain, 『그리스도의 육신론』, 5. 3-10.

54) Tertullain, 『그리스도의 육신론』, 5.

55) Tertullain, *De Resurrectione Carnis*, 2.

56) Tertullian, 『마르키온 논박』 4. 7. 1-2.

57) Tertullian, 『마르키온 논박』 1. 24. 3.

58) H. R. Drobner(1994), 194

59) Irenaeus, *De incarn, Vervi*. 6-7.

60) Henry Chadwick(1999), 47.

61) Ireneaus, *Adv. Haer*. 3. 3. 1.

62) E. Pagals(1997), 최의원 외 역, 『영지주의 신학』, 한국로고스연구원, 79.

63) *Praescriptione Haereticorum* 42.

64) Ireneaus, *Adv. Haer*. 3. 3. 2.

65) Irenaeus. *Adv. Haer*. 4. 26. 3.

66) H. Chadwick(1983), 53.

67) H. Chadwick(1999), 50.

68) 「로마신조」는 3세기 말경에 로마에서 그리스어로 고백되다가 후에 라틴어로 번역되었다.

69) Raymund Kottje & Bernd Moeller/이신건 역(2002), 『고대교회와 동방교회』, 한국신학연구소, 104

70) K. S. Latourette/허호익 역(1986), 『기독교의 역사』, 대한기독교출판사, 52.

71) H. Chadwick(1999), 55. "고난을 받으사"(passus est)라는 말이 본디오 빌라도에게 (sub Pontio Pilato)라는 말에 덧붙여진 까닭은 성부수난설을 배격하기 위한 것이었다는 주장은 칼케돈 신조(451년) 전후의 논쟁의 상황이므로 역사적 정황으로 보아 설득력이 약하다.

72) H. Chadwick(1999), 55.

73) 특히 논쟁이 되는 '음부에 내려가시고'는 루피누스Rufinus(390년)의 본문과 Sacramentarium Gallicanum(650년)에 등장하는 것을 프리미누스Pirminius(750년)가 최종 수용한 것입니다.

74) http://www.ccel.org/ccel/schaff/creeds2.iv.i.i.v.html